Le roi Baudouin

UNE VIE – UNE ÉPOQUE

Le roi Baudouin

UNE VIE – UNE ÉPOQUE

DIRECTION SCIENTIFIQUE
Christian Koninckx et Patrick Lefèvre

RECHERCHE ICONOGRAPHIQUE
Gustaaf Janssens

CONTRIBUTIONS

Maud Bracke · Helena Buckinx · Gita Deneckere
Christine Denuit-Somerhausen · Comte Didisheim · Christian Franck · Luc François
Emmanuel Gerard · Brigitte Henau · Gustaaf Janssens · Christian Koninckx · Patrick Lefèvre
Claude Roosens · Mark Van den Wijngaert · Laurence van Ypersele

CRÉDIT COMMUNAL   RACINE

Cet ouvrage est publié simultanément
en néerlandais chez Uitgeverij Lannoo, à Tielt
sous le titre Boudewijn. *Een Koning en zijn tijd*
et en allemand chez Grenz Echo Verlag, à Eupen
sous le titre Baudouin. *Ein König und seine Epoche.*

Traduction du néerlandais (chapitres I, II, III, IV, V, VI, IX, X, XI, XII, XV) : *Jean-Marie Timmermans*
Mise en pages : *Studio Lannoo*
Photo de couverture : *Fernande Kuypers,* © SFI, Bruxelles

© Éditions Racine, 1998
Rue de l'Aurore, 44
1000 Bruxelles
Dépôt légal : juillet 1998
D.1998, 6852.18
ISBN 2-87386-138-X (version reliée)
ISBN 2-87386-140-1 (version brochée)

Toutes reproductions ou adaptations d'un extrait quelconque de ce livre par quelque procédé que ce soit,
et notamment par photocopie ou microfilm, réservées pour tous pays.

Table des matières

AVANT-PROPOS Baron Jacques	7	
LE ROI BAUDOUIN 1930-1993	9	

I	LA MONARCHIE BELGE Christian Koninckx	11
II	D'UN PETIT PRINCE À UN TRÈS JEUNE ROI Christian Koninckx	27
III	LA FONCTION REPRÉSENTATIVE DU ROI Maud Bracke et Christine Denuit-Somerhausen	49
IV	LA VIE PRIVÉE DU ROI BAUDOUIN Maud Bracke	73
V	JALONS DE L'ÉVOLUTION POLITIQUE ET SOCIO-ÉCONOMIQUE Mark Van den Wijngaert	95
VI	LE ROI BAUDOUIN, LE GOUVERNEMENT ET LA POLITIQUE INTÉRIEURE Emmanuel Gerard	115
VII	LE ROI BAUDOUIN ET LA POLITIQUE ÉTRANGÈRE Christian Franck et Claude Roosens	137
VIII	LE ROI BAUDOUIN ET LA DÉFENSE NATIONALE Patrick Lefèvre	167
IX	LE ROI BAUDOUIN ET LE MODUS VIVENDI DANS LE DOMAINE SOCIO-ÉCONOMIQUE Gita Deneckere	187
X	LE ROI BAUDOUIN ET LE MONDE PHILOSOPHIQUE, SCIENTIFIQUE, CULTUREL ET SPORTIF EN BELGIQUE Luc François	203
XI	LE ROI ET LA JEUNESSE Brigitte Henau	215
XII	SOLLICITUDE POUR LES FAIBLES ET LES DÉFAVORISÉS Gustaaf Janssens	221
XIII	LA FONDATION ROI BAUDOUIN Comte Didisheim	233
XIV	LA NATION DIT ADIEU À SON ROI Laurence van Ypersele	245
XV	IMAGES D'UN ROI Helena Buckinx	259
	ENTRETIENS, NOTES, BIBLIOGRAPHIE ET ANNEXES	273
	INDEX	283

Avant-propos

Le présent ouvrage « Le Roi Baudouin, une vie, une époque » constitue le livre de l'exposition qui se tient au Palais Royal de Bruxelles, du 22 juillet au 27 septembre 1998. C'est sur ce lieu que depuis 1969, à l'initiative du roi Baudouin, un nombreux public découvre chaque été le cœur même de l'action royale. Périodiquement, grâce au mécénat du Crédit Communal et avec l'aide du gouvernement, cette initiative coïncide avec l'organisation d'expositions temporaires liées à l'histoire de la dynastie. Celle consacrée, en 1991, au « Palais de Bruxelles - Huit siècles d'Art et d'Histoire », clôtura la célébration du soixantième anniversaire et des quarante ans de règne du Souverain.

Ce fut, hélas, la dernière d'un règne long et fécond. Au début du mois d'août 1993, les Belges vinrent massivement au Palais marquer leur attachement et rendre un ultime hommage à leur Roi défunt.

Ce livre est l'œuvre d'une quinzaine d'historiens issus de différentes universités; plusieurs jeunes auteurs participent pour la première fois à une synthèse historique d'une telle ampleur. D'aucuns estimeront que cette œuvre suit de trop près l'événement. D'autres s'attendront à une hagiographie royale, laissant peu de place à la vérité critique. Que le lecteur se rassure: de nombreux témoignages de personnalités les plus diverses ayant été mêlées au long règne du Roi, pallient dans une certaine mesure l'impossibilité actuelle de consulter des archives aussi récentes. De plus, les auteurs ont eu une totale liberté scientifique pour rédiger, sous leur responsabilité d'écrivain, les chapitres qui leur étaient confiés. Une abondante iconographie, souvent inédite, complète judicieusement cet ouvrage.

Le résultat est une analyse historique forcément incomplète, qui débouche parfois sur des jugements ou des interprétations personnels d'événements touchant à près d'un demi siècle d'histoire dynastique belge. Loin d'être une biographie définitive du roi Baudouin, l'ouvrage favorisera certainement de nouvelles recherches historiques qui, au fil de la découverte de sources inédites, iront en s'approfondissant.

Afin de préserver les précieux acquis de l'exposition temporaire, ceux-ci formeront le noyau du Mémorial Roi Baudouin. Ce musée permanent est placé sous le Haut Patronage de S.M. la reine Fabiola. Situé en l'Hôtel Bellevue, contigu au Palais Royal, il ouvrira ses portes le 15 décembre 1998.

Avec le Musée de la Dynastie, qui s'y trouve déjà et fera l'objet d'une extension et d'une profonde rénovation, il constituera une remarquable entité muséographique moderne, au sein même de la capitale du Royaume et de l'Union européenne.

Ainsi, ces trois événements culturels contribuent à perpétuer la mémoire du roi Baudouin et à mieux faire connaître son action, à l'occasion du cinquième anniversaire de sa mort.

Baron Jacques,
Grand Maréchal honoraire de la Cour
Président du Mémorial Roi Baudouin

Photo roi Baudouin

Le roi Baudouin, 1930 – 1993

7 septembre 1930
Naissance du prince Baudouin, fils aîné du prince Léopold et de la princesse Astrid

17 février 1934
Mort du roi Albert Ier, grand-père du prince Baudouin

23 février 1934
Prestation de serment du roi Léopold III

6 juin 1934
Naissance du prince Albert, frère du prince Baudouin

29 août 1935
Mort de la reine Astrid, mère du prince Baudouin

Mai-juin 1940
Évacuation des princes Baudouin et Albert et de la princesse Joséphine-Charlotte vers le sud de la France et à San Sebastian (Espagne)

Début août 1940
Retour des enfants royaux en Belgique

11 septembre 1941
Mariage du roi Léopold III avec Mary Lilian Baels

18 juillet 1942
Naissance du prince Alexandre, fils du roi Léopold III et de la princesse Lilian

7 juin 1944
Déportation du roi Léopold III en Allemagne (Hirschstein sur l'Elbe)

9 juin 1944
Déportation de la princesse Lilian, de la princesse Joséphine-Charlotte et des princes Baudouin, Albert et Alexandre à Hirschstein

20 septembre 1944
Le prince Charles, frère du Roi, est intronisé Régent du Royaume par les Chambres réunies

7 mai 1945
Le roi Léopold III et sa famille sont libérés par les troupes américaines à Strobl (Autriche)

Octobre 1945 – juillet 1950
Exil du roi Léopold III et de sa famille à Prégny (Suisse)

22 juillet 1950
Le roi Léopold III rentre en Belgique avec les princes Baudouin et Albert

10 août 1950
Le prince Baudouin prête serment comme prince royal exerçant temporairement le pouvoir royal

16 juin 1951
Abdication du roi Léopold III en faveur de son fils Baudouin

17 juillet 1951
Prestation de serment du roi Baudouin comme cinquième roi des Belges

9 avril 1953
Mariage de la princesse Joséphine-Charlotte, sœur du Roi, avec le Grand-Duc Jean, prince héritier de Luxembourg

1955
Visite officielle du roi Baudouin au Congo belge et aux territoires sous mandat du Ruanda-Urundi

2 juillet 1959
Mariage du prince Albert, frère du Roi, avec Donna Paola des Princes Ruffo di Calabria

30 juin 1960
À Léopoldville, le roi Baudouin remet la souveraineté du Congo belge à la République du Congo

15 décembre 1960
Le roi Baudouin épouse Doña Fabiola Mora y Aragón

23 novembre 1965
Mort de la reine Élisabeth, grand-mère du roi Baudouin

1er juin 1983
Mort du prince Charles, frère du roi Léopold III, oncle du roi Baudouin

23 septembre 1983
Mort du roi Léopold III, père du roi Baudouin

31 juillet 1993
Le roi Baudouin décède au cours de ses vacances à Motril en Espagne

CHAPITRE I

La monarchie belge

CHRISTIAN KONINCKX

LA NAISSANCE DE LA BELGIQUE

Les guerres consécutives à la Révolution française de 1789 et à l'expansionnisme de Napoléon touchent et ravagent l'Europe dans sa presque totalité. Les souverains détrônés sont remplacés par des membres de la famille ou des fidèles de Napoléon. Les frontières sont déplacées tandis que des régions entières se voient annexées à la France.
Dans le but de vaincre définitivement l'empereur des Français, l'Angleterre, l'Autriche et la Prusse décident d'agir, dorénavant, de concert jusqu'à la victoire totale et finale, pour ensuite rétablir la situation telle qu'elle était avant le début des hostilités. C'est ainsi que se réunit le Congrès de Vienne (1814-1815) auquel assistent des représentants de plus de nonante États. L'objectif est de redessiner la carte de l'Europe sur base du principe de la légitimité et du système de compensation : en d'autres termes, un territoire contesté doit être, autant que possible, restitué à celui qui en était le propriétaire légitime sous l'Ancien Régime. Si l'on n'y réussit pas, le souverain ou le pays lésé par la perte d'une partie de territoire peuvent prétendre à une compensation équivalente. Bref, toutes les parties concernées, même les vaincus, siègent à la table des négociations, à la condition d'admettre ces deux principes. Les décisions finales du Congrès doivent offrir les garanties d'une paix durable en Europe.
Le Congrès de Vienne est devenu l'un des principaux du genre dans l'histoire mondiale. Les grandes puissances de l'époque, qui ont finalement vaincu Napoléon, entendent toutefois jouer le rôle de dirigeants de l'Europe.

L'acte final du Congrès est la résultante d'un certain nombre d'accords préalables parmi lesquels les *Huit Articles de Londres* (21 juillet 1814). Ce texte, élaboré par le vicomte Castlereagh, ministre anglais des Affaires étrangères, fond en un seul nouvel État la République des Provinces Unies, les anciens Pays-Bas autrichiens, la principauté de Liège et le duché de Bouillon qui, dorénavant, forment le Royaume Uni des Pays-Bas avec comme souverain Guillaume Ier d'Orange-Nassau. Ce nouvel État devient, conformément à la stratégie du Congrès de Vienne, un des États tampons destinés à isoler la France. La réunification est inspirée par un concept qui plonge ses racines dans l'histoire puisqu'il remonte à l'ancien modèle bourguignon, mais sans tenir compte le moins du monde des différences fondamentales qui se sont développées après la scission définitive en 1648 (Traité de Westphalie), *a fortiori* de l'évolution géopolitique depuis la séparation de fait entre les Pays-Bas du Nord et ceux du Sud, en 1585. D'ailleurs, la question qui se pose est surtout de savoir à quel point les liens entre le Nord et le Sud étaient auparavant solides, à une période où primait non pas tant l'identité bourguignonne que l'autonomie poussée des villes. En tout cas, on s'est peu préoccupé, à Vienne, du nationalisme en éclosion et de la volonté des peuples à l'autodétermination. La réunion du Nord et du Sud passe, selon l'expression de Castlereagh, pour être « l'amalgame le plus parfait », paroles qui se sont avérées plus que prophétiques. En effet, en août-septembre 1830, les provinces belges se séparent en réaction à l'absolutisme de Guillaume Ier, à la négation de l'identité nationale, mais aussi sous l'influence des idées libérales. L'indépendance est proclamée. Le 3 novembre, la Belgique élit son assemblée constituante,

Le roi Baudouin, dans son bureau du Palais royal de Bruxelles, avec, en arrière-plan, le portrait du roi Léopold Ier. Laeken. Collection reine Fabiola.

CONSTITUTION

Art. 63.

La personne du Roi est inviolable; ses ministres sont responsables.

Art. 64.

Aucun acte du Roi ne peut avoir d'effet, s'il n'est contresigné par un ministre, qui, par cela seul, s'en rend responsable.

Art. 65.

Le Roi nomme et révoque ses ministres.

Art. 66.

Il confère les grades dans l'armée.

Il nomme aux emplois d'administration générale et de relation extérieure, sauf les exceptions établies par les lois.

Il ne nomme à d'autres emplois qu'en vertu de la disposition expresse d'une loi.

Art. 67.

Il fait les réglemens et arrêtés nécessaires pour l'exécution des lois, sans pouvoir jamais ni suspendre les lois elles-mêmes, ni dispenser de leur exécution.

Art. 68.

Le Roi commande les forces de terre et de mer, déclare la guerre, fait les traités de paix, d'alliance et de commerce. Il en donne connaissance aux chambres aussitôt que l'intérêt et la sûreté de l'État le permettent, en y joignant les communications convenables.

Les traités de commerce et ceux qui pourraient grever l'État ou lier individuellement des Belges, n'ont d'effet qu'après avoir reçu l'assentiment des chambres.

Nulle cession, nul échange, nulle adjonction de territoire ne peut avoir lieu qu'en vertu d'une loi. Dans aucun cas, les articles secrets d'un traité ne peuvent être destructifs des articles patens.

Articles de la Constitution relatifs au Roi. Constitution belge de 1831. Bruxelles. Archives du Palais royal.

le Congrès national. Sur plainte de Guillaume Ier, la Conférence de Londres est convoquée le 4 novembre, afin que l'on statue sur le sort du Royaume des Pays-Bas. Les grandes puissances se mettent d'accord pour placer le fils de Guillaume Ier, le prince d'Orange, à la tête des provinces en révolte, mais, le 24 novembre, le Congrès national belge déclare précisément la dynastie des Orange-Nassau déchue du trône de Belgique. Bien que la Russie, l'Autriche et la Prusse menacent d'intervenir militairement, la Conférence décide malgré tout d'établir les bases de la séparation : la Belgique est reconnue comme nouvel État indépendant dont la neutralité et l'inviolabilité sont garanties par les grandes puissances. Ceci surtout dans le but de freiner les aspirations territoriales incessantes de la France. Les Pays-Bas sont ramenés à leurs frontières de 1790, tandis que le Luxembourg est attribué à titre personnel à Guillaume Ier.

La situation est à nouveau tendue lorsque, le 3 février 1831, le Congrès national choisit le duc de Nemours, deuxième fils de Louis-Philippe, roi des Français, comme roi des Belges. L'Angleterre y oppose son veto parce que ce choix ne correspond pas aux garanties d'indépendance, principe auquel Louis-Philippe peut se ranger. Le 24 février 1831, le Congrès national désigne Surlet de Chokier comme régent en attendant la désignation d'un chef de l'État.

LES POUVOIRS DU ROI D'APRÈS LA CONSTITUTION DE 1831

Au 7 février 1831, le Congrès national dispose déjà d'une constitution. Celle-ci reprend les anciennes libertés communales, les tendances individualistes et décentralisatrices et l'ensemble des idées de la Révolution française concernant les droits de l'homme. Le Congrès, d'abord plutôt républicain, opte finalement pour une monarchie parlementaire et constitutionnelle. Et il n'est pas étonnant qu'il ait opté pour une monarchie: un regard sur l'histoire illustre à suffisance que nos provinces ont toujours connu un système monarchique, même si elles étaient dirigées au départ de capitales lointaines : de Madrid sous les Habsbourg d'Espagne, de Vienne sous les Autrichiens, de Paris sous la domination française, pour n'en citer que quelques exemples. Ceci explique aussi pourquoi l'autonomie locale est fortement prônée. Par ailleurs, la monarchie en tant que régime s'est maintenue dans l'immense majorité des États européens en dépit des nouvelles idées portées par la Révolution française. La France elle-même revient à la monarchie et ce n'est pas sans influence sur la Belgique naissante.

Dans son choix, le Congrès national s'est néanmoins montré progressiste, du moins d'après la notion de l'époque, en associant à la monarchie un Parlement représentatif et une Constitution. L'harmonisation de ces trois éléments, monarchie, Parlement et Constitution, est assez neuve. Mais la Constitution belge a toutefois été élaborée sans la participation du Roi puisqu'il n'y en avait pas encore. Dès lors il n'est pas étonnant que le prince Léopold de Saxe-Cobourg ait réagi de manière quelque peu ironique au caractère « démocratique » de la Constitution lorsqu'une délégation du Congrès national le pria de devenir notre chef d'État. En effet, à l'époque, les termes « démocratie » et « démocratique » ont encore une connotation révolutionnaire. En outre, sur le plan politique, Léopold est proche de l'Ancien Régime tandis que, dans la Constitution, le Congrès national a limité le pouvoir royal à des prérogatives bien précises. L'expérience vécue sous un Guillaume Ier assez despotique a incité à la prudence. Le principe fondamental est que tous les pouvoirs émanent de la nation, autrement dit, du peuple. En d'autres termes, le Roi ne dispose d'aucune compétence autre que celles que lui attribue formellement la Constitution.

Quoi qu'il en soit, les prérogatives royales, telles qu'elles sont définies dans la Constitution, sont plus larges qu'il n'y paraît peut-être à première vue. Le chef de l'État, le Roi donc, se voit attribuer aussi bien le pouvoir législatif qu'exécutif, pouvoirs qu'il ne peut cependant exercer seul. En tant que législateur, il peut, en principe, prendre des initiatives – comme d'ailleurs le gouvernement et les deux Chambres – ; elles doivent toutefois être finalement adoptées par la Chambre des représentants et le Sénat. Dans ce domaine, le Roi n'est ni plus ni moins lié que les chambres ou le gouvernement lui-même. Bref, le pouvoir législatif a donc trois composantes et ne peut s'exercer en faisant abstraction de l'une d'elles.

En ce qui concerne le pouvoir exécutif, la Constitution prévoit que le Roi ne peut donner force de loi à un acte sans qu'il soit contresigné par un des membres du gouvernement au moins, c'est-à-dire par un ministre.

En outre, la Constitution précise que le Roi confère les grades dans l'armée, qu'il nomme les juges et les fonctionnaires aux emplois d'administration générale et de relations extérieures ; le Roi dispose également du droit de grâce, du droit de battre monnaie et du droit de conférer titres de noblesse et ordres militaires. Le Roi conclut les traités, déclare la guerre et signe la paix. Il nomme les ministres, dissout le Parlement et commande les forces armées... Mais, comme on l'a déjà dit, ces actes ne peuvent être posés sans « contreseing » ministériel, c'est-à-dire sans qu'un ministre en porte la responsabilité.

D'autre part, le gouvernement ne peut exercer son pouvoir exécutif sans le Roi ; ce dernier sanctionne et promulgue les lois. Ceci implique qu'en y apposant sa signature, le Roi authentifie chaque loi. Sa signature garantit l'authenticité et la légalité de la procédure législative. Ce n'est qu'à ce moment que la loi existe et peut sortir ses effets.

Le système repose donc sur une collaboration subtile entre le chef de l'État, le gouvernement et les Chambres. Il serait inexact d'affirmer que cette collaboration a toujours été sans heurts. Au cours des 167 années écoulées, il y a eu, parfois, des désaccords entre ces trois maillons, ainsi qu'entre le souverain et le gouvernement. Peu fréquents, heureusement, ces désaccords ont rarement conduit à des frictions ou même à des crises ouvertes. Mais, même dans ces circonstances, la monarchie fut à peine remise en question. Qui plus est, en dépit des nombreuses modifications constitutionnelles, les articles relatifs au Roi n'ont presque pas été soumis à révision. Une exception toutefois : la modification de la succession, qui a été élargie aux descendants féminins ; cette modification est intervenue précisément sous le règne du roi Baudouin. Ceci constitue une preuve incontestable de la souplesse du système monarchique belge, et du consensus général à ce propos, qui, à son tour, contribue à la stabilité de l'État.

Force est toutefois de constater qu'avec le temps, l'interprétation des pouvoirs du Roi est devenue plus restrictive et, aujourd'hui, ces pouvoirs sont moins considérés comme étant des prérogatives personnelles du chef de l'État. Léopold Ier pensait encore pouvoir régner comme un souverain de l'Ancien Régime, ce que fit encore effectivement son fils Léopold II, non pas tant en Belgique que dans l'État indépendant du Congo, en tant que chef souverain, du moins jusqu'en 1908. En ce qui concerne le pouvoir exécutif, les rois, jusqu'à Léopold III inclus, ont effectivement commandé les Forces armées. Sur un autre plan encore, à savoir celui des relations internationales, les souverains ont pratiqué la diplomatie. Mais il faut cependant préciser que, dans ces cas spécifiques, les rois agissaient généralement dans le cadre de la Constitution, couverts par la responsabilité ministérielle.

Sous le règne du roi Baudouin, la Belgique a subi des changements profonds à la suite de l'instauration du fédéralisme. Les compétences du Roi, mais aussi celles du gouvernement fédéral, ont été réduites par le transfert de matières substantielles aux Régions et Communautés.

En raison de l'interprétation plus restrictive des prérogatives royales et aussi de la fédéralisation, il semble que la royauté ne soit peut-être pas vraiment vidée de son sens mais qu'elle en soit devenue d'autant plus symbolique. Ceci ne signifie pas que le Roi soit moins actif. La complexité croissante de notre société a suscité de nouveaux problèmes sociaux que les législateurs de 1830 n'ont pas pu prévoir et dont la Constitution, par conséquent, ne souffle mot. Dès lors, les souverains ont souvent pris, dans ces domaines inexplorés, des initiatives qui sont devenues

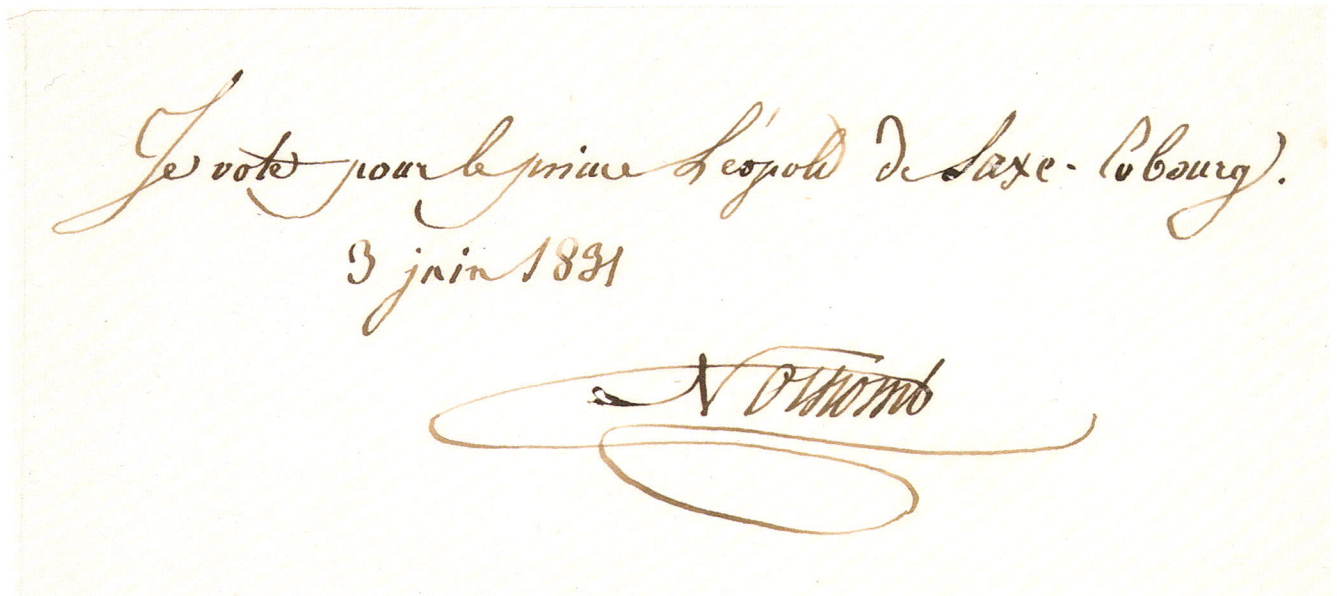

Léopold de Saxe-Cobourg a été choisi comme Roi des Belges le 4 juillet 1831 par le Congrès National. Billet de vote de J.-B. Nothomb. Bruxelles. Collection Crédit Communal de Belgique.

LÉOPOLD IER, FONDATEUR DE LA DYNASTIE BELGE

« Soucieux de l'autorité du pouvoir et de l'efficacité de ses rouages, mais respectant nos libertés traditionnelles et l'attachement jaloux des Belges à leurs droits séculaires, le Fondateur apparaît aujourd'hui comme l'incarnation d'une sagesse qui doit nous servir d'exemple. »

Baudouin, le 10 décembre 1965

Si le choix de la forme étatique pour la nouvelle Belgique s'est fait assez rapidement, les choses se sont avérées un peu plus difficiles en ce qui concerne le choix du souverain. Le Roi est la pierre angulaire de la monarchie, le chef de l'État. Inhérent au système, le choix d'un Roi implique que sa dynastie, c'est-à-dire sa famille, assure sa succession. Lorsqu'une nouvelle dynastie fut instaurée, comme ce fut le cas en 1831, il fallut toutefois forcément tenir compte de l'opinion des pays qui se portaient garants de l'indépendance de la Belgique.

Au Congrès national figurent néanmoins des Orangistes, partisans du fils de Guillaume Ier qu'avait initialement désigné la Conférence de Londres en 1830. Y siègent aussi les légitimistes francophiles qui s'en tiennent au bonapartisme. On y compte même des républicains. Lorsque la candidature de Léopold de Saxe-Cobourg est présentée, ces groupes votent contre lui. Mais, le 4 juin 1831, Léopold l'emporte avec plus de 77,5 % des voix, après bien d'autres candidats présentés, mais tout aussi rapidement écartés. Neuf noms au moins ont circulé, dont quelques-uns concernaient des mineurs d'âge, tandis que certains candidats présentés par une des grandes puissances ne pouvaient évidemment pas compter sur la sympathie des autres. Les princes « de chez nous » ont décliné cet honneur. C'est bien plus en raison de subtiles implications étrangères que de divisions internes « belges » à propos de tous ces candidats que l'on s'est finalement mis d'accord sur la personne de Léopold de Saxe-Cobourg.

Prince d'origine allemande, né en 1790 à Cobourg, en Bavière du Nord, duc de Saxe, prince de Cobourg-Saalfeld, landgrave de Thuringe, markgrave de Misnie, Léopold a été au service du tsar de Russie. En 1814, il combat Napoléon et en 1816 épouse Charlotte, une princesse anglaise. Par ce mariage, Léopold s'est attiré l'antipathie de Guillaume Ier : Charlotte en effet, fille du régent, le prince de Galles et futur Georges IV, avait d'abord été fiancée au prince d'Orange, le fils de Guillaume Ier. En fin de compte, celui-ci épousa Anna, la sœur du Tsar. En raison de cette histoire de fiançailles malheureuses, les Orange réussiront, en 1831, à monter le Tsar contre les Belges. Cependant, la princesse Charlotte était morte en couches en 1817. Sans descendance, le lien avec la maison royale d'Angleterre s'est affaibli. Toutefois d'aucuns craignent encore une trop grande influence anglaise en Belgique. Par son mariage, Léopold a en effet acquis la nationalité anglaise et il est membre de la *House of Lords*. Il est en outre

Le prince Léopold de Saxe-Cobourg en chevalier de l'Ordre de la Jarretière. Dessin de G. Hayten. 1816. Bruxelles. Archives du Palais royal.

protestant et ne peut compter sur un accueil immédiatement favorable dans une Belgique plus que catholique. Mais on pourrait dire également que c'est précisément en raison de son bagage « international » que Léopold de Saxe-Cobourg constitue le candidat idéal pour monter sur le trône belge. Tant d'un point de vue intérieur, bien qu'au XIXe siècle le problème communautaire ne se pose pas encore, que d'un point de vue extérieur, c'est là un élément positif.

Dès que Léopold prête serment comme premier Roi des Belges, le 21 juillet 1831, il met ses talents de diplomate au service de la Belgique et de la politique européenne. Il se révèle un médiateur international de taille et un marieur habile, rôle que l'on a souvent erronément attribué à sa jeune nièce, la reine Victoria d'Angleterre. En 1832, Léopold épouse en secondes noces Louise-Marie, fille du roi Louis-Philippe, mariage qui, pendant un certain temps, garantit les sympathies de la France à l'égard de la frêle Belgique.

Sa formation militaire va elle aussi lui servir rapidement lorsque, le 2 août 1831, les troupes hollandaises, sous la direction du prince d'Orange, envahissent la Belgique. Le roi Léopold prend le commandement de ce qui doit passer pour une armée belge. Mais le prince d'Orange attaque sur deux fronts et accule le souverain. Avec l'approbation du Parlement, Léopold Ier requiert l'aide de la France et de la Grande-Bretagne. Le 12 août, l'armistice est conclu et les XXIV *articles* du 15 novembre 1831, élaborés par la Conférence de Londres, fixent définitivement les frontières de l'État belge. Le Luxembourg contesté est divisé : la Belgique reçoit la partie francophone du grand-duché tandis que les Pays-Bas n'en conservent que la partie de langue allemande. En compensation, Guillaume Ier se voit attribuer l'actuelle province hollandaise du Limbourg alors que la Belgique avait espéré conserver Maastricht, Venlo et cinquante-trois villages limbourgeois. La Flandre zélandaise, que la Belgique convoite aussi pour pouvoir assurer la libre navigation sur l'Escaut, est également restée territoire hollandais. La plupart des dispositions soulignent la défaite militaire de la Belgique, mais Léopold réussit malgré tout à sauvegarder l'indépendance du pays. Alors que s'atténuent les difficultés avec notre voisin du Nord, c'est au voisin du Sud, la France, de nous causer des problèmes. Sous la Monarchie de juillet, Talleyrand envisage à quatre reprises, entre 1830 et 1839, l'annexion de la Belgique en dépit du mariage du Roi avec une princesse française. Sous la Deuxième République et le Second Empire de Napoléon III, des plans similaires refont surface. Léopold réussit une fois de plus à écarter ces menaces, notamment en mariant ses fils : le comte de Brabant, le futur Léopold II, à Marie-Henriette d'Autriche (1853) et le comte de Flandre, le prince Philippe, à Maria de Hohenzollern (1866). Ainsi, grâce à ces mariages diplomatiques, le Roi réussit à mettre en échec d'éventuelles convoitises. Ces alliances dynastiques consolident les garanties de l'indépendance de la Belgique.

Il serait par trop exclusif de limiter là les mérites du roi Léopold. Dès sa prestation de serment, il s'attache à promouvoir l'industrialisation du pays. Il s'efforce de trouver des débouchés pour les exportations tout en essayant d'acquérir des territoires outre-mer. Il espère aussi, de cette manière, canaliser l'émigration, ce qui devrait constituer une solution à l'immigration urbaine croissante et au chômage qu'elle entraîne.

En politique intérieure, Léopold Ier essaye de s'appuyer le plus possible sur des gouvernements d'union de catholiques (conservateurs) et de libéraux. Il tâche ainsi d'empêcher la formation de partis politiques et une confrontation entre ceux-ci comme celle qu'il avait connue en Angleterre entre les *Whigs* et les *Tories*.

Sous l'influence de la révolution parisienne de 1848, de la suppression de la monarchie et de la percée de la démocratie, un vent républicain se met à souffler sur la

Le roi Léopold Ier, la reine Louise-Marie et leurs enfants Léopold, Philippe et Charlotte. Gravure de F. Fournier, d'après un projet de H. Leloir. Bruxelles. Archives du Palais royal.

Le roi Baudouin en tête-à-tête avec le roi Léopold II lors d'une visite au siège principal de la Banque Nationale de Belgique. Bruxelles, 7 juin 1991. Bruxelles. Archives du Palais royal.

Belgique. Léopold se cramponne plus que jamais à la Constitution. La Chambre des représentants essaye par des lois organiques de réduire les « pouvoirs » du souverain, alors que le Roi vise surtout à faire préciser ses pouvoirs par des lois. Ses tendances de centralisation du pouvoir ont fait de lui un despote éclairé. Son soutien sans faille à l'Église, qui selon lui a de l'influence sur l'opinion publique et peut garantir la paix en tant qu'organisation sociale, affaiblit le processus de démocratisation et l'anticléricalisme des libéraux.

LES SUCCESSEURS DE LÉOPOLD Ier

Léopold II

« Dans une contrée totalement inexplorée [= le Congo], quasi inconnue du restant du monde, les ethnies et les tribus souvent hostiles les unes aux autres, en proie à l'esclavage et à la maladie, ont été réunies en un magnifique Empire.
Fait exceptionnel et admirable, mon arrière-grand-oncle a réalisé cette union, non par la conquête mais essentiellement par une série de traités... »

Baudouin, le 21 février 1960

Sur le plan international, les choses allaient s'avérer quelque peu plus faciles pour Léopold II que pour son père. La Belgique existe et est reconnue. Toutefois, la tension entre la France et la Prusse ne fait que croître, à un point tel qu'en 1870, la guerre éclate entre les deux pays. De jour en jour, le risque d'une violation de la neutralité belge devient plus réel. C'est dans ce contexte que Léopold II travaille au système de défense du pays. Mais l'antimilitarisme des catholiques et du mouvement socialiste naissant l'en empêche. Ces deux familles politiques s'en tiennent à un dogmatisme rigide en matière de neutralité ; pour elles, les traités conclus offrent suffisamment de garanties. En outre interviennent des réticences à l'égard d'un corps d'officiers essentiellement libéral et

Le Musée royal d'Afrique centrale à Tervuren, une réalisation du roi Léopold II, inaugurée par le roi Albert Ier. Le musée possède une des principales collections africaines du monde. Photo Paul Van Wouwe.

francophone. Ni la construction d'une ceinture de fortifications autour d'un certain nombre de villes importantes ni l'adoption de la loi sur le service militaire personnel ne sont vraiment choses faciles ; ceci semble quelque peu paradoxal, car le service militaire personnel est plus équitable et justifié d'un point de vue social et technique.

Toutefois, Léopold II ne peut plus compter sur des gouvernements d'union comme au temps de son père. C'est précisément sous son règne que se déclenche la confrontation entre les partis politiques. Sur cet arrière-fond, le Roi entend régner lui-même et imposer sa volonté. Il veut être associé à tout et s'immiscer dans tous les rouages du pouvoir. C'est la première fois que les libéraux se rallient au principe selon lequel « le Roi règne et ne gouverne pas... (et n'administre pas) », expression qu'emploie Thiers à l'adresse de Louis-Philippe pour critiquer son autoritarisme.

Finalement, Léopold II s'en tient à la Constitution. Qu'il apparaisse comme moins démocrate ne correspond pas à la réalité ; il est en effet partisan de la suppression du suffrage censitaire. Selon sa conception, 100 000 électeurs ne représentent pas le pays réel. C'est d'ailleurs sous son règne que sera adopté le vote plural, et c'est là une première étape vers le suffrage universel. Néanmoins, déçu de l'attitude négative du gouvernement catholique en matière de défense nationale, Léopold II réduit au minimum son rôle représentatif. À la suite du charivari qu'ont provoqué en 1892 les socialistes au Parlement, le discours du Trône sera désormais remplacé par une réception de Nouvel An au Palais royal de Bruxelles.

Léopold II entrera dans l'histoire de la Belgique comme l'un de ses souverains les plus marquants. En tant que duc de Brabant, le prince avait entrepris de nombreux et lointains voyages. Ses discours au Sénat sur l'expansion économique de la Belgique en Asie Mineure (1855) et sur les nécessaires travaux portuaires à effectuer à Ostende, sont incontestablement des signes avant-coureurs de son profil de souverain préoccupé par l'expansion économique du pays. Lors de l'accession du souverain au trône en 1865, la Belgique compte en effet cinq millions d'habitants, soit une augmentation d'un million en trente ans. Le pays possède 1700 km de voies ferrées, une industrie linière et cotonnière florissante, une industrie sidérurgique solidement implantée, une activité charbonnière en expansion, tandis que le commerce de transit est en plein essor, et sous le règne de Léopold II, les ports d'Anvers, de Gand et de Zeebruges se développent. Le Roi acquiert à titre personnel – et réalise en fait ainsi l'un des vœux de son père – une région très étendue en Afrique centrale, l'État indépendant du Congo ; il la dirige lui-même en tant que chef souverain, ce qu'il ne peut précisément pas faire en Belgique, et la cède en 1908 à la Belgique comme colonie. Enfin, l'embellissement de la capitale, mais aussi d'autres villes, grâce à des projets monumentaux, a laissé pour ses successeurs des preuves tangibles de ses initiatives.

Albert Ier

« Avant tout, le Roi Albert s'est préoccupé d'écouter la voix du pays. Et mieux vaut peut-être dire "les voix du pays" au pluriel, car il appartient à ceux qui ont la responsabilité de l'État de faire la synthèse des courants qui animent une nation. Je crois être dans le vrai en disant qu'il écoutait de préférence ceux qui se proposaient de tracer des chemins rencontrant les exigences nouvelles du temps. »

Baudouin, le 8 avril 1975

Si Léopold II s'occupe volontiers de tout, il le fait également et évidemment au niveau familial. Selon la logique de son père, il veut utiliser la diplomatie matrimoniale pour ses filles mais aussi pour ses successeurs. Puisque son fils unique Léopold est décédé à l'âge de dix ans, la succession va passer à son frère, le comte de Flandre ; après lui à son fils aîné Baudouin, décédé lui aussi prématurément en 1891, et enfin à son deuxième fils Albert. C'est pour cette raison que Léopold II fait adopter un nouvel article de la Constitution prévoyant que peut être écarté du trône un prince qui se marie sans le consentement du Roi.

Léopold II décède en 1909. Jusqu'alors, il est le souverain ayant régné le plus longtemps en Belgique. Son frère Philippe est déjà décédé en 1905, ainsi que le fils aîné de celui-ci, de sorte qu'Albert lui succède. En raison de son attitude au cours de la Première Guerre mondiale, Albert Ier est entré dans l'histoire comme le Roi-Chevalier. C'est là, pour une grande part, un mythe qu'Albert lui-même réfute, mais qui met l'accent non tant sur le « chevalier » que sur son attitude « chevaleresque ».

En tant que prince, Albert manifeste de l'intérêt pour les relations sociales et l'industrie. Son discours au Sénat sur la navigation (1906) et celui devant les ingénieurs et les industriels sur les transports ferroviaires et routiers (1908) le prouvent, de même que ses voyages à l'étranger, en Grande-Bretagne notamment, voyage spécifiquement axé sur l'industrie et la construction navale. Il se rend également aux États-Unis (1898) d'où il revient avec des sentiments mitigés. Il désapprouve, dans la guerre hispano-américaine, l'intervention américaine qu'il attribue à la souveraineté absolue de ce peuple. Pour lui, il s'agit là de l'expression d'une dérive de la démocratie.

Lorsqu'il accède au trône, un certain nombre de mesures en matière de défense nationale, non seulement fondent l'attitude qu'il adoptera tout au long de la Première Guerre mondiale, mais sont aussi à la base de tensions entre le souverain et le gouvernement, tensions qui plus tard s'avéreront fatales à son fils, Léopold III.

Le roi Baudouin, lors de la cérémonie d'ouverture de la Bibliothèque royale Albert Ier à Bruxelles. 17 février 1969. Laeken. Collection reine Fabiola.

La création, en 1911, du Grand Quartier général de l'armée enlève tout pouvoir au ministre de la Défense nationale. Toutes les matières militaires sont soustraites à la responsabilité ministérielle. Cependant, l'état-major général ne peut jouer le rôle de porte-parole du Roi, car, en droit, en vertu de la Constitution, seul le Roi est le chef des forces armées. Cette évolution et ses implications ancrent davantage la fonction militaire suprême du souverain. Albert n'y dérogera pas.

La loi sur le service militaire obligatoire a bien vu le jour sous Léopold II, mais le contingentement n'avait pas encore été mis au point. Comme aucune initiative dans ce sens n'émane du gouvernement, ni à la Chambre, ni au Sénat, Albert insiste sur un consensus en dehors du pouvoir législatif traditionnel en concertation avec les présidents des trois grands partis politiques (catholique, libéral

Le roi Albert Ier, pendant la Première Guerre mondiale, a surtout résidé à La Panne, derrière le front de l'Yser. De là, à plusieurs reprises, il rendit visite aux soldats dans les tranchées. Sur ces quatre photos prises par la reine Élisabeth, on voit le Roi lors d'une visite dans les tranchées près de Dixmude, le 2 juin 1917. Bruxelles. Archives du Palais royal.

et socialiste). Cela signifie, en fait, une reconnaissance de l'autorité des dirigeants des partis. Ce sont là aussi les timides premiers pas de la particratie qui, dans les années trente, sera fortement critiquée par Léopold III, et même, beaucoup plus tard, dans les années nonante, par l'opinion publique également.

Le « forcing » exercé par le roi Albert résulte en grande partie du besoin pressant de trouver une solution au contingentement, compte tenu de la course aux armements qui se généralise partout en Europe. Le 2 août 1914, Guillaume II, empereur d'Allemagne, lance en effet un ultimatum à la Belgique à propos du conflit entre la France et l'Allemagne. Vu les engagements pris jadis, en 1830, en matière de garantie du statut de neutralité de la Belgique,

Albert requiert l'aide des garants n'ayant pas de lien avec l'Allemagne, c'est-à-dire la Grande-Bretagne et la France, mais uniquement à partir du moment où l'attaquant violerait le territoire belge. Le recours aux garants a pour seul objectif une action commune et concertée sans sujétion à un commandant suprême. Ce principe sera maintenu jusqu'à la dernière année de la guerre. Il conduira cependant à des divergences d'opinion avec les garants qui, précisément, essayent d'imposer un haut commandement à leur propre profit ; il entraînera aussi des tensions avec le Premier ministre qui, soutenu par le conseil des ministres, exhorte le Roi à ne pas laisser son courage personnel, que concrétise son engagement militaire, prendre le pas sur sa fonction de chef de l'État.

Juste avant la Deuxième Guerre mondiale, le roi Léopold III et la reine Wilhelmina des Pays-Bas se sont efforcés de sauver la paix en Europe. Sur cette photo, on remarque le prince Baudouin en compagnie du Roi et de la reine Wilhelmina, dans les serres royales de Laeken, à l'occasion de la visite officielle de la Reine en Belgique. 24 avril 1939. Bruxelles. Archives du Palais royal.

Selon le raisonnement du roi Albert, associer nationalisme et identité nationale, comme le font les garants, vaut également pour la Belgique. Il estime cependant que son pays ne poursuit pas les mêmes objectifs de guerre que la Grande-Bretagne, qui vise la destruction de l'Allemagne. Par conséquent, il juge inutile d'engager ses soldats dans des offensives de grande envergure qui, en outre, ont tourné à l'échec dramatique et apporté peu de modifications dans la guerre de positions. Seule une paix équilibrée peut être profitable à la Belgique. C'est pourquoi il considère la France et la Grande-Bretagne comme des garants, mais des garants seulement, et non comme des alliés, et qu'il est opposé à un haut commandement. Albert agira cependant conformément aux directives de ce haut commandement mais rien de plus. Après la guerre, la Belgique devra en effet retrouver sa neutralité.

C'est peut-être en raison de cette opinion et de son action conséquente que le roi Albert s'est rendu immensément populaire, surtout chez ses soldats.

Après la fin des opérations militaires, le Roi rend compte au Parlement de ses actes et annonce un certain nombre de mesures partiellement élaborées lors de ce que l'on a appelé le « coup de Loppem ». Les mesures sociales comportent : le droit de grève, la liberté syndicale, la journée de huit heures de travail, la lutte contre l'alcoolisme et la promotion de l'hygiène sociale. Il faut y ajouter le droit de vote généralisé à 21 ans pour la population masculine et un traitement égal pour les deux langues nationales. En

CHAPITRE I - LA MONARCHIE BELGE

ce qui concerne la perpétuation de la neutralité, le Roi reste cependant dans le vague. Sur les cinq garants de 1830, il n'en reste plus que deux ; la Grande-Bretagne souhaite que la Belgique redevienne neutre afin de rester en dehors de la sphère d'influence française. En participant aux négociations de paix à Paris et Versailles et en avançant de fermes exigences en matière d'indemnisation, sous l'impulsion du Roi en personne, en obtenant des compensations par l'annexion des cantons de l'Est et l'attribution des territoires sous mandat du Ruanda-Urundi, la Belgique se profile plutôt dans le camp des Alliés. La neutralité d'avant-guerre est loin d'être retrouvée…
Pour la première fois est constitué un gouvernement tripartite qui, quoi qu'il en soit, réduit la liberté d'action du Roi parce que devient nécessaire un dosage précis dans la formation du gouvernement. Mais, tout compte fait, le roi Albert Ier a coulé la monarchie dans le béton.

Abdication du roi Léopold III. Bruxelles, 16 juillet 1951. Photo Actualit (Bruxelles). Archives du Palais royal.

Léopold III

« *Après s'être consacré tout entier à la Patrie, le roi Léopold III a mis fin à son règne par un geste dont la grandeur et l'abnégation suscitent l'admiration.* »

Baudouin, le 17 juillet 1951

Exprimé en années réelles de règne, celui de Léopold III a peut-être été le plus court et sans doute aussi le plus dramatique.
Léopold succède à son père de manière assez inattendue, lorsque celui-ci perd accidentellement la vie lors d'une escalade (1934). Le contexte dans lequel se trouve la Belgique à ce moment-là n'est pas particulièrement rose. Même si des progrès ont été enregistrés sur le plan social, on continue à ressentir les séquelles de la Première Guerre mondiale : la réparation des dommages de guerre n'évolue pas comme souhaité, tandis que l'activisme pose le problème de l'amnistie. Alors que l'égalité de traitement des langues évolue lentement mais de façon favorable, on voit surgir dans le paysage politique des extrémismes de gauche et de droite. La dépression économique mondiale se fait également sentir en Belgique depuis les années trente. La tension subsiste sur le plan international : un nouveau conflit mondial menace d'éclater, auquel la Belgique peut difficilement échapper.
Fidèle à l'esprit de son père, mais sans automatisme cependant, le roi Léopold III souhaite ramener, en plusieurs étapes, le pays à la neutralité. Tout d'abord, maintenir le cap de la politique d'indépendance parallèlement au développement d'un appareil de défense modernisé

(1936-1937), ensuite, en matière de politique étrangère, promouvoir et étendre la coopération économique avec des pays européens non alignés (le groupe d'Oslo). Le Roi essaie de la sorte d'établir une zone tampon entre les grandes puissances qui s'opposent, tout en effectuant plusieurs tentatives de médiation et en prenant de nombreuses initiatives de paix. Le temps presse cependant. L'éclatement de la Deuxième Guerre mondiale accélère la reconduction de la stricte neutralité, afin que la Belgique puisse être maintenue le plus longtemps possible en dehors du conflit (1939).

En mai 1940, la Belgique est entraînée dans la guerre. Le Roi dirige les opérations militaires, se trouve séparé de son gouvernement et, finalement, fait prisonnier par l'occupant allemand. Jusqu'en juin 1944, il séjourne en tant que prisonnier de guerre en Belgique, pour être ensuite déporté. Le pays est peu à peu libéré, mais le Roi doit s'exiler. C'est là le début de la Question royale qui divisera politiquement le pays à propos du retour ou non du Roi.

Sur son bureau à Bruxelles, le roi Baudouin a placé les photos du roi Léopold III et de la reine Fabiola. Photo Van Parys Media (Bruxelles).

Le prince Charles

Depuis la déportation de Léopold III, son frère, le prince Charles, assume la Régence (1944-1950). Malgré une forte pression pour supprimer la monarchie, le Régent réussit à la maintenir. Sous la Régence, la question de la répression de la collaboration sera à l'ordre du jour, mais aussi et surtout la reconstruction du pays. Un pacte social est conclu.

Tant le prince Charles que le roi Léopold III disparaîtront de la scène politique. Lorsque le Roi rentre finalement au pays, le Régent se retire, mais Léopold III abdique en faveur de son fils aîné Baudouin qui accédera au trône, d'abord comme Prince royal (1950), ensuite comme cinquième Roi des Belges. Léopold, lui, se consacrera à des voyages d'exploration ethnographique, et Charles, à la peinture.

Bien que les textes de loi *ad hoc* soient restés à peu près inchangés depuis Léopold Ier, la royauté a, dans les faits, subi toute une évolution. Les prérogatives royales ont été réduites par une interprétation restrictive et une influence croissante des dirigeants des partis politiques et non par une influence plus importante des Chambres. C'est peut-être pour cela que la monarchie reste l'élément fondamental d'un équilibre politique acceptable et, avant tout, du maintien de la cohésion nationale. C'est pour la même raison que la royauté n'est pas réduite à n'être qu'un décorum ou une pure symbolique, mais qu'elle reste essentielle pour la reconnaissance internationale de notre pays, ce qui permet à ses habitants de profiter pleinement de leurs libertés.

CHAPITRE II

D'un petit prince à un très jeune roi

CHRISTIAN KONINCKX

UN PRINCE HÉRITIER EST NÉ

Dixmude, le 7 septembre 1930. Une foule impatiente attend la venue du prince Léopold, duc de Brabant. Il doit inaugurer un monument à la mémoire du général baron Jacques de Dixmude, qui s'était distingué à l'Yser pendant la guerre de 1914-1918. Mais le Prince n'arrivera jamais. Que s'est-il donc passé ? Le fils aîné du roi Albert et de la reine Élisabeth a épousé Astrid, princesse de Suède. Astrid est la troisième fille du prince Carl, frère de Gustave V, roi de Suède, et de la princesse Ingeborg de Danemark[1]. Du mariage de Léopold et Astrid est née, en 1927, une fille du prénom de Joséphine-Charlotte[2]. En 1930, Astrid attend à nouveau un heureux événement. La présence du prince à la cérémonie à Dixmude est toutefois prévue depuis des mois et ne serait reportée que si la naissance devait perturber ce programme. En cette journée de septembre, tout semble paisible. Au château du Stuyvenberg, Léopold s'installe dans sa torpédo, une Bugatti rouge. Il prend lui-même le volant car il aime conduire. Le Prince est donc sur le point de partir et Astrid l'accompagne jusqu'à sa voiture. Elle lui demande d'appeler dès son arrivée à Dixmude.

Il est environ dix heures du matin. La voiture vient à peine de franchir les grilles du Stuyvenberg ; Astrid est allée s'allonger dans le salon pour y lire le journal du dimanche et bavarder avec sa mère, la princesse Ingeborg, lorsqu'elle ressent les premières douleurs. Elle est prise d'un fou rire qui, après quelque hésitation, gagne aussi la princesse Ingeborg. Mère et fille sont conscientes de l'aspect quelque peu comique de la situation, puisque Léopold vient à peine de partir[3].

Quant à Léopold, il arrive à la villa royale à Ostende, où il doit prendre une limousine pour se rendre à Dixmude. Un télégramme de sa belle-mère l'informe de la naissance imminente. Léopold décide de rentrer à Bruxelles, séance tenante. À 14 h 30, il est revenu à Laeken et dès 16 h 25, il tient fermement le nouveau-né dans ses bras. Les docteurs Spies et Lebœuf ont assisté à l'accouchement : c'est un garçon, il pèse 4,040 kilos. Bientôt résonnent sur Bruxelles cent un coups de canon, qui annoncent l'heureux événement : un petit prince est né...

Les fonctionnaires se voient accorder un demi-jour de congé, les écoliers un jour entier et les militaires un jour supplémentaire de « service dimanche ».

Les jeunes parents ont à présent un fils. Ils en sont d'autant plus heureux que la succession est désormais assurée à la troisième génération. Albert Ier occupe le trône depuis 1909 et Léopold est son héritier. L'heureux événement est célébré avec un faste particulier : en cette année 1930, la Belgique fête les cent ans de son indépendance. Des manifestations et des festivités sont prévues dans tout le pays. Des expositions internationales se tiennent à Liège et à Anvers ; c'est là que les visiteurs apprendront, ce même jour, par la voix des haut-parleurs, l'heureuse nouvelle de la naissance.

La cérémonie solennelle du baptême a lieu le 11 octobre, en l'église Saint-Jacques-sur-Coudenberg. Le parrain est le roi Albert Ier, la marraine la princesse Renée de Bourbon-Parme, née Margrethe, princesse de Danemark, la plus jeune sœur de la princesse Ingeborg[4]. Le petit Prince reçoit au baptême le prénom de Baudouin et le titre de comte de Hainaut[5].

Son prénom, Baudouin, rappelle celui du frère aîné du roi

Le prince Baudouin avec la reine Astrid. 1935. Photo Marcel Sternberger (Londres). Bruxelles. Archives du Palais royal.

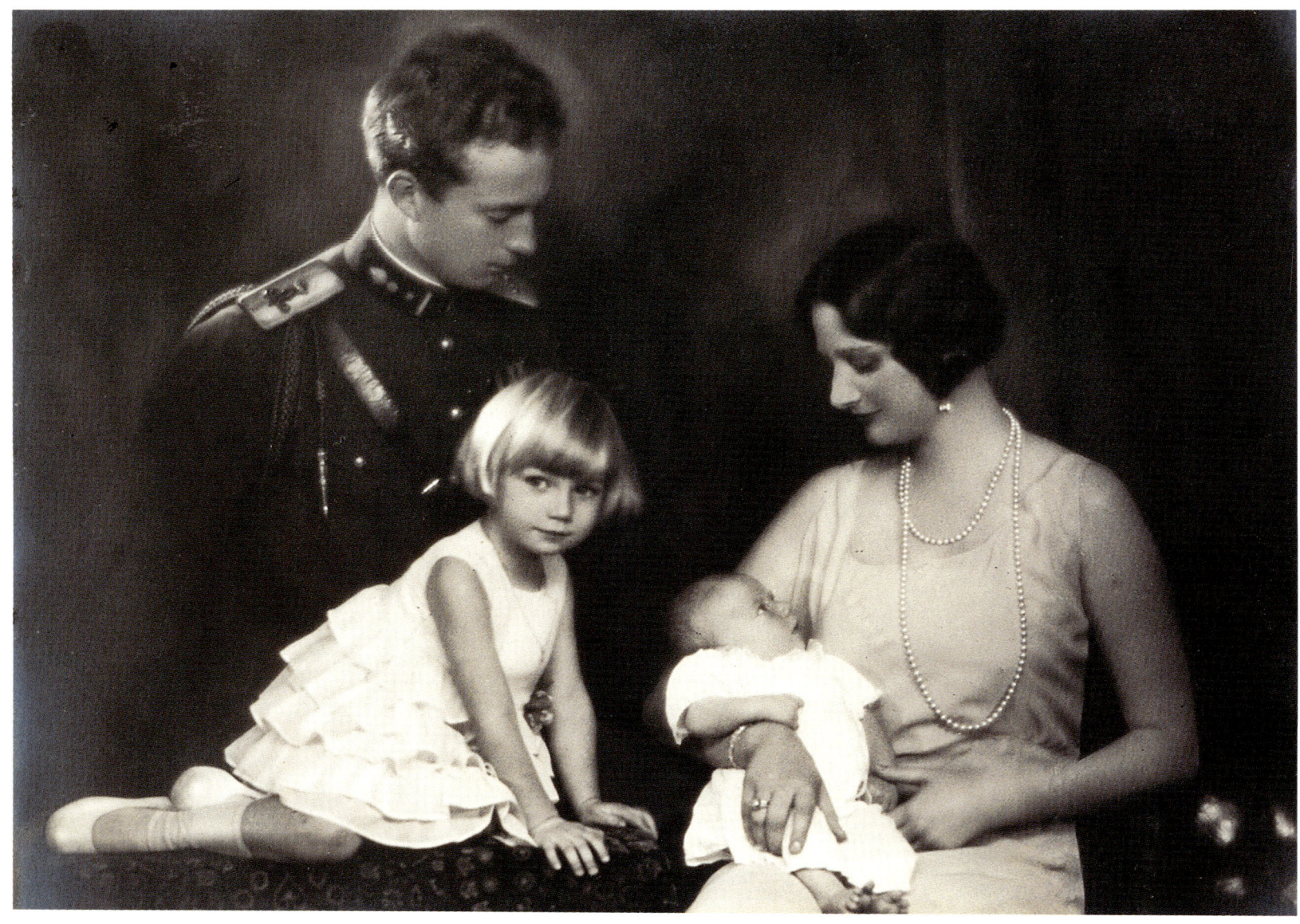

Le prince Léopold, la princesse Joséphine-Charlotte et la princesse Astrid avec le prince Baudouin. 1930. Photo R. Marchand. Bruxelles. Mémorial roi Baudouin.

Albert Ier, né en 1869, décédé prématurément en 1890, à la suite d'un grave refroidissement. Il ravive également le souvenir des nombreux comtes de Flandre et de Hainaut, parmi lesquels le comte Baudouin de Flandre, qui devint, à Constantinople, empereur de l'Empire byzantin. Cet ancêtre allait beaucoup fasciner Baudouin durant son enfance.

CINQ ANNÉES DE BONHEUR

Léopold et Astrid occupent depuis peu le château du Stuyvenberg, à Laeken. L'hôtel Bellevue, situé place des Palais, au cœur de Bruxelles et dans un quartier déjà animé à l'époque, où le jeune couple s'était installé après son mariage, en 1926, cet hôtel ne convient plus à la jeune famille. L'endroit manque de calme et offre peu d'espace de jeu. Léopold continue cependant à l'utiliser comme lieu de travail[6].

Un témoignage privilégié à propos du jeune prince Baudouin est celui de sa tante Marie-José, sœur de Léopold, qui écrit : « Ce jeune prince avait reçu des fées, à son berceau, l'intelligence de son père et le cœur de sa mère[7]. » Baudouin étant encore au berceau, ces traits de caractère n'avaient pas dû se manifester très clairement ; mais, bien plus tard, cette affirmation s'avérera très proche de la réalité.

Les premières années du prince Baudouin s'écoulent dans le calme et la sécurité d'une famille heureuse qui, quatre ans plus tard, s'agrandit : un petit frère, l'actuel roi Albert II, naît le 6 juin 1934.

Joséphine-Charlotte et Baudouin se rendent souvent à Villers-sur-Lesse, un domaine que Léopold et Astrid ont fait aménager à leur goût comme seconde résidence, loin

Le prince Baudouin avec sa sœur, la princesse Joséphine-Charlotte (1932 ?). Bruxelles. Mémorial roi Baudouin.

La mise à l'eau de la malle Ostende-Douvres, qui portait son nom, fut la première obligation officielle du prince Baudouin. (Hoboken, 1933). Photo Actualit (Bruxelles). Bruxelles. Archives du Palais royal.

des obligations de la vie officielle ; ils vont aussi à la côte, dans la villa « Rœmah Laœt », au Zoute, près de Knokke[8]. Les trois enfants se rendent également régulièrement en Suède, à Fridhem, résidence secondaire des parents d'Astrid[9] et séjournent parfois à la villa Haslihorn, en Suisse[10].

Tout le monde sait que, lorsqu'elle était en mesure de le faire, Astrid s'occupait personnellement de l'éducation de ses enfants, ce qui paraissait quelque peu étrange aux yeux de la bourgeoisie de l'époque. Il n'est pas tout à fait exact d'expliquer l'attitude d'Astrid par le fait qu'en Suède, le mode de vie était différent. Car en Suède aussi, tant à la Cour que dans la bourgeoisie aisée, l'éducation quotidienne des enfants était confiée au personnel domestique et à des gouvernantes. Mais c'était bien un choix personnel d'Astrid, un choix destiné à vaincre une grande timidité. En effet, enfant, Astrid était plutôt farouche. Elle devient plus spontanée et plus extravertie lorsque, à sa propre demande, elle suit des cours à Stockholm, d'abord dans une école de puéricultrices, puis dans une école ménagère. À partir de ce moment-là, Astrid réussit à vaincre une timidité « innée ». En effet, l'accomplissement de simples tâches ménagères permet à sa personnalité de s'épanouir pleinement. La naissance de ses enfants y contribuera aussi.

Il ne faudrait pas non plus s'imaginer qu'Astrid s'occupe à présent de ses enfants en permanence. En tant qu'épouse de l'héritier du trône, elle accompagne Léopold à de nombreuses cérémonies officielles. En outre, ils effectuent ensemble trois voyages qui vont durer des mois. Le 23 novembre 1928, Léopold et Astrid partent en voyage d'études dans les Indes néerlandaises. Ils ne reviennent que le 2 juin 1929. Après la naissance de Baudouin encore, ils entreprennent, au début de 1932, un voyage en Asie orientale française. En juin, on les retrouve en Belgique. Le 30 décembre 1932, ils s'embarquent pour un voyage au Congo belge. Vers la mi-avril 1933, Léopold et Astrid rentrent en Belgique. Tous ces voyages durent près de six mois ou plus. Les enfants n'accompagnent pas leurs parents dans ces longs déplacements. Et lorsque, le 17 février 1934, le roi Albert Ier perd la vie lors d'une escalade à Marche-les-Dames et que Léopold lui succède, le jeune couple royal dispose de moins de temps encore à consacrer aux enfants.

Le 29 août 1935, Astrid trouve la mort dans un accident de voiture à Küssnacht, en Suisse[11]. Pour Léopold qui, bien que blessé, survit à l'accident, c'est un véritable drame. Seule Joséphine-Charlotte comprend quelque peu la portée de l'événement. Baudouin n'a pas encore cinq ans et Albert a quinze mois à peine. Il n'est guère étonnant dès lors que ni Baudouin ni Albert n'aient conservé des souvenirs précis de leur mère. Il n'empêche qu'avec le temps, ils ressentiront de manière de plus en plus intense le besoin d'une mère. Il n'est pas étonnant non plus que leur réaction spontanée émeuve plus leur entourage qu'eux-mêmes : ils sont encore de bien jeunes enfants. Un exemple caractéristique : lorsque Joséphine-Charlotte et Baudouin reviennent de Suède, en septembre 1937, ils débarquent à Anvers et sont conduits à la gare centrale. En attendant le train pour Bruxelles, les petits princes se promènent dans la monumentale salle d'attente où se trouve un buste d'Astrid. Baudouin le montre à sa sœur et dit : « Voilà maman ! » Cela fait une telle impression sur le personnel de la sécurité qu'ils mentionnent cet incident dans leur rapport écrit destiné à leurs chefs[12].

La reine Astrid et ses deux enfants. Bruxelles. Archives du Palais royal.

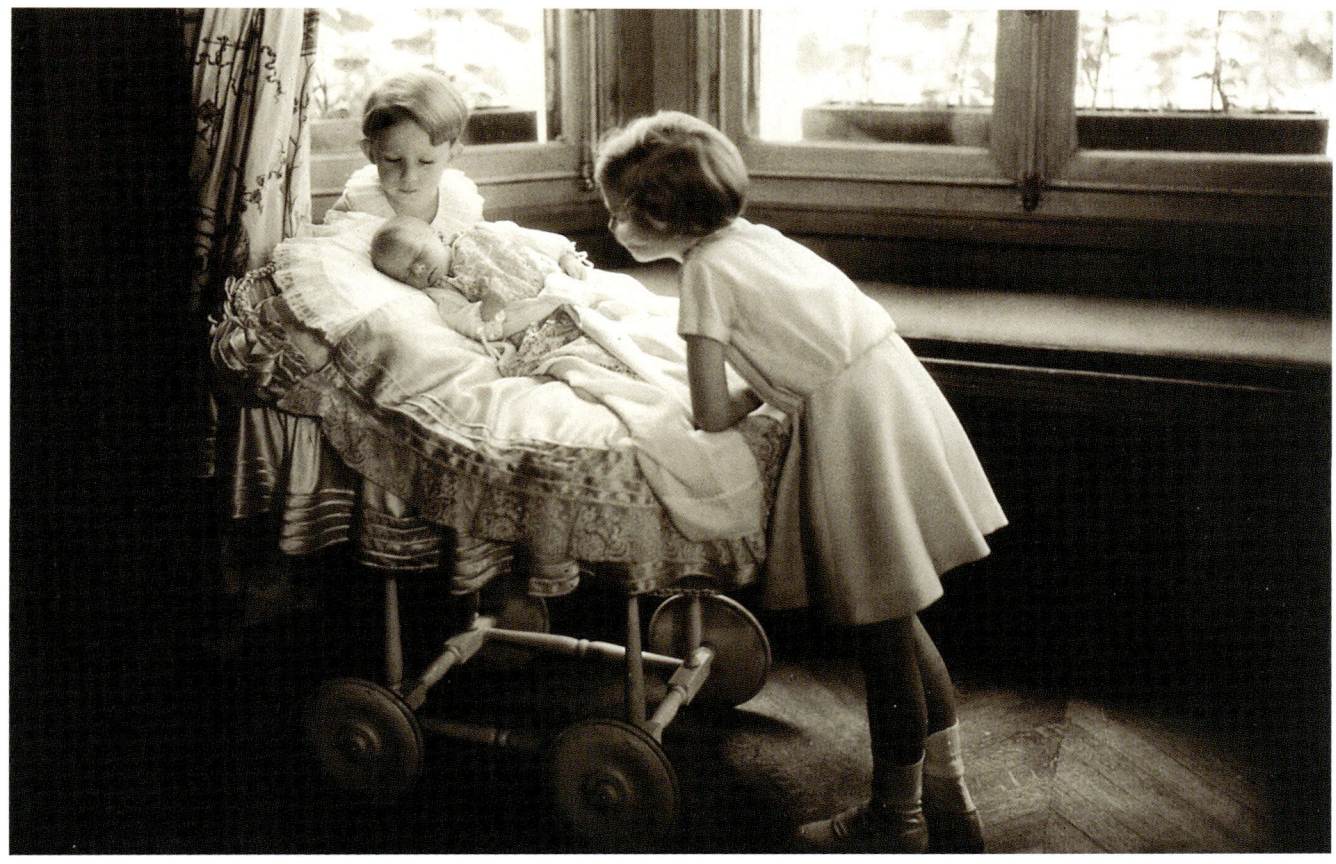

La princesse Joséphine-Charlotte et le prince Baudouin en admiration devant leur petit frère Albert. Bruxelles, juin 1934. Photo R. Lonthie (Bruxelles).
Bruxelles. Archives du Palais royal.

Le roi Léopold III, la reine Astrid et leurs trois enfants. Mai 1935. Photo R. Marchand (Bruxelles).
Bruxelles. Archives du Palais royal.

LA VIE SANS ASTRID

Le décès inopiné d'Astrid implique de toute façon le recours à des gouvernantes. En tant que souverain régnant, ayant un agenda chargé, Léopold ne dispose évidemment que de très peu de temps pour s'occuper lui-même de ses enfants. L'éducation des enfants royaux se fera finalement selon un schéma traditionnel, comme ce fut le cas pour tant de générations de princes avant eux. Mais Léopold lui-même éprouve beaucoup de difficultés à la suite de la disparition de sa chère Astrid. Le personnel de la Cour se rappelle à quel point le château de Laeken résonnait sinistrement lorsque le Roi tournait en rond, inconsolable et en pleurs. Pour ne pas être confronté en permanence à l'endroit qui lui rappelle neuf ans de mariage heureux, il préfère quitter le Stuyvenberg pour le château de Laeken. Pour Baudouin, il choisit une gouvernante à demeure et c'est ainsi qu'entre en service la Hollandaise Margaretha de Jong.

L'arrivée de Mademoiselle de Jong à Laeken date de janvier 1936. Engagée par l'entremise d'une annonce publiée en français dans le *Nieuwe Rotterdamsche Courant*, Mademoiselle de Jong est sélectionnée parmi quelque deux cent cinquante candidates. La décision finale est prise conjointement par le roi Léopold, la reine Élisabeth et sa belle-sœur Éléonora, duchesse en Bavière[13].

L'avenir démontrera que cette décision eut une incidence favorable sur la vie affective de Baudouin. Au début, ce n'est pas évident : au cours des premières semaines, Baudouin se montre plutôt méfiant, alors que Mademoiselle de Jong n'est pas certaine de pouvoir gagner la confiance du petit prince. La reine Élisabeth attire son attention sur le fait que Baudouin est docile, soucieux de bien faire, de ne causer de chagrin à personne, en d'autres termes, d'être obéissant, mais qu'il a néanmoins son caractère entier, qu'il est très sensible, sentimental et parfois aussi timide. Baudouin, il est vrai, a des traits communs avec son père et sa mère. L'intuition de tante Marie-José était donc exacte.

Le bilinguisme est une nécessité dans l'éducation du petit prince et héritier du trône, mais aussi pour les deux autres enfants royaux ; aussi, en famille, on parle le français la première moitié de la semaine et le néerlandais les autres jours. Mais pour acquérir une connaissance plus approfondie du néerlandais, il faut plus que cette pratique limitée. L'été 1935, le roi Léopold décide tout d'abord d'envoyer Joséphine-Charlotte et Baudouin à Noordwijk-aan-Zee, dans la famille van de Mortel. Le docteur J.B.M.V.J. van de Mortel est bourgmestre de la ville. Tout en jouant, les petits princes apprennent le néerlandais avec les enfants van de Mortel, Sabine et Jan-Hein ; mais à l'époque déjà, la presse poursuit les enfants royaux. En outre, il y a quelques protestations contre le fait qu'ils vont apprendre la langue aux Pays-Bas alors que cela peut se faire tout aussi bien en Belgique. D'un point de vue psychologique, il est évident qu'une gouvernante néerlandaise à demeure constitue une solution plus adéquate et peut en outre favoriser une relation entre le prince et son éducatrice. La langue courante avec « Juffrouw » sera donc le néerlandais. En même temps, Mademoiselle de Jong pourra quelque peu combler le vide laissé par la disparition de la maman. Margaretha de Jong est une femme très dynamique, pleine d'humour et de volonté, mais qui a néanmoins son franc-parler ; aussi, après quelques semaines de réticences de la part de Baudouin, un lien d'affection, s'est forgé entre eux. Le petit prince en a grand besoin, car il est souvent inquiet, anxieux. Il est presque certain que Mademoiselle de Jong a eu une influence particulière bienfaisante sur Baudouin ; malheureusement, la guerre qui éclate en 1940 les séparera. Mademoiselle de Jong accompagne le prince dans presque tous ses déplacements. Léopold tient en effet à ce que ses enfants changent souvent d'environnement pour mieux se développer dans des milieux simples et naturels, plutôt que dans l'immense château de Laeken, peu enchanteur. D'où leurs nombreux séjours à la mer, à La Panne ou à la villa « Rœmah Laet », au Zoute, au château de Ciergnon en Ardenne ou à Fridhem en Suède, en Italie chez l'oncle Umberto et la tante Marie-José ou, plus tard encore, à la pension pour enfants « Marie-José », à Gstaad, en Suisse. À ces occasions, les enfants royaux entrent en contact avec les jeunes de leur âge et surtout avec leurs petits cousins et cousines : Maria Pia (°1934), fille d'Umberto et de Marie-José, Folke (°1931), fils de Folke Bernadotte, comte de Wisburg, et aussi avec Ragnhild (°1930) et Astrid (°1932), filles de la princesse Martha, une autre sœur de la reine Astrid. Baudouin tombe d'ailleurs amoureux d'Astrid, qui a deux ans de moins que lui[14]. Qui oserait affirmer qu'étant enfant, il n'a jamais été amoureux d'une charmante cousine ?

Pour rendre les choses plus agréables à ses enfants, le Roi a fait construire dans le grand parc de Laeken une maisonnette à leur taille. Entourant une pièce de séjour commune, chacun y a sa petit chambre. Ainsi, les princes et la princesse peuvent-ils organiser leurs loisirs à souhait : cuisiner eux-mêmes, recevoir des petits camarades ou même des grandes personnes[15]. Peut-être Léopold s'est-il inspiré de la maisonnette du parc de Fridhem.

EN CLASSE ET EN VACANCES

L'année où Mademoiselle de Jong entre en service, Baudouin commence à aller en classe. Une petite classe est organisée au Palais de Bruxelles et au château de Laeken ; Baudouin y suit le programme de l'école primaire, sous le contrôle de Mademoiselle Berger, avec trois enfants de son âge et issus de milieux différents. Gatien, vicomte du Parc Locmaria, gouverneur de Baudouin, coordonne les cours. Lui-même enseigne le français, les mathématiques, l'histoire et la géographie. Mademoiselle de Jong se charge, elle, du néerlandais, tandis que Monseigneur Colle enseigne la religion.

Le prince Baudouin est un élève assidu et docile. Sa connaissance des langues se développe, mais il brille surtout dans la reproduction fidèle de cartes géographiques précises et d'esquisses minutieuses pour les leçons de sciences naturelles. Des dictées, des devoirs ainsi que des bulletins ont été conservés et témoignent des progrès pédagogiques du prince. Fils de roi ou non, Baudouin doit parfois recommencer entièrement son devoir. Il est souvent réprimandé pour son écriture. Et, en religion, il aura même un jour une mauvaise note. Et cela n'étonnera personne d'apprendre qu'avec son frère et sa sœur, il entonne la prière du soir sur les notes de la marche franco-wallonne bien connue *Sambre et Meuse*. Car Baudouin ne diffère en rien des garçons de sa génération. Néanmoins, il préfère agir calmement, contrairement à Joséphine-Charlotte et à Albert qui sont plus turbulents et ont plus d'audace. Comme tous les enfants de son âge, Baudouin se prend tantôt à rêvasser, tantôt à scruter l'horizon. Un jour, on croit qu'il s'est perdu, mais après de longues recherches, on le retrouve haut perché dans un arbre où, selon ses propres dires, il était en train d'étudier la stratosphère[16]. Peut-être était-ce là déjà une indication de son goût pour l'astronomie ?

Mais Baudouin aime surtout bricoler, modeler l'argile, travailler avec les ciseaux et le pot de colle, fabriquer des maisonnettes de poupée, des petits meubles, des petites voitures... sans parler de sa passion pour les trains. Peut-être un trait de famille, car son grand-père, Albert, et l'oncle Charles aussi étaient passionnés par les trains. Jusqu'au lointain oncle Carol, roi de Roumanie[17], qui promet un jour à Baudouin le plus formidable train électrique qui soit ; malheureusement pour le petit prince, il n'a jamais tenu sa promesse.

Petit à petit, le prince prend part à des manifestations officielles. Le 16 septembre 1933, il assiste, au chantier naval de Hoboken, au lancement de la malle *Prince Baudouin*, pour la ligne Ostende-Douvres. Six ans plus tard, en juin

*Le prince Baudouin sur les marches de la maisonnette du jardin de Fridhem. Été 1936. Photo Margaretha de Jong.
Bruxelles. Mémorial roi Baudouin.*

1939, il assiste, au même chantier, au lancement du *Baudouinville*, destiné à assurer la liaison avec le Congo. Le 5 mai 1935, il préside même le congrès international pour la Croix-Rouge de la Jeunesse, au grand palais du Heysel. À partir de 1937, sa présence à des manifestations publiques devient beaucoup plus fréquente : au programme figurent une exposition, une pièce de théâtre, la présentation d'un film, la visite d'un chantier, la revue d'un cortège, la présence à une inauguration, un *Te Deum*.

Au début, il n'aime pas trop les obligations officielles, mais cela change bien vite. Baudouin découvre rapidement qu'il doit faire aussi des choses moins agréables et, comme il le dit lui-même à l'époque, *parce qu'il le faut*. Cette conscience du devoir le marquera et restera chez lui une constante tout au long de sa vie. En même temps, il développe en lui le sens de la serviabilité. Déjà en tant qu'enfant, il est plein d'attention pour les gens qu'il rencontre ou avec lesquels il entre en contact. Souvent, il devance le personnel de la Cour pour se montrer serviable. Plus encore, il se préoccupe du sort des autres, ce qui, des années plus tard, lorsqu'il sera devenu roi, caractérisera sa légendaire disponibilité à l'écoute des autres.

Après le décès de la reine Astrid, la villa « Haslihorn », en Suisse, est abandonnée comme résidence de vacances. Cette villa intime et retirée, où tout rappelle Astrid, fait en effet trop souvent ressentir son absence. Dorénavant, les enfants royaux iront en vacances à la pension pour enfants « Marie-José » à Gstaad. Cette solution offre l'avantage que les petits princes rencontrent des camarades avec qui ils peuvent rivaliser dans le jeu, le ski ou le patinage.

Au cours de l'été 1937, Joséphine-Charlotte et Baudouin sont à Gstaad. Mademoiselle Racine, qui dirige la pension, reste en contact avec du Parc et met surtout l'accent sur la nécessité de sortir les enfants royaux de leur isolement. Le

En 1936, à la demande du roi Léopold et de la reine Élisabeth, une « maisonnette » fut construite pour les princes dans une clairière du parc de Laeken. Elle disposait d'une grande terrasse couverte avec un espace de jeu, d'un coin salon et d'une chambre à coucher pour chacun des trois princes. Ces deux photos montrent la « maisonnette des princes » en 1937. Bruxelles. Archives du Palais royal.

Le prince Baudouin et la princesse Joséphine-Charlotte. Photo R. Marchand (Bruxelles). Bruxelles. Archives du Palais royal.

10 août, elle écrit : « Ce que l'on aimerait trouver pour les Princes, ce que l'on aimerait pouvoir fabriquer pour eux, ce seraient des camarades ingénieux, inventifs, vifs, même un peu téméraires, pour Baudouin qui manque tant d'esprit d'aventure et est si peu entreprenant ; des camarades qui donnent à l'un et à l'autre ce qui leur manque… au prince Baudouin, un amour de l'expérience, du « daring » sans quoi la vie devient bien terne[18]. »

Au cours de l'hiver 1938, Joséphine-Charlotte et Baudouin sont à nouveau à Gstaad. Joséphine-Charlotte s'épanouit et se montre une skieuse fervente et rapide. Cela vaut aussi, mais dans une moindre mesure, pour Baudouin. Mademoiselle Racine continue à suivre les princes de très près et fait rapport à du Parc sur les progrès qu'ils réalisent. Au début de janvier, elle écrit à propos de Baudouin : « Il fait tout comme tout le monde, ne se fait pas remarquer, et passe totalement inaperçu dans la masse… Je le trouve même beaucoup moins craintif qu'il n'était, et dans les sports, il fait aussi des choses stupéfiantes[19]. » Quinze jours plus tard, Mademoiselle Racine écrit à nouveau à du Parc à propos de Baudouin, mais de façon plus détaillée : « Quant au prince Baudouin, tout a été bien mieux que ce que j'attendais. Mais son manque de naturel se fait tout de même voir, souvent dans les choses les plus insignifiantes, et c'est ce manque de simplicité qui le pousse à se faire remarquer en l'exagérant encore. J'ai peine à faire croire que cet enfant, que j'ai tant aimé et suivi de si près depuis tout petit, et que j'imaginais si différent, soit changé à ce point. Quand il avait l'âge du prince Albert et même un an de moins, c'était sa terreur de ne pas faire comme les autres ou de se faire remarquer en quoi que ce soit. » Et Racine poursuit : « Ici, cet hiver, il marche avec les autres, mais parfois, en parlant, en marchant, je vois ce manque de naturel, ce quelque chose d'apprêté qu'il a à son insu, tellement c'est entré dans sa nature. Mais comme il a une sainte horreur que je lui fasse une remarque, même brève, devant les autres, il se tient de son mieux, et j'aurais mauvaise grâce à me plaindre[20]. »

Le prince Baudouin devant son wigwam. Knokke (?), 1937. Photo Margaretha de Jong. Bruxelles. Mémorial roi Baudouin.

Le roi Léopold III et le prince Baudouin. Bruxelles. Archives du Palais royal.

Dans sa lettre, Mademoiselle Racine précise aussi : « ... je n'en écris rien à S.M. la Reine, pour qui ces étrangetés de caractère sont un charme de plus. »

Ce commentaire est riche en enseignement. Mais il ne faut cependant pas y chercher plus que ce qu'il ne contient. Il n'était certes pas facile de trouver, pour des enfants royaux, le milieu adéquat dans lequel ils auraient pu vivre et s'épanouir sans entraves. Nous connaissons les circonstances particulières dans lesquelles se trouvait cette famille, et les tentatives du Roi pour les compenser, dans la mesure du possible. Il n'est pas certain que le fréquent changement de milieu y ait toujours contribué positivement, car, de cette manière, les enfants ont finalement toujours manqué d'un vrai « chez soi ». Les séjours à l'étranger impliquent naturellement des mesures de sécurité supplémentaires. Les photographes de presse doivent constamment être tenus à distance afin de protéger la vie privée des enfants. En février 1938, à Gstaad, une menace anonyme est même adressée à l'encontre des enfants royaux[21]. Cela vaut quelques maux de tête aux accompagnateurs, mais les enfants royaux n'en subissent pas ou peu d'inconvénients.

En septembre 1939, Baudouin a neuf ans et il se voit confié à d'autres enseignants. Paul Paelinck est désigné pour les mathématiques, les sciences naturelles et la géographie et, plus tard, le néerlandais. Ces branches sont enseignées en néerlandais, mais l'équivalent des termes et des notions évoqués dans ses cours sont systématiquement appris en français aussi. Jacques Duesberg enseigne le français et l'histoire, tandis que Théophile Champagne se charge de l'éducation physique. Au début, les mathématiques donnent bien du fil à retordre à Baudouin. Mais son père tient à ce qu'il les maîtrise, quel que soit le calvaire que cela représente. Peut-être est-ce là une attitude caractéristique d'un père ayant eu une formation militaire ? Plus tard, les mathématiques n'auront plus de secrets pour Baudouin et constitueront même un jeu et un passe-temps.

En 1939, on songe aussi à ses loisirs. On envisage l'intégration du prince dans un mouvement de jeunesse. En décembre, une meute de louveteaux est définitivement constituée. Henry Briffaut – Akela –, Francis van Put – Bagheera – et Pierre Van Haelteren – Balloo – sont désignés comme chefs de meute. La meute elle-même se compose d'une dizaine de louveteaux catholiques néerlandophones, tous, à l'exception d'un seul, provenant de la région anversoise, et d'un nombre égal de jeunes catholiques francophones, ainsi que de onze jeunes « neutres » de Bruxelles et de sa périphérie. Le milieu familial de

*Le roi Léopold III, le prince Charles et le prince Baudouin au tombeau du Soldat inconnu.
11 novembre 1938.
Bruxelles.
Archives du Palais royal.*

*Le prince Baudouin et le prince Albert reçoivent une délégation d'agriculteurs dans le cadre de l'action « Gerbes du Roi ».
25 mars 1943.
Photo
E. De Jong
(Bruxelles).
Bruxelles.
Archives du Palais royal.*

*Le prince Baudouin dans une classe à Ciergnon.
Bruxelles.
Mémorial roi Baudouin.*

chaque louveteau est examiné de près et, le 9 décembre 1939, le roi Léopold donne son approbation au projet[22]. La meute va par la suite se réunir régulièrement à Laeken, bien qu'il ne soit pas toujours facile à ses chefs de se libérer. En effet, la mobilisation a été décrétée et Briffaut et van Put sont rappelés.

L'EXODE

La menace d'une guerre prochaine augmente de jour en jour. En avril 1940, le roi Léopold fait préparer l'abri à côté de la villa « Maskens », à La Panne. Pendant la Première Guerre mondiale, le roi Albert Ier et la reine Élisabeth ont séjourné dans cette villa. Le roi Léopold, qui ne laissait rien au hasard pour assurer à ses enfants une protection et une sécurité maximales, souhaite que les issues et bouches d'aération soient libérées et que l'on installe l'électricité. En vue de s'assurer de la qualité de l'eau à la côte, il donne ordre de consigner sur carte les réseaux d'évacuation des eaux usées vers la mer, et d'approvisionnement en eau potable pour toute la côte. Accompagnés de Paelinck et Duesberg, les princes Baudouin et Albert devaient en effet arriver à La Panne le 10 mai. Mais c'était compter sans la guerre qui allait bientôt éclater. Les Princes devaient rentrer à Laeken le 14, et les 16 et 17 mai, Baudouin devait en principe retourner à La Panne.

Lorsque, le 10 mai 1940, la Belgique est entraînée dans la Deuxième Guerre mondiale, toutes les habitudes sont ébranlées. Celles des enfants royaux n'y échappent pas.

Ce 10 mai crucial, à six heures du matin, le Roi convoque du Parc. Lorsque ce dernier arrive au Palais royal, le Roi interrompt la réunion qu'il tient avec ses ministres. Il demande à du Parc de partir le plus vite possible pour La Panne et d'emmener les jeunes princes et la reine Élisabeth. « Vous direz à Ma Mère de Ma part que Je désire absolument qu'Elle parte avec les Enfants, j'insiste fermement, il n'y a rien à faire pour Elle ici, en ce moment. Il faut qu'Elle parte », note du Parc dans son rapport, et le Roi prend congé en lui disant : « Je compte sur vous, du Parc. » Ce dernier se retire et organise, avec le major Corthouts, la colonne qui doit conduire la Reine et les enfants à la côte. En fait, il s'agit des derniers préparatifs, car des dispositions ont déjà été prises depuis longtemps.

À huit heures et demie, du Parc se rend à Laeken pour aller chercher Joséphine-Charlotte, Baudouin et Albert. Les enfants se trouvent dans « la maisonnette ». Bruxelles est à nouveau bombardée, de sorte que tous se sauvent vers l'abri. Du Parc se rend ensuite à la « villa des Palmiers »,

D'UN PETIT PRINCE À UN TRÈS JEUNE ROI - CHAPITRE II 37

La princesse
Joséphine-Charlotte,
le prince Albert,
le prince Baudouin et
la reine Élisabeth.
Photo Alban (Bruxelles).
Bruxelles. Archives du
Palais royal.

dans le parc du château de Laeken, où habite la reine Élisabeth. Il lui transmet le message du Roi, à quoi Élisabeth réplique : « Je ne puis partir maintenant, je ne puis laisser les "papiers d'Albert", je vais téléphoner à Mon Fils. » À ce moment, entre le colonel van Caubergh. Il est envoyé par le Roi qui, entre-temps, est parti pour le Grand Quartier général à Breendonck. Le colonel communique que le Roi a modifié ses plans. Il ne veut plus envoyer les enfants à La Panne, mais à Russy, dans le Calvados, chez Monsieur et Madame Dufour, des amis personnels du Roi.

Pendant l'entretien entre Élisabeth, du Parc et van Caubergh, on décide qui, des gouvernantes, doit rejoindre la colonne. Il y a quelques hésitations à propos de Mademoiselle de Jong, la gouvernante de Baudouin. Van Cauberg dit qu'elle est si nerveuse... qu'elle énerve le prince. La reine Élisabeth tranche et décide que Mademoiselle de Jong ne partira pas. Marthe Schobbens et Marie Kruyfhooft, gouvernantes de Joséphine-Charlotte et d'Albert, partiront avec les enfants. Margaretha de Jong estime que cela sera dur pour Baudouin.

Quoi qu'il en soit, à dix heures et quart, la colonne quitte Laeken en direction de Mons. Font partie de cette première colonne : les trois princes, du Parc, les demoiselles de Liedekerke[24], Schobbens et Kruyfhooft, Champagne, Duesberg et Paelinck, ainsi que des membres du personnel, des chauffeurs, des gendarmes et des soldats, soit quarante-deux personnes en tout. Une deuxième colonne comprenant la Maison du Roi part un peu plus tard, emmenant le baron Papeians de Morchoven, maître de cérémonie de la Cour, le comte d'Aspremont-Lynden, chef de cabinet adjoint du Roi, madame Frédéricq, épouse du chef de cabinet, et ses enfants, un certain nombre de fonctionnaires et d'employés, des gendarmes et une escorte de soldats, au total quelque septante personnes[25].

Pour se rendre à Mons, la colonne des princes, emprunte la chaussée principale plutôt que des routes secondaires. C'est plus rapide, mais ce n'est pas sans risques. L'important cependant est de fuir vers le sud le plus rapidement possible. La caravane franchit la frontière franco-belge à Erquelinnes, après quoi elle se dirige vers Avesnes, pour y déjeuner chez Edmond Jossier, sous-préfet du département du Nord. À quatorze heures trente, la colonne se remet en route en direction de Le Cateau, Saint-Quentin, Amiens, Beauvais, Grisors, Vernon, Evreux, Lisieux, Caen, Bayeux et Russy, où elle arrive le 11 mai, à cinq heures du matin. Les enfants royaux ont sommeillé quelques heures dans la voiture. Monsieur et Madame Dufour sont absents, mais tout le monde est accueilli dans la grande propriété de la grand-mère, Madame Brocq.

Russy est située en zone militaire. Des troupes anglaises, débarquées à Cherbourg, sillonnent la région tandis que des avions allemands la survolent constamment. Le ministre Jaspar téléphone à du Parc et lui communique qu'Anatole de Monzie, ministre français des Travaux publics et des Communications, met le château de Montal à la disposition des enfants royaux. Du Parc estime toutefois qu'il ne peut quitter Russy sans un ordre formel du Roi. Jaspar réplique que, pour l'heure, il est impossible d'entrer en contact avec le Souverain et il assure solennellement à du Parc que Gutt et lui, qui sont à ce moment-là les seuls ministres en France (sic), sont autorisés en tant que ministres du Roi à prendre une décision *ad hoc*. « Je ne puis vous mettre dehors [de Russy] par la force, ajoute Jaspar au téléphone, mais si vous ne partez pas, vous assumerez toute la responsabilité de tout ce qui pourrait arriver aux Princes[26]. » Dans une lettre adressée au Roi, du Parc écrira qu'il a quitté Russy « *contraint et forcé* », sans l'accord du Souverain. « J'espère de tout cœur que le Roi me le pardonnera.[27] »

Le 22 mai, la colonne est à Bayeux, le 23 à Limoges et le 24 au château de Montal, dans le département du Lot, non loin de Saint-Céré. Le château est en fait un château féodal, à 70 km de Poitiers et à 40 km de Cahors. Les princes y sont enchantés. Mais du Parc se demande si Baudouin n'y risque pas des problèmes de santé, car il souffre d'un rhume des foins. C'est la raison pour laquelle du Parc trouvait que Russy, en Normandie, à proximité de la mer, était plus approprié; il reconnaît cependant que Montal, est beaucoup plus sûr. À Saint-Céré, on apprend la capitulation de l'armée belge. Les gendarmes français, qui constituaient jusqu'alors une sorte de garde d'honneur aux alentours de la propriété, deviennent désormais de véritables gardiens. À la suite des messages radiophoniques enflammés de Paul Reynaud, chef du gouvernement français, les milliers de Belges réfugiés en France sont considérés sinon comme des traîtres, en tout cas comme non fiables. La situation est extrêmement tendue.

SAN SEBASTIAN

Le 19 juin 1940, sur ordre des autorités françaises, les princes doivent quitter Saint-Céré pour se rendre en Espagne. Vers minuit, la colonne atteint Biarritz. Le gouvernement français entend que, le même jour encore, elle franchisse la frontière franco-espagnole ; mais Cornet de Ways-Ruart[28], grand maréchal de la Cour, refuse. Les enfants royaux sont très fatigués par le voyage, surtout le petit prince Albert. Ils passeront la nuit à Biarritz. Mais il

Dessin réalisé par le prince Baudouin pour la reine Élisabeth. Le 19 novembre 1942. Bruxelles. Archives du Palais royal.

n'est pas facile, en pleine obscurité, de trouver un logement. Après quelques recherches, ils arrivent enfin à la villa « Enc Idera », d'Étienne Allard, qui offre l'hospitalité aux enfants royaux. Le jour suivant, la frontière est franchie grâce à l'intervention de M. Salinas, secrétaire d'Eduardo Aunos, ambassadeur d'Espagne à Bruxelles. M. Salinas accompagne les princes jusqu'à San Sebastian. Le gouvernement français a par ailleurs averti le consul espagnol à Hendaye qu'il fasse le nécessaire pour que les formalités à la frontière soient facilitées. Le ministre De Vleeschauwer vient saluer les enfants royaux au passage de la frontière. Pierre de San, consul de Belgique, s'est aussi rendu sur place pour se mettre à la disposition de la famille royale. Des chambres sont réservées à l'hôtel Maria Cristina.

À peine installé à l'hôtel, De Vleeschauwer téléphone et demande quand les enfants royaux arriveront à Madrid. Cornet répond qu'il ne peut en être question. Au consul italien, Justo Giusti, comte del Giardino, il demande d'informer la princesse Marie-José que les enfants royaux sont bien arrivés à San Sebastian. L'intention est de faire parvenir la nouvelle au Roi de l'une ou l'autre manière.

Le 23 juin, le gouverneur militaire de San Sebastian fait savoir que, conformément à une communication du secrétaire général des Affaires étrangères à Madrid, le roi Léopold souhaite que ses enfants demeurent provisoirement en Espagne. Le Roi n'a pas précisé où ils doivent séjourner en Espagne ; cela doit être fonction des circonstances. Par ailleurs, le comte de Romrée de Vichenet, ambassadeur de Belgique à Madrid, a téléphoné pour expliquer que Ramón Serano Sùñer, ministre espagnol des Affaires étrangères et gendre de Franco, considère les enfants royaux comme des hôtes d'honneur.

Le 25 juin, par l'entremise de Romrée, un télégramme est envoyé au comte d'Ursel, ministre belge à Berne, avec la communication suivante : « Les Princes Royaux en parfaite santé, entourés meilleurs soins et prévenances des autorités. Conformément aux instructions de Bruxelles et avec plein assentiment et concours du Chef de l'État resteront ici. On cherche à les établir dans une villa du Pays basque. Si recevez instructions prière communiquer. »

Sur base de la relation de Cornet, il s'avère, en ce qui concerne la « route de l'exode » et les refuges, que le groupe ne doit prendre aucune initiative, mais attendre les instructions du Roi. Néanmoins, plusieurs personnes pensent autrement et vont s'en mêler. En effet, bon nombre de personnalités sont descendues à San Sebastian. Lorsque l'ambassadeur d'Allemagne à Madrid, von Stoher, s'annonce chez Cornet et essaie de lui faire croire que, d'après des instructions du Roi, il doit emmener les princes à Madrid, où il aurait d'ailleurs réservé des chambres à l'hôtel Ritz, la proposition lui est catégoriquement refusée. Cornet argumente qu'il est impensable que les princes royaux soient enfermés dans un hôtel madrilène au plus chaud de l'été, alors que, pendant cette saison, les diplomates eux-mêmes fuient la capitale pour rechercher des endroits plus frais. Cornet et du Parc préfèrent installer les enfants dans une villa à Zarauz. C'est du moins ce qu'ils cherchent. Von Stoher se rallie à ce point de vue.

Un peu plus tard, c'est Aunos qui suggère d'amener les enfants à l'Escorial ou dans les environs. Il trouve qu'il convient d'envoyer un télégramme à Franco, pour le remercier de son hospitalité, et que Joséphine-Charlotte envoie pareils remerciements – mais en espagnol – à Carmencita, la fille de Franco. Les télégrammes sont envoyés ; ils sont rédigés dans un style purement formel. Aunos déclare aussi que De Vleeschauwer, à l'insu du gouvernement espagnol, a élaboré un plan pour emmener les enfants sous un faux nom au Portugal. De là, ils partiraient pour l'Angleterre et ensuite pour le Canada. C'est précisément parce que les autorités espagnoles l'ont su qu'elles ont pris sous leur protection les enfants royaux, raconte Aunos. À ce propos, du Parc confirme encore une fois avec force que, sur ordre du Roi, seul le grand maréchal et lui-même ont la responsabilité de la princesse et des princes et que personne d'autre, sous quelque prétexte que ce soit, n'a à s'en occuper. Sur base de son témoignage, il s'avère d'ailleurs qu'il n'existait aucun plan pour poursuivre l'exode jusqu'au Portugal, ni pour passer ensuite en Angleterre ou au Canada, du moins dans l'esprit du Roi. Qu'il y ait eu, à San Sebastian, des personnes avec des propositions différentes et des intentions peu orthodoxes, c'est évident et cela explique peut-être la variante qu'a publiée il y a cinq ans Thérèse Lamarche[29].

Il paraîtrait que le roi Léopold aurait lui-même demandé à Franco de prendre ses enfants sous sa protection. Franco aurait accepté et promis d'empêcher, éventuellement par la force, que les princes soient soustraits à sa protection. Il n'a lui-même jamais rendu visite aux enfants royaux, bien que l'on puisse admettre qu'il ait donné des instructions au gouverneur militaire de San Sebastian pour qu'il leur rende le séjour le plus agréable possible. Comme les Espagnols craignaient que les enfants soient kidnappés via la mer, et plus particulièrement par un commando anglais, ils avaient préparé pour eux le Palacio de San Ildefonso en la Granja, à quelque 11 km de Ségovie, à 1191 m d'altitude. Les princes n'y sont jamais arrivés car, entre-temps, il y eut des instructions du roi Léopold pour les ramener à Bruxelles.

Le 12 juillet, en effet, le vicomte Berryer s'annonce à San Sebastian. Jusqu'au début de la guerre, il était conseiller de l'ambassade de Belgique à Berlin. Il vient à présent de Bruxelles et fait savoir que l'on pense sérieusement à ramener les enfants en Belgique, sous la protection d'un officier allemand. Cornet et du Parc répliquent que des instructions pour un pareil plan devraient leur être transmises de préférence par les autorités espagnoles. Elles ont en effet offert l'hospitalité à leurs éminents hôtes belges et les ont traités amicalement. L'immixtion des Allemands ne ferait qu'irriter les Espagnols. Le message de Berryer est confirmé un jour plus tard par une lettre, datée du 3 juillet, du comte Capelle, secrétaire du Roi.

Le séjour en Espagne touche donc à sa fin. Le 21 juillet, les enfants royaux assistent encore à une cérémonie à l'occasion de la fête nationale. Celle-ci a lieu dans le couvent des sœurs assomptionistes de Los Altos de Mira Cruz, à une demi-heure du centre de San Sebastian, sur la route d'Irun. La maison mère de cette congrégation est d'ailleurs située à Antheit près de Huy. Le lundi 29 juillet 1940, tout le groupe quitte San Sebastian pour Bruxelles.

LE RETOUR À LA MAISON

Lors du passage de la frontière, sur la Bidassoa, le major Kiewitz – qui sera plus tard nommé colonel et deviendra le gardien du roi Léopold à Laeken – « souhaite la bienvenue » aux enfants royaux et à leur suite, et les prend sous sa protection. En trois longues étapes épuisantes, on rentre à la maison : d'abord de Biarritz à Poitiers en passant par Bordeaux et Angoulême, ensuite de Poitiers, en passant par Tours, Blois et Orléans, à Paris, où l'on s'arrête deux jours et, enfin, par Senlis, Péronne, Cambrai, Valenciennes et Mons, à Bruxelles, au total 1 076 km.

Le 2 août, Léopold et ses enfants sont réunis, mais pas pour longtemps. Le Roi demande à du Parc de passer le reste de l'été avec les enfants au château de Ciergnon. Finalement, Baudouin et Albert séjourneront surtout à Ciergnon, jusqu'en juillet 1942, tandis que Joséphine-Charlotte, qui est âgée de treize ans à l'époque, vit en internat à l'Institut de la Vierge Fidèle, à Bruxelles. En principe, et quand la chose est possible, ils reviennent à Laeken tous les quinze jours, car Léopold n'est jamais autorisé à se rendre à Ciergnon. Baudouin, qui doit poursuivre ses études secondaires, se voit adjoindre un autre professeur : Georges Gérardy, chargé d'enseigner le français, le latin et l'histoire. Paul Paelinck donne les cours de mathématiques, de sciences et de néerlandais, et l'abbé Scheyven enseigne la religion. En ce qui concerne l'emploi des langues, le régime est rigoureux : la première moitié de la semaine, tous les cours sont donnés en français, la seconde moitié en néerlandais.

Comme à Bruxelles avant la guerre, Baudouin et Albert reçoivent à Ciergnon des « petits camarades d'école » : les frères Baudouin et Charles de Jamblinne de Meux et l'Anversois Jules Hens. L'intérieur du château de Ciergnon avait quelque peu souffert du séjour des troupes allemandes[30], mais lorsque les princes y séjournent, leurs gardiens, une quinzaine de soldats allemands, sont installés aux postes de garde du domaine. Ils ne dérangent pour ainsi dire pas les princes. La vie se déroule en toute quiétude pour tous, jusqu'à ce que la Résistance se manifeste dans la région. Pour les princes, qui jouent et errent en toute liberté dans la nature, la période de Ciergnon est cependant consacrée essentiellement à l'étude. C'est à cette époque environ que Baudouin manifeste sa préférence pour les sciences exactes.

Le 11 septembre 1941, le roi Léopold épouse religieusement Mary Lilian Baels. Le mariage civil aura lieu plus tard, le 6 décembre. C'est alors seulement que les princes font la connaissance de Lilian, que l'histoire connaîtra désormais sous le nom de princesse de Réthy, mais que les enfants royaux, à leur demande expresse, appelleront maman. La princesse Lilian, en effet, s'occupera effectivement des enfants en les entourant de toute l'affection d'une mère, qui leur avait manqué pendant de longues années. Lorsque, de ce deuxième mariage, naît le prince Alexandre, le 18 juillet 1942, Baudouin et Albert retournent définitivement à Laeken. Joséphine-Charlotte qui, à cette époque, séjournait en Italie chez sa tante Marie-José, revient elle aussi à Laeken[31]. La princesse Lilian a elle-même insisté pour que toute la famille vive réunie[32].

Les cours sont à présent donnés au Stuyvenberg, à un jet de pierre du château de Laeken. Il va de soi que les enfants rentrent le soir au château, mais aux yeux des princes, la punition la plus sévère que puissent leur infliger les professeurs est de leur interdire de rentrer à la maison. Ceci souligne une fois de plus à quel point Baudouin et Albert tiennent à la sécurité d'une vie de famille normale. À cette époque aussi, Baudouin prend des leçons de chant avec Lucie Frateur, de Bekkevoort. Ces cours lui ont certainement été dispensés de juillet à décembre 1942, et peut-être même en 1943. Ils ont lieu au Stuyvenberg et au château de Laeken. Baudouin, et Albert aussi, avaient déjà eu des leçons de musique, plus précisément de violon, avec Jiri Straka (1923-1950), un Tchèque qui, en 1939, était venu d'Angleterre en Belgique et avait été remarqué par la reine Élisabeth. Pour l'anecdote, il est intéressant de savoir qu'après la guerre, grâce à Jiri Straka, Mademoiselle de Jong, que la famille royale avait crue morte, est à nouveau entrée en contact avec le prince Baudouin[35].

Non seulement l'« école » suit son cours normal, mais le mouvement de jeunesse aussi : Baudouin est passé chez les scouts, et Albert est chez les louveteaux. En été, on organise des camps en Ardenne, auxquels Baudouin participe avec plaisir. Il est totémisé « Élan loyal ». Le scoutisme, sans aucun doute, forma son caractère davantage.

Le 13 décembre 1942, Baudouin visite l'exposition nationale du Secours d'Hiver, au Palais des Beaux-Arts de Bruxelles. En 1943, avec Albert, il visite 36 des 82 homes de vacances pour orphelins de guerre ou enfants de militaires prisonniers[36]. Le 21 mars 1943, il se rend incognito dans plusieurs familles nécessiteuses du quartier des Minimes, à Bruxelles. Avec sa troupe scoute, il sonne chez des dizaines de familles et leur offre le goûter. Cette initiative, à vrai dire, part de la conférence de Saint-Vincent de Paul, une organisation caritative catholique. Certaines familles reconnaissent le prince, mais lui fait semblant de rien[37]. Baudouin se charge aussi de recevoir les délégations des « Gerbes du Roi ». Il s'adresse à l'assistance avec brio, sans papier et dans les deux langues nationales, ce qui impressionne fortement son frère cadet, le prince Albert. Ébahi et plein d'admiration, il observe son aîné qui s'acquitte si parfaitement de ses missions officielles.

*Le prince Baudouin et son professeur de violon tchèque, Jiri Straka. Photo prise par la reine Élisabeth.
Bruxelles. Archives du Palais royal.*

*Le prince Baudouin parmi les louveteaux dans la neige.
Bruxelles. Mémorial roi Baudouin.*

Le vicomte du Parc et Mademoiselle de Jong accompagnent le prince Baudouin dans tous ses déplacements. Bruxelles. Archives du Palais royal.

Quelques lignes écrites en hâte par Élan loyal (prince Baudouin) et par le prince Albert à leurs chefs scouts, au moment de leur départ pour l'Allemagne. Bruxelles. Collection Madame van Put.

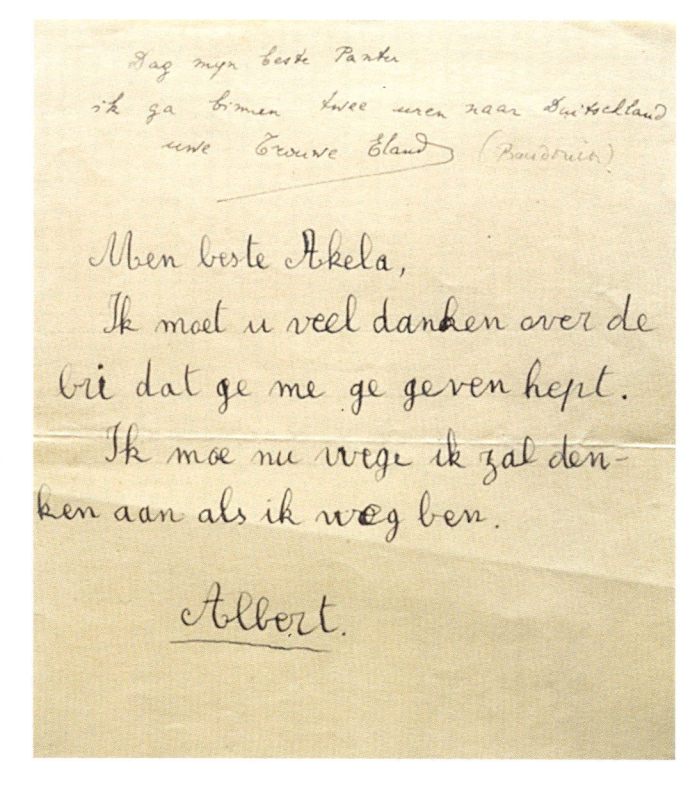

DÉPORTATION ET DÉTENTION

Le 6 juin 1944, le jour du débarquement des Alliés en Normandie, jour aussi de l'anniversaire du prince Albert, le roi Léopold apprend que, sur ordre de Himmler, il va être déporté en Allemagne. Le 7 juin, il est effectivement emmené sous une imposante escorte. Le convoi passe par Marche-en-Famenne. Le Roi demande au colonel Kiewitz de faire un détour par Ciergnon pour faire ses adieux aux enfants. En raison des bombardements de plus en plus intensifs sur Bruxelles et ses environs, et notamment sur les usines Marly à Vilvorde, le Roi avait renvoyé les enfants à Ciergnon. En effet, pas moins de 500 bombes de tous les calibres sont tombées dans le parc de Laeken. Sauf quelques vitres brisées, les bâtiments n'ont pas subi de dommage ; même les vaches qui se trouvaient dans le parc ont survécu. Mais la sirène sonnant l'alarme à tout moment, met les nerfs de tous à rude épreuve. Les oiseaux eux-mêmes en souffrent. Baudouin est pleinement conscient des dangers et cela ravive son anxiété.

Kiewitz acquiesce à la demande du Roi. Mais les princes ont quitté Ciergnon : à la nouvelle de la déportation imminente de leur père, ils sont partis pour Bruxelles. Peut-être se sont-ils croisés sur la route, peut-être les princes ont-ils pris un autre chemin ? Quoi qu'il en soit, le Roi est emmené sans les avoir rencontrés. Après une halte à Luxembourg-ville, le convoi atteint, le 9 juin, le château de Hirschstein sur l'Elbe, non loin de Dresde. Il avait été transformé en forteresse bien gardée, car Léopold devait y séjourner en tant que prisonnier.

Peu après le départ du Roi, c'est l'ordre de déportation en Allemagne de la princesse Lilian et des enfants qui arrive à Laeken. Les violentes protestations de cette dernière n'empêchent rien. Le deuxième convoi, emmenant la princesse Lilian, la princesse Joséphine-Charlotte et les princes Baudouin, Albert et Alexandre, ne quitte Laeken que le 9 juin. Baudouin, à peine rétabli d'une scarlatine, a encore de la fièvre, tandis qu'Albert a les oreillons. Du Parc et Weemaes, secrétaire privé du Roi, Mademoiselle Henrard, la nurse du prince Alexandre, Madame Schepers et Madame Demuynck ainsi que le docteur Rahier, sont autorisés à accompagner le groupe. L'escorte compte quelque deux cents soldats allemands, lourdement armés. Quittant Bruxelles, le convoi passe par Namur ; à Luxembourg, il loge dans le même hôtel que le Roi, 48 heures plus tôt : c'est ce que Weemaes apprend de la bouche du personnel de l'hôtel. Parmi les déportés, personne ne sait quelle est la destination finale.

Le matin suivant, le 10 juin, on repart par Trèves,

Le 6 juin 1944, le Roi a été emmené par les Allemands. La princesse Lilian, la princesse Joséphine-Charlotte et les princes Baudouin, Albert et Alexandre sont déportés à leur tour le 9 juin. Sur cette photo, on voit la princesse de Réthy portant le prince Alexandre. À côté, le prince Baudouin et le prince Albert. À l'arrière-plan, Willy Weemaes et le vicomte du Parc. Bruxelles. Archives du Palais royal.

Coblence et Erfurt, le convoi passe la nuit à Weimar. Là, deux officiers SS prennent la direction de la colonne en lieu et place du capitaine SS Bünting qui l'a escortée jusque-là. Bünting était adjoint à Kiewitz, probablement pour le surveiller. En tant que diplomate mobilisé, Kiewitz, en effet, était plutôt accommodant à l'égard du Roi et de sa famille, attitude qui a plus d'une fois contrarié ses supérieurs hiérarchiques. Les officiers allemands exigent toutefois que le docteur Rahier, du Parc et Weemaes fassent demi-tour, ainsi que les trois chauffeurs de la Cour. La princesse Lilian proteste à nouveau avec force, d'autant plus que l'on songe à séparer le prince Baudouin du groupe. Lilian a manifestement impressionné Bünting qui, après de nombreux coups de téléphone, marque son accord pour que du Parc et Weemaes ne retournent pas en Belgique. Les autres sont renvoyés à Bruxelles. La colonne prend finalement la route de Dresde et, le soir du 11 juin, elle arrive à Hirschstein où la famille royale se trouve à nouveau réunie.

Le château de Hirschstein est en mauvais état : la vue sur l'Elbe apporte peut-être quelque soulagement, mais le confort est sommaire. Les chambres sont abandonnées et délabrées, les lambris sont pourris, le plafond se déplâtre à plusieurs endroits, l'approvisionnement est réduit au strict minimum. Bien que les armoires débordent de porcelaine de Meissen, toute proche, Hirschstein dégage une sombre impression. Ce n'est pas un château de plaisance mais une forteresse. Le colonel SS Otto Lürkner commande les quelque septante soldats SS qui, assistés par quatre membres de la Gestapo, surveillent la sinistre forteresse et ses prisonniers. La Gestapo et les gardiens occupent le rez-de-chaussée, la famille royale le premier étage ; Lürkner habite avec sa femme et leur enfant dans un pavillon de bois. Le séjour à Hirschstein durera jusqu'au 6 mars 1945.

En tant que chef de famille, le roi Léopold III est le gardien du moral de toute la troupe. Il organise immédiatement la vie quotidienne ; l'enseignement des princes se poursuit de manière improvisée. Le Roi et le major Gierst s'occupent des mathématiques et des sciences, Weemaes enseigne le français et le latin, du Parc l'anglais, la princesse Lilian l'art et la littérature. Heureusement que l'on a emporté quelques livres scolaires dans les bagages. Une promenade à l'extérieur est autorisée de temps à autre, mais dans l'enceinte du château uniquement. Pendant l'hiver, on passe le temps à des jeux de société. Les haut-parleurs diffusent parfois de la musique ou des informations allemandes, mais les programmes sont censurés par Lürkner. Il est correct mais il reste avant tout un geôlier. Petit à petit, les rations diminuent, sensiblement même : les princes souffrent de sous-alimentation et on deplore quelques malades. Mais, au total, rien de bien grave. Par ailleurs en Belgique, on apprend que le Roi et sa famille sont détenus quelque part en Saxe ou en Thuringe. Un mouvement naît, spontanement pour la récolte et l'envoi de colis alimentaires, à l'instar de ce qui se fait pour les prisonniers de guerre et autres. Du lait condensé, du thé, du Nescafé, du chocolat, du sucre, du miel, des boîtes de sardines et de thon, des gaufres, sont donnés par des Belges généreux. Parfois, ils envoient des cigarettes, ou même quelques cigares. Mais tout aussi importants sont les jeux de société – puzzles, dominos, jeux de cartes – et les jouets : un mécano, des crayons de couleurs et même Tintin. Cela doit apporter un peu de distraction au cours des neuf longs mois de captivité. La plupart des envois se font par l'entremise du Comité International de la Croix-Rouge, à Genève. Mais tous les envois n'arriveront pas à bon port : certains paquets seront pillés. Le courrier aussi offre une lueur d'espoir dans l'isolement de Hirschstein. De cette manière, la famille royale et sa suite – dix-neuf personnes au total – ont quelques contacts avec le monde extérieur, mais il ne s'agit que des nouvelles de membres de la famille. Et, comme en toute période chaotique, la poste ne fonctionne pas bien. Certains courriers ont traîné et sont même devancés par d'autres lettres postées plus tard. D'ailleurs, les Allemands ne laissent pas tout passer. Gierst, par exemple, a demandé qu'on lui envoie ses manuels de mathématiques. Les livres barrés de chiffres et de formules ou complétés de notes manuscrites sont toutefois interdits parce qu'ils pourraient, peut-être, contenir des messages codés. Le Roi insiste pour que, dans les envois de colis, les membres de sa suite ne soient pas oubliés, car pour eux aussi la déportation est pénible[38].

Le 7 mars 1945, toute la famille royale ainsi que Weemaes sont emmenés de Hirschstein. Gierst et du Parc ne sont tout d'abord pas autorisés à les accompagner, et sont laissés en arrière. Escortée par des motocyclistes, la colonne, composée de trois voitures, se dirige vers Munich où elle arrive en plein bombardement. Lürkner ne permet pas que le convoi cherche refuge dans les abris. La petite colonne se dissimule alors sous un pont de chemin de fer. De leur voiture, les enfants royaux assistent à ce lugubre spectacle : il fait nuit, les bombes déferlent, les maisons s'écroulent, partout il y a le feu. Les petits princes ont peur, ils tremblent et pleurent. Pour une fois, Léopold éclate et s'en prend à Lürkner, à qui il reproche sa négligence.

Après l'alerte, on passe les dernières heures avant l'aube dans un hôtel minable et inconfortable. Le lendemain, le convoi se dirige vers Salzbourg. Le soir, il atteint Strobl, au lac de Sankt-Wolfgang, dans le Tyrol autrichien. Les prisonniers sont installés dans une villa isolée et clôturée. Quelques jours plus tard, Gierst et du Parc les rejoignent. La captivité à Strobl a lieu dans un isolement complet, mais elle ne durera que deux mois ; entre-temps, l'Europe est peu à peu libérée. Mais ces derniers mois sont sans doute les plus désagréables et les plus inquiétants, parce que les « geôliers » allemands sentent approcher la défaite et deviennent de plus en plus nerveux. Les prisonniers se considèrent surtout comme des otages livrés à l'arbitraire de leurs gardiens. Cependant, grâce à un minuscule poste de radio que la princesse Lilian a pu emporter en cachette, ils parviennent à capter des informations sur les succès remportés par les Alliés. Lorsque la mort de Hitler est annoncée, les petits princes explosent de joie, mais du Parc réussit à les calmer afin de ne pas inquiéter les gardiens. Du Parc franchit la clôture, se cache dans un bois tout proche et réussit, un peu plus loin, à atteindre les lignes américaines. Le 8 mai 1945, un détachement de tanks de la VIIe armée américaine défonce la clôture de la villa. Les gardiens, qui se cachent dans les caves, se rendent sans résistance. Les Américains pensent tout simplement à les abattre, mais Léopold réussit à les en empêcher. Le colonel Wilson libère donc le Roi et sa famille. Arrive ensuite le général Patch, et tout le groupe est transféré à la villa « Auhof », à Sankt-Wolfgang.

EN EXIL

À Sankt-Wolfgang, lieu où, pour le Roi et sa famille, avait sonné la libération, commence un exil encore plus long. Des négociations politiques s'engagent à propos du retour du Roi ; elles vont s'enliser. C'est précisément parce que la concertation est difficile et que Sankt-

Wolfgang est converti en lieu de convalescence pour les militaires allemands, souvent gravement blessés et invalides, que le Roi décide de quitter le Tyrol. Le merveilleux et enchanteur paysage des Alpes ne compense pas l'atmosphère pesante de la défaite et l'abattement qui règne partout. La famille royale déménage donc en octobre 1945 pour la villa « le Reposoir », à Prégny, au bord du lac Léman, à quelques kilomètres de Genève.
C'est peut-être là que Baudouin connaît sa métamorphose physique la plus importante. Il a quinze ans, devient peu à peu aussi grand que son père, maigre, le regard sérieux. Il séjourne quelques mois à l'internat du collège renommé du Rosey, à Rolle. Le rythme exigeant des études ne lui permet pas de rattraper son retard. Il est dès lors décidé de l'inscrire comme élève externe à l'école internationale de Genève. Il suit également des cours au collège Jean Calvin. Le prince s'y rend à vélo ou en tram. Gérardy et Paelinck sont rappelés de Belgique pour lui donner des cours complémentaires, le soir. En 1948, il termine ses études secondaires. Peut-être ne sont-elles pas achevées comme il eût été idéalement souhaité. Mais cela vaut pour tous les enfants de sa génération qui ont connu la guerre. À partir de 1948, le prince continue à recevoir un enseignement privé. Le professeur Bourquin lui enseigne les principes de base du droit international et constitutionnel et le professeur Rousseau, l'économie politique. M. Paelinck et le professeur suisse Saini se chargent de la physique et de la chimie. Pour Baudouin, c'est une époque d'études très dure. Mais il réussit à s'en tirer.

Un point lumineux dans toute cette grisaille est le long voyage en bateau, de Lisbonne à La Havane, à Cuba, en compagnie du Roi et de la princesse Lilian. De Cuba, Baudouin, accompagné par du Parc, se rend aux États-Unis : de Miami, par chemin de fer il rejoint New York et Pittsburgh. Le prince Baudouin visite musées, expositions, industries, mines ; il assiste à des concerts et à des opéras. Il visite West-Point et Annapolis, les écoles supérieures de formation d'officiers de l'armée et de la marine. Il se rend à l'Université de Princeton. Dans la vallée du Tennessee, il passe une journée entière dans la première centrale nucléaire américaine de Oak Ridge. Bref, un voyage qui apporte beaucoup de distraction au Prince, mais qui est d'abord conçu comme un voyage d'études.
À la suite du résultat favorable de la consultation populaire sur le retour du Roi, le 12 mars 1950, la famille royale rentre en Belgique le 22 juillet de la même année. Mais très vite éclatent des échauffourées. Le désordre s'installe, incitant le roi Léopold III à abdiquer. Dans une première phase, les prérogatives royales sont transférées à Baudouin. Le 11 août, le Prince royal prête le serment constitutionnel devant les Chambres réunies. Moins d'un an plus tard, le 16 juillet 1951, Léopold se retire et Baudouin devient le cinquième roi des Belges. Il aura 21 ans en septembre.

Le roi Léopold III et le prince Baudouin jouant aux échecs à Hirschstein. Bruxelles. Mémorial roi Baudouin.

Le roi Léopold III, la princesse Lilian ainsi que les princes Baudouin, Albert, Alexandre et la princesse Joséphine-Charlotte à Prégny, en Suisse. Photo Actualit (Bruxelles). Bruxelles. Archives du Palais royal.

LE DÉBUT D'UN LONG RÈGNE

Il ressort du récit de la jeunesse de Baudouin qu'il ne lui a pas été facile de vaincre son anxiété et son angoisse. Des événements éprouvants dans sa famille, la guerre, la déportation, le fait d'être prince, tout cela a formé obstacle. L'éducation, l'enseignement, la formation à la fonction royale n'ont pas vraiment connu un déroulement normal. Lorsque Baudouin est projeté à l'avant-plan en sa qualité de prince royal, c'est inattendu et trop rapide. Au fond, il n'y est pas préparé ; même dans son milieu familial, on n'a jamais songé à une succession aussi prématurée. En conséquence, on n'en parlait pas non plus.

Le fait qu'au début de son règne, Baudouin réussit, dans l'ensemble et malgré tout, à se profiler tient presque du miracle mais c'est dû d'abord à son caractère. Comme le disait la reine Élisabeth, il était entier. Il éprouvait de l'admiration pour ceux qui étaient faits du même bois que lui. Il admirait les héros, les exemples à suivre. Par contre, il n'était pas philosophe. Les méandres capricieux de la pensée lui étaient étrangers ; cela rendait la vie plus compliquée, estimait-il. Contrairement à ce que pourrait donner à croire la légende du " roi triste ", Baudouin ne détestait pas, lorsqu'il était enfant, faire preuve d'un humour acide, parfois mordant. Il est évident que son jeune frère Albert était pour lui le camarade par excellence. Tout d'abord empreinte de complicité, cette relation a évolué au cours des années de guerre pour se transformer en une véritable amitié qui permettait à l'un d'offrir à l'autre ce qui lui manquait. Cette relation exceptionnelle entre les deux frères est toujours restée intacte.

Avenant et serviable comme il l'était déjà en tant que petit prince, Baudouin entame, en 1951, un long règne au cours duquel il se rend partout populaire et devient inconsciemment un exemple moral, à l'instar des grands hommes de l'histoire qui l'ont toujours fasciné lorsqu'il était enfant.

D'UN PETIT PRINCE À UN TRÈS JEUNE ROI - CHAPITRE II

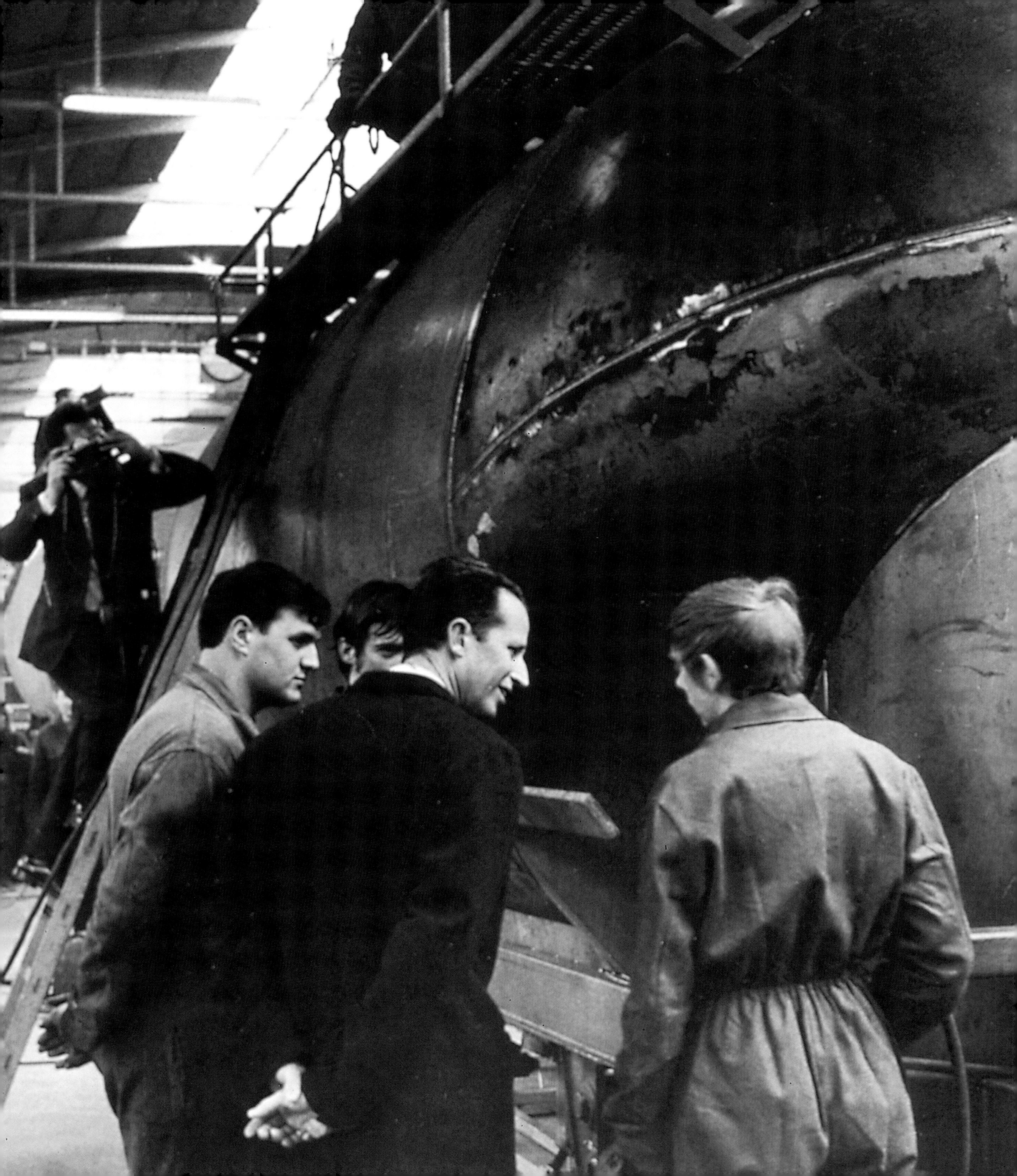

CHAPITRE III

La fonction représentative du Roi

MAUD BRACKE ET
CHRISTINE DENUIT-SOMERHAUSEN

En Belgique, la fonction royale, telle qu'elle est définie par la Constitution et par les traditions politiques, comporte deux sortes de tâches. D'une part, il y a la fonction purement politique du Roi en tant que branche des pouvoirs législatif et exécutif, et la désignation d'un formateur lors de crises gouvernementales en est l'expression la plus visible. D'autre part, le Roi est traditionnellement considéré comme le « symbole » de la nation, ce qui implique certaines tâches bien précises, comme effectuer des visites partout dans le pays et assister à des cérémonies officielles. La signification de cette fonction symbolique ou représentative reste souvent peu connue et n'est d'ailleurs précisée nulle part dans des documents officiels.

Que peut signifier dans la société belge d'aujourd'hui le fait que le Roi symbolise la nation ? Et, plus important encore, le roi Baudouin a-t-il lui-même une vision précise de cet aspect de son « métier » ? Essentiellement, cette fonction représentative implique que le Roi, pour exécuter en toute légitimité ses tâches politiques, puisse entretenir certains liens avec la population. En effet, dans une démocratie telle que la Belgique, le souverain doit d'abord sa position à la nation dont émanent tous les pouvoirs. Les centaines d'activités publiques auxquelles a participé le roi Baudouin au cours de son long règne - les réceptions et dîners au Palais, les visites à des entreprises et à des écoles, les voyages à l'étranger - doivent toutes être comprises dans le cadre de cette relation.

Cette relation entre le Roi et la population n'est pas univoque : d'une part, le Roi désire être au courant de tout ce qui se passe dans le pays ; d'autre part, la population a le droit fondamental de savoir qui est son chef d'État et comment il exerce sa fonction. La motivation du roi Baudouin lors de ses nombreuses visites et dans ses nombreux contacts est, dès lors, toujours double. Chaque contact comporte pour le Roi un aspect informatif, c'est-à-dire qu'à ses yeux, il est essentiel de recueillir des informations. En outre, joue aussi toujours un aspect représentatif, c'est-à-dire que le Roi s'affirme en tant que chef de l'État par rapport à la population. En tant que Roi, il dispose en outre de la possibilité d'attirer l'attention de la population sur certains problèmes, sur une évolution sociale ou sur certains mérites exceptionnels. Bref, les activités publiques du Roi peuvent signifier beaucoup plus

*Au lendemain de sa prestation de serment comme Prince royal, le prince Baudouin rend hommage à la mémoire de ses concitoyens fusillés par l'occupant.
Photo Belga (Bruxelles). Bruxelles. Archives du Palais royal.*

Le 17 juillet 1951, le prince Baudouin prête serment comme cinquième Roi des Belges devant les Chambres réunies. Photo Actualit (Bruxelles). Bruxelles. Archives du Palais royal.

que le simple maintien de quelques traditions.

La manière dont le roi Baudouin remplit cette fonction représentative a évolué entre deux extrêmes tout au long des quarante-deux années de son règne. Le jeune homme qui, le 11 août 1950, est nommé « Prince royal » n'a pas encore vingt ans. Lorsqu'il assume pleinement la fonction royale, à l'abdication de son père et à sa prestation de serment, le 16 juillet 1951, il n'a pas encore atteint l'âge de la majorité. Il lui manque une solide formation ainsi que de l'expérience, et son séjour en Suisse depuis 1944 l'a, en un certain sens, rendu quelque peu étranger à la Belgique. Ce sera une lourde tâche, pour ce jeune Roi, que de symboliser un pays aussi divisé. Lorsque le roi Baudouin décède inopinément, le 31 juillet 1993, à Motril, il compte quarante-deux ans de règne. Ce long règne lui a permis d'acquérir expérience et confiance en soi, d'inspirer le respect dans le pays et à l'étranger et de conquérir une position influente, toutes choses qui lui faisaient défaut en 1951. Dans ce chapitre, nous illustrerons comment le roi Baudouin a réussi, au fil des ans, à renforcer sa position publique.

LES PREMIÈRES ANNÉES DE RÈGNE

Les années cinquante sont pour Baudouin une période d'apprentissage : au cours de cette période, il acquiert l'expérience politique indispensable. Les ministres, souvent beaucoup plus âgés que lui, contribuent, dans de nombreux cas, à le former. En ce qui concerne l'organisation de sa fonction représentative, le Roi est assisté par un entourage très traditionnel, issu de la noblesse ou de la haute bourgeoisie¹. Les premiers grands maréchaux de la Cour se nomment prince Amaury de Merode (1950-1951), comte Edmond Carton de Wiart (1951-1954) et comte Gobert d'Aspremont-Lynden (1954-1962).

Les activités publiques, comme les visites effectuées partout dans le pays et la participation à des cérémonies officielles, sont de nature très traditionnelle au cours de cette période. Elles sont en outre peu fréquentes (en moyenne deux visites par mois). Ceci est très peu, en comparaison avec le nombre moyen de visites – deux par semaine – que le Roi effectuera au cours des années soixante et septante. Tout cela laisse présumer que l'initiative personnelle du souverain est très minime au cours de ces premières années et qu'il se conforme surtout à d'anciennes habitudes. Typiques à cet égard sont par exemple les « joyeuses entrées » qu'il effectue au cours des années 1951-1953. (Cette terminologie remonte au Moyen Âge et la tradition en est ancienne : lors de son accession au trône, le souverain effectue une première visite très solennelle aux grandes villes du pays.) À l'exception de Liège et d'Anvers, le souverain est accueilli partout avec enthousiasme. Beaucoup de visites de cette période ont un caractère militaire : le Roi visite des centres de formation et des bases de l'armée. Les visites de nature technologique, industrielle et scientifique restent limitées à une par mois, en moyenne. Le Roi assiste, par exemple, au cinquantième anniversaire du Congrès scientifique Solvay et au vingt-cinquième anniversaire de la néerlandisation de l'Université de Gand. On veille, du moins en ce qui concerne les visites, à ne pas négliger les équilibres linguistiques.

Quelques activités ont un caractère annuel et garderont une valeur permanente dans l'avenir : en janvier, la réception des Corps constitués, actuellement appelés les « autorités du pays » ; le 21 juillet, la fête nationale avec le Te Deum et le défilé des troupes ; le 23 octobre, la commémoration de la bataille de l'Yser, et, le 11 novembre, celle de l'armistice. Ces cérémonies vont toujours de pair avec un discours du Roi. Le langage utilisé par Baudouin au cours de cette période est assez impersonnel et, dans la plupart des cas, il ne s'agit que de discours de circonstances. Baudouin fait régulièrement référence, dans ses discours, à son « auguste père ». Ceci suscite à plusieurs reprises de l'irritation dans une partie de l'opinion publique. Au cours de cette période, les visites de Baudouin font souvent des déçus. Le « Roi triste » donne l'impression de ne pas se sentir très à l'aise en public, surtout en présence de photographes. Son visage est souvent impassible et ses

Le roi Baudouin à l'occasion de la cérémonie du 11 novembre (1951 ?) au Soldat Inconnu. Photo Belga (Bruxelles). Bruxelles. Archives du Palais royal.

Joyeuse entrée du roi Baudouin à Hasselt, le 3 mai 1953. Laeken. Collection reine Fabiola.

Après ses « Joyeuses entrées » dans tous les chefs-lieux de province, le Roi s'est, à plusieurs reprises, rendu en visite officielle dans de nombreuses villes de Belgique. Ici à Tournai, en 1956. Bruxelles. Archives du Palais royal.

Le roi Baudouin en compagnie d'autres membres de la Famille royale lors de la cérémonie d'ouverture de l'Expo '58 à Bruxelles (17 avril 1958). Photo Van Parys Media (Bruxelles).

mouvements mécaniques. C'est la population belge qui rappellera régulièrement au souverain qu'elle a droit à une relation de réciprocité avec son chef d'État : réactions et critiques aux apparitions publiques du Roi ne manquent pas. Ainsi, à l'issue d'une visite à l'Institut Saint-Ignace à Anvers, le 11 avril 1953, un témoin s'adresse au Premier ministre, M. Van Houtte, pour souligner « l'insensibilité marmoréenne » dont le Roi a fait preuve et son absence de réaction à l'enthousiasme du public[2]. Il s'en faut de peu que quelques incidents plus graves, au cours des années 1952-1953, ne ravivent la Question royale. L'absence du roi Baudouin aux funérailles du roi George VI d'Angleterre, le 12 février 1952, en est un exemple. La Belgique y est représentée par le prince Albert et non par le Roi, ce qui est ressenti à Londres comme une injure. Baudouin suscite également des critiques lorsque, pendant une visite à Liège, il refuse de serrer la main de Paul Gruselin[3], socialiste et ancien opposant de son père, et plus encore lorsqu'à Arlon, il tourne le dos au catholique Hubert Pierlot, qui était à ce moment-là l'incarnation de la participation de la Belgique à la coalition des Alliés contre le nazisme.

Mais c'est l'absence du Roi lors des inondations exceptionnellement graves dans le nord de la province d'Anvers, en février 1953, qui a incontestablement le plus marqué la population belge. Baudouin était parti le 1er février pour Antibes, à la Côte d'Azur. La raison officielle de ce déplacement était qu'il devait se rétablir d'une légère grippe. Cela provoque une tempête de réactions en Belgique où, depuis Albert Ier, on avait l'habitude que le Roi se rende sur les lieux lors de chaque catastrophe naturelle. Les dons traditionnellement effectués dans pareilles circonstances par la famille royale ont accusé du retard[4]. Enfin, le public belge a été choqué par une série de photos qu'ont publiées les journaux à sensation français, où l'on voit la famille royale, y compris le roi Baudouin, jouir de ses vacances, faire du sport et se détendre. À plus long terme, les réactions de la population ne resteront pas sans suite. Désormais, le roi Baudouin, suivant en cela les traces de son grand-père, ne négligera aucune occasion, lors d'une catastrophe naturelle ou industrielle, de témoigner sa sympathie aux victimes. Ce sera le cas par exemple en août 1956, après la catastrophe minière du Bois du Cazier à Marcinelle, où 262 mineurs ont perdu la vie. Des

Au retour de son voyage officiel aux États-Unis, le Roi est accueilli avec enthousiasme par la population bruxelloise. 1ᵉʳ juin 1959. Laeken. Collection reine Fabiola.

photos du Roi rendant visite à la commune de Ruisbroek, gravement touchée par les inondations de janvier 1976, sont également connues : les habitants ne mâchent pas leurs mots et le Roi est confronté à la réalité de leur misère et de leur colère.

En 1953, le jeune Roi reste sous le feu des projecteurs, surtout dans la presse à sensation française, britannique et américaine, où se déchaîne contre lui une véritable campagne de presse. On y écrit que le Roi, après la Question royale, a des difficultés à oublier et à pardonner et que, pour cette raison, il éprouve une nette antipathie à l'égard des pays anglo-saxons. Baudouin le dément toutefois formellement dans une lettre qu'il adresse au Premier ministre Van Houtte, où il charge ce dernier « *de prendre les mesures nécessaires pour faire savoir que ces affirmations sont sans le moindre fondement* ». Dans ce contexte, il est frappant de constater à quel point la presse belge et les partis politiques tiennent des propos mesurés. Le gouvernement est certes interpellé sur plusieurs questions, mais tout comme les partis de l'opposition ou la presse, il veille à ne pas découvrir la Couronne : la personne du roi Baudouin n'est à aucun moment mise en doute publiquement.

Personne ne veut prendre l'initiative de rompre le pacte de 1950 qui a définitivement enterré la hache de guerre à propos de la Question royale. La critique porte dès lors, d'une part, sur le gouvernement qui est responsable des interventions publiques du Roi, d'autre part, sur « l'entourage » du souverain qui le conseillerait mal et, enfin, sur l'influence de Léopold III et de la princesse Lilian, qui habitent toujours à Laeken. Il n'empêche que, dans certains cercles fermés, le comportement du roi Baudouin est plus d'une fois mis en question. C'est ainsi par exemple qu'au bureau du parti socialiste, le président, Max Buset, déclare en 1952 que « le pacte n'est pas seulement un accord entre les trois partis politiques mais également entre la monarchie et les partis. De son côté, le Roi doit veiller, par ses interventions, à ne pas raviver la Question royale [6] ».

La critique du choix des collaborateurs du Roi est à tout le moins injustifiée. Il est évident que le jeune Baudouin hérite, au cours de cette période, de la Maison du Roi de son père, tant en ce qui concerne la structure que les personnes qui y travaillent. Cette critique dépasse d'ailleurs le simple débat de la Question royale. Les anciens opposants de Léopold III contestent le choix des collaborateurs

Le 23 octobre 1970, le Roi, à l'occasion de l'ouverture du Boudewijnpark à Sint-Michiels-Brugge, rencontre son filleul, Boudewijn Brabant. Sur la photo, à gauche du Roi, le bourgmestre van Maele, à droite, le gouverneur de province P. van Outryve d'Ydewalle et le président de la Chambre, A. Van Acker. Bruxelles. Archives du Palais royal

Le 27 décembre 1959, le Roi rencontre son filleul, Baudouin Muanda, septième fils du sergent-major et de Madame Muanda, de Luluabourg. Photo H. Goldstein, Congopresse. Bruxelles. Archives du Palais royal.

du roi Baudouin, qui sont encore pour la plupart des léopoldistes. Mais les royalistes reconnaissent aussi qu'une meilleure organisation de la Maison du Roi est nécessaire pour assurer le bon fonctionnement de la monarchie. En 1953, le roi Baudouin sollicite une aide extérieure. Le baron Guillaume, ambassadeur de Belgique à Paris, reçoit une mission temporaire à Bruxelles comme secrétaire d'État de la Maison du Roi[7]. Il devient ainsi le principal collaborateur du Roi, ce dont une partie de l'entourage de Baudouin ne lui sait pas gré. Guillaume désire en premier lieu examiner de quelle manière le Roi est informé, par exemple sur le plan politique. Il prend connaissance de tous les dossiers qui sont transmis au Roi, écoute attentivement les autres collaborateurs du souverain et se rend compte que l'image du Roi est mal perçue par le public. Il fait venir de Paris son collaborateur, Claude De Valkeneer, pour développer les relations du Palais avec le public et la presse. Chaque matin, De Valkeneer soumet désormais au Roi un résumé de la presse belge et étrangère. Il ne néglige pas non plus d'attirer son attention sur les articles inamicaux, ce qui, auparavant, était très difficile pour les autres collaborateurs. Cette nouvelle approche constitue une première étape dans la voie d'un service de presse moderne.

Au cours des années cinquante, l'image d'un roi triste, plutôt guindé, que donne Baudouin lors des cérémonies officielles ne semble changer que pendant ses voyages à l'étranger. Au Congo belge, en 1955, et aux États-Unis, en 1959, on découvre un tout autre Baudouin : détendu et plutôt jovial, à certains moments riant franchement, jouissant de son travail, de ses rencontres et de l'intérêt qui émane de la presse et du public. La manière dont le jeune Roi s'épanouit à l'étranger indique de façon plus claire encore qu'il ne se sent pas toujours à l'aise dans son propre pays. Les voyages du jeune Baudouin lui donnent davantage confiance en lui et jouent incontestablement un rôle dans son évolution vers le souverain affirmé qu'il deviendra progressivement.

1960-1990 : DÉVELOPPEMENT DE LA FONCTION REPRÉSENTATIVE

Le mariage du Roi avec Doña Fabiola Mora y Aragon, célébré le 15 décembre 1960, bien qu'étant avant tout une affaire personnelle, a cependant eu une grande importance dans l'évolution de la fonction représentative du souverain. Désormais, Baudouin ne se montrera plus que rarement seul en public. La plupart des voyages, comme des visites, sont effectués conjointement par le Roi et la Reine, bien que la reine Fabiola ait aussi son propre programme et ses propres centres d'intérêt. Pour Baudouin et Fabiola, le mariage ne comporte pas seulement un engagement personnel mais aussi un engagement à l'égard de la population. C'est ce qui ressort du moins d'un discours prononcé par les jeunes époux immédiatement après leur mariage. « À présent, mon cœur et ma vie n'appartiendront plus seulement à mon époux mais aussi à vous tous », déclare la reine Fabiola. Le roi Baudouin poursuit dans le même sens : « *Désormais,*

LA FONCTION REPRÉSENTATIVE DU ROI - CHAPITRE III

Le Roi et la Reine en compagnie de la reine d'Angleterre et du prince consort lors d'une cérémonie à la porte de Menin, à Ypres.
13 mai 1966.
Laeken. Collection reine Fabiola.

Le 14 septembre 1969, à l'occasion du 25ᵉ anniversaire de la Libération, le Roi et la Reine rendent hommage, dans l'enceinte du fort de Breendonk, aux victimes de la guerre.
Laeken. Collection reine Fabiola.

nous sommes réunis pour vous servir et contribuer de notre mieux au bonheur de vos familles. » Aux yeux des Belges, cela change beaucoup. Et l'on remarque dans quelques écoles que c'est alors seulement que les photos du roi Albert et de la reine Élisabeth sont remplacées par celles de Baudouin et de Fabiola[8]. Dans un certain sens, on pourrait dire que ce n'est pas seulement Fabiola mais également Baudouin qui, en 1960, découvrent la Belgique et que la Belgique découvre.

La Maison du Roi [9]

À partir des années soixante, le nombre de visites dans le pays et des voyages à l'étranger augmente considérablement. Les activités du Roi sont en outre beaucoup plus diversifiées et plus marquées par l'actualité. Ce changement est probablement dû à une modification de la psychologie du Roi, mais certainement aussi à sa nouvelle équipe de collaborateurs, à partir de 1962. Cette année-là, André Schöller, ancien vice-gouverneur général du Congo, est nommé grand maréchal de la Cour. Il est le premier haut dignitaire de la Maison du Roi qui ne soit pas issu de la noblesse. C'est lui qui donnera d'importantes impulsions au développement systématique de la Maison du Roi, pour en faire un organisme plus ouvert et plus contemporain. Il s'agit ici d'une douzaine de dignitaires répartis entre la Maison civile et la Maison militaire. La Maison civile est constituée de trois départements équivalents : le département du grand maréchal, celui du cabinet et la liste civile. À la tête de chaque département, se trouve un dignitaire de la Cour : respectivement le grand maréchal, protocolairement le premier collaborateur du Roi, bien que le chef de cabinet soit souvent, dans la pratique, le plus important, et enfin, l'intendant de la liste civile. La Maison militaire est entièrement administrée par des militaires et dirigée par un général[10].

Aucun document normatif officiel ne règle le fonctionnement de la Maison du Roi. Son organisation, dès lors, relève entièrement d'une sorte de droit coutumier et présente à cet égard d'importantes différences avec les activités bureaucratiques d'un ministère, par exemple. Les dignitaires ne travaillent pas, comme des fonctionnaires, au service de notions plutôt abstraites comme l'État ou la politique, mais sont, de manière très personnelle, à la dis-

Liège, 6 novembre 1967. Le Roi en compagnie du recteur, M. Dubuisson. Ce jour-là, le Roi a été fait docteur honoris causa de l'Université de Liège. À l'arrière-plan, le grand maréchal de la Cour, A. Schöller, F. Grootjans, ministre de l'Éducation nationale, et M. Toussaint, ministre-adjoint à l'Éducation nationale. Laeken. Collection reine Fabiola.

> CLAUDE DE VALKENEER,
> *conseiller de presse au cabinet du Roi*
> (1953-1983) :
>
> « Le jeune homme triste des premières années du règne l'était-il réellement ou simplement boudeur ?
> Au retour de chacune des "joyeuses entrées", les reporters photographes étaient au désespoir : pas un sourire.
> Le roi, par vénération pour Léopold III, ne consentait pas à se dérider devant un public dont une partie était hostile à "son auguste père".
> Dans le même langage officiel on avait sans cesse recours aux termes "famille royale". Ils permettaient, en maintes circonstances, d'inclure, sans les citer, et le père et la belle-mère.
> Laeken était le foyer de la famille royale, celui d'un roi Baudouin plein d'égards pour tous les siens. Bruxelles était le centre de l'activité politique de la Couronne. Là, un trop jeune Roi, non formé à sa tâche, fit lentement son apprentissage.
> Il avait à cette époque un charme discret, voire intimidant, un visage fin, un teint gris, une voix non posée, des gestes calculés, appropriés à des vêtements classiques d'un ton toujours neutre. Parfois un timide sourire narquois qu'une importante dentition transformait involontairement en rire. Peut-être l'effet d'une très ancienne intervention aux oreilles ?
> Il acceptait rarement une suggestion sans se faire présenter le pour et le contre et surtout sans remettre à quelques jours refus ou acquiescement.
> Sans affèterie, il soulignait parfois sa propre ignorance en certaines matières. Avec une amertume souriante, il disait alors : "Je ne suis pas un crack."
> Aussi refusait-il l'orchestration de telle ou telle activité, voulant que ce fût celle-ci qui le porte en avant et non l'inverse. Pas de propagande au sens propre du mot.
> Un manque d'assurance hypothéqua longtemps son comportement. Ce n'est qu'en fin de règne qu'il fut maître de lui et, de ce fait, un maître dans le pays.
> Bien que lové au sein de la famille royale, il revint un beau jour du Congo, non en maître, mais en homme accompli. L'accueil chaleureux d'une jeune population africaine, débordante de vie, l'avait atteint en profondeur. Le sourire d'Afrique resta sur ses lèvres en Belgique.
> Des scènes populaires bruxelloises montrèrent des "ketjes" des Marolles couverts de cirage noir pour plaire au Roi ! »

position du Roi. La répartition des tâches n'est pas formellement délimitée : la préparation d'un voyage à l'étranger incombe parfois au maître des cérémonies, d'autres fois au commandant des Palais royaux. André Molitor, qui fut chef de cabinet du Roi de 1961 à 1977, décrit cette manière traditionaliste de travailler comme un choix conscient. Ce caractère typiquement pré-bureaucratique peut être considéré comme une conséquence de l'ensemble sociopolitique homogène que constituent les collaborateurs du Roi jusqu'au début des années soixante, et aussi comme un manque d'innovation dans la manière de travailler.

Lorsqu'André Schöller entre en fonction au Palais, Baudouin s'adresse à lui pour lui demander : « *Apprenez-moi à connaître le pays* ». Schöller se rend compte que cela ne peut se faire que si la Maison du Roi fait preuve de plus de professionnalisme. Les divers collaborateurs commencent à établir systématiquement des dossiers destinés à préparer les nombreux déplacements qui seront effectués au cours de cette période et à rassembler des informations en vue de ces visites. Dorénavant, il y aura régulièrement des réunions entre les divers départements et une meilleure coordination dans l'échange de l'information. Le grand maréchal de la Cour, surtout, a une part importante dans le développement de la fonction publique du Roi : c'est lui qui, avec son département, organise désormais de manière systématique les activités non politiques et non militaires du Roi. Concrètement, il s'agit de préparer et d'organiser les visites dans le pays, les réceptions au Palais, les audiences non politiques, les voyages à l'étranger, et ceci tant pour le Roi que pour la Reine.

L'un des proches collaborateurs du grand maréchal est le secrétaire de la Reine, responsable de ses activités publiques. Jusqu'en 1978, il est le seul collaborateur qui ne travaille pas à Bruxelles mais à Laeken ; il est ainsi mieux informé des activités privées du couple royal, et parfois plus impliqué dans leur organisation. Le premier secrétaire de la Reine fut Paul Paelinck qui, comme professeur du jeune Prince, avait connu Baudouin encore enfant. Le développement d'un programme d'activités distinct pour la Reine est, tout compte fait, resté limité jusqu'en 1979, lorsque Benoît Cardon de Lichtbuer reprend cette fonction. Le secrétariat de la Reine s'avère bien rapidement être un centre d'innovation dans la Maison du Roi. Benoît Cardon est aussi chargé, outre les activités placées sous le signe de la jeunesse et les activités « non conventionnelles », de développer les activités sociales et culturelles du Roi et de la Reine. Le grand maréchal est encore assisté par le maître des cérémonies, le commandant des Palais royaux, et par un conseiller économique, qui deviendra plus tard le conseiller économique et social.

Le roi Baudouin pendant son allocution aux Corps Constitués, le 19 décembre 1975. À l'arrière-plan, le grand maréchal, Herman Liebaers, la princesse Paola et le prince Albert. À l'avant-plan, le Premier ministre, Léo Tindemans. Laeken. Collection reine Fabiola.

Le deuxième département de la Maison du Roi, le cabinet du Roi, s'occupe de l'aspect politique de la fonction royale. Il informe en permanence le Roi de la situation politique du pays, en tenant à jour le dossier de presse ainsi qu'en recueillant des informations auprès de personnes de contact, comme les ministres ou les secrétaires généraux des ministères. C'est le cabinet également qui soumet à la signature royale les lois, arrêtés royaux et autres documents juridiques, et qui prépare et organise les audiences politiques. Le chef de cabinet, en tant que personne de confiance du Roi pour les questions politiques, joue un très grand rôle : non seulement il informe le souverain, mais il le conseille dans ses décisions. À l'égard du monde extérieur, il ne peut toutefois exprimer aucune opinion politique ni prendre la moindre responsabilité dans ce domaine. Il va de soi que le chef de cabinet, pour accomplir ces tâches importantes, peut faire appel à un certain nombre de collaborateurs. Deux conseillers travaillent à ses côtés, parmi lesquels, depuis 1980, un conseiller diplomatique. En outre, travaillent aussi au cabinet un conseiller juridique, un collaborateur chargé de l'examen des nombreuses requêtes que reçoit le Roi, un responsable du service de presse et l'archiviste du Palais royal.

Le troisième département est la liste civile. Les termes « liste civile » portent sur le budget de fonctionnement qui est mis à la disposition de la Cour, et qui doit lui permettre d'accomplir ses tâches en toute indépendance. Ce budget, qui s'élève à 244 millions à l'avènement du roi Albert II, est fixé par le Parlement pour la durée du règne[11]. Le responsable en est l'intendant de la liste civile, assisté du trésorier. C'est de ce département que dépendent aussi le bibliothécaire, le notaire du Roi ainsi que le médecin de la Maison du Roi.

Après les innovations mises en œuvre sous Schöller, le

fonctionnement de la Maison du Roi n'a, dans les grandes lignes, pratiquement plus changé, à l'exception du développement d'un service de presse à partir du milieu des années septante, sous l'impulsion d'un autre grand maréchal, Herman Liebaers. Ce service de presse jouera un rôle important dans la formation du roi Baudouin, jusqu'à faire de lui le « Belge le mieux informé ». Le Roi dispose ainsi quotidiennement d'un aperçu de la presse nationale et internationale, en plus de quelques journaux belges qu'il lit plus en détail. Le service de presse veille aussi, mais de façon moins intense, à assurer le flux d'informations dans l'autre sens : il diffuse les communiqués officiels émanant de la Cour et peut réagir, par exemple, bien que très rarement, à des articles parus dans la presse sur la Maison royale. À partir des années quatre-vingt, ce service s'est de plus en plus attaché à créer une image positive du Roi et de la famille royale dans la population et, à cet égard, le service de presse est devenu un important instrument de relations publiques. Alors qu'au cours des années cinquante, le Roi évitait journalistes et photographes, ses collaborateurs attirent désormais son attention sur la puissance des médias et les avantages qu'ils peuvent offrir. C'est ainsi qu'en 1976, à l'occasion du vingt-cinquième anniversaire du règne, des équipes de télévision ont, pour la première fois, été autorisées à pénétrer dans les résidences privées de Laeken, Ciergnon et Opgrimbie. Les images du Roi et de la Reine jouant une partie de tennis de table dans les serres de Laeken, ou regardant à la télévision un match de football dans leur maison de campagne, à Opgrimbie, pénétraient ainsi dans les foyers belges. À la base de ce changement d'attitude à l'égard des médias, se trouve clairement une motivation précise : unir plus intensément la population au Roi et à la monarchie.

Le roi Baudouin prend le temps de bavarder avec la population à l'occasion de sa visite à Bastogne. 11 mai 1984. Laeken. Collection reine Fabiola.

Le Roi s'adresse au Rat der Deutschsprachigen Gemeinschaft. Eupen, 29 mai 1984. Laeken. Collection reine Fabiola.

Les collaborateurs du Roi jouent donc un rôle qu'il ne faut pas sous-estimer : ce sont eux, généralement, qui proposent visites et activités au Roi, quoique les ministres fassent parfois des propositions à ce sujet. Le choix des collaborateurs est par conséquent essentiel. À cet égard également, il existe peu de règles écrites, à l'exception, en 1949, de la conclusion d'une commission parlementaire qui – en pleine Question royale – a essayé de clarifier ce qui concerne l'entourage du Roi. Ce texte prévoit que c'est le Roi qui nomme ses collaborateurs, sans contreseing ni accord des ministres. Il est certes demandé au Roi de « consulter discrètement » les ministres et ceux-ci, à leur tour, peuvent informer le Roi de leurs objections éventuelles[12]. Cette procédure de choix des quatre hauts dignitaires principaux s'est maintenue sans problème pendant tout le règne du roi Baudouin. Le secrétaire du conseil des ministres, qui entretient traditionnellement de bonnes relations avec les collaborateurs du souverain, informe le gouvernement des souhaits du Roi. Souvent, le collaborateur sortant suggère un certain nombre de candidats à sa succession, mais c'est le Roi qui, en fin de compte, décide. Sporadiquement, le Roi peut aussi recueillir l'avis de personnes de confiance extérieures au Palais. Le roi Baudouin a pris l'habitude de choisir ses principaux collaborateurs sous le signe des grands problèmes de société à l'ordre du jour à ce moment-là. C'est ainsi par exemple que le magistrat Jean-Marie Piret, lors de sa désignation comme chef de cabinet en 1977, a été chargé de fournir au Roi des informations sur la réforme de la Constitution.

Au début du règne de Baudouin, les collaborateurs du Roi étaient habituellement choisis dans les milieux francophones, catholiques et conservateurs. Depuis la désignation, en 1974, d'Herman Liebaers comme grand maréchal, il est toutefois tenu compte de ce que l'on appelle les équilibres belges. Désormais, le grand maréchal et le chef de cabinet doivent être de tendance philosophique et de groupe linguistique différents. Les milieux professionnels dans lesquels le Roi choisit ses collaborateurs, et il en était déjà ainsi au XIXe siècle, sont la diplomatie, les hauts fonctionnaires, la magistrature et l'armée. L'avantage de ces catégories est que les personnes désignées peuvent être facilement « prêtées » au Palais pendant quelques années. Souvent, le Roi choisit des personnes d'expérience de l'entourage de ses ministres. C'est ainsi qu'André Molitor, avant son entrée au Palais, était chef de cabinet du ministre Harmel. Jacques van Ypersele, chef de cabinet du roi Baudouin de 1983 à 1993, était, lors de sa désignation, chef de cabinet du Premier ministre Martens. Herman Liebaers (1974-1981) est le seul haut dignitaire provenant d'un autre milieu, à savoir le monde universitaire. Il faut remarquer que, depuis 1981, il s'est produit une sorte de réaction dans le choix des collaborateurs du Roi. L'aristocratie regagne du terrain et le champ de recrutement est à nouveau limité aux diplomates, magistrats, militaires et hauts fonctionnaires.

Développement des activités[13]

Une fois la Maison du Roi organisée, on commence, au Palais, à développer systématiquement les activités publiques variées du Roi. Ses collaborateurs constituent des dossiers bien étoffés, contenant des données et des noms de personnes, d'organisations et d'institutions qui jouent un certain rôle dans le pays. On commence, pour ainsi dire, à mettre le pays sur carte. L'information devient la notion clé et l'objectif par excellence, et un réseau de « contacts privilégiés » se développe. Les personnes de confiance, qui exercent des activités dans divers domaines de la vie sociale, remplissent pour le Roi le rôle d'informateurs alternatifs, en plus des ministres qui sont ses informateurs officiels. Il va de soi que, dans la pratique, c'est une mission vraiment impossible que d'enregistrer tout ce qui bouge et se passe dans le pays. Les choix sont inévitablement subjectifs et limités. Bien qu'il ne faille pas sous-estimer les initiatives de ses collaborateurs, ils sont, dans une large mesure, subordonnés aux centres d'intérêt personnels du Roi, qui évoluent. Ces centres d'intérêt sont eux aussi, jusqu'à un certain point, la conséquence de l'évolution de l'esprit du temps et c'est l'évidence en ce qui concerne le roi Baudouin. Un certain nombre d'exemples nous montrent aussi que Baudouin, à partir des années soixante, essaie de jeter un pont, d'une part, entre sa fonction représentative et la manière dont celle-ci, au fil des ans, lui a permis de développer un réseau parallèle de contacts, et sa position politique, d'autre part, ou la mesure dans laquelle il peut jouer un rôle influent auprès des ministres.

Dans les années soixante, le roi Baudouin s'intéresse avant tout au développement économique du pays, ce qui répond complètement à l'esprit du temps. Nous pouvons dès lors parler d'une explosion de visites économiques : à de grandes entreprises du pays, à de grands travaux d'infrastructure routière, aux charbonnages, aux foires agricoles et commerciales. Elles se déroulent souvent suivant un schéma protocolaire très strict et le Roi rencontre généralement d'abord les autorités locales et les chefs d'entreprise. Dans ce genre de visites, l'aspect représentatif pèse nettement plus lourd que l'aspect informatif dans la relation souverain-population. Il est d'ailleurs peu probable que le Roi recueille des informations objectives à propos des conditions de travail au sein de l'entreprise visitée. Le roi Baudouin a, il est vrai, l'habitude de converser avec des délégués syndicaux et des travailleurs, mais généralement en présence du chef d'entreprise. Ces conversations traitent rarement de problèmes épineux comme les conditions de travail, mais plutôt de la vie familiale et personnelle des travailleurs. Lors de ses visites traditionnelles dans les entreprises, on lui présente trop souvent une réalité édulcorée.

Au début des années septante, le nombre de visites « économiques » diminue nettement. En lieu et place, le Roi s'intéresse beaucoup plus aux problèmes communautaires. Ici aussi, Baudouin suit l'actualité politique qui, au cours de cette période, est dominée par l'opposition Flamands - Wallons, la décentralisation de l'économie et

> ### BARON CHRISTIAN DE POSCH,
> *commandant des Palais royaux (1963-1968),*
> *maître des cérémonies de la Cour (1968-1988)*
>
> « Le roi a nommé de bons gouverneurs de province. C'étaient des gens remarquables, connaissant magnifiquement leur province dans tous les domaines. Ils étaient pour nous, au département du grand maréchal, des conseillers en qui nous avions pleinement confiance, et le Roi aussi.
>
> Il y avait un autre groupe de personnes qui restaient en fonction de manière permanente, contrairement aux ministres qui changent souvent (le Roi en a connu des centaines): c'étaient les secrétaires généraux des ministères qui étaient, dans l'ensemble, des gens de grande qualité. Le Roi tenait beaucoup à les consulter. Il avait un peu institutionnalisé cela lors de la réception annuelle des corps constitués : il avait toujours un colloque prolongé, que nous respections et pour lequel nous lui laissions le temps nécessaire, avec «ses» secrétaires généraux, flamands et wallons réunis, parfois séparés ; le Roi tenait à avoir une conversation suivie avec eux. Ils représentaient eux aussi une source d'informations sérieuses et de qualité. Parfois le Roi recevait les secrétaires généraux en audience ; c'était plus rare, car c'était un peu délicat vis-à-vis du ministre.
>
> Le Roi a été l'un des hommes les mieux informés au monde. Il voyait beaucoup de chefs d'État étrangers, de hauts responsables, de diplomates, de hauts fonctionnaires des Communautés européennes, de l'ONU et de l'OTAN. La plupart de ces personnalités venaient à Bruxelles pour ces institutions, d'abord, mais le Roi bénéficiait de ce passage sans en faire de complexes. Il parvenait très vite à se mettre au niveau de la personne qu'il recevait et à avoir un échange fructueux et il avait ainsi –outre les rapports de nos postes diplomatiques– des informations remarquables sur la situation du monde. Il s'intéressait particulièrement à l'Afrique... Grâce à ces informations, à son bon jugement, à son intelligence et à son travail, le Roi a pu avoir une conception des différents problèmes qui lui a permis d'être un homme écouté, et pas seulement des chefs d'État africains. Aux funérailles de l'empereur du Japon, le président Bush et le Roi se sont rencontrés pendant une heure ! Il est extraordinaire que le président des États-Unis ait consacré une heure au roi des Belges. Ils s'étaient déjà rencontrés plusieurs fois auparavant, à Bruxelles.
>
> En présence du président Giscard d'Estaing, le Roi était impressionné par son entregent. Avec Mitterrand, le contact était bon. Le Roi était parfois mal à l'aise au contact de personnalités trop brillantes ; il n'appréciait guère les impétueux, même dans sa Maison ; on estimait plutôt les personnes calmes. Si beaucoup de chefs d'État sont extravertis et sûrs d'eux, le Roi était un introverti et avait tendance à s'enfermer dans sa coquille. Le Roi s'est cependant magnifiquement entendu avec des personnalités telles que le président Nixon et le maréchal Tito. Lorsque Tito est venu en visite officielle en Belgique, en 1970, et qu'il logeait dans l'appartement du Palais royal réservé aux chefs d'État, le Roi lui a rendu visite dans cet appartement et y est resté jusqu'à minuit vingt, alors qu'il était plutôt un couche-tôt ! La reine Fabiola et Madame Broz (Tito) étaient également présentes. Tito a raconté sa guerre, le Roi était séduit par sa personnalité et l'a revu plus tard en Yougoslavie, en juin 1973, à Belgrade et à Brioni.
>
> Dans ses entretiens, le Roi mêlait les sujets personnels et politiques. Il commençait souvent par s'informer de la santé de son interlocuteur, à la fois par amorcer la conversation et parce que c'était là une de ses préoccupations.»

l'autonomie culturelle. C'est dans ce cadre que, en 1974, il recevra par exemple successivement un groupe d'écrivains belges néerlandophones et francophones. Il n'est pas étonnant que le Roi, en tant que symbole ultime de l'unité du pays, ait d'abord un premier réflexe de réticence à l'égard de la réforme de l'État. Baudouin se rend compte en effet qu'une amputation des pouvoirs de l'autorité centrale entraîne simultanément des restrictions de l'influence qu'il peut avoir sur la politique. Cette attitude s'exprime par exemple dans ses discours où, à partir de 1969, il se réfère très régulièrement aux réformes institutionnelles et appelle immanquablement à l'unité de tous les Belges.

Pareille attitude ressort aussi d'une série de rencontres que le Roi organise avec les administrations provinciales dans le courant de l'année 1972. On peut déduire qu'il s'agit ici d'une initiative très personnelle par l'absence, lors de ces rencontres, du ministre compétent, ou le rôle secondaire qu'il y joue. L'intention du Roi est d'écouter ce que les gens ont à lui dire sur le fonctionnement de ce niveau administratif, de sorte qu'il puisse se faire une opinion personnelle sur les perspectives d'avenir. Peut-être songe-t-il ici à une extension des compétences provinciales en tant qu'alternative à la réforme de l'État « à deux » ou « à trois », une idée qui, à cette époque, flotte manifestement dans l'air. Quant à savoir si Baudouin, par cette initiative, a vraiment l'intention formelle d'exercer une influence sur les ministres, cela ne peut provisoirement pas être démontré. Quoi qu'il en soit, il est évident que cette initiative n'a pas eu de conséquences. Ce n'est que vers le milieu des années quatre-vingt que le roi Baudouin est vraiment gagné à l'idée d'un fédéralisme d'union en Belgique. Ceci se manifeste par exemple dans le fait qu'il invitera également les ministres régionaux à sa réception annuelle du Nouvel An, alors qu'il n'entretient avec eux aucune relation constitutionnelle.

À la suite de la désignation d'Herman Liebaers au poste de grand maréchal, en 1974, les activités se déplacent vers les milieux scientifiques et universitaires. L'intérêt personnel du Roi a probablement, ici aussi, joué un rôle : Baudouin est un fervent astronome amateur, et d'autres sciences naturelles ainsi que le développement technologique l'intéressent également. Sont autant d'exemples de ce type d'activités sa présence à une séance académique de l'Académie royale des Sciences, des Lettres et des Beaux-Arts de Belgique (1973), à la clôture de l'année Copernic (1974), et la visite qu'il effectue à l'Université d'Anvers (1977). À peu près chaque année, il a désormais aussi à son programme une séance à un congrès scientifique, soit le *Vlaams Economisch Wetenschappelijk Congres* (Congrès scientifique économique flamand), soit le Congrès Solvay. Chaque année aussi, le Roi assiste à la remise du prix Francqui et, tous les deux ans, à la remise du *Grote prijs der Nederlandse Letteren* (Grand prix des lettres néerlandaises). Le Roi tisse également un réseau de contacts personnels avec des savants belges. Les plus connus sont les Prix Nobel Albert Claude, Christian de Duve, Ilya Prigogine et l'astronome Paul Melchior. Avec ces deux derniers surtout, Baudouin entretient une relation privilégiée. Il trouve en eux des informateurs fiables, qui le tiennent au courant des évolutions dans le monde académique et scientifique.

Il en est ainsi, par exemple, lorsque les institutions scientifiques nationales, comme la Bibliothèque royale Albert Ier ou l'Observatoire royal de Belgique, à Uccle, se trouvent en difficulté. En 1985-1987, les économies pratiquées par les pouvoirs publics menacent de réduire de 150 à 5 seulement le nombre des nominations de membres du personnel scientifique, technique et administratif. À cette époque environ, le Roi visite le planétarium et ne laisse pas échapper l'occasion, face aux ministres compétents, de demander à l'un des directeurs des institutions scientifiques un exposé sur les problèmes de manque de personnel. À la suite de cette intervention, les nominations ont repris.

À partir du milieu des années septante, le Roi va aussi développer sa fonction représentative au niveau des relations internationales. Les contacts avec d'autres États se font tout d'abord par la réception très traditionnelle des ambassadeurs étrangers en poste en Belgique. Bien que régies par un protocole strict, tant la remise traditionnelle des lettres de créance lors de l'arrivée d'un ambassadeur, que l'audience de congé lors de son départ, offrent parfois au Roi la possibilité d'avoir des conversations plus approfondies à propos des relations internationales. L'innovation à ce propos est en outre l'accueil en Belgique de beaucoup plus de chefs d'État et de dirigeants étrangers. Le fait que Bruxelles soit devenue le siège de nombreuses organisations internationales, et tout d'abord de la Commission européenne et de l'OTAN, a permis au Roi de saisir l'occasion d'intensifier ces contacts. C'est ainsi par exemple qu'il instaurera l'habitude d'accorder audience aux présidents de la Commission européenne et du Parlement européen lors de leur arrivée et de leur départ. Grâce à un éventail de possibilités de contacts, le Roi a pu nouer des relations plus personnelles avec divers dirigeants étrangers. Tel fut le cas par exemple du président français Mitterrand, du dirigeant yougoslave, le maréchal Tito, et de chefs d'État africains tels que Habyarimana, du Rwanda, Nyerere, de Tanzanie, Kuanda, de Zambie et, durant un certain temps également, de Mobutu, du Zaïre. Un aspect essentiel de la fonction représentative du Roi est de représenter le royaume à l'étranger. La liste des voyages effectués par le roi Baudouin et la reine Fabiola est impressionnante. Ils ont visité plus de cinquante pays dans le cadre de divers types de voyages. C'est ainsi qu'eurent lieu des visites d'État et des voyages officiels ou des visites à caractère privé à des Cours étrangères, à l'occasion, par exemple, d'un mariage princier. Chaque voyage fait l'objet d'une préparation minutieuse : le grand maréchal ou le maître de cérémonie se rend sur place, accompagné du conseiller de presse, et établit le programme de la visite en collaboration avec l'ambassadeur de Belgique. Ici également, Herman Liebaers se montre novateur. Il a l'idée de faire accompagner le Roi par des experts qui peuvent lui fournir une information bien étayée sur le pays visité ou sur un aspect de sa vie sociale. C'est ainsi qu'Ilya Prigogine, lui-même d'origine russe, accompagne le Roi

Le roi Baudouin pendant son allocution au cours du dîner de gala offert en l'honneur du président de la Corée du Sud. Bruxelles, 16 avril 1986. Photo Jean Guyaux. (Bruxelles).

LA FONCTION REPRÉSENTATIVE DU ROI - CHAPITRE III

en Union soviétique, en 1975, comme Paul Melchior et la sinologue Marthe Engelborghs lors de son voyage en Chine, en 1981.

Dans les années quatre-vingt et nonante, le roi Baudouin sera surtout attentif à la problématique de l'exclusion sociale. Il essaie de savoir ce qui se passe dans ce domaine, notamment en se faisant dresser un panorama des organisations sociales et socio-politiques de ce secteur. C'est ainsi, par exemple, qu'il entre en contact avec le mouvement ATD Quart Monde, et qu'il rencontrera régulièrement ses dirigeants jusqu'à la fin de sa vie. Il apprend aussi à connaître des centres d'accueil pour les femmes victimes de la traite d'êtres humains. Sa visite, en décembre 1992, aux centres Saralek et Payoke à Anvers n'est pas passée inaperçue. Parmis d'autres activités sociales, citons une visite du Roi à un centre socio-culturel d'immigrés à Bruxelles, en 1984, sa présence à une journée d'action contre la pauvreté, en 1989, ou à un concert antiapartheid, « Sarafina », en 1991. Nous pouvons, dans ce cas-ci, affirmer avec une plus grande certitude que le Roi, par ses visites et contacts dans tout le pays, a voulu exercer une nette influence sur la politique dans ce domaine. Lorsque Baudouin rend une visite impromptue à Payoke, ce n'est pas seulement parce qu'il veut se rendre compte sur place de la situation, mais aussi parce qu'il désire émettre un signal destiné aux ministres et à l'opinion publique. Au cours des dernières années de sa vie, il n'hésite pas à intervenir publiquement dans le but d'attirer l'attention sur un problème donné, selon sa vision personnelle sur la société belge.

Le Roi, lors de sa visite à la Semaine internationale agricole au Heysel (11 février 1988), en conversation avec les ministres G. Coëme, G. Lutgen et P. De Keersmaeker. Laeken. Collection reine Fabiola.

La Cour, depuis toujours, n'est guère familiarisée avec le domaine social. Le roi Baudouin essaie dès lors d'élargir et de varier ses formules de contact. Ces nouvelles formes doivent lui offrir la garantie de recevoir des informations plus correctes que par une visite ou une audience traditionnelles. La création de la Fondation Roi Baudouin, en 1976, peut être interprétée dans ce sens. Cette organisation a pour objectif premier la réalisation d'études et d'enquêtes à propos des diverses facettes de la société belge, allant de la dénonciation de situations sociales intolérables au maintien du patrimoine culturel[15]. Le roi Baudouin peut utiliser simultanément les réseaux de contact qu'a développés la Fondation et les résultats des enquêtes auxquelles elle a procédé. Bref, elle est pour le Roi comme une fenêtre sur la société belge. De nouveaux instruments de travail sont en outre les visites d'information que le Souverain effectue dans une région donnée autour d'un thème choisi, ainsi que les tables rondes et déjeuners de travail. C'est ainsi que, en 1984 et 1986, des déjeuners de travail rassemblent à Laeken des spécialistes et des responsables pour des discussions informelles sur les thèmes de la pauvreté en de l'alphabétisation.

LES DERNIÈRES ANNÉES

À son décès, Baudouin n'est plus, depuis longtemps, le grand inconnu qu'il a parfois été pour les Belges. Au cours des dernières années de sa vie, pour des raisons et dans des circonstances diverses, Baudouin s'est

Le Roi lors de la cérémonie d'hommage aux martyrs juifs, victimes des camps de concentration au cours de la Deuxième Guerre mondiale. Anderlecht, 4 mai 1990. Laeken. Collection reine Fabiola.

BENOÎT CARDON DE LICHTBUER,
collaborateur du grand maréchal de la Cour (1974-1979),
secrétaire de la reine Fabiola (1979-1989)

Les collaborateurs du grand maréchal constituaient vraiment une équipe au sein de laquelle chacun avait son domaine particulier. On essayait d'assurer la présence du Roi et de la Reine dans un large éventail de domaines, activités économiques, sociales, culturelles, scientifiques, etc., et l'on prenait aussi des initiatives afin que les souverains contactent des gens qui, pour diverses raisons, n'osaient pas, ou ne souhaitaient pas, solliciter une visite royale.

On s'efforçait d'être présent dans la plupart des régions du pays, de ne pas se limiter aux grandes villes, et d'aller aussi dans des endroits de moyenne importance. Nous disposions de cartes marquées de couleurs qui indiquaient les années de visites, et nous tentions couvrir l'ensemble du pays ; c'est la raison pour laquelle l'idée de prendre l'initiative était importante.

Le Roi avait bien sûr des activités qu'il menait seul, la Reine également, mais à cette époque, ils partageaient aussi beaucoup d'activités. Par exemple, lors d'une journée dans la région de Bastogne ou d'Ypres, une partie du programme leur était commune et une autre était séparée, chacun suivant ses centres d'intérêt et les idées intéressantes que l'on trouvait sur place.

Chaque visite faisait l'objet de visites préliminaires ; nous en discutions, tant avec des représentants politiques qu'avec des responsables d'organisations, pour pouvoir montrer aux souverains des choses inédites, des initiatives nouvelles qui revêtaient un aspect de projet ou d'activité pilote. Le Roi et la Reine étaient toujours très sensibles à ce moyen qu'ils avaient, par leur présence, de marquer combien ils encourageaient de telles activités. Bien sûr, certaines étaient plus classiques, plus traditionnelles, mais si l'on visitait une école par exemple, nous essayions de trouver avec la direction et les professeurs ce qui faisait chez eux le fruit d'une recherche, d'une amélioration des méthodes éducatives, que ce fût dans l'enseignement des langues ou dans les contacts avec les parents. On essayait chaque fois de sortir des sentiers battus et c'était ce que souhaitaient les Souverains.

Dans toutes ces activités, on s'efforçait de conserver un équilibre entre le Nord et le Sud, et de tenir compte des sensibilités politiques et idéologiques.

On tâchait aussi de faire en sorte que le Roi et la Reine soient rassembleurs : lorsqu'on allait dans une ville, au lieu du déjeuner classique avec les autorités locales, on organisait un repas où les Souverains rencontraient cinquante jeunes, de 17 à 20 ans, de tous niveaux d'études et de formation. On utilisait alors toute une technique de contacts : le Roi et la Reine ne restaient pas à la même table durant tout le déjeuner, mais changeaient de place de manière que s'établisse une tournante auprès des jeunes.

L'idée de rassemblement était importante, elle aussi : faire du Palais un endroit où les gens puissent se rencontrer. C'est durant cette période que fut lancé le concert annuel du Palais royal, organisé conjointement par le Festival van Vlaanderen et le Festival de Wallonie : chaque année, l'un ou l'autre engage le groupe musical qui s'y produit. Le but était aussi d'inviter chaque année un public différent – le monde des enseignants, la magistrature, les jeunes ou les artistes. On y conviait également les gens qui sponsorisaient les festivals : les chefs d'entreprise ou les organisations qui aidaient à la réalisation des deux grands festivals de Belgique.

Une telle activité était l'occasion d'affirmer la reconnaissance de la diversité belge, mais la monarchie voulait en même temps en être le lieu de rencontre, dans ce pays qui n'était pas encore tout à fait fédéral mais qui s'orientait vers cette structure. La préoccupation du Roi et de la Reine a toujours été de faire de leurs personnes et de leur Maison un point de rencontre entre néerlandophones et francophones. La Fondation Roi Baudouin travaille d'ailleurs dans le même esprit. De telles activités représentaient une reconnaissance de la Belgique telle que nous la connaissons actuellement, une Belgique composée de deux grandes communautés. On croit parfois que le Palais royal est le dernier bastion de l'État unitaire – et par certains aspects, il l'est en effet –, mais il existait une très nette volonté, d'une part de reconnaître ces deux communautés, d'autre part, de les réunir lorsque c'était possible, pour favoriser les contacts et insister sur le fait que le dialogue culturel est essentiel.

à maintes reprises trouvé sous les feux de l'actualité. En 1990, les médias le désignent comme « homme de l'année » et la question de l'avortement n'y est pas étrangère. Le refus du Roi de signer, en avril 1990, une loi autorisant une dépénalisation partielle de l'avortement peut être considéré comme un acte politique ayant eu de nettes répercussions sur la place publique. En effet, le roi Baudouin, en prenant une décision purement politique, n'a jamais tant suscité l'intérêt de l'opinion publique. L'effet qu'a généré la question de l'avortement sur l'image du Roi et de la royauté est encore difficile à estimer. Certains réagissent positivement à la décision du Roi qui, d'après eux, témoigne d'honnêteté et de constance ; d'autres, par contre, font remarquer que le Roi se confirme, par cette attitude, comme le Roi des Belges catholiques. Une large enquête d'opinion menée en 1991 va d'ailleurs dans ce sens : à ce moment-là, ce sont surtout les catholiques convaincus qui sont favorables au Roi[16].

On le retrouve également à l'avant-scène dans le cadre de « l'année royale » 1990-1991. L'occasion concrète de ces festivités royales, au cours de cette année, est un triple anniversaire : le 7 septembre 1990, le Roi fête ses soixante ans, le 15 décembre 1990, Baudouin et Fabiola célèbrent trente ans de mariage, et Baudouin, le 16 juillet 1991, quarante ans de règne. Durant un an, les souverains effectueront un nombre imposant de visites et participeront à des fêtes

Au nom du Gouvernement, le Premier ministre Wilfried Martens félicite le Roi à l'occasion de son soixantième anniversaire. Bruxelles. 7 septembre 1990. Laeken. Collection reine Fabiola.

Le Roi et la Reine assistent aux célébrations du millénaire de Lommel le 22 juin 1990. À la droite du Roi, le ministre flamand de la Culture Patrick Dewael, à ses côtés le bourgmestre de Lommel. À l'arrière-plan, on reconnaît entre autres le grand maréchal de la Cour Gérard Jacques et le maître des cérémonies de la Cour le colonel Schrijvers. Laeken. Collection reine Fabiola.

et réunions de toutes sortes. Le Roi y prendra la parole plus souvent que d'habitude, et la Reine aussi. L'année se clôturera le 21 juillet 1991 par une grande fête populaire au Heysel, où seront fêtés les souverains. Lors de la préparation du programme, le Roi en choisit lui-même les deux thèmes principaux : le contact avec les jeunes et le dialogue entre les divers groupes linguistiques en Belgique. Pour organiser cet ensemble d'activités, il laisse ensuite les mains libres aux responsables, c'est-à-dire au comité de coordination que dirige le gouverneur Andries Kinsbergen. Une illustration de la manière dont le roi Baudouin désire s'informer personnellement et en toute indépendance est l'initiative du « Message de la jeunesse ». On demande aux écoliers de chaque province de Belgique de préparer une représentation créative autour d'un thème social imposé, par exemple le racisme. En outre, il leur est proposé de coucher sur papier leurs opinions sur ce thème. Les « messages de la jeunesse » sont transmis au Roi qui les synthétise et les interprète dans son discours du 21 juillet suivant.

Les festivités 60 - 40 constitueront un énorme succès du point de vue des relations publiques. Les médias y jouent aussi un rôle important : aucune semaine ne se passe sans qu'un programme ne soit consacré au Roi. La presse se fait l'écho des événements, en général de manière louangeuse, bien que différentes organisations de jeunes se plaignent que la fête soit devenue une fête « pour les jeunes » et non « par les jeunes »[17]. Il y a probablement un lien direct entre la mobilisation orchestrée pour le Roi en 1991, d'une part, et la sympathie spontanée que témoigne la population au moment de son décès. L'immense marée humaine, probablement plus de 150 000 personnes, qui, début août 1993, a franchi les portes du Palais royal de Bruxelles pour saluer une dernière fois le souverain, a étonné les médias et les hommes politiques. L'explication de cette sympathie est à chercher, dans une large mesure, dans la présence plus qu'évidente du souverain sur la scène publique, en 1990-1991, et dans la manière dont la Cour a transformé cet intérêt en loyauté de la part d'une partie de la population.

CONCLUSIONS

La manière dont le roi Baudouin a exercé sa fonction représentative a évolué entre deux extrêmes au fil des ans. Au cours de la première décennie de son règne, les contacts du Roi avec la population sont réduits au minimum et plutôt symboliques. À partir des années soixante, en revanche, le Palais développe un véritable réseau de collecte d'informations et de contacts qui continuera à se développer avec les années. Des visites de plus en plus variées et originales en Belgique, ainsi que des réceptions au Palais, en constituent la pierre d'angle. D'autres ambitions voient aussi progressivement le jour : l'intention n'est plus uniquement de recueillir des informations : celles-ci doivent aussi servir à quelque chose. Le roi Baudouin souhaite, par sa fonction représentative, exercer ici et là une influence politique. En raison de l'inaccessibilité des archives, cela reste difficile à démontrer aujourd'hui, mais l'exemple des nominations dans les institutions scientifiques, la révision des compétences des provinces et les visites dans les milieux sociaux sont autant d'indications dans ce sens. Il devient ainsi évident que les visites effectuées par le Roi, comme les réceptions informelles ou purement protocolaires au Palais, constituent au contraire les fondements de son rôle politique. Le roi Baudouin semble avoir jeté, entre ses tâches politiques et ses tâches de représentation, un pont qui occupe une place centrale dans sa vision du rôle de la royauté.

Il convient de remarquer simultanément que cette manière de se manifester publiquement se situe, pour le Roi, dans un contexte d'érosion de ses pouvoirs et prérogatives politiques. Dans la pratique politique d'aujourd'hui, le pouvoir du Roi, par exemple en ce qui concerne les nominations et la démission des ministres, la signature des lois et la dissolution du Parlement, est devenu assez théorique. C'est surtout l'évolution de l'après-guerre vers une forme de particratie toujours plus forte qui a joué un rôle. La fédéralisation et le transfert de compétences vers les Communautés et les Régions ont aussi, dans une certaine mesure, affaibli la position politique du Roi[18]. Baudouin y a peut-être cherché des compensations dans l'exercice de sa fonction représentative et dans ses contacts dans le pays. Ainsi, la royauté en Belgique a-t-elle reçu, sous Baudouin, un contenu très spécifique.

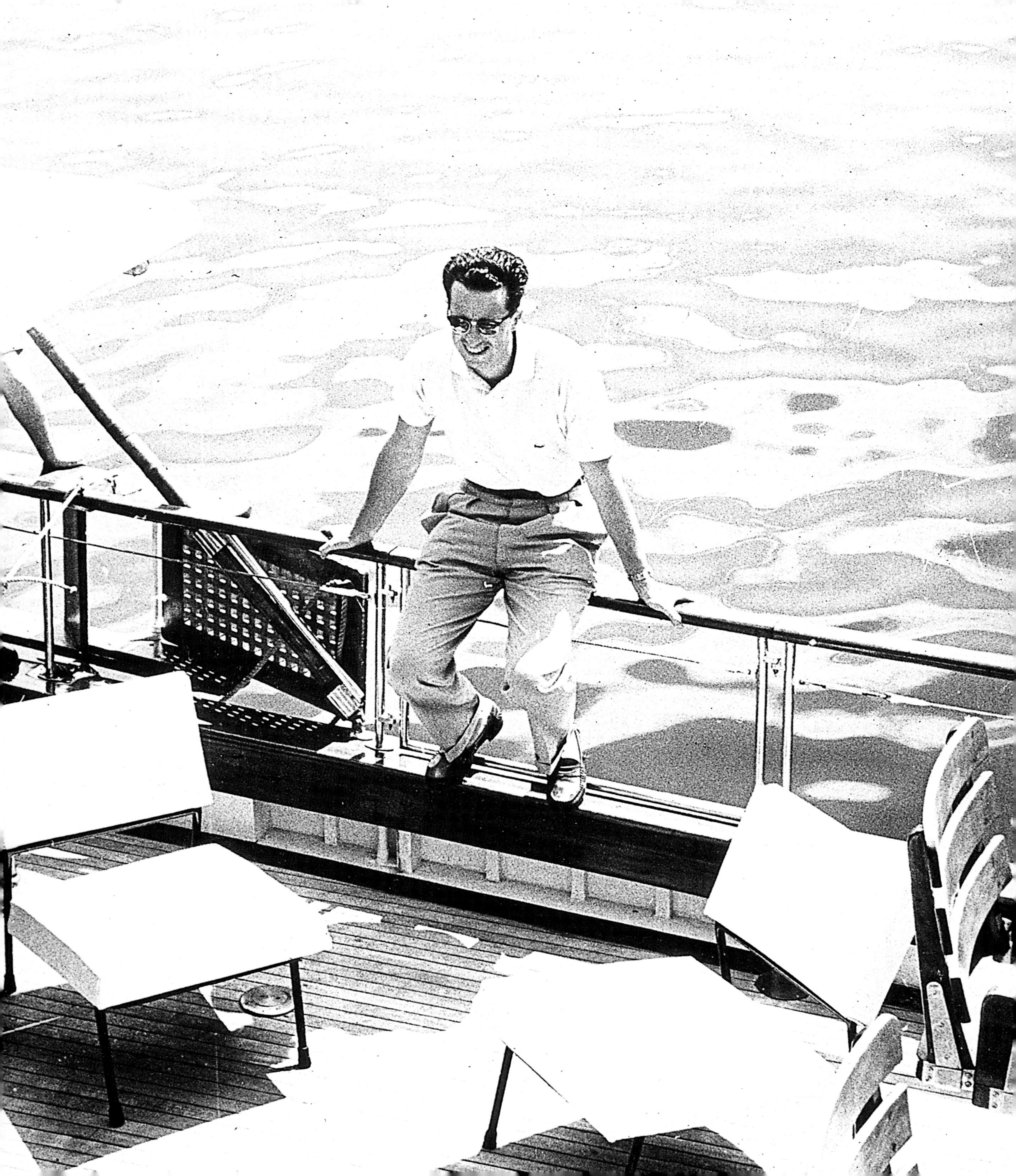

CHAPITRE IV

La vie privée du roi Baudouin

MAUD BRACKE

Il est extrêmement difficile de se risquer à décrire la personnalité ou la psychologie d'un personnage historique. Et dans le cas d'un personnage public, tel qu'un chef d'État, la chose est encore plus complexe. Les personnes qui entourent le Roi et entretiennent avec lui des relations professionnelles sont nombreuses, mais rares sont celles qui ont appris à le connaître vraiment et Baudouin n'échappe pas à cette règle. Ceux qui ont connu le Roi le décrivent de manières très diverses, voire contradictoires. D'après certains, le roi Baudouin était cordial et chaleureux, d'après d'autres, il pouvait se montrer froid et sec. D'aucuns le caractérisent comme une personne calme, d'autres le disent tendu. Parfois, le Roi est décrit comme optimiste et jovial, parfois comme amer et même rancunier. Un certain consensus se dégage cependant à propos de divers traits de son caractère. C'est ainsi que nombreux sont ceux qui remarquent que le roi Baudouin se sentait responsable de ce qui se passait dans le pays et qu'il accomplissait scrupuleusement son métier de roi.

Qu'il y ait peu d'unanimité à propos de la personnalité du roi Baudouin ne doit pas nous étonner. Une première explication réside dans l'évolution intérieure que connaît toute personne. Et c'est certainement vrai pour Baudouin, dont tout le règne fut un long processus d'apprentissage. Par ailleurs, le roi Baudouin a consciemment protégé sa vie privée des regards publics, de la presse et même de ses proches collaborateurs. Jusqu'à un certain point, c'est là une tradition qui repose sur une interprétation bien précise de la Constitution belge. Les Rois des Belges ont toujours évité les journalistes, de sorte qu'aujourd'hui encore, par exemple, il n'est pas possible d'interviewer le Roi. Mais Baudouin lui-même ressentait incontestablement le besoin de protéger sa vie privée. Il est vrai que, dans le contexte professionnel, il était en contact constant avec d'autres personnes, mais il ne se montrait pas toujours tel qu'il était vraiment. Par conséquent, nombreux sont ceux qui pensent avoir bien connu le Roi, alors qu'en réalité, ils n'ont sans doute perçu qu'une facette de sa personnalité. Mais en même temps, d'autres signes indiquent un certain besoin du Roi de partager sa vie privée avec les Belges. L'émission télévisée « Métier de Roi » soulève, en 1976, un petit coin du voile qui entoure la vie quotidienne du Roi. Baudouin introduit lui-même le programme en disant : *« Je me suis longtemps demandé de quelle manière un film peut présenter la "profession" de roi. Pour être honnête, dans la réalité quotidienne, il m'est toujours difficile de faire la distinction entre ma vie personnelle et ma profession*[1]*. »* Mais une telle ouverture ne caractérise que les dernières années de sa vie. À partir de 1975, environ, la vie privée de Baudouin se tournera de plus en plus vers l'extérieur et il sera, dès lors, plus facile pour les Belges de se forger une image du Roi, de ses centres d'intérêt, de ses préférences et de sa vision de la vie. Indépendamment d'inévitables limitations, il est intéressant de s'interroger sur la vie personnelle et intime du Roi. Celui qui désire comprendre le règne de Baudouin Ier ne peut d'ailleurs faire autrement que d'essayer de percer la personnalité du Roi. Comment était-il dans la vie quotidienne ? Quelles étaient ses priorités, quels étaient ses objectifs, en tant que Roi et en tant qu'homme ? En qui avait-il confiance ? De quelle manière réussissait-il, en dépit de son travail considérable, à rester calme et détendu ? La réponse à ces questions est tissée dans le récit chronologique de la vie privée du souverain, dont l'évolution intérieure fut remarquable.

Le roi Baudouin en vacances.
Laeken.
Collection reine Fabiola.

Le roi Baudouin, le prince Albert et le roi Léopold III photographient la princesse Lilian avec la princesse Marie-Christine. Photo Jack Esten. Bruxelles. Archives du Palais royal.

LES ANNÉES DE SILENCE
(1950-1960)

Les dix premières années de son règne sont, pour Baudouin, extrêmement difficiles sur le plan psychologique. Lorsqu'on regarde des photos du jeune Roi, on est frappé par l'image d'un jeune homme timide, gauche, parfois même un peu rude. Son attitude laisse deviner qu'il porte de lourdes charges ; nous pourrions les qualifier de charges dues aux circonstances et d'autres dues au passé. Jusqu'en 1950, la famille royale ne s'attend pas à ce que le prince Baudouin accède au trône à court terme et, par conséquent, ne veille pas à donner au jeune Prince une véritable formation à cette tâche. Les circonstances inhabituelles dues à la guerre (1940-1945) et aux séjours à Hirschstein, Strobl et Prégny (1945-1950) ne permettent pas au Prince de recevoir un enseignement moyen et supérieur adéquat. Il suit des cours à Lausanne et à Genève, cours complétés par un enseignement privé dispensé par des professeurs belges qu'invite Léopold III. Cette formation est toutefois peu ouverte au monde extérieur et peu axée sur la réalité sociale belge. C'est ainsi, par exemple, que, si le Prince reçoit des cours de droit belge et d'économie politique, ses connaissances du fonctionnement pratique du système politique et socio-économique sont presque inexistantes.

Le poids que font peser les circonstances n'est pas moins lourd. La Question royale, en 1949-1950, a poussé, à outrance, les oppositions en Belgique. Pendant son exil, on a incontestablement présenté à Baudouin une certaine image des Belges et de la situation politique en Belgique. Il est même vraisemblable que le prince Baudouin n'approuve pas du tout l'abdication de Léopold III ; or, on lui demande de surcroît de prendre la place de son père. La royauté, pour lui, est un devoir et non un honneur dont il se réjouit. Au cours de ces premières années, le jeune Roi se demande si la royauté est vraiment le véritable but de sa vie, s'il *mérite* bien d'assumer cette responsabilité[2]. Plus tard encore, il subsistera quelque chose de cette incertitude : la grande capacité de travail dont fera preuve le roi Baudouin tout au long de sa vie indique un certain besoin de se convaincre, et de convaincre les autres, qu'il est digne de cette fonction.

Au cours de ces premières années, la vie privée du Roi,

Comme son père, le roi Baudouin est un joueur de golf acharné.
Bruxelles. Archives du Palais royal.

Le Roi est aussi un fervent du ski. Laeken. Collection reine Fabiola.

d'une part, et ses préoccupations professionnelles et publiques, d'autre part, sont assez cloisonnées. Bruxelles et Laeken sont deux mondes différents. À Bruxelles, Baudouin est Roi ; à Laeken, Léopold est le maître des lieux, à qui l'on s'adresse comme s'il était « le Roi », Baudouin étant considéré comme son élève[3]. Pour Baudouin qui, en Belgique, a peu d'amis ou de contacts personnels, Léopold est incontestablement la personne de référence par excellence. Et ce, d'abord sur le plan politique, mais aussi dans un cadre plus général. À ses yeux, son père est le seul qui puisse lui apprendre le « métier » de roi. À la suite de divers incidents, éclate dans la presse et dans les milieux politiques une polémique à propos de la cohabitation de Baudouin et de son père, et surtout de sa belle-mère, la princesse Lilian[4]. Ce n'est qu'en décembre 1960, lors du mariage du roi Baudouin, qu'une solution définitive sera trouvée : Léopold III et la princesse Lilian vont s'installer à Argenteuil.

Outre le roi Léopold, la reine Élisabeth, sa grand-mère, est pour Baudouin une référence importante. Le roi Baudouin semble même, surtout à la fin de sa vie, éprouver une certaine prédilection pour le « non-conformisme » de la « Reine rouge ».

Au cours de ces années d'incertitude personnelle, Baudouin ne voit qu'une manière de sauvegarder sa vie privée : il se protège du monde extérieur. Vie privée et anonymat vont pour lui de pair. Tandis que, dans plusieurs autres pays, les souverains mènent volontiers une vie mondaine, toute de fêtes et de dîners de gala, Baudouin ne semble pouvoir s'épanouir vraiment que lorsque personne ne connaît sa véritable identité. La manière dont il exerce ses sports favoris l'illustre assez. Au cours des années cinquante, il prend part, à plusieurs reprises, à des tournois de golf, notamment en Écosse et en Allemagne, en 1959. Il s'y inscrit toujours comme « Prince de Belgique ». Mais au sein de l'équipe nationale de golf, dont il fait partie à cette époque, il ne peut évidemment garder l'anonymat. Le sport est pour Baudouin un excellent moyen de recharger ses batteries. Il prend l'habitude d'aller courir chaque matin dans le domaine de Laeken, avant d'entamer sa journée de travail, et ce souvent en compagnie de son officier d'ordonnance. Régulièrement aussi, il va nager, ou jouer une partie de tennis ou de tennis de table avec son frère, le prince Albert.

Une autre occupation favorite au cours de cette période est l'aviation. Le Roi, qui regrette beaucoup de ne pas avoir reçu de formation militaire, est intéressé par l'aviation et suit une formation de pilote en 1959. Certaines portes s'ouvrent souvent plus facilement pour un roi que pour le commun des mortels : cela se vérifie lorsqu'il acquiert son premier avion privé. Durant son voyage officiel aux États-Unis, en 1959, il remarque le dernier modèle d'avion sportif, qui n'est pas disponible en Belgique. Il en commande un et, à partir de 1961, effectue de temps à autre des vols entre Grimbergen et les divers domaines royaux. Pour des raisons de sécurité, toutefois, il ne vole jamais seul, mais est accompagné par des pilotes de la plus haute qualification.

Durant ces années, un même désir d'isolement et d'anonymat marque ses vacances privées. C'est ainsi que, pendant les étés de 1954 et 1955, il passe quelque six semaines en voyage privé en France et en Espagne. Un officier d'ordonnance l'accompagne, et les deux hommes voyagent toujours incognito dans une voiture de sport, passant par les petits villages et séjournant d'habitude dans des hôtels en pleine campagne. Au cours de ces voyages, Baudouin est un tout autre homme : spontané et sociable, il parle volontiers et beaucoup avec ceux qu'il rencontre. Dans la ligne de la personnalité de Baudouin, ce n'est pas tellement étonnant : pendant ses voyages, il ne doit pas être le Roi des Belges, il est simplement un jeune homme que rien ne distingue des autres. Il peut continuer à voyager ainsi, en France et en Espagne, jusqu'au milieu des années cinquante. En plus de ces voyages individuels, Baudouin effectue, au cours de ces années, un certain nombre d'autres déplacements en compagnie de son père et de sa belle-mère, parfois aussi de son frère, le prince Albert. Traditionnellement, la famille royale va aux sports d'hiver en début d'année ; Baudouin, d'ailleurs, est un skieur enthousiaste. Une autre destination favorite est la Côte d'Azur.

Baudouin, au cours de cette période, n'a pas, à proprement parler, de véritables amis belges. La famille royale dans son ensemble est d'ailleurs, depuis la Question royale, et dans une certaine mesure, coupée de ses amis traditionnels, tant en Belgique qu'à l'étranger. Depuis toujours, les rois et les princes recherchent leurs amis au sein de la haute aristocratie de leur propre pays. Mais ce milieu semble éprouver un lourd malaise après le deuxième mariage de Léopold III, et après la Question royale qu'il a « perdue ». De plus, la Cour essaie de se distancer de ce milieu de relations quelque peu désuet ; elle se rend compte que c'est précisément cet « entourage » qui constitue l'une des cibles des opposants de la monarchie, et qu'il peut jouer en défaveur du Roi. L'aristocratie n'en saura pas gré à la Cour. Une illustration de cette relation tendue est le bal de la Cour, de 1958. La plupart des mille invités sont des dirigeants politiques, de hauts fonctionnaires, des diplomates, des organisateurs de l'Exposition universelle, des représentants de l'industrie, des professions libérales et des milieux universitaires. De nombreux membres de la haute aristocratie, « invitables de droit », ne figurent pas sur la liste. Des raisons supplémentaires de grogne sont, pour nombre d'entre eux, le désintérêt manifeste du roi Baudouin pour le bal, et l'organisation déficiente de celui-ci[5]. Après 1958, on n'en organisera plus : on se rend compte que pareil concept n'est plus dans l'air du temps et ne correspond pas au style du roi Baudouin.

Peser les carpes est un événement annuel à Laeken.
Laeken. Collection reine Fabiola.

*La reine Sirikit de Thaïlande en compagnie du roi Baudouin et de la reine Fabiola, à Ciergnon, en septembre 1966.
Laeken.
Collection reine Fabiola.*

Dans une phase ultérieure de sa vie, Baudouin se constituera un nouveau cercle de relations, à caractère beaucoup plus contemporain et fonctionnel. Provisoirement cependant, la famille royale se sent isolée, non seulement en Belgique mais au sein de l'aristocratie européenne également. Au cours de ces années, on note peu de rencontres avec des membres de familles royales d'Europe. Les relations avec la famille britannique sont toujours ombragées par le souvenir de la Deuxième Guerre mondiale et, par conséquent, franchement mauvaises. Avec les souverains scandinaves, les contacts sont sporadiques, malgré les liens familiaux étroits avec les familles suédoise et norvé-

Au cours de cette période naît entre la famille impériale japonaise et Baudouin une amitié certaine, que celui-ci entretiendra toute sa vie. En 1953 déjà, le prince Aki-Hito, prince héritier et fils de l'empereur Hiro-Hito, passe quelques semaines à Laeken en invité personnel du roi Baudouin. La Deuxième Guerre mondiale étant encore toute fraîche dans les mémoires, on peut considérer cette amitié comme assez remarquable et étonnante. Elle remonte vraisemblablement aux générations précédentes et à une visite de l'Empereur du Japon au roi Albert, en 1925. Par ailleurs, l'amitié avec la famille royale de Thaïlande semble être aussi très forte, au cours de cette première décennie ; Baudouin l'a héritée de son père ; elle durera des années. Jusqu'à la fin de sa vie, chaque fois que Baudouin visitera des contrées en Asie, il se rendra à Tokyo et à Bangkok.

Le roi Baudouin et la reine Fabiola en visite dans la famille impériale japonaise. Novembre 1992. Laeken. Collection reine Fabiola.

gienne. En 1951, le roi Baudouin rend visite à sa grand-mère, la princesse Ingeborg de Suède, mais les choses en restent là. Les contacts avec la Maison royale hollandaise et la princesse Beatrix, contemporaine de Baudouin, sont peu fréquents au cours de ces premières années ; ils s'amélioreront vers la fin de la décennie.

CHAPITRE IV - LA VIE PRIVÉE DU ROI BAUDOUIN

CONSTRUIRE UNE VIE À DEUX
(1960 - vers 1975)

Dans l'évolution personnelle du roi Baudouin, l'année 1960 constitue un tournant important. Il y a, d'abord, la question du Congo, qui débouche sur l'indépendance le 30 juin ; elle donne au Roi l'occasion de se profiler mieux comme une forte personnalité. Mais c'est surtout son mariage avec Doña Fabiola Mora y Aragón, le 15 décembre 1960, qui amorce une importante évolution de la personnalité du souverain. Il est absolument certain que ce mariage constitue l'événement le plus marquant de sa vie : l'image du « roi triste » va fondre comme neige au soleil.

Plusieurs récits circulent à propos de la rencontre de Baudouin et de Fabiola, plus incroyables les uns que les autres. On a écrit, à maintes reprises, que leur première rencontre eut lieu grâce à l'entremise de relations communes au sein de la haute aristocratie européenne. Au cours des années 1957-1958, Victoria, ex-reine d'Espagne, organisait régulièrement de petites fêtes en Suisse, dans le but de marier sa fille, la princesse Anne. Fabiola est filleule de la reine Victoria et amie de la princesse Anne, ce qui lui permet d'avoir des contacts au sein de la haute aristocratie européenne. Baudouin, souverain célibataire, est un parti convoité. Il aurait assisté, à plusieurs reprises, à ces petites fêtes et, finalement, n'aurait pas choisi comme fiancée Anne, mais Fabiola[6].

Bien qu'il ne soit pas exclu que les Cours européennes aient joué un rôle dans la rencontre de Baudouin et de Doña Fabiola, on croit beaucoup plus, aujourd'hui, à une autre version des faits. En 1995, le cardinal Suenens étonne amis et ennemis en publiant son livre *Le Roi Baudouin, une vie qui nous parle*, dans lequel il explique, de A à Z, la rencontre de Baudouin et de Fabiola[7]. Les jeunes gens auraient été mis en relation par une religieuse irlandaise, Veronica O'Brien, et ceci à l'initiative du cardinal Suenens. Le roi Baudouin, en quête d'une épouse, et d'une reine pour la Belgique, se serait adressé à lui après un pèlerinage incognito à Lourdes, qui n'aurait apporté aucun soulagement au « problème de son mariage ». Le Roi posait comme condition que la future Reine soit catholique convaincue, appartenant à la noblesse et, de préférence, espagnole. Veronica part, en avril 1960, pour Madrid ; elle y a divers contacts dans les milieux aristocratiques, notamment par l'intermédiaire du nonce apostolique. Le plus surprenant, dans ce récit de la rencontre de Baudouin et de Fabiola, est l'interprétation religieuse que tous deux lui donnent. Tout, dans cette rencontre, allait baigner, pour Baudouin et Fabiola, dans une atmosphère providentielle. Il en suffit pour preuve que c'est lors d'une visite à Lourdes, haut lieu de pèlerinage, le 6 février 1960, que les fiancés se déclarent leur flamme et s'engagent.

Quelle que puisse être la valeur historique de ce récit, il est évident que les préparatifs du mariage s'effectuent dans le plus grand secret. Léopold III et la princesse Lilian eux-mêmes ne sont pas au courant de cet engagement, pas plus que la Cour[8]. L'opinion publique, qui, depuis quelque temps déjà, se demande ce que le Roi attend pour se marier, est dans l'incertitude. L'intention est d'annoncer les fiançailles le 21 juillet, mais la situation au Congo, à ce moment-là, prend le pas sur tous les autres événements. C'est finalement le 16 septembre, lors d'un message radiodiffusé, que le Premier ministre, Gaston Eyskens, annonce les fiançailles du Roi. Il est ainsi mis fin à une rumeur persistante, dans la presse à sensation française et britan-

Septembre 1960. Fiançailles du roi Baudouin avec Doña Fabiola Mora y Aragón. Bruxelles. Archives du Palais royal.

Les fiancés à Ciergnon. Photo Hensler (Bruxelles). Bruxelles. Archives du Palais royal.

nique, selon laquelle le Roi a l'intention d'abdiquer pour entrer au couvent. La Belgique est ravie, d'abord parce que personne ne souhaite au Roi une vie de solitaire, ensuite parce que l'on espère que le fait, pour Baudouin, d'avoir son propre foyer renforcera son indépendance vis-à-vis de son père. Le 17 septembre, au domaine royal de Ciergnon, Fabiola est présentée aux photographes et journalistes qui, unanimement, expriment leur joie à l'occasion de ce prochain « mariage d'amour » avec « la jeune, simple et élégante Fabiola[9] ». Les journalistes se précipitent aussi à Madrid pour y recueillir l'une ou l'autre information sur la future Reine.

Fabiola Mora y Aragon est née à Madrid le 11 juin 1928 et a donc deux ans de plus que Baudouin. Sa famille appartient à la noblesse madrilène, très catholique et très conservatrice sur le plan politique. Fabiola a grandi entre trois frères et trois sœurs. Elle reçoit une éducation religieuse stricte, dans laquelle visites quotidiennes à l'église et à des œuvres caritatives sont des valeurs reconnues. Elle fait des études d'infirmière et va, ensuite, travailler à l'hôpital militaire de Madrid. En 1958, son père, le comte Mora, décède des suites d'une chute de cheval. Fabiola a alors trente ans. Ses loisirs sont surtout artistiques : elle peint et écrit des contes. *Les Douze contes merveilleux*, édités plus tard en Belgique, ont d'abord été écrits pour ses nombreux neveux et nièces. Avant sa rencontre avec Baudouin, Fabiola aurait, pendant un certain temps, songé à entrer au couvent et aurait refusé la demande en mariage d'un diplomate espagnol.

Au cours des mois d'octobre et de novembre 1960, Fabiola fait la navette entre Madrid et Bruxelles et effectue, avec Baudouin, une série de visites en Belgique. De tous les coins du monde, les fiancés reçoivent des vœux de bonheur, notamment du général Franco, chef de l'État espagnol. La sympathie de ce dernier pour les souverains belges se manifestera encore à d'autres occasions. Le 30 novembre 1960, lors du départ de Doña Fabiola pour Bruxelles, Madame Franco lui remet un cadeau personnel au nom de son mari et d'elle-même. En 1961, le nom du dictateur espagnol est cité, une fois encore, lorsque le roi Baudouin et la reine Fabiola sont « surpris » par des photographes sur son yacht, au large de la côte espagnole. Semblables situations déclenchent chaque fois de vives réactions dans l'opinion publique et au sein de l'opposition politique ; elles rappellent aux souverains, de manière pénible, que leur vie privée ne leur appartient jamais, ni entièrement, ni exclusivement.

Le 15 décembre, c'est le grand jour. Le mariage civil a lieu dans la Salle du trône du Palais royal : il est reçu par l'échevin de l'état civil de la ville de Bruxelles, Madame Van den Heuvel. Dehors, il fait froid et nombreux sont les Belges qui préfèrent suivre la cérémonie en direct sur leur écran de télévision. Étant donné que ce mariage n'est pas seulement une affaire privée, mais est également un événement public, le ministre de la Justice, M. Lilar, fait une déclaration dans laquelle il souligne que le gouvernement « a approuvé à l'unanimité le mariage du Roi ». Le mariage religieux suit, le même jour ; il est béni par le cardinal Van Roey, à la collégiale Sainte-Gudule, à Bruxelles. À l'issue des cérémonies, le roi Baudouin et la reine Fabiola font deux brèves allocutions à la télévision.

Comme on s'y attendait, le mariage du souverain entraîne le départ forcé de Laeken de Léopold III et de la princesse Lilian. Le gouvernement leur attribue le domaine d'Argenteuil. Le mariage et ce déménagement provoquent d'importantes tensions familiales, car Léopold III et la princesse Lilian sont insatisfaits de cette solution. Ils quittent Laeken dans des conditions difficiles, au point de devoir emporter une partie du mobilier[10]. On peut considérer que le déménagement de Léopold III symbolise le caractère définitif de son abdication et souligne le fait qu'il doit se retirer de la vie publique. Il faudra des années avant que s'opère un certain rapprochement entre le père et le fils[11].

Le couple royal n'aura pas d'enfants. Baudouin et Fabiola en auraient pourtant désiré, non seulement en raison du souhait pragmatique de voir la succession assurée, mais aussi parce qu'ils portent une grande affection aux enfants. En juin 1961, la reine Fabiola fait une première fausse couche[12]. En 1962 et en 1966, elle en fera encore deux autres, avec pour conséquence tragique qu'elle ne pourra plus avoir d'enfants. Cet été-là, Baudouin et Fabiola ont besoin de quelque temps pour surmonter leur chagrin. Ils s'isolent à Motril, pour leur séjour d'été. En septembre, ils reprennent, avec un courage renouvelé, le fil de leurs activités quotidiennes.

Personne ne s'étonnera que le mariage du Roi ait aussi un volet religieux. La monarchie belge est, depuis Léopold II, cataloguée comme catholique, même si la conviction intime des divers souverains belges n'y répond que dans une faible mesure. Mais il apparaît clairement, dès les premières années, que la conviction religieuse du roi Baudouin est forte et sincère. Il est de tradition, en Belgique, de respecter cette opinion personnelle du Roi, à la condition qu'il soit, de manière crédible, le Roi de tous les Belges, quelles que soient leurs tendances philosophiques. Cependant, la conviction religieuse du roi Baudouin se manifeste régulièrement dans ses interventions publiques, surtout pendant la première décennie de son règne. Il y fait lui-même référence dans ses discours, et ceci jusqu'au début des années soixante. Lors de sa prestation de serment, en 1951, il dira : « *Puisse Dieu m'aider à assurer le bonheur de notre patrie* », et il termine ses messages de Noël, en 1961 et 1962, par les mots « *Dieu protège la Belgique*[13] ». Généralement, ces références restent sans suite, mais elles suscitent cependant un incident lorsque, en 1961, le roi Baudouin, lors d'une réception offerte à Paris par le président de Gaulle, fait allusion à l'importance de l'héritage de la chrétienté pour la société occidentale. Néanmoins, Baudouin réussit, jusqu'au milieu des années septante, à ne pas soulever trop de vagues à propos de ses convictions religieuses.

Le mariage de Baudouin et de Fabiola renforce l'orientation religieuse de l'un et de l'autre. Ils vivent leur foi, d'abord, par une intense vie de prière : à Laeken, la journée commence par la messe. Elle est célébrée dans une petite chapelle du château, par l'aumônier de la Cour, le père Braun ou le père Scheyven. Pendant les voyages officiels, Baudouin tient à conserver cette habitude. C'est pourquoi ses collaborateurs doivent au préalable s'entendre avec l'ambassadeur local pour qu'un prêtre catholique puisse célébrer la messe matinale. Lorsque cela s'avère possible, par exemple dans certains pays africains, le roi Baudouin souhaite un missionnaire belge. L'endroit où est célébrée la messe a peu d'importance : tantôt un bureau, tantôt une bibliothèque. Dès 1960 également, les contacts avec le Vatican s'intensifient notablement. Le roi Baudouin et la reine Fabiola sont reçus en audience privée par le pape, en 1963 et en 1966 notamment, et, par la suite, lors de chacune de leurs visites en Italie. Une autre manifestation,

Le Roi et la Reine en prière pendant la messe de mariage à la cathédrale Sainte-Gudule.
Laeken. Collection reine Fabiola.

En compagnie de la reine Fabiola et de la marquise de Casa Riera, mère de la Reine, lors d'une représentation du Ballet du XXᵉ siècle à Forest-National.
10 mai 1973.
Laeken.
Collection reine Fabiola.

enfin, de la conviction religieuse des souverains est leur présence régulière aux « Grandes conférences catholiques », qui sont consacrées à divers thèmes sociaux. En 1965, par exemple, les souverains assistent, dans ce cadre, à un hommage rendu à l'écrivan et diplomate catholique Paul Claudel.

C'est après son mariage seulement que Baudouin perd ce besoin de protéger strictement sa vie privée. Parallèlement à sa vie officielle, faite de cérémonies et d'audiences politiques, qui ont lieu en majeure partie au Palais de Bruxelles, se développe au cours de cette période une vie sociale active au château de Laeken, auparavant si monotone. Baudouin tout comme Fabiola, qui, à cet égard, joue un très grand rôle, développent largement leurs contacts personnels, tant à l'intérieur qu'à l'extérieur du pays. Dans une mesure telle que Laeken devient peu à peu un lieu de rencontre important et réputé pour, d'une part, la haute aristocratie européenne, et d'autre part, l'élite belge et étrangère dans divers domaines. Baudouin et Fabiola eux-mêmes font preuve d'une très grande discrétion à ce propos, ce qui est pour eux la seule façon de protéger leur vie privée. Souvent même, les collaborateurs du Roi ne sont pas informés de ces réunions au château. L'officier d'ordonnance ou le chauffeur, à qui l'on demande discrètement d'aller chercher le prince de Galles à l'aéroport, ne pose pas de questions. Les principaux collaborateurs du Roi, responsables de pareilles tâches à Laeken, sont la comtesse Solange de Liedekerke et les colonels Van Kerckhove et de Heusch. La presse est rarement informée, ou ne l'est jamais, pas plus d'ailleurs que les services de sécurité.

Les hôtes étrangers sont avant tout les nombreux neveux et nièces de la reine Fabiola. Ils séjournent souvent plusieurs semaines à Laeken ou à Motril et y créent une atmosphère exubérante et joyeuse. Quelques-uns d'entre eux ont séjourné plus longtemps à Laeken pendant leurs

Le Roi et la Reine avec la princesse Astrid, le prince Amedeo et la princesse Maria-Laura. Laeken. Collection reine Fabiola.

études en Belgique. Hôtes réguliers encore, les membres belges et luxembourgeois de la famille du roi Baudouin. Le prince Albert, la princesse Paola et leurs enfants, le prince Philippe, la princesse Astrid et le prince Laurent, résident juste à côté, au Belvédère, et sont souvent invités. La grande-duchesse Joséphine-Charlotte de Luxembourg, la « grande sœur » de Baudouin, et le grand-duc Jean, que l'on peut compter parmi les amis les plus intimes du Roi, sont des visiteurs fidèles, de même que leurs enfants. D'autres hôtes, au cours de cette période, sont les membres des familles royales européennes, auxquelles souvent Baudouin est apparenté. Le roi Baudouin reçoit aussi assez fréquemment les membres de la famille royale hollandaise, parmi lesquels la reine Juliana, en 1980[14]. On voit aussi à Laeken, mais dans une moindre mesure, les princes et princesses suédois et norvégiens, comme la princesse Sonia de Norvège, en 1982. Remarquable encore, le rapprochement entre le Roi des Belges et la Reine d'Angleterre, après 1960, et leur bonne volonté réciproque à cet égard. La véritable réconciliation aura lieu lorsque Baudouin assistera aux funérailles de Winston Churchill, en 1964. À partir de ce moment, on notera régulièrement des visites privées des Windsor à Laeken. C'est ainsi que le prince Philip d'Édimbourg séjourne en 1973 à Laeken et, à nouveau, trois ans plus tard, en compagnie de son fils, le prince Charles. Enfin, il y a aussi des contacts permanents avec les Habsbourg, contacts qui se trouvent encore renforcés après le mariage de la princesse Astrid avec l'archiduc Lorenz, en 1984.

L'amitié est réelle entre Baudouin et le roi Juan Carlos et la reine Sophie d'Espagne. Le roi Baudouin a, en quelque sorte, servi d'exemple à Juan Carlos, qui accède au trône d'Espagne en 1975, après la restauration de la monarchie. Ce dernier voit en Baudouin quelqu'un qui a l'expérience de la royauté au cours de périodes difficiles. Mais l'estime est manifestement réciproque. Il faut aussi remarquer

Le roi Juan Carlos et la reine Sophie en visite amicale à Laeken. Photo Van Parys Media (Bruxelles).

que, dans le cénacle des familles princières européennes, la règle « roi un jour, roi toujours » est d'application. Des monarques destitués, tel Constantin de Grèce, dont le titre de souverain n'a plus la moindre légitimité, conservent cependant leur place dans l'aristocratie européenne. C'est ainsi que le roi Baudouin assiste, en 1964, aux funérailles de Paul Ier de Grèce.

À leur tour, les souverains belges sont également invités par les cours étrangères, bien que ces déplacements deviennent de moins en moins fréquents. À l'automne de 1971, Baudouin et Fabiola séjournent, par exemple, quelque temps à Londres et, plus tard, ils assisteront au baptême de la princesse héritière de Suède, à Stockholm. Ces liens d'amitié avec les familles royales européennes revêtent une grande importance dans l'évolution de la personnalité du roi Baudouin. Ils constituent pour lui un cadre de référence au sein duquel il trouve reconnaissance et appréciation auprès de personnes de son rang.

Comme c'était déjà le cas avant 1960, les membres des familles royales et impériales thaïlandaise et japonaise restent des hôtes familiers. La famille impériale iranienne s'ajoute, à partir des années septante, au triangle Bruxelles-Tokyo-Bangkok : en 1976, par exemple, le prince héritier Reza Pahlavi séjourne à Laeken. La princesse Chulabhorn de Thaïlande y réside également quelque temps, en 1989, et le fils du prince héritier du Japon a même l'honneur, dans le courant de l'année 1976, de séjourner successivement à Laeken et à Motril. Rare privilège, réservé aux plus proches. La villa « Astrida », à Motril, accueille en 1975 un autre invité étranger : Mobutu Niwa, le fils du Président du Zaïre. Mobutu lui-même, durant cette période, est invité à plusieurs reprises à Laeken. C'est ainsi qu'il s'y rend, en 1968, en visite « semi-officielle », et en visite privée en 1973. Cela montre qu'entre Baudouin et le Président zaïrois se développe, sinon un lien d'amitié, à tout le moins une relation très personnelle, à laquelle il sera finalement mis un terme en 1988. Pareille relation particulière existe incontestablement aussi avec le Président du Rwanda, Habyarimana, qui se rend en visite privée à Laeken, en 1982 notamment.

Après 1960, Baudouin se constitue aussi, petit à petit, son propre « entourage » belge, rompant quelque peu avec les traditions de la Maison royale de Belgique. Bien que l'aristocratie reste présente, comme auparavant, dans le cercle du Roi, Baudouin et Fabiola sélectionnent d'abord leurs relations pour d'autres raisons. Dans la plupart des cas, il s'agit de personnes que le Roi a appris à connaître sur un plan professionnel, à l'occasion d'audiences, de visites dans le pays, ou de réceptions. Lorsque Baudouin est touché par le rayonnement d'une personne, il n'est pas rare que celle-ci reçoive, quelque temps plus tard, une invitation à un déjeuner privé à Laeken. L'étape suivante peut être un séjour au château et, de cette manière, se développe un certain lien de confiance. Dans le chapitre précédent, on a vu que, dans ce contexte, les contacts professionnels et privés du Roi vont de plus en plus de pair. Toutefois, il n'est pas aisé pour le roi Baudouin d'entretenir, dans son propre pays, une véritable relation d'amitié. Baudouin est, d'abord, le Roi des Belges, et ceci a pour conséquence automatique que sont nombreux ceux qui, pour des raisons d'opportunisme, recherchent ses faveurs. Le Roi en est très conscient et fait dès lors preuve d'une grande prudence. Plutôt que d'amis, il serait préférable de parler ici de « contacts privilégiés ». Par exemple, avec des savants tels que les professeurs Ilya Prigogine, Christian de Duve et Paul Melchior, ou avec des artistes tels que Maurice Béjart et Octave Landuyt ; mais jamais avec ses collaborateurs du Palais.

Les chasses organisées chaque année par le Roi sont une autre occasion de rencontres. Cette ancienne tradition est maintenue en vigueur à la Cour de Belgique. Est-elle considérée comme dépassée ? Baudouin, jusqu'à la moitié des années septante environ, est également chasseur averti ; par la suite, sa santé l'obligera à se limiter à des promenades dans les bois et à la chasse photographique. Les chasses ont lieu chaque automne à Ciergnon, à Saint-Michel-Freyr ou dans l'Hertogenwald. Le roi Baudouin invite, par saison, quelque deux cents chasseurs, dont une vingtaine de membres de sa famille ainsi que des amis étrangers. Les Mora sont régulièrement de la partie, de même que les Luxembourg et les Habsbourg. En outre, le Roi recherche ses invités de chasse dans l'élite politique et diplomatique de la Belgique. Au Palais, circulent des listes d'hommes politiques, de hauts fonctionnaires, de diplomates et de chefs d'entreprise qui aiment la chasse. Apprendre à chasser serait, dans certains cas, une manière adéquate pour fréquenter l'entourage du Roi.

Le roi Baudouin et la reine Fabiola aiment réunir leurs

Le trentième anniversaire du prince Philippe, le 15 avril 1990. Laeken. Collection reine Fabiola.

Photos 1 et 2 :
Respect pour le silence et la nature, une attitude caractéristique du Roi.
Bruxelles.
Mémorial roi Baudouin.

Photos 3 et 4 :
Photographies du roi Baudouin.
Bruxelles. Mémorial roi Baudouin.

amis et connaissances dans une atmosphère informelle. Par ailleurs, le couple royal désire pouvoir s'isoler et se reposer. Ce repos, il le trouve non seulement à Laeken, mais aussi et surtout dans les autres résidences royales, en Belgique et à l'étranger. Baudouin est très attaché au domaine et au château de Ciergnon où, enfant, il a passé les premières années de la guerre. Une autre retraite favorite est Opgrimbie, une fermette située en Campine limbourgeoise, baptisée « Fridhem », du nom de la résidence d'été où la reine Astrid a passé une partie de sa jeunesse. Ces deux résidences sont, pour Baudouin et Fabiola, synonymes de repos, d'isolement, d'intimité. En dehors de leur famille proche, personne n'y est invité.

Deux ou trois fois par an – à la fin de l'année, à Pâques et durant l'été –, Baudouin et Fabiola partent en vacances. Ces voyages privés sont plutôt modestes : pas de pays lointains, pas de programmes touristiques sophistiqués. Ce n'est guère étonnant si l'on sait que le roi Baudouin et la reine Fabiola ont, tout au long de leur règne, visité une cinquantaine de pays pour raisons professionnelles. Avant 1966, les souverains partaient chaque année, en voiture, vers la France et l'Espagne ; par exemple, en 1962, vers Zarauz, au Pays basque. À partir de 1966, Motril devient le lieu de vacances d'été permanent où le couple royal a fait construire la villa « Astrida ». Conséquence des séjours très fréquents à Motril, l'Espagne est, en un certain sens, devenue pour Baudouin une seconde patrie. Dans la petite ville, on est au courant de la présence des souverains belges, mais on respecte leur anonymat. Ancré à la côte sud de l'Espagne, il y a aussi le yacht privé du Roi, le *Avila*, sur lequel, de temps à autre, il fait une excursion au Maroc.

En dehors des vacances à Motril, il est assez rare que les souverains effectuent de véritables voyages privés ; nous n'en connaissons que deux exemples. En 1969, le roi Baudouin et la reine Fabiola assistent au lancement d'Apollo X. Sept ans plus tard, les États-Unis accueillent à nouveau le couple royal, à titre privé, cette fois pour un circuit axé sur les grandes universités. Le fait que ces deux voyages présentent un caractère technico-scientifique n'est pas un hasard. Le roi Baudouin est, en effet, grand amateur de sciences naturelles, d'astronomie et d'astronautique. Au fil des ans, il devient un astronome amateur averti, et possède même son propre télescope à Motril. Les chercheurs belges ont même donné son nom à un groupe d'étoiles. D'autres sciences l'intéressent également et il est particulièrement soucieux des progrès accomplis en Belgique dans le domaine scientifique. Les sciences humaines, telles que l'histoire ou la littérature, et les arts plastiques l'attirent moins ; assister à des concerts n'est pas non plus son activité favorite. Il arrive très rarement que le roi Baudouin effectue, à titre privé et de sa propre initiative, une visite culturelle. André Molitor, chef de cabinet du Roi de 1961 à 1977, se souvient que le Roi eut un jour l'idée d'aller fouiner dans une librairie bruxelloise « comme tout simple citoyen belge ». C'était en début de soirée et le magasin se vidait, ce qui offrit au Roi la possibilité de rester incognito pendant quelque vingt minutes. La reine Fabiola, par contre, a régulièrement des activités culturelles telles que concerts et visites d'expositions.

Tout compte fait, le Roi a vraiment peu de temps pour lui-même. Depuis qu'il est monté sur le trône, il est presque entièrement absorbé par son travail. C'est ainsi qu'il lui arrive fréquemment de travailler, même le week-end, à des dossiers politiques. D'après plusieurs témoins, c'est là qu'il trouve une satisfaction dans son travail de souverain, surtout dans le cadre des colloques singuliers, qui constituent pour lui la forme de travail idéale. Des réunions plus larges, telles que les réceptions officielles au Palais, lui plaisent moins ; sa timidité innée refait parfois surface. Des témoins décrivent Baudouin comme quelqu'un qui vit dans un stress permanent et peut difficilement se défaire de la pression du travail[15]. Ce sera d'autant plus vrai dès le début des années septante, lorsque les crises politiques et communautaires deviendront de plus en plus systématiques. Tout ceci a incontestablement pesé sur la santé du Roi, et à partir des années quatre-vingt, il souffrira régulièrement de problèmes cardiaques et les maux de dos iront en s'accentuant.

À Motril, il y a toujours un peu de temps pour une balade quotidienne à vélo et pour la vaisselle. Bruxelles. Mémorial roi Baudouin.

Photo 5, ci-contre : Deux frères. Depuis toujours deux amis inséparables, deux photographes passionnés. Bruxelles. Mémorial roi Baudouin.

ENGAGEMENT SOCIAL ET INSPIRATION RELIGIEUSE
(env. 1975-1993)

Au cours des vingt dernières années de sa vie, le roi Baudouin s'affirme en Belgique comme jamais auparavant. De plus en plus, on remarque ses préoccupations sociales, son attention pour l'injustice et l'inégalité sociale. Comme aucun autre Roi des Belges ne l'a été, Baudouin, à la fin de sa vie, est préoccupé par l'exclusion des personnes en situation de faiblesse : les enfants, les pauvres et défavorisés, les prisonniers, les malades, les victimes de la traite d'êtres humains, les analphabètes. Il est vrai qu'une notion comme l'injustice sociale est subjective et que le Roi y apportera aussi sa note personnelle. Dans ce domaine, il devient très difficile pour le Roi de tirer un trait entre sa fonction officielle et sa vie privée : les deux facettes de sa vie se confondent.

Le roi Baudouin recherche divers canaux pour exprimer cet engagement social. Dans ses discours, désormais, il ne soulignera plus seulement les bienfaits du progrès économique et des développements techniques et scientifiques ; il demandera au contraire plus d'attention pour les implications sociales et humaines de la société de progrès. Il attire, par exemple, l'attention sur la lourde tâche qui incombe aux éducateurs et aux enseignants, ainsi que sur la place de la famille dans notre société[16]. Dans ses discours à l'étranger, on ressent un engagement personnel de plus en plus net à l'égard des faibles et des opprimés. Les exemples les plus frappants en sont le plaidoyer pour les droits de l'homme en Algérie, en 1990, et son allocution à l'ouverture du Sommet mondial des Enfants à New York, la même année. Mais la principale expression de cette préoccupation sociale est incontestablement la création de la Fondation Roi Baudouin, en 1976. La Fondation est un instrument qui permet au Roi, très concrètement, d'aborder des problèmes sociaux de manière beaucoup plus tangible que ne pourraient jamais le faire ses discours. Les divers témoins auxquels fera appel la reine Fabiola lors des funérailles de son mari, en 1993, reflètent les domaines sociaux pour lesquels le Roi, à la fin de sa vie, manifestait un intérêt particulier. Parmi ces témoins, le commissaire royal à l'émigration, Paula D'Hondt, ainsi que le journaliste Chris De Stoop, qui a enquêté sur les réseaux de la traite des femmes, le docteur Nathan Clumeck, qui s'occupe de l'accompagnement des patients atteints du sida et l'artiste Max van der Linden.

Ces nouveaux intérêts d'ordre social motivent le Roi à aller plus loin que le simple accomplissement de son devoir, c'est-à-dire de ses tâches royales. Pour tenter une explication de cet élément résolument neuf dans la personnalité du Roi, nous voyons tout d'abord un changement des mentalités depuis les années septante. La crise pétrolière a éclaté et, dans son sillage, une dépression économique latente ; nombreux sont ceux qui se demandent si les progrès scientifiques et économiques ne sont pas des valeurs surestimées ; la notion de bien-être est souvent avancée comme alternative à la prospérité. Le roi Baudouin n'est manifestement pas demeuré insensible à cette évolution.

Mais il existe assez d'éléments qui indiquent que c'est surtout la conviction religieuse du Roi qui se trouve à la base de son intérêt pour le social.

Un point très important dans l'évolution personnelle du souverain est la venue du père Philippe Verhaegen à Laeken, en 1974, comme conseiller spirituel. Cette fonction n'a pas de caractère officiel et diffère donc de la fonction d'aumônier de la Cour qui, sous Baudouin, fut assurée successivement par le père Scheyven et le père Braun. On ne sait pas clairement à qui revient l'initiative d'un aumônier privé, ni pourquoi. Une chose est certaine : pour le choix de Philippe Verhaegen, le cardinal Suenens et l'un de ses secrétaires ont donné un avis décisif[17]. Avec Philippe Verhaegen, Baudouin, dans la dernière phase de sa vie, fera l'expérience d'un approfondissement de sa foi. Par l'intermédiaire du père Verhaegen et du cardinal Suenens, Baudouin est mis en contact avec un courant spirituel au sein de l'Eglise catholique, le Renouveau charismatique,

Heureux ensemble.
Bruxelles.
Mémorial roi Baudouin.

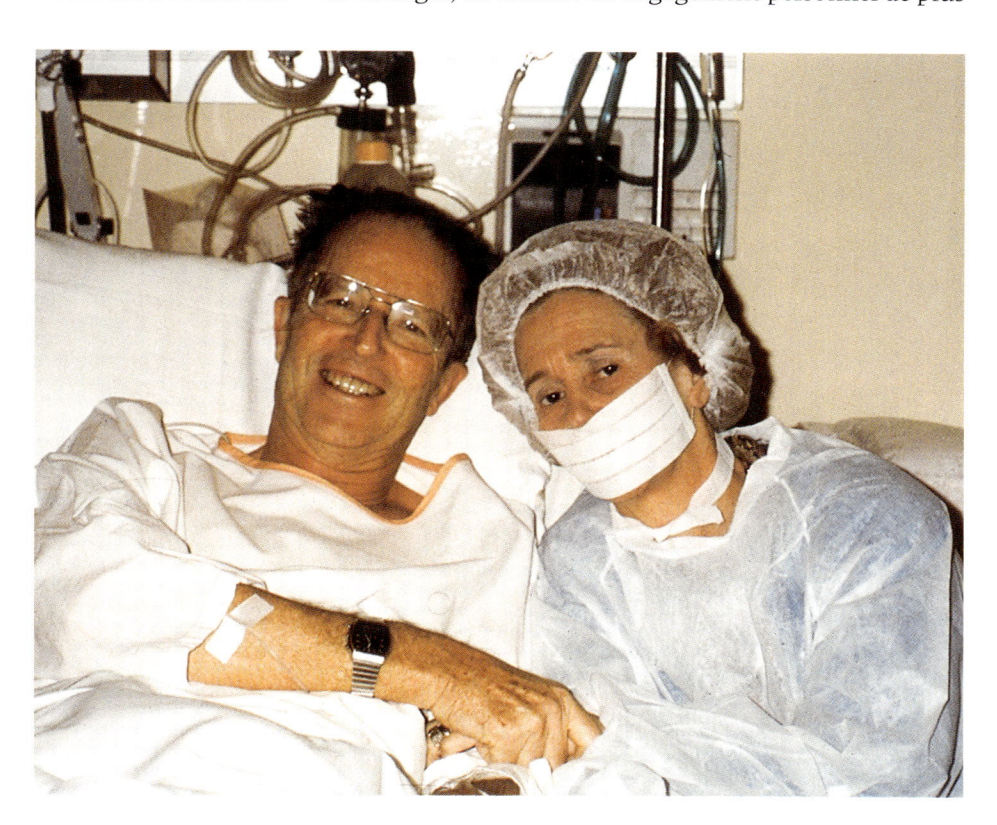

Partage des joies de la mer avec les jeunes. Bruxelles. Mémorial roi Baudouin.

qui exerce sur lui un réel attrait.

En 1975, le cardinal Suenens et le père Philippe Verhaegen apparaissent comme les leaders spirituels du mouvement charismatique en Europe. Tous deux ont découvert ce nouveau courant spirituel aux États-Unis dès la fin des années soixante. Certaines des caractéristiques essentielles du mouvement charismatique (catholique), telles que l'expérience émotionnelle de la foi, et une intuition directe de l'Esprit, ont été reprises au mouvement pentecôtiste américain. Les charismatiques croient que l'Esprit saint opère à travers des miracles, des prophéties et le « don des langues ». Le mouvement charismatique met aussi fortement l'accent sur la résistance active contre le mal et remet en pratique l'exorcisme[18]. Ce mouvement se développe en Europe dès la fin des années soixante, à la vitesse de l'éclair, malgré une attitude d'abord méfiante du Vatican. À la Pentecôte 1975, plus de cent mille charismatiques de toute l'Europe se rendent au Vatican sous la direction pastorale du cardinal Suenens afin de convaincre le pape Paul VI de la puissance de leur mouvement. La célébration le lundi de Pentecôte, le 19 mai, sera décrite plus tard par le cardinal Suenens comme la confirmation de l'accueil du Renouveau charismatique au sein de l'Église. Le Roi et la Reine, qui se trouvent également à Rome pour y être reçus en audience privée par le pape à l'occasion de l'Année sainte, assistent à cette célébration.

Le roi Baudouin, le reine Fabiola, mais aussi le prince Albert et la princesse Paola ainsi que des membres de la Cour sont touchés par ce courant spirituel. Il y aura par la suite des rencontres régulières, notamment avec le cardinal Suenens, mais aussi avec le père Tardif, autre personnalité du Renouveau. Celui-ci sera invité une fois au moins à Laeken afin d'y prier pour la santé d'une nièce de la Reine. Dans certains villages français, le roi Baudouin aurait fait l'objet, surtout pendant les dernières années de sa vie, d'une sorte de culte de la part des charismatiques[19]. La foi aide incontestablement le Roi à surmonter les contrecoups de sa vie privée. Par exemple, la stérilité du couple, que le souverain évoque pour la première fois en public en 1979 : dans un discours bien connu qu'il adresse aux enfants, il déclare que cette stérilité a été pour la Reine et lui le signe qu'ils pourraient mieux aimer tous les enfants, en leur étant plus disponibles.

Lors du décès de son père et de celui de son oncle, en 1983, le Roi a également trouvé un soutien dans sa foi. Le 1er juin, le prince Charles meurt dans son domaine de Raversijde, isolé de sa famille. Depuis la rupture politique entre le prince Charles et le roi Léopold III, en 1950, Baudouin n'a

La princesse Lilian, le roi Baudouin et la grande-duchesse Joséphine-Charlotte lors des funérailles du roi Léopold III. Bruxelles. Archives du Palais royal.

plus de contacts avec son oncle. D'après certaines informations, le Roi aurait invité une fois le prince Charles à Laeken, quelques années avant le décès de ce dernier. Il serait aussi allé saluer sa dépouille. Au cours des dernières années de sa vie, Charles entretenait des contacts sporadiques avec quelques collaborateurs du Roi, auxquels il demandait régulièrement des nouvelles de Baudouin.

Le 25 septembre, Léopold III décède à l'hôpital universitaire Saint-Luc, à Woluwe-Saint-Lambert, après avoir subi une opération du cœur. Depuis les problèmes de 1960, le roi Baudouin et son père n'ont vraisemblablement plus eu de contacts réguliers. Après des années de silence de part et d'autre, une certaine réconciliation se manifeste aux environs de 1975. À partir de ce moment le père et le fils se téléphonent de temps en temps, et Léopold III invite aussi, de temps à autre, un collaborateur du roi Baudouin[21]. Vis-à-vis du monde extérieur, Léopold III est resté, jusqu'à sa mort, totalement à l'arrière-plan. Une initiative discrète du roi Léopold III, vers le milieu des années quatre-vingt, fut d'adresser une lettre à un ministre. Il y disait avoir apprécié l'intervention de celui-ci, lors d'une émission télévisée sur la Deuxième Guerre mondiale. Le roi Baudouin, questionné à ce sujet, répond au ministre qu'il ne désire pas en parler. En dépit de leur réconciliation, le roi Baudouin se rend compte que, vis-à-vis du public, son père doit rester un sujet tabou. Néanmoins, il continue à faire preuve d'une grande admiration pour lui, si bien qu'avec ses collaborateurs, il parle de son père comme d'un modèle pour sa propre façon d'exercer le pouvoir[22]. Lors des funérailles de Léopold III, Baudouin se montre singulièrement affecté et ému, ce qui est inhabituel chez lui.

Dans sa vie familiale et privée, d'une part, mais aussi dans ses tâches quotidiennes officielles, le Roi laisse de plus en plus transparaître une inspiration chrétienne. Les préoccupations sociales manifestes du roi Baudouin, son insistance sur des valeurs telles que la famille et la solidarité, son attention pour les jeunes et l'avenir et, enfin, son refus de signer la loi sur l'avortement doivent être replacés dans ce contexte. Il ressort de passages de ce que l'on appelle le journal spirituel du Roi, auquel fait référence le cardinal Suenens, que Baudouin considère de plus en plus sa tâche de roi comme une vocation religieuse. « *Je pense trop souvent à la «mission» que Tu m'as confiée* », écrit le Roi dans une prière[23]. Quoi qu'il en soit, la conséquence de cette foi régénérée est que le Roi acquiert de plus en plus d'assurance et de fermeté dans ses choix et orientations. Certains parlent même d'entêtement.

Bien que tout indique que le souverain soit devenu, à la fin de sa vie, un homme extrêmement sûr de lui, ayant une vision claire du monde, il continue à donner à bon nombre de personnes l'impression d'être plutôt timide et accommodant. En effet, dans sa manière de fréquenter les autres, il subsiste encore quelque chose du jeune homme timide et réservé des années cinquante. Baudouin suscite cette impression par sa façon d'écouter très attentivement ses interlocuteurs, de les interrompre rarement, de ne pas les contredire directement, mais plutôt d'émettre ses critiques sous forme de questions. Tout ceci donne, à tort, l'impression que l'on peut facilement le faire changer d'avis.

Peut-être la crise à propos de la loi sur l'avortement, et surtout le fait que le Roi ait surpris tout le monde par son attitude, peuvent-ils s'expliquer ainsi. L'annonce que le Roi refuse de signer une loi qui autorise la dépénalisation partielle de l'avortement éclate comme une bombe, le 1er avril 1990. À la base de la décision du Roi, il faut voir sa conviction religieuse et les implications qu'elle a au niveau de sa conscience. L'avortement est en effet un thème extrêmement sensible, et même un point de discorde pour de nouveaux groupements chrétiens tels que le mouvement charismatique. Les ministres savent évidemment que personnellement, le Roi ne peut approuver la loi sur l'avortement, mais ils s'attendent à ce qu'il la contresigne malgré tout. Trompés par l'affabilité de Baudouin, beaucoup sont extrêmement surpris. « Un faux doux », c'est ainsi qu'un jour la reine Fabiola a décrit son mari, et peut-être est-ce là la meilleure définition que l'on puisse donner du roi Baudouin[24].

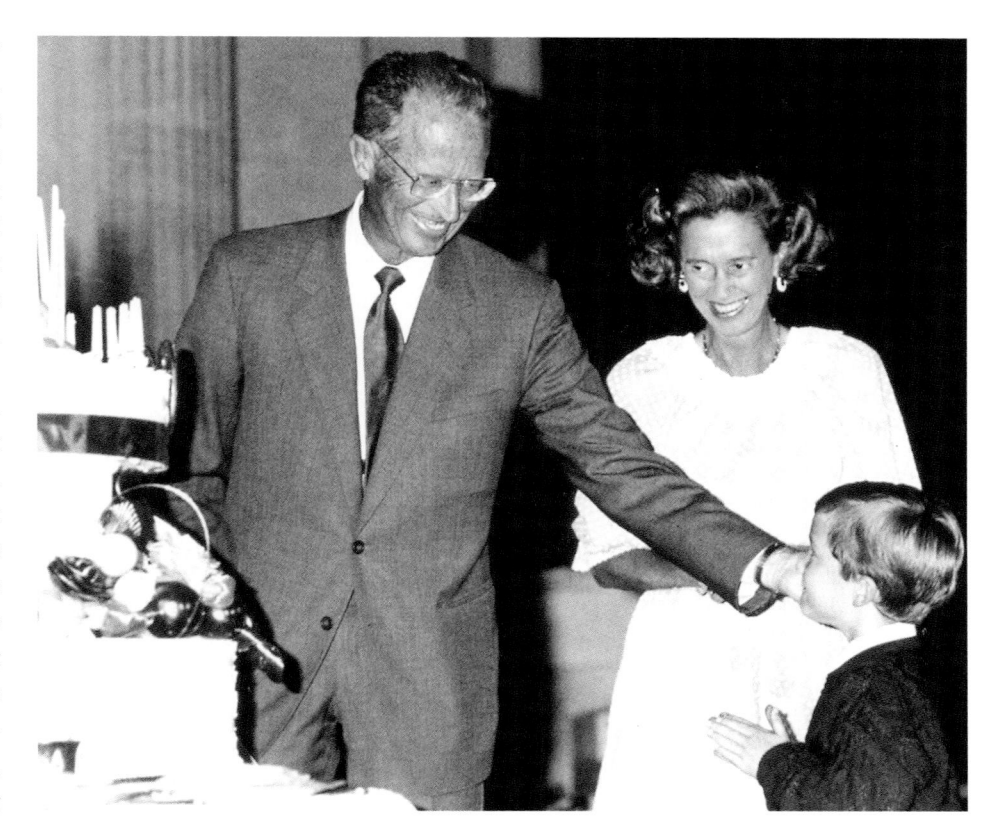

Le prince Amedeo au soixantième anniversaire du roi Baudouin. 7 septembre 1990. Laeken. Collection reine Fabiola.

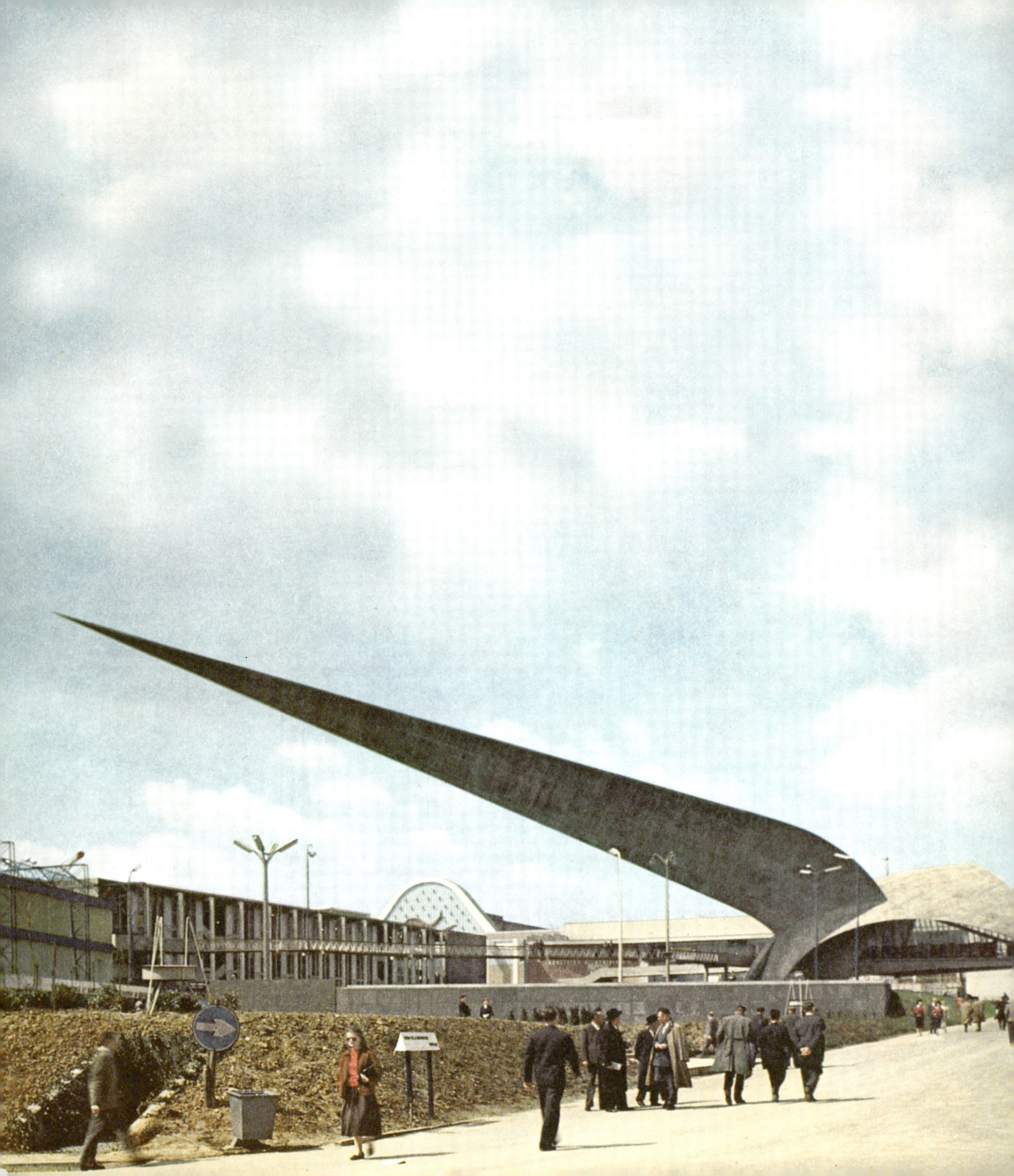

CHAPITRE V

Jalons de l'évolution politique et socio-économique

MARK VAN DEN WIJNGAERT

La Belgique de l'après-guerre a connu un certain nombre de processus évolutifs aux niveaux politique, social et économique, qui furent déterminants pour le paysage que notre pays offre actuellement. L'objectif du présent chapitre est de parcourir chronologiquement les principaux événements qui se sont produits en Belgique dans ces domaines depuis 1950, tout en les situant dans leur contexte.

LA QUESTION ROYALE

Baudouin accède au trône dans des circonstances difficiles ; il devient roi en 1951 parce que son père Léopold III accepte finalement d'abdiquer. Cette décision constitue le point final de la Question royale, une crise politique de longue durée qui a déchiré la Belgique de l'après-guerre.

Lors de la libération du territoire en septembre 1944, Léopold III se trouve toujours derrière les lignes allemandes. C'est pourquoi les Chambres réunies désignent le prince Charles, frère de Léopold, comme régent. En mai 1945, Léopold est libéré par les troupes américaines et s'établit temporairement en Suisse. La controverse à propos de l'attitude du souverain sous l'occupation atteint des proportions politiques de plus en plus grandes et empêche son retour en Belgique. Ses opposants reprochent notamment à Léopold d'agir de manière trop autoritaire, d'avoir refusé de quitter la Belgique après l'invasion allemande afin de poursuivre la lutte avec le gouvernement contre l'Allemagne aux côtés des Alliés et son mariage contesté avec Lilian Baels.

Les socialistes, les communistes et une majorité des libéraux s'opposent au retour de Léopold III, tandis que le Parti social-chrétien (PSC) prend la défense du Roi. Pour le rétablir sur le trône, cette formation politique plaide pour un référendum. Le 12 mars 1950, une majorité de 57,68 % se prononce en faveur du retour de Léopold. Le résultat du référendum indique de nettes différences régionales, de sorte que la crise n'en est pas pour autant résolue. La Flandre plébiscite le Roi avec 72 % de oui, mais 58 % des Wallons et 52 % des Bruxellois ne veulent plus de Léopold comme roi. Ce dernier n'est donc pleinement soutenu que dans une région, et par un seul parti. Peut-il à nouveau, dans ces conditions, personnaliser la monarchie qui, en

L'Exposition universelle de 1958, occasion pour la Belgique de s'ouvrir au monde.
Bruxelles. Archives du Palais royal.

Le roi Léopold III et les princes Baudouin et Albert lors du retour au pays.
22 juillet 1950.
Photo Belga (Bruxelles).
Bruxelles. Archives du Palais royal.

tant que symbole de l'unité nationale, doit être au-dessus des partis ?

Le Parti social-chrétien, lors des élections suivantes, obtient la majorité absolue et ramène Léopold en Belgique, le 22 juillet 1950. Les socialistes durcissent leur point de vue et passent à l'action. Grèves, manifestations et actes de sabotage paralysent surtout la partie francophone du pays. Les milieux syndicalistes wallons exigent le fédéralisme afin d'échapper à un pouvoir royal autoritaire qui, selon eux, est imposé unilatéralement par les catholiques flamands. Mais la Question royale ne se limite bientôt plus à des violences verbales. Lorsque, à Grâce-Berleur, près de Liège, trois manifestants sont tués par la gendarmerie, la crise atteint son sommet et les anti-Léopoldistes menacent de marcher sur Bruxelles.

L'immense majorité du gouvernement catholique homogène, sous la direction de Jean Duvieusart, veut éviter une confrontation pénible et insiste auprès du souverain en faveur d'une abdication. Léopold délègue finalement ses pouvoirs à son fils Baudouin, qui prête serment en tant que Prince royal le 11 août 1950. Le 16 juillet 1951, Léopold transmet solennellement ses pouvoirs constitutionnels à son fils qui, le lendemain, prête serment en tant que cinquième Roi des Belges.

Les Flamands, qui avaient voté en grande majorité pour le retour de Léopold, se sentent trahis. Ils considèrent la solution apportée à la Question royale comme un diktat des francophones. Ceci constitue aussi un signe discret que la discorde entre les communautés linguistiques gagne des proportions de plus en plus grandes.

17 juillet 1951: la foule attend la première apparition du roi Baudouin au balcon du Palais royal. Photo Actualit (Bruxelles). Archives du Palais royal.

LA GUERRE SCOLAIRE

Sous la législature catholique homogène (1950-1954), Pierre Harmel, ministre de l'Instruction publique, prend des mesures en vue de subventionner l'enseignement libre catholique afin d'atténuer quelque peu l'inégalité entre celui-ci et l'enseignement de l'État. Les socialistes et les libéraux s'allient pour s'opposer à cette politique catholique en matière d'enseignement et remportent les élections en 1954.

La coalition socialiste-libérale, qui se maintient jusqu'en 1958, renverse la vapeur. Le ministre socialiste de l'Instruction publique, Léo Collard, s'attache à étendre le nombre d'écoles de l'État et à réduire le subventionnement des écoles moyennes libres. Les milieux dirigeants catholiques ressentent cette politique comme une menace et créent le Comité pour la liberté et la démocratie. On trouve aussi une dimension linguistico-communautaire très claire dans la guerre scolaire. Les catholiques flamands, majoritaires, ont l'impression qu'ils doivent défendre leur idéal en matière d'enseignement contre les francophones anticléricaux.

C'est en invoquant des « intérêts supérieurs et moraux » que le Parti social-chrétien obtient en 1958 une victoire retentissante aux élections. Toutefois, les démocrates-chrétiens n'entendent pas continuer à entretenir la controverse avec les socialistes parce qu'un compromis s'impose pour sortir de l'impasse, mais aussi parce que cette confrontation renforcerait la position de la bourgeoisie conservatrice catholique à Bruxelles et en Wallonie. Dans l'autre camp,

*Bruxelles 1955 :
la question scolaire est l'occasion de violentes manifestations.
Photo Belga (Bruxelles).*

bon nombre de socialistes prennent conscience que leur président, Max Buset, a employé une mauvaise tactique en utilisant le sentiment antireligieux comme moteur de la politique socialiste. Les libéraux se rallient à la politique de réconciliation et, peu de temps après, lors de la création du *Partij voor Vrijheid en Vooruitgang* (PVV), ils renoncent officiellement à leur tradition anticléricale.

Le rapprochement entre les trois partis traditionnels a pour effet la conclusion du Pacte scolaire, en 1958. La gratuité dans l'enseignement moyen garantit le libre choix de l'école, ce qui donne satisfaction aux catholiques. On prévoit d'autre part une forte extension du nombre d'écoles de l'État, ce qui répond aux exigences socialistes et libérales. Le Pacte scolaire engendre la pacification sur le plan philosophique mais renforce le cloisonnement.

La manière dont a été élaboré le Pacte est typique de la particratie que connaît la Belgique de l'après-guerre. Ce sont les partis politiques qui dominent de plus en plus la vie politique ; ils concluent des compromis entre eux, constituent les gouvernements ou les font tomber, élaborent des accords de gouvernement, répartissent les postes ministériels, choisissent le personnel des cabinets ministériels et s'occupent des nominations dans l'administration, l'appareil judiciaire et l'armée. La direction de ces partis est aux mains de quelques hommes politiques qui se font assister par un nombre limité de conseillers. Le pouvoir et l'impact des partis politiques sont proportionnels aux résultats qu'ils obtiennent aux élections, mais il arrive parfois qu'ils concluent entre eux des accords qui ne tiennent pas vraiment compte de la volonté de l'électeur.

L'INDÉPENDANCE DU CONGO

Sous l'influence du mouvement d'émancipation que connaît l'Afrique, des troubles éclatent en janvier 1959 à Léopoldville et à Stanleyville. Lors des opérations de rétablissement de l'ordre, quarante et un Africains perdent la vie. Dans les milieux politiques belges, les opinions sont partagées, mais, dans un discours radiodiffusé le 13 janvier, le roi Baudouin plaide pour la poursuite de l'entreprise coloniale entamée par Léopold II. Le souverain envisage comme objectif final de conduire la

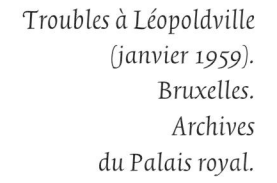

Troubles à Léopoldville (janvier 1959). Bruxelles. Archives du Palais royal.

population congolaise sur la voie de l'indépendance sans délais, mais sans non plus de hâte inconsidérée. Le discours du Roi sème la consternation dans les milieux politiques belges où personne ou presque n'avait pensé à un transfert de souveraineté. Les Congolais, par contre, réagissent avec enthousiasme au discours royal. Au début, Baudouin est convaincu que l'on arrivera à créer une communauté belgo-congolaise par le biais de laquelle les Congolais, même après l'indépendance, continueront à le reconnaître comme chef de l'État. Le gouvernement belge entend préparer l'indépendance par étapes, mais il perd le contrôle du processus d'émancipation. En janvier 1960 débutent les pourparlers de la Table ronde belgo-congolaise à laquelle sont invités tous les partis et chefs de tribu congolais, ainsi que les membres du Parlement belge. Côté belge, l'espoir que tout se déroulera de manière progressive s'avère vain dès le début de la conférence. Les délégués congolais constituent un front commun et obtiennent que la proclamation d'indépendance soit fixée à la date du 30 juin 1960.

Ce jour-là, le Premier ministre, Patrice Lumumba, prononce un réquisitoire sévère contre les humiliations et les préjudices subis par les Noirs sous la colonisation. Du coup s'effondrent les illusions du gouvernement belge à propos d'une coopération sans problèmes avec le nouveau pouvoir congolais. Quelques jours après l'indépendance, les troupes congolaises se mutinent et provoquent de sérieux désordres sur l'ensemble du territoire de l'ex-colonie belge. Les nombreux coloniaux encore présents sont rapatriés précipitamment.

Des interventions des paracommandos belges et d'une force de paix des Nations Unies ne peuvent empêcher que la jeune République du Congo soit, au cours de la première moitié des années soixante, entraînée dans une escalade de violence. La forme étatique et le modèle politique élaborés avant l'indépendance ne fonctionnent pas. Le pays sombre dans le chaos politique.

En 1965, Joseph-Désiré Mobutu prend le pouvoir au Congo. Il rétablit l'ordre sans toucher aux intérêts belges, et l'on est, en Belgique, de plus en plus convaincu qu'il constitue la moins mauvaise solution pour le Congo. À terme, le régime de Mobutu va toutefois évoluer vers la dictature et la corruption. Les possibilités économiques du pays restent inutilisées et le processus de paupérisation va se développer.

Lors de la cérémonie du transfert de souveraineté à l'occasion de l'indépendance du Congo, le 30 juin 1960 à Léopoldville, le Premier ministre congolais Patrice Lumumba tient un discours dans lequel il attaque violemment la politique coloniale de la Belgique.
Photo Belga (Bruxelles).

L'ÉVOLUTION SOCIO-ÉCONOMIQUE AU COURS DES ANNÉES CINQUANTE ET SOIXANTE

Le redressement de la Belgique de l'après-guerre dans le contexte d'une économie de concertation

Grâce, entre autres, à la concertation secrète entre travailleurs et employeurs sous l'occupation allemande, on a pu, immédiatement après la libération du territoire, créer dans le pays un organisme national de sécurité sociale. Les pensions de vieillesse, l'assurance-maladie obligatoire, l'assurance-invalidité, les allocations de chômage, les allocations familiales et le pécule de vacances sont légalement garantis par le régime mis en place. Dans la ligne de ce qui avait été entamé au cours des années trente, la Belgique développe un modèle d'harmonie sociale initié et supporté par les employeurs, les travailleurs et les pouvoirs publics ; c'est ainsi que naît, dans notre pays, une économie de marché corrigée, basée sur la concertation entre les partenaires sociaux. Au niveau industriel, les conseils d'entreprise et les commissions paritaires constituent les structures permanentes de la concertation ; le Conseil national du travail et le Conseil central de l'économie remplissent ce rôle au niveau macro-économique.

Cette trame de concertation implique que la prise de décision au niveau socio-économique soit en grande partie soustraite au Parlement. Les décisions en la matière sont prises en concertation avec le gouvernement par les représentants des syndicats et des organisations patronales. Ces organisations sont d'ailleurs représentées, directement ou indirectement, au Parlement et au gouvernement, de sorte qu'elles sont associées là aussi à l'élaboration de la législation sociale et de la politique économique.

L'infrastructure industrielle de la Belgique est sortie presque intacte de l'occupation, de sorte que notre pays connaît, après la guerre, un redressement économique spectaculaire. En 1948 déjà, la production industrielle belge a retrouvé son niveau d'avant la guerre. Cela présente toutefois un grand inconvénient car notre pays se trouve face à un outil industriel vieilli tandis que nos voisins, eux, ont dû se doter d'un nouvel appareil de production. De plus, notre pays continue, de manière assez unilatérale, à se baser sur les secteurs industriels traditionnels. Les investissements et les subventions vont aux charbonnages, à l'industrie sidérurgique, à l'industrie textile, et non au développement d'articles de consommation durables pour lesquels existe une demande importante. À terme, l'avantage relatif qu'avait connu notre pays immédiatement après la guerre se révèle préjudiciable à sa croissance économique ; au cours des années cinquante, la Belgique est économiquement à la traîne des autres pays d'Europe occidentale.

Pour inverser cette tendance, les pouvoirs publics belges, conformément à la théorie keynésienne, mettent en œuvre une politique de grands travaux d'infrastructure. Mais cela ne suffit pas. La reconversion industrielle est trop hésitante et trop difficile, et les investissements dans les nouveaux secteurs trop faibles pour fournir du travail à la nouvelle main-d'œuvre disponible. C'est pourquoi le gouvernement Eyskens promulgue, en 1959, une législation d'expansion régionale par laquelle les pouvoirs publics entendent stimuler le développement des régions en déclin, ou faciliter la reconversion de celles qui enregistrent un fléchissement. Ces mesures, prises dans l'atmosphère favorable de l'unification européenne croissante et une conjoncture internationale excellente, porteront leurs fruits au cours des années soixante.

Les différences socio-économiques entre la Flandre et la Wallonie

La discorde communautaire ne porte pas uniquement sur des différences politiques et philosophiques, mais également sur l'évolution socio-économique « différente » en Flandre et en Wallonie. L'industrie flamande s'est fortement développée au cours des années cinquante, de sorte qu'en 1960, elle occupe quelque 60 000 travailleurs de plus qu'une décennie plus tôt. L'industrie wallonne, par contre, connaît un profond malaise. Les secteurs traditionnels, tels que la métallurgie, le verre et les non-ferreux, ont de plus en plus de mal à faire face à la concurrence internationale. Les fermetures de charbonnages se succèdent et les pertes continuent à s'accumuler dans l'industrie charbonnière wallonne. Entre 1950 et 1960, l'emploi dans les charbonnages wallons tombe de 103 000 à quelque 39 000 mineurs. En région wallonne, l'emploi industriel baisse globalement de 70 000 unités. Entre 1953 et 1960, l'emploi dans le secteur tertiaire en Flandre progresse de 54 000 unités, contre 34 000 unités seulement en Wallonie. Le rythme de croissance est nettement plus élevé dans le Nord que dans le Sud du pays, et ce fossé s'élargira encore au cours des années soixante. En 1966, le produit par habitant en Flandre excède pour la première fois celui enregistré en Wallonie. Le centre de gravité économique se déplace du Sud vers le Nord. Mais en dépit de ce rythme de croissance plus favorable, la Flandre continue à faire face à un taux de chômage élevé.

Au cours des années 50 et 60, de grands travaux d'infrastructure furent entrepris dans le pays et suivis avec intérêt par le Roi. Le 10 novembre 1966, il se rend sur le chantier de l'« Autoroute de Wallonie ». Photo Melotte (Diest). Bruxelles. Archives du Palais royal.

Les fermetures de charbonnages annoncées dans le Limbourg ont déclenché de vives protestations. De graves incidents eurent lieu aux charbonnages de Zwartberg. Photo Belga (Bruxelles).

JALONS DE L'ÉVOLUTION POLITIQUE ET SOCIO-ÉCONOMIQUE - CHAPITRE V 101

Un point de discorde communautaire important est la scission de l'Université catholique de Louvain et l'exigence flamande du départ de l'université francophone (« Walen buiten! »)

S'il y tombe, il est vrai, de 13,4 % de la population active en 1950 à 8,3 % en 1959, il est encore, malgré tout, supérieur à la moyenne nationale de 6,7 %, niveau élevé qui, d'un point de vue social, reste injustifiable.

Tandis que le sentiment de leur propre valeur se développe dans les milieux industriels, financiers et politiques flamands, l'inquiétude et le mécontentement s'accroissent de l'autre côté de la frontière linguistique. Un certain nombre de dirigeants wallons réalisent que leur région ne comporte qu'un tiers de la population belge et que le processus de vieillissement y évolue plus rapidement qu'en Flandre. Démographiquement, la Wallonie perd systématiquement du terrain, ce qui se reflète également au Parlement par le biais de l'adaptation des sièges. Les dirigeants wallons craignent d'être mis en minorité, non seulement économique mais aussi démographique et politique, au sein de la Belgique unitaire. Ils sont convaincus qu'ils doivent prendre eux-mêmes l'initiative pour arrêter la régression économique de leur région.

Ceci s'exprime notamment lors d'actions socialistes contre la Loi unique, en 1961. Ce texte est élaboré par le gouvernement Eyskens parce que les dépenses croissantes menacent l'équilibre budgétaire ; il prévoit des économies dans le secteur social et de nouveaux impôts. Les sections wallonnes de la Fédération générale des travailleurs de Belgique (FGTB) adoptent des positions beaucoup plus radicales que l'aile flamande à l'égard de la Loi unique. Celle-ci a plutôt tendance à freiner les actions de grève compte tenu de la position minoritaire des socialistes dans l'ensemble du mouvement syndical flamand. Cette absence de radicalisation du côté flamand est l'une des raisons de l'échec de la grève et renforce dans leurs convictions fédéralistes les dirigeants syndicaux socialistes wallingants, tels André Renard et son Mouvement populaire wallon (MPW).

Les « golden sixties »

Parallèlement à la spectaculaire évolution économique dans l'ensemble du monde occidental, l'économie belge connaît, au cours des années soixante, une croissance explosive du PNB – de 4,9 % en moyenne. Le développement économique devient un but en soi ; les pouvoirs publics font déterminer la croissance minimale par le Bureau du Plan, créé en 1959. Le pouvoir d'achat progresse, de sorte que les biens de consommation durables sont à la portée de nombreuses personnes. L'industrie automobile, le secteur de la construction, la pétrochimie et l'électronique connaissent un développement important. Les pouvoirs publics encouragent de nouveaux investissements au moyen d'avantages fiscaux et de subventions, de sorte que sont créés des centaines de milliers d'emplois. Ce progrès économique est également stimulé par l'intégration européenne qui a un effet particulièrement favorable sur les exportations belges. Lorsque, aux environs de 1970, s'épuise la réserve de main-d'œuvre qui résulte du chômage structurel des années cinquante, les pouvoirs publics et l'industrie font appel à la main-d'œuvre étrangère des régions méditerranéennes.

Mais la société de consommation, avec sa foi en une croissance illimitée et la faisabilité d'une société quasi parfaite, suscite des critiques. Une large vague de contestations prend en mire les structures du pouvoir capitaliste, et ce mouvement atteint un sommet en mai 1968. Au cours de cette même période, on voit naître le mouvement des Verts, qui s'élève contre la détérioration de l'environnement attribuée à une croissance économique effrénée. Il faut ralentir l'expansion industrielle afin d'éviter d'épuiser les richesses naturelles.

TENTATIVES POUR ÉLIMINER LES MATIÈRES COMMUNAUTAIRES CONFLICTUELLES

Le compromis de Val-Duchesse

Le gouvernement catholique-socialiste Lefèvre/Spaak entend faire face aux tensions communautaires en adaptant la législation linguistique lors de pénibles négociations au château de Val-Duchesse. Cette concertation aboutit à la loi du 2 août 1963, qui renforce le principe de la territorialité en répartissant la Belgique en quatre régions linguistiques : les régions de langue néerlandaise, de langue française, de langue allemande, et la région bilingue de la capitale. Les francophones se voient accorder des facilités dans six communes de la périphérie bruxelloise. Ce compromis de Val-Duchesse se heurte à quantité de critiques dans l'opinion publique flamande. Le gouvernement estime que les temps sont mûrs pour régler les relations entre les communautés en procédant à une révision de la Constitution. Les sociaux-chrétiens et les socialistes parviennent à un accord portant sur les régions linguistiques, l'autonomie culturelle, la décentralisation administrative et la déconcentration économique. Mais, lors des élections de 1965, ces deux partis n'obtiennent pas la majorité des deux tiers au Parlement, de sorte qu'ils ne peuvent pas modifier la Constitution. Cinq ans plus tard, le gouvernement Eyskens/Merlot réussira à intégrer ces objectifs dans la Constitution.

Au début des années soixante, les oppositions Flamands-Wallons s'accentuent et plusieurs marches flamandes sont organisées sur Bruxelles. Photos Belga (Bruxelles).

JALONS DE L'ÉVOLUTION POLITIQUE ET SOCIO-ÉCONOMIQUE - CHAPITRE V   103

Le nationalisme wallon devient aussi plus agressif dans les années soixante. Le MPR (Mouvement populaire wallon) organise, le 1ᵉʳ septembre 1963, une manifestation contre le rattachement des Fourons à la province de Limbourg. Photo Belga (Bruxelles).

La percée des partis régionaux

Des deux côtés de la frontière linguistique, le mécontentement et les tensions à propos des questions communautaires se sont tant accrus que quelques hommes politiques entendent renforcer les exigences de leur communauté en formant de nouveaux partis. C'est dans ce but qu'en 1954, du côté flamand, s'est constituée la *Volksunie* (VU). S'inscrivant dans la ligne de la tradition nationaliste flamande des années trente, la nouvelle formation prône l'autonomie flamande. La VU met constamment sous pression l'aile flamande du Parti social-chrétien afin de tenir compte des exigences flamandes. Le parti connaît une expansion spectaculaire dans les années soixante. Il voit progresser sa représentation parlementaire, de un siège aux élections de 1958 à vingt sièges en 1968.

Le pendant wallon de la VU est le Rassemblement wallon (RW). Ce parti rassemble un certain nombre de formations wallonnes moins importantes qui ont réussi, lors des élections de 1965, à obtenir deux sièges au Parlement. Le RW voit dans le fédéralisme le moyen par excellence de mettre fin au recul économique de la Wallonie. Au cours des années septante, l'aile syndicaliste gauche du RW l'emportera sur l'aile droite, à laquelle appartient François Perin, l'un des fondateurs du parti.

À Bruxelles, en 1965, c'est le Front démocratique des Bruxellois francophones (FDF) qui voit le jour. Il est né d'un réflexe fortement défensif contre les exigences flamandes, notamment en matière de bilinguisme à Bruxelles-Capitale. Le FDF défend la liberté linguistique des Bruxellois et souhaite que la région bruxelloise ne soit pas limitée aux dix-neuf communes. En 1965, le FDF obtient trois sièges au Parlement. En 1968, il forme un cartel avec le RW et ils réussissent ensemble, lors des élections qui ont lieu cette année-là, à conquérir douze sièges. À cette époque, les partis régionaux représentent à eux trois un peu plus de 22 % du corps électoral belge.

La régionalisation des trois partis traditionnels

Les catholiques, de même que les socialistes, accusent un net recul aux élections de 1965, scrutin à forte connotation communautaire : le pourcentage des catholiques, en baisse par rapport aux élections de 1961, tombe de 41 % à 34 % ; en conséquence, leur nombre de sièges au Parlement tombe de 96 à 77. Ils réagissent à ce recul en accordant aux deux ailes du parti une plus grande autonomie sur les plans linguistique et culturel. Ceci ne suffit pourtant pas à sauvegarder l'unité du parti. La discorde va croissant entre la puissante aile flamande et le petit groupe francophone. Les démocrates-chrétiens flamands veulent faire respecter les lois linguistiques, tandis que leurs partenaires bruxellois francophones insistent sur leur démantèlement. La profonde divergence d'opinion à propos du déménagement de la section française de l'Université catholique de Louvain fait finalement éclater le parti. Les démocrates-chrétiens flamands n'admettent plus que l'Université catholique constitue un îlot francophone dans l'arrondissement unilingue de Louvain. Lorsque le gouvernement catholique-libéral Vanden Boeynants/De Clercq ne veut pas se prononcer sur le transfert de la section française en Wallonie, les ministres CVP le font tomber. Lors des élections de 1968, le *Christelijke Volkspartij* (CVP) et le PSC mènent campagne séparément. Mais les deux listes enregistrent partout un net recul. Lors de congrès distincts, on fixe la structure fédérale du parti. Les deux partis frères acceptent encore un Centre de concertation et de coordination sous la direction d'un président national, mais cela ne durera pas longtemps. Les programmes des partis sont mis au point séparément. Le fait que, en dehors des aspects communautaires, ils aient la même vision sur les plans politique, social et économique permet d'assurer quelque peu le maintien de la cohésion politique entre les deux partis.

La famille politique libérale n'échappe pas non plus aux tendances centrifuges. En 1968, le parti est temporairement dirigé par un triumvirat composé d'un Wallon, d'un Flamand et d'un Bruxellois. En accordant plus de latitude aux articulations provinciales du parti, on espère maintenir la cohésion nationale. Mais cet espoir est vain. En octobre 1969, une scission se produit au sein de la fédération libérale bruxelloise. Les néerlandophones quittent la fédération, en majeure partie francophone, et mènent désormais campagne en tant que *Blauwe Leeuwen* (Lions bleus). Le PVV autonome est créé le 8 mai 1971. Un bon mois plus tard, le Parti de la liberté et du progrès (PLP) voit le jour à son tour. La fédération libérale bruxelloise conclut un accord électoral avec le FDF, de sorte que sont exacerbés les différends entre la fédération francophone et les sections flamandes de l'arrondissement de Bruxelles. Au début de 1973, un groupe important de libéraux bruxellois se sépare du parti et constitue un groupe libéral distinct au Parlement.

Au début des années septante, seul le Parti socialiste est encore national. Mais son unité n'est qu'apparente. En 1967 déjà, les fédérations francophone et néerlandophone avaient tenu leur congrès séparément. L'année suivante, les socialistes bruxellois flamands s'étaient séparés de la fédération bruxelloise bilingue pour constituer les *Rode Leeuwen* (Lions rouges). En 1971, la direction du parti est partagée entre deux présidents, un Wallon et un Flamand. À l'instar de leurs camarades francophones, les fédérations flamandes constituent, en 1974, un comité de concerta-tion. Les négociations relatives à la réforme de l'État au cours de la deuxième moitié des années septante entraî-nent une confrontation des présidents des partis fla-mands du BSP, du CVP et de la VU avec la ligue franco-phone du PSB (Parti socialiste belge), du PSC et du FDF. La dissension croissante entre socialistes flamands et wal-

lons débouche sur une séparation radicale. En octobre 1978, on trouve deux partis socialistes autonomes, le *Socialistische Partij* (SP) et le Parti socialiste (PS).
La désintégration des partis traditionnels est ainsi achevée. En Belgique, on ne négociera désormais plus entre familles politiques, mais de plus en plus de communauté à communauté. La discorde communautaire entraîne une nouvelle approche politique qui débouchera finalement sur une nouvelle structure de l'État.

La mise en route du processus de fédéralisation au cours des années septante

En raison des luttes linguistiques et d'autres foyers de tensions communautaires, les milieux politiques acquièrent lentement, mais sûrement, la certitude que seule une réorientation de l'État belge dans le sens du fédéralisme permettra au pays d'être encore gouvernable. Par la réforme de l'État de 1970, le gouvernement catholique-socialiste Eyskens/Merlot franchit une première étape modeste dans la voie de la transformation de l'État unitaire en un État fédéral. Outre le pouvoir central, la Constitution reconnaît désormais les Communautés culturelles et les Régions, qui, dans certaines matières, reprennent les compétences de l'État central. En créant les Communautés culturelles, le gouvernement rencontre partiellement la demande flamande d'autonomie culturelle. La possibilité de créer les Régions répond, elle, au désir wallon de décentralisation économique. En outre, des procédures pour la protection des minorités politiques et idéologiques sont inscrites dans la Constitution. L'opposition libérale assure au cabinet catholique-socialiste la majorité des deux tiers nécessaire pour procéder à une révision de la Constitution.
Trois conseils culturels ont un pouvoir législatif pour un certain nombre de matières culturelles qui concernent les néerlandophones, les francophones et les germanophones en Belgique. Une caractéristique de la limitation des compétences de ces parlements culturels est qu'ils ne sont, entre autres, pas compétents pour l'enseignement. Le Conseil culturel pour la Communauté culturelle néerlandaise et celui de la Communauté culturelle française sont composés des groupes linguistiques correspondants de la Chambre et du Sénat. C'est là que réside l'origine de ce qu'on appelle le double mandat des députés et des sénateurs, qui sera maintenu jusqu'à la réforme de l'État de 1993.
La nouvelle Constitution reconnaît la Région flamande, la Région wallonne et la Région de Bruxelles-Capitale, ce qui doit assurer l'autonomie économique de ces régions. Au cours des années septante, les hommes politiques néerlandophones et francophones ne réussiront toutefois pas à se mettre d'accord sur le poids politique et la délimitation de la Région bruxelloise. La décentralisation économique reste, pour cette raison, lettre morte. Le gouvernement tripartite de Leburton, qui reprend le flambeau en 1973, ne réussit pas non plus dans ce domaine. Le gouvernement catholique-libéral Tindemans/De Clercq réalise, pour sa part, une régionalisation provisoire, en 1974, par le biais d'une loi ordinaire. Les Conseils régionaux provisoires flamand, wallon et bruxellois n'ont toutefois guère d'impact ; ils n'ont qu'une compétence consultative dans un certain nombre de matières localisables. La véritable régionalisation ne pourra être réalisée que plus tard.

UNE CRISE ÉCONOMIQUE AUX LOURDES CONSÉQUENCES

La première crise pétrolière de novembre 1973 n'est qu'un signe avant-coureur, et non la cause, de la crise économique qui se déchaînera sur le monde occidental, de 1974 à la moitié des années quatre-vingt.
L'augmentation des prix de l'énergie, provoquée par la crise pétrolière, a un effet négatif sur la production industrielle. En Belgique, les prix à la consommation augmentent de 15,7 %, ce qui crée un climat inflationniste. Entre 1973 et 1975, les salaires progressent de 8 % et ceci à un moment où un nombre déjà inquiétant de personnes se trouvent sans travail. Le chômage passe de 4 % en 1970 à 11,5 % en 1981, pour atteindre 13 % en 1983, au sommet de la crise. Le chômage est dû en grande partie à la perte de compétitivité des entreprises belges. Afin de comprimer la masse salariale, les entreprises investissent dans la rationalisation du travail, ce qui, à nouveau, fait perdre des emplois. Enfin, on assiste, entre 1975 et 1979, à un processus de désindustrialisation qui touche lourdement les secteurs sidérurgique et textile surtout.
Alors que le PNB, entre 1960 et 1974, progressait en moyenne de 4,9 % par an, sa croissance entre 1974 et 1984 n'est plus que de 1,26 % ; au cours des années 1974-1975 et 1980-1982, on enregistre même une diminution du PNB.
Le gouvernement belge réagit à la crise en stimulant l'emploi, tant dans le secteur public que dans le secteur privé. On imagine toutes sortes de statuts d'appoint qui dissimulent le chômage plutôt qu'ils n'y remédient. Le gouvernement majore les prestations sociales. Mais ces mesures n'empêchent pas la désindustrialisation. Les subventions publiques aux entreprises déficitaires constituent une entrave au renouveau industriel absolument indispensable.

Au cours des années soixante, l'augmentation des dépenses publiques dans le secteur des prestations sociales, de l'enseignement, des travaux publics et de la construction de logements sociaux était pour une large part couverte par la progression du produit de l'impôt. Dans les années septante, les coûts, surtout dans le secteur social, augmentent considérablement et réduisent les revenus de l'État. Le solde net à financer par le Trésor voit ses proportions constamment augmenter ; en 1980, il atteint déjà 8,8 % du PNB et 12,4 % en 1982. Pour combler ce déficit, l'État recourt à de nouveaux emprunts qui, en raison du niveau élevé des taux d'intérêt, aggravent la dette publique de manière catastrophique. L'économie belge se trouve dans un tunnel dont on semble ne pas voir la fin.

REMOUS À PROPOS DU PACTE D'EGMONT

Les tentatives de renouer le dialogue sur la réforme de l'État n'ont d'abord connu aucun succès. Après les élections d'avril 1977, le formateur, Léo Tindemans, entame au Palais d'Egmont à Bruxelles de difficiles négociations avec des représentants du CVP, du PSC, de la VU et du FDF. Le Pacte d'Egmont, qui verra le jour le 24 mai 1977, comporte notamment la régionalisation tant espérée et l'élargissement de l'autonomie culturelle aux matières personnalisables. On entend par là les matières qui concernent directement les citoyens et pour lesquelles la langue peut être importante. Concrètement, il s'agit de compétences telles que les soins de santé, la politique familiale et de bien-être, la protection de la jeunesse et la politique en faveur des handicapés.

Le Pacte d'Egmont constitue la base de l'accord du deuxième gouvernement Tindemans, mais il ne fera pas long feu. Il deviendra bientôt, et de plus en plus, la cible des associations flamandes et de l'opinion publique flamande. Elles n'admettent pas que ne soit pas prévue la parité au sein du gouvernement bruxellois entre francophones et néerlandophones, ni que Bruxelles soit considérée comme région à part entière. La principale pierre d'achoppement pour les Flamands est le droit d'inscription attribué aux habitants francophones des communes périphériques bruxelloises, qui stimulerait la francisation de la périphérie de la capitale.

En raison du mécontentement croissant en Flandre, le gouvernement Tindemans se trouve sous forte pression. Il s'avère assez rapidement qu'au sein de l'équipe gouvernementale, existent d'importantes dissensions à propos des éléments cruciaux du Pacte d'Egmont, tels que la délimitation de la Région bruxelloise. Lorsque, en automne 1978, surgissent de nouvelles difficultés, Tindemans présente soudain la démission de son gouvernement. Il disparaît de la scène politique belge, et avec lui, le Pacte d'Egmont.

Les élections de décembre 1978 marquent le début d'une période d'instabilité de l'histoire politique belge. Entre ces élections et les suivantes, en décembre 1981, Wilfried Martens ne constitue pas moins de quatre gouvernements. Ce n'est que le troisième cabinet, qui prête serment en mai 1980, qui réussit à réaliser une nouvelle réforme de l'État. C'est précisément au cours de cette année, où la Belgique fête ses 150 ans d'existence, que le pays acquiert, par la quatrième révision de la Constitution, un caractère plus fédéral.

LES RÉVISIONS DE LA CONSTITUTION DE 1980 ET 1988 DONNENT À L'ÉTAT BELGE UN CARACTÈRE DE PLUS EN PLUS FÉDÉRAL

La réforme de l'État de 1980

À côté de l'État central sont créées des entités politiquement autonomes : les Communautés et les Régions. Elles disposent chacune de leur propre parlement et de leur propre gouvernement. Les compétences de ces parlements régionaux sont sensiblement plus importantes que celles des Conseils culturels et disposent en outre de moyens financiers plus importants. La réforme de l'État prévoit des procédures afin que se déroule de manière optimale la coopération entre l'État national et les Communautés et les Régions. C'est ainsi que sont créées les structures de base sur lesquelles se fonderont les réformes de l'État de 1988 et de 1993.

L'autonomie culturelle est élargie aux matières personnalisables. La régionalisation n'est réalisée que partiellement par la création de la Région flamande et de la Région wallonne, tandis que la Région bruxelloise est mise au frigo. Les deux régions sont compétentes pour des matières localisables telles que l'aménagement du territoire, le logement, les administrations subordonnées et l'environnement. De même que les Communautés, les Régions disposent d'un parlement avec pouvoir législatif. Du côté flamand, on profite de la possibilité qu'offre la Constitution pour installer un seul parlement, le *Vlaamse Raad*, et un seul gouvernement pour la Communauté et la Région flamandes, l'Exécutif flamand. De l'autre côté de la frontière linguistique, existent un Conseil de la

Le Pacte d'Egmont est signé au Palais du même nom le 24 mai 1977. Dans ce pacte, le gouvernement Tindemans - où à côté des sociaux-chrétiens (PSC-CVP), et des socialistes (PS-SP), siègent aussi la Volksunie (VU) et le Front Démocratique Francophone (FDF) - tente de normaliser les relations communautaires dans l'attente d'une révision de la Constitution devant réformer les structures de l'État. Le pacte d'Egmont se heurte du côté flamand à une opposition radicale, qui met le gouvernement à rude épreuve. Photo Van Parys Media (Bruxelles).

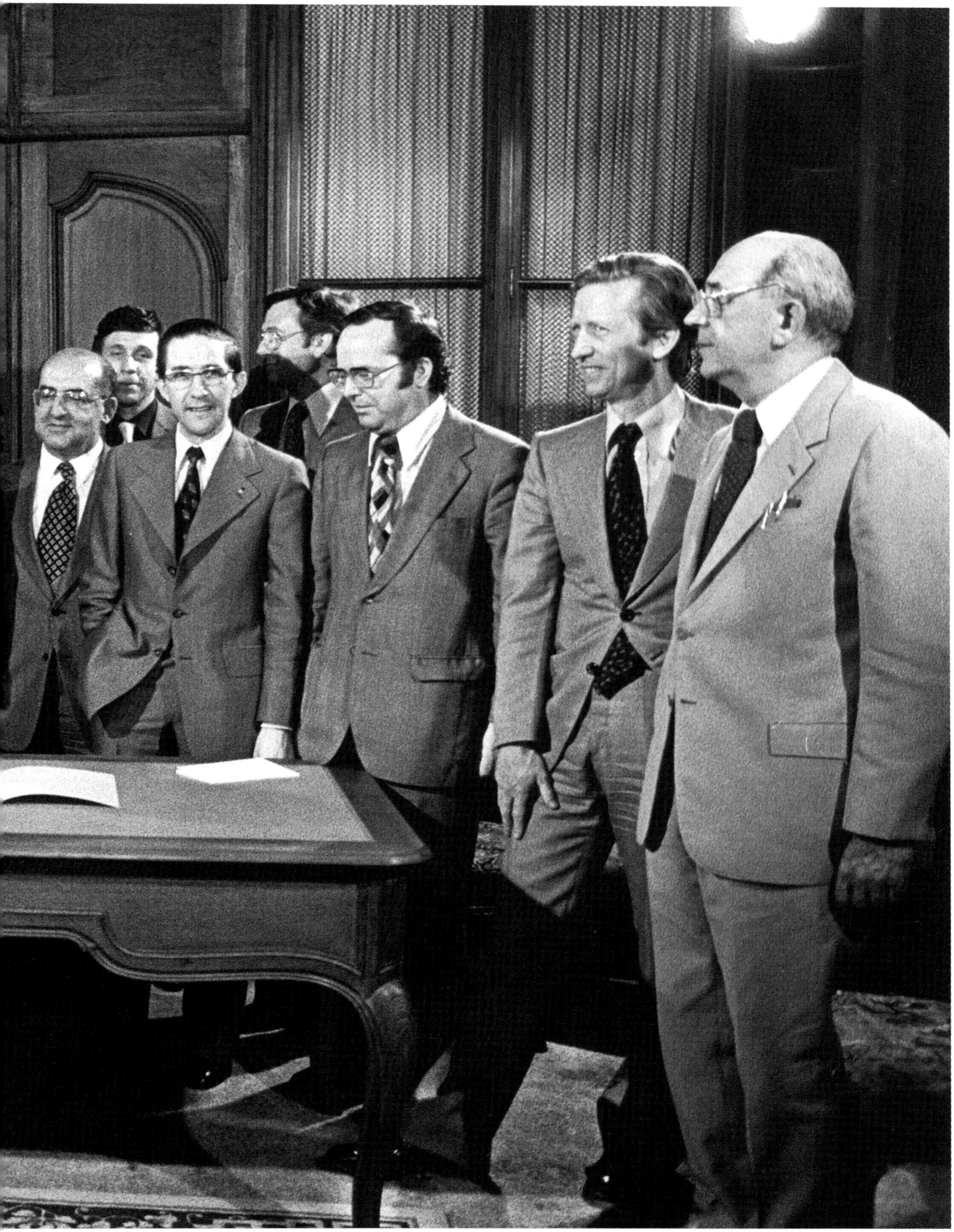

Le roi Albert II en conversation avec le Premier ministre Jean-Luc Dehaene après la signature, le 17 février 1994, de la nouvelle Constitution qui fait de la Belgique un État fédéral. Photo Van Parys Media (Bruxelles).

Communauté française et un Exécutif de la Communauté française à côté d'un Conseil régional wallon et de son Exécutif. Cette asymétrie dans la structure étatique fédérale de la Belgique sera encore renforcée en 1993. En 1980, la Constitution fait pour la première fois état d'une autonomie fiscale des Communautés et des Régions. Dans la pratique, elle est extrêmement réduite ; pour la majeure partie de leurs ressources, les Communautés et les Régions dépendent d'une dotation prévue au budget de l'État et de remboursements – ristournes – d'impôts perçus par l'État central.

La nouvelle Constitution crée une Cour d'arbitrage afin de prévenir ou de régler les conflits de compétences entre les lois du Parlement national et les décrets des parlements régionaux. Pour régler les conflits d'intérêts entre l'État national et les entités fédérées ou entre les entités entre elles, la Constitution prévoit la création d'un Comité national de concertation gouvernement-exécutifs. La réforme de l'État de 1981 jette ainsi les bases d'un fédéralisme de coopération.

La réforme de l'État de 1988

Dans la pratique, la nouvelle organisation de l'État belge comporte encore, après 1980, de nombreuses lacunes. La régionalisation ne sera pas terminée aussi longtemps que Bruxelles n'y sera pas incluse. Les compétences des Communautés et des Régions présentent d'importants hiatus et n'ont pas de caractère homogène ; elles sont donc difficilement utilisables. La réforme de l'État de 1988 entend remédier à ces lacunes.

Les chaudes discussions communautaires à propos du financement des déficits de l'industrie sidérurgique wallonne au cours de la première moitié des années quatre-vingt font clairement apparaître qu'il n'y a plus place, dans la nouvelle conception de l'État, pour des secteurs industriels nationaux. Les économies du gouvernement Martens/Verhofstadt dans l'enseignement en 1986-1987 mettent en lumière d'importantes différences de coût entre l'enseignement néerlandophone et francophone. Ces deux éléments accélèrent le processus de fédéralisation. La Flandre ne souhaite pas continuer à payer pour des entreprises wallonnes déficitaires ni pour un enseignement francophone coûteux. Le gouvernement Martens VIII propose une nouvelle réforme de l'État en trois phases. Deux sont réalisées ; l'absence de la troisième phase entraîne la chute du gouvernement en automne 1991 et la disparition de Wilfried Martens de la scène politique belge.

Dans la première phase, l'enseignement devient matière communautaire

Dans les milieux politiques, on conçoit depuis longtemps déjà que les compétences en matière d'enseignement doivent être transférées aux Communautés à condition que les minorités idéologiques des deux côtés de la frontière linguistique obtiennent des garanties suffisantes en matière de liberté et d'égalité au niveau de l'enseignement. La réforme de l'État de 1988 répond à ces exigences en remplaçant par des garanties constitutionnelles impératives les garanties politiques du Pacte scolaire. La Cour d'arbitrage devient compétente pour contrôler le respect de ces principes ; en ce qui concerne le principe d'égalité et la liberté de l'enseignement, elle acquiert ainsi les caractéristiques d'une cour constitutionnelle. Dans ces conditions, les compétences en matière d'enseignement, d'obligation scolaire, de diplôme et de pensions sont transférées aux Communautés. L'autonomie culturelle qui avait été entamée en 1970 acquiert de la sorte une signification bien plus large. Outre l'enseignement, d'autres compétences des Communautés et des Régions sont élargies et homogénéisées. La nouvelle Constitution prévoit des procédures impératives de concertation et des accords de coopération afin de renforcer la cohésion fédérale entre l'État national, les Communautés et les Régions.

Dans la deuxième phase : création de la Région de Bruxelles-Capitale

Le financement des Régions et des Communautés a été réformé. Les dotations en provenance du Trésor national sont supprimées. Les Communautés et les Régions recueillent la plus grande partie de leurs revenus de fractions des impôts perçus au niveau national, fractions qui leur sont attribuées, en principe, proportionnellement au produit de l'impôt dans chaque Région. La fiscalité propre des Régions et des Communautés n'est pas substantiellement élargie. À la suite de cette réforme, la part des entités fédérées dans le total du budget de l'État atteint 40 %. La Région de Bruxelles-Capitale est créée. Elle reste limitée aux dix-neuf communes bruxelloises mais son statut est très proche de celui des autres Régions. Le Conseil de la Région de Bruxelles-Capitale est élu directement et légifère par voie d'ordonnances. Au sein de ce Conseil sont créées une Commission communautaire flamande et une Commission communautaire française qui, dans les limites de la Région bruxelloise, assument certaines tâches de la Communauté flamande et de la Communauté française. Ensemble, elles constituent la Com-

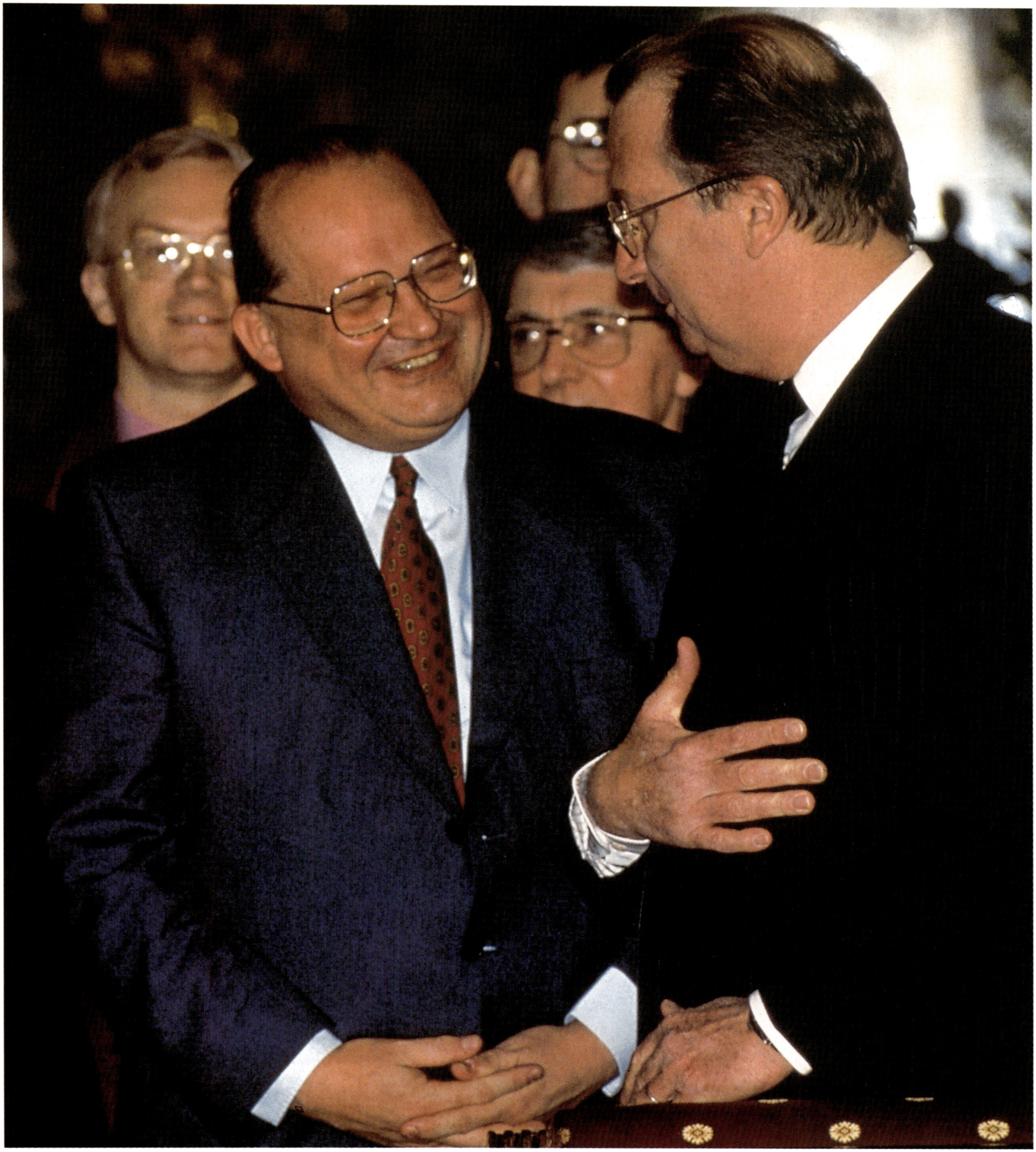

mission communautaire commune, compétente pour les matières personnalisables de la Région bilingue de Bruxelles-Capitale qui ne relèvent pas d'une communauté déterminée. La Région de Bruxelles-Capitale a son propre gouvernement composé paritairement.

LA NOUVELLE APPROCHE DES ANNÉES QUATRE-VINGT FACTEUR DÉCISIF DU REDRESSEMENT ÉCONOMIQUE

Au cours des années quatre-vingt, une nouvelle politique économique voit le jour qui, structurellement, agit sur l'offre et présente des caractéristiques néo-libérales et monétaristes. Cette nouvelle approche ouvre une perspective sur la croissance économique au cours des années nonante.

Des interventions excessives des pouvoirs publics sont écartées et la responsabilité individuelle, l'initiative privée et la liberté du marché sont privilégiés. Dans ce sens, le gouvernement privatise un certain nombre d'entreprises publiques et ne subventionne plus les entreprises déficitaires.

Les nouveaux investissements dans le secteur de l'informatique et des télécommunications créent des emplois et un agrandissement d'échelle, ainsi qu'une internationalisation plus poussée de l'économie. L'intégration européenne, qui prend des proportions de plus en plus larges, favorise ce processus. L'implosion du bloc de l'Est à la fin des années quatre-vingt ouvre une perspective sur d'importants débouchés potentiels en Europe de l'Est et en Europe centrale.

Entre 1982 et 1985, le gouvernement, par le biais d'une dévaluation et d'un blocage des prix et des salaires, agit de manière structurelle sur l'économie afin d'aboutir à un rétablissement de la compétitivité des entreprises belges. En réduisant les interventions de l'État pour la sécurité sociale et grâce à des augmentations d'impôts, le gouvernement espère limiter l'augmentation de la dette publique. Le déficit budgétaire s'élève encore en 1987 à 8,1 % du PNB. Il est ramené à 7,8 % en 1989 et à 7,2 % en 1993. La Belgique peut également profiter d'une reprise de la conjoncture mondiale. Les exportations augmentent sensiblement et au cours de la deuxième moitié des années quatre-vingt, les investissements sont spectaculaires. L'inflation est maîtrisée. Mais l'emploi dans de nouveaux secteurs ne compense cependant pas les pertes d'emplois dans les secteurs traditionnels. Même si l'économie se redresse lentement, le chômage reste très élevé.

LA RÉFORME DE L'ÉTAT DE 1993 : LA BELGIQUE DEVIENT UN ÉTAT FÉDÉRAL

La base de la nouvelle réforme de l'État

Le gouvernement Martens IX, n'ayant pu réaliser la troisième phase de la réforme de l'État, est tombé. Après les élections d'octobre 1991, Jean-Luc Dehaene, qui a préparé le processus de fédéralisation avec Wilfried Martens, reprend la barre. Par les Accords de la Saint-Michel du 29 septembre 1992, sa coalition catholique-socialiste jette les bases d'une nouvelle réforme de l'État. Pour obtenir au Parlement la majorité requise des deux tiers, on associe aux négociations Agalev, Ecolo et la VU. En sortent les Accords de la Saint-Quentin du 31 octobre 1992, qui prévoient notamment l'instauration d'une écotaxe. La réforme de l'État sur base de ces accords est la plus profonde que la Belgique ait jamais connue : elle transforme notre pays en un État fédéral.

De nouvelles compétences et de nouveaux moyens financiers pour les Communautés et les Régions

Les Communautés et les Régions disposent désormais du droit de conclure des traités internationaux ; elles peuvent les conclure en des matières pour lesquelles elles sont pleinement compétentes. L'autorité fédérale doit associer les entités fédérées aux traités qui ont trait aux compétences partagées.

Le pouvoir fédéral n'est plus compétent que pour les matières qui lui sont explicitement attribuées. Toutes les compétences résiduaires relèvent des autorités régionales et le transfert de ces compétences résiduaires ne peut être effectif que si l'on établit une liste des compétences exclusivement fédérales ainsi que les modalités d'exercice des compétences résiduaires.

Les Communautés et les Régions se voient attribuer de nouveaux moyens. C'est ainsi notamment que les redevances radio et télévision sont intégralement transférées aux Communautés et que le produit net des taxes environnementales ou écotaxes perçues par le pouvoir fédéral est transféré aux Régions.

Les élections directes des Conseils

Les Conseils régionaux flamand et wallon sont désormais élus directement tandis que le Conseil de la Communauté flamande et le Conseil de la Communauté française sont composés sur base de ces élections. Ainsi disparaît en grande partie le double mandat qui obligeait un parlementaire à répartir son temps entre le niveau national et le niveau régional. Il y a encore des sénateurs de Communauté qui sont délégués par les parlements régionaux afin de garantir le lien entre l'État fédéral et les entités fédérées. En outre, quelques membres du Conseil de la Région de Bruxelles-Capitale sont également membres du Conseil de la Communauté flamande ou de celui de la Communauté française.

Ces Conseils sont des parlements de législature, censés tenir une période complète entre deux élections. Un gouvernement ne peut être destitué que si une majorité installe un nouveau gouvernement par une motion constructive de méfiance.

À l'exception de la Région de Bruxelles-Capitale et de la Communauté germanophone, les entités fédérées acquièrent l'autonomie constitutive : elles peuvent désormais modifier elles-mêmes un certain nombre de règles essentielles relatives à la composition, aux élections et au fonctionnement de leurs institutions.

La réforme du régime bicaméral

Le chevauchement au niveau des compétences et du fonctionnement de la Chambre et du Sénat est en grande partie éliminé. La Chambre des représentants porte la responsabilité politique ; elle est seule compétente pour accorder ou refuser la confiance à un gouvernement et pour contrôler la politique gouvernementale par l'examen du budget. L'armée, les naturalisations et la responsabilité des ministres relèvent de la compétence de la Chambre. Le Sénat est exclusivement compétent pour régler les conflits de compétences entre Communautés et Régions. Les deux Chambres sont conjointement compétentes entre autres pour de nouvelles modifications de la Constitution, pour la répartition des compétences entre le pouvoir fédéral, les Communautés et les Régions, pour prévenir et régler les conflits entre eux et pour approuver des traités internationaux. Le Sénat devient également une chambre de réflexion pouvant aborder d'importants problèmes de société. La Haute Assemblée peut examiner des lois dont la Chambre est saisie en les évoquant. Même si le Sénat propose des modifications, le dernier mot revient toutefois à la Chambre.

ÉPILOGUE

Les Communautés et les Régions constituent la caractéristique la plus spécifique de la nouvelle structure de l'État ; il faut remarquer à ce propos qu'elles recouvrent en grande partie, mais non totalement, les mêmes territoires et qu'elles se chevauchent donc partiellement. En créant les Communautés et les Régions, on a tenté de concilier deux principes propres aux deux principaux groupes de la population. Du côté flamand, on prône le principe de la territorialité, ce qui revient à dire que chacun doit respecter le caractère flamand du territoire, même s'il parle une autre langue. Prônant le principe de la personnalité, les francophones placent les droits de la personne au-dessus de tout, même si elle habite ou travaille dans l'autre Communauté. Les Communautés sont le résultat d'une conception personnaliste tandis que les Régions relèvent d'un concept territorial.

La Belgique fédérale est constituée de manière asymétrique. En Flandre, les compétences de la Région sont, depuis 1980, reprises par la Communauté ; cette institution gère le tout. De l'autre côté de la frontière linguistique, la Communauté française et la Région wallonne cohabitent depuis 1980. À la suite de la réforme de l'État de 1993, on a commencé à restreindre les compétences de la Communauté au bénéfice de la Région.

Le fédéralisme belge présente un caractère centrifuge : il est le résultat d'une croissance différente d'entités fédérées initialement soudées au sein d'un État unitaire. Pour assurer la viabilité de pareille structure, il faut veiller à éviter les conflits d'intérêts et l'on attend des entités fédérées et du pouvoir fédéral une loyauté fédérale, qui implique qu'ils doivent tenir compte des intérêts et des sensibilités des autres membres de la structure.

La Belgique est devenue un État fédéral par le démantèlement progressif et pacifique de la structure unitaire. Ce processus de fédéralisation a été lancé en 1970 et ne sera parachevé qu'en 1993. Les interventions successives dans la structure de l'État sont le résultat d'un compromis entre les partis politiques pour que la Belgique continue à être gouvernable. La population n'a jamais été demanderesse en la matière et se sent peu concernée par cette technologie juridique de pointe. La plupart des Belges sont toujours quelque peu étrangers à l'égard du résultat final concocté par les hommes politiques et les technocrates de divers cabinets ministériels. Pour nombre d'entre eux, le nouvel État est un labyrinthe institutionnel. La structure fédérale a toutefois aussi pour objectif d'associer plus étroitement la population à la prise de décision politique et de réduire le déficit démocratique.

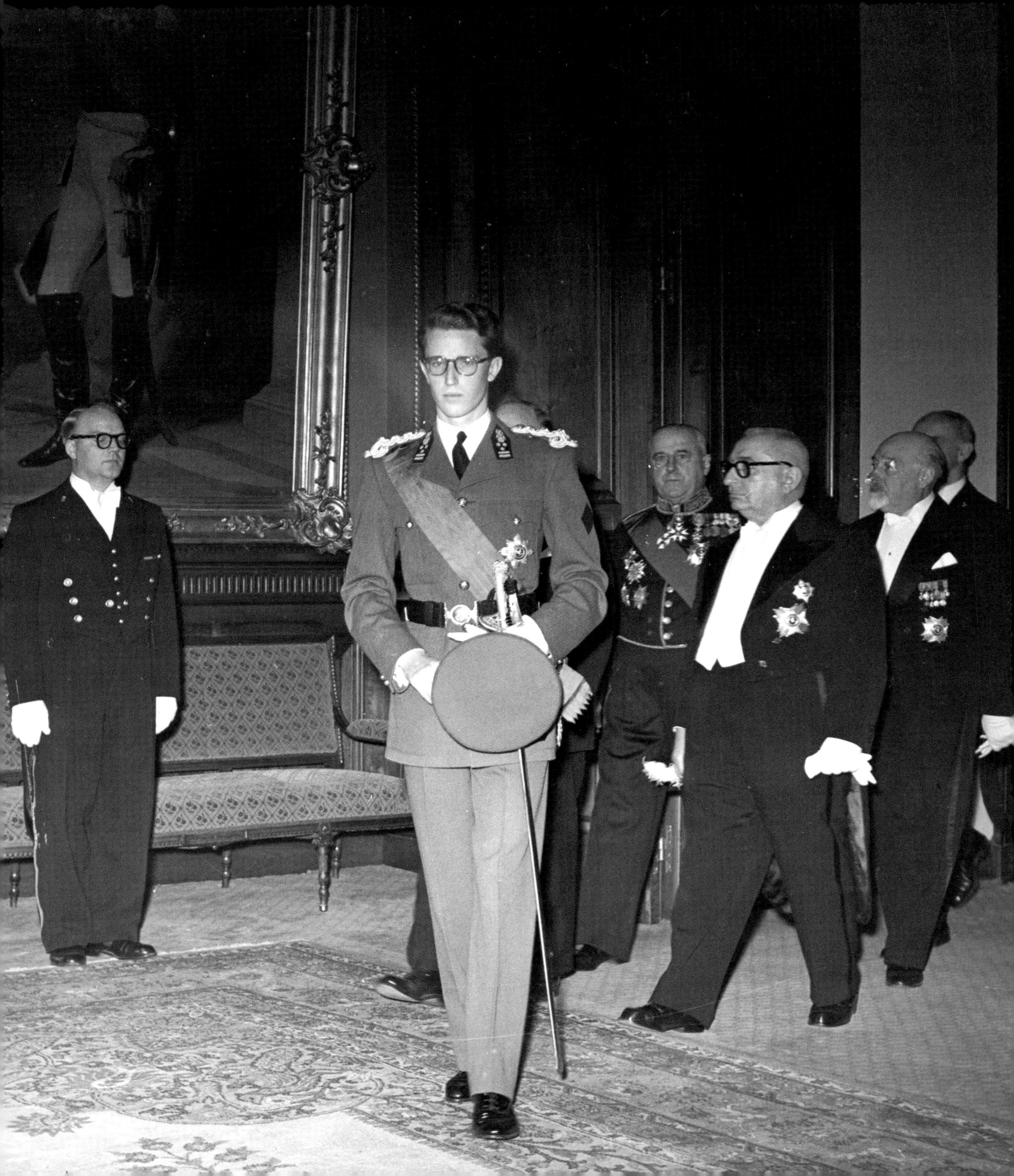

CHAPITRE VI

Le roi Baudouin, le gouvernement et la politique intérieure

EMMANUEL GERARD

Le 31 mars 1981, dans le courant de l'après-midi, quelques heures après la démission du quatrième cabinet Martens, le roi Baudouin convoque dix-neuf personnalités du monde politique, économique et social au Palais de Bruxelles. « *Le moment est venu où les différents de tous genres doivent passer au second plan par rapport à des mesures de sauvetage* », déclare le Roi. « *Si nous étions en guerre, c'est ce que nous ferions. Or, nous sommes en guerre : guerre pour la survie de notre appareil économique, pour le bien-être de tous et surtout des moins favorisés, pour notre place dans le monde.* » Le Roi critique avec force l'instabilité politique et demande avec insistance que la crise soit rapidement résolue[1]. Son discours est bref, fort et fait grande impression. L'intervention du 31 mars 1981 constitue, sans aucun doute, un des moments les plus forts du règne de Baudouin. Peu, voire aucun des hommes politiques qui ont patronné, en 1950, l'accession au trône du jeune prince de dix-neuf ans auraient pu l'imaginer. Cela démontre qu'en trente ans, un long chemin a été parcouru. Même si l'on peut invoquer le mûrissement de la personnalité et l'expérience croissante du roi Baudouin pour l'expliquer, cette évolution de l'action royale n'est pas évidente. Elle résulte aussi de tournures inattendues dans la politique. Il est naturellement impossible d'examiner ici, en détail et en profondeur, un règne mouvementé de quatre décennies. Non seulement la matière en est trop importante, mais les sources essentielles manquent encore pour que l'on puisse donner une juste appréciation de l'intervention du Roi dans la vie politique. Cinq ans après le décès de Baudouin, il est encore très difficile pour l'historien de percer le secret qui entoure la personne du chef de l'État. Nous présentons ici un bilan d'événements, d'attitudes et d'opinions que nous sommes en mesure d'affirmer, sur base de sources orales ou écrites, de sources inédites ou publiées. Nous nous concentrerons sur la relation entre le Roi et le gouvernement et sur son influence sur la politique intérieure[2].

DANS L'OMBRE DE LA QUESTION ROYALE

Lorsque Baudouin accède au trône en 1950, il n'a pas vingt ans et n'y est, à vrai dire, pas préparé. Le début de son règne le met à rude école. Les personnes et les situations, les procédures et les compétences, les limitations et les possibilités, tout est nouveau pour lui. On dispose, à ce propos, de quelques témoignages marquants. Au cours de sa première audience politique, quelques heures après sa prestation de serment, le 11 août 1950, le Prince royal n'est pas seul ; c'est en présence de son chef de cabinet, le baron de le Court, qu'il questionne Frans Van Cauwelaert, le septuagénaire président de la Chambre, à propos de la formation du gouvernement[3]. Ceci n'est pas d'usage, mais peut se comprendre dans les circonstances de 1950. Stengers rapporte une autre anecdote remarquable. Au début de juillet 1951, Jacques Pirenne exprime au Prince royal sa grande préoccupation à propos d'un contrat que le ministre des Colonies a l'intention de conclure avec les Français, en matière d'approvisionnement d'électricité de Léopoldville. Baudouin se sent très concerné, mais répond, avec un sentiment d'impuissance : « *Que puis-je faire ? Rien, hélas.* » Et Pirenne de lui expliquer « *que le pouvoir du Roi dépassait de loin ses prérogatives.*

Le Prince Royal, juste avant sa prestation de serment comme cinquième roi des Belges. 17 juillet 1951. Photo Van Parys Media (Bruxelles).

La roi Baudouin à son bureau au palais de Bruxelles. 7 septembre 1953. Photo Marchand (Bruxelles). Bruxelles. Archives du Palais Royal.

Il pouvait faire venir M. Dequae et lui expliquer que ce projet était dangereux ; que, s'il signait ce contrat, ce serait malgré lui[4] ».

Manque d'expérience, mais non de fermeté. Ceci ressort de deux autres cas. Le 30 octobre 1951, le roi Baudouin adresse une lettre sèche à son ministre des Communications. Il demande qu'une enquête soit menée à l'INR (Institut national de radiodiffusion) qui a rapporté de manière très incomplète, pour ne pas dire tendancieuse, l'inauguration solennelle de la statue équestre du roi Albert à Bruxelles. Quelques mois plus tard, en février 1952, Baudouin refuse avec entêtement d'assister à Londres aux funérailles du roi George VI, plongeant ainsi le gouvernement dans un grand embarras[5]. Ces deux cas montrent que le Palais réagit avec irritation à tout ce qui a trait à la Question royale.

La position du souverain a été gravement ébranlée par la Question royale. Depuis la Libération, les partis politiques ont comblé le vide créé par la faiblesse du chef de l'État. Leur accord a mis Baudouin sur le trône. À cet égard, la crise gouvernementale de janvier 1952 est symptomatique. La démission du Premier ministre Joseph Pholien est, en effet, exigée par le président du PSC, Théo Lefèvre, qui imagine en outre une combine pour influencer les consultations du Roi. Il ne faut manifestement pas tenir compte de Baudouin, ou si peu[6]. La crise gouvernementale d'avril 1954, la première véritablement à laquelle Baudouin se trouve confronté, révèle de manière presque symbolique la place qu'ont prise les partis dans la vie politique. En effet, après le Premier ministre démissionnaire, le Roi reçoit les présidents des trois partis nationaux avant même, comme c'était le cas auparavant, les présidents de la Chambre et du Sénat. Il confie la tâche de formateur au président du PSB,

Max Buset, le grand opposant de son père.
Buset apprécie l'offre de Baudouin, qu'il décline pourtant. « Inutile de dire », déclare-t-il à la presse, « que j'ai été extrêmement sensible au témoignage d'estime et de confiance que le Roi a bien voulu m'accorder à cette occasion. Je me réjouis surtout d'y voir une sorte de consécration de l'apaisement qui s'est heureusement réalisé en Belgique autour de la personne d'un jeune Roi dont la tâche est parfois lourde[7]. » Néanmoins, la Question royale continue à planer comme une ombre sur la politique belge. Le gouvernement de gauche de 1954 n'est-il pas le pendant du gouvernement PSC qui avait été mis sur pied par la Question royale elle-même ? Et la lutte à propos de la question scolaire ne rappelle-t-elle pas la confrontation de 1950, mais, aujourd'hui, avec une autre répartition des rôles ? La polarisation des années cinquante entre gauche et droite est, tout compte fait, la conséquence de la Question royale et ne facilite pas, à son tour, l'action du Roi. Baudouin essaie d'agir en médiateur, reçoit en février 1955 les dirigeants de l'opposition, mais sa position est faible[8]. La participation du Roi à la politique intérieure au cours des années cinquante est réduite ; il se concentre d'autant plus sur la politique coloniale.

La Question royale reste également présente à d'autres égards. On s'est souvent demandé dans quelle mesure Baudouin était sous l'influence de son père et de sa belle-mère. Léopold et sa famille résident en effet au château de Laeken. C'est d'ailleurs ce que le PSC a expressément voulu[9]. Le jeune Baudouin se trouve par conséquent dans une position délicate : il est le chef de l'État, mais il habite chez ses parents en tant que fils célibataire. À la tête du premier gouvernement de son règne se trouve Joseph Pholien, un Premier ministre qui a encore été choisi par Léopold. Jacques Pirenne qui, en juillet 1951, vient rendre visite à Baudouin, est l'ancien secrétaire de son père. C'est le même Pirenne qui aide Baudouin à écrire son discours à l'occasion de l'abdication de Léopold[10]. Jusqu'en 1960, il continuera à exercer une influence que Gaston Eyskens qualifie par ailleurs de néfaste[11]. Lorsque, en janvier 1952, le Palais reste assez passif à l'égard de la crise gouvernementale, certains lient cette attitude à l'absence de Léopold[12]. Derrière le refus de Baudouin d'assister aux funérailles du roi George VI d'Angleterre, on soupçonne également l'influence de la famille royale[13]. Baudouin lui-même – et les témoignages concordent à ce propos – a du mal à accepter l'abdication de son père. Il en a personnellement souffert, et cela l'amène à prendre certaines distances par rapport au monde politique. Dans ses discours des années cinquante, on trouve quantité de références à Léopold III, par lesquelles le fils entend rétablir l'honneur de son père. « *La manifestation de ce jour* » – c'est en ces termes que Baudouin clôture son discours lors de l'inauguration solennelle de la statue équestre du roi Albert, cérémonie à laquelle nous avons déjà fait allusion – « *est un éclatant hommage à l'idéal qui a inspiré cette vie si noble et si féconde. Cet idéal, le Roi l'a transmis à son successeur, le roi Léopold, comme le don le plus précieux. Puissé-je, comme le fit mon Auguste Père, suivre l'exemple de ce grand Roi, conformément aux traditions dont la Dynastie s'inspira en tout temps.* »

Le cabinet Van Acker recherche la normalisation en désignant Léopold comme président de la Commission nationale de la recherche scientifique (1957). Mais, même alors, les rumeurs persistent concernant le rôle du roi Léopold, de la princesse Lilian et de leur entourage. Dans un article retentissant, paru en septembre 1957, le périodique libéral *Le Flambeau* parle ouvertement d'une dyarchie[14]. Plus encore, ces rumeurs s'accentuent à la fin des années cinquante, à propos de la question du Congo surtout, et entretiennent un malaise[15]. La presse cite Léopold à propos de la controverse sur le maintien ou non d'Hendrik Cornelis comme gouverneur général du Congo, et Pirenne est soupçonné par René Lefèbure, chef de cabinet de Baudouin, d'avoir monté le Roi contre la nomination d'August De Schryver comme ministre des Colonies[16]. La politique coloniale semble, pour ces raisons, ne pas être totalement sous le contrôle du gouvernement. Les plans de la famille royale pour faire bénir le mariage du prince Albert par le pape, à Rome, sont la goutte qui fait déborder le vase.

Le 26 mai 1959, le gouvernement annonce que Léopold quitte Laeken. L'initiative du déménagement vient du Premier ministre Eyskens. « Les présidents de parti, avec qui je me suis concerté après la contestation à propos du mariage princier, se sont déclarés unanimes pour qu'il soit mis fin à l'ambiguïté à propos de la position de Léopold et pour rétablir des relations normales entre le Palais et les hommes politiques. J'ai dès lors pris mes responsabilités », déclare le Premier ministre dans ses mémoires[17]. Le déménagement du roi Léopold et de la princesse Lilian au château d'Argenteuil se fait encore attendre plus d'un an et n'aura lieu qu'à la fin de 1960.

Le séjour de Léopold à Laeken et l'intense implication du Palais dans tout ce qui concerne la colonie sont des données qu'il convient de garder en mémoire lorsque l'on apprécie les événements de l'été 1960. La question congolaise ne nous intéresse ici qu'en raison de ses répercussions sur la position du gouvernement. La crise congolaise, qui éclate après l'indépendance du 30 juin, jette le cabinet Eyskens dans le discrédit, tant en Belgique qu'à l'étranger. La Belgique est condamnée par les Nations Unies, et l'opinion publique appelle à faire preuve de plus de poigne. Les groupes industriels et financiers belges, dans l'ex-colonie, risquent de subir de lourdes pertes. Dans ces milieux, on prépare des plans pour faire tomber le gouvernement de Patrice Lumumba et reprendre la mainmise sur le Congo par une aide à la sécession katangaise de Moïse Tschombé[18]. Mais, pour ce faire, il faut un « gouvernement fort ».

Le roi Baudouin, lui aussi, veut un autre cabinet, un cabinet d'affaires qui comporterait des personnalités fortes et indépendantes. Il compte surtout sur les anciens Premiers ministres Paul Van Zeeland – qui est un favori de la Cour – et Paul-Henri Spaak. Ce dernier est à ce moment-là secrétaire général de l'OTAN et bénéficie d'un prestige international. Baudouin les rencontre discrètement à Laeken à partir du 4 août[19]. Le scénario, qui aurait dû conduire à ce changement de cabinet, est dévoilé le 17 août 1960 par l'hebdomadaire satirique *Pan*. Depuis lors, il a été largement confirmé par d'autres sources. « En tout cas, il était exact que le Roi souhaitait ma démission », déclare le Premier ministre Eyskens dans ses mémoires[20]. Le roi Baudouin demande cette démission au cours d'une audience, le 5 août. Il est exact aussi, selon les archives, qu'un jour plus tard, il reçoit, dans le secret, le rédacteur en chef du *Soir* et le directeur de *La Libre Belgique*[21]. Le Roi leur aurait annoncé la chute prochaine du gouvernement Eyskens et leur aurait demandé de soutenir Spaak et Van Zeeland. Le gouvernement Eyskens, en effet, est sévèrement critiqué dans les journaux concernés, à cette époque.

À ce moment, les forces opposées à cette politique sont déjà entrées en action. Le 4 août, le président du PSC écrit une lettre remarquable au Roi. Théo Lefèvre – il est président de parti, et non pas ministre – y dit son étonnement que le Roi ait le projet de recevoir une délégation katangaise. « Je ne peux cacher au Roi combien cette nouvelle me donne du souci. Je n'ai cessé de répéter au Premier ministre qu'à l'égard du Congo, nous ne pouvons nous permettre d'avoir deux politiques ; une politique à l'égard du gouvernement central congolais et une autre à l'égard du Katanga, politiques dont les contradictions inévitables ne peuvent que compromettre notre crédit sur le plan international et aboutir à notre éjection du Congo. Mais la pire des choses, que le Roi me permette de le lui dire avec insistance, serait de voir l'une de ces politiques être celle du Palais, tandis que l'autre serait celle du gouvernement. » Théo Lefèvre souligne que la Belgique doit d'abord et surtout œuvrer au rétablissement de la confiance, tant en Belgique qu'à l'étranger, et il conclut : « Puis-je supplier le Roi de se faire redire comment la crise de la Monarchie, qui s'est terminée aussi douloureusement en 1950, a débuté dans les années 1930[22]. » Il s'agissait là d'une nette allusion à la politique personnelle menée par Léopold III. Le 8 août 1960, le Premier ministre, Gaston Eyskens, après concertation en conseil de cabinet et soutenu par Théo Lefèvre, refuse d'accéder à la demande du Roi d'offrir sa démission. Il est convaincu que la démarche de Baudouin comporte un danger pour le régime[23]. L'incident est symptomatique de la position affaiblie de la monarchie en Belgique et constitue un tournant dans la relation traditionnelle entre le Premier ministre et le chef de l'État. Toutefois, G. Eyskens est forcé par les circonstances de réorganiser son cabinet et d'annoncer un programme d'austérité. Il en résultera l'épisode dramatique de la Loi unique et la grande grève de l'hiver 1960-1961, dont il est question ailleurs dans le présent ouvrage.

Les événements de 1960 soulèvent quantité de questions sans réponse. Pourquoi le roi Baudouin, dix ans après l'abdication forcée de son père, prend-il une initiative à première vue si personnelle et si risquée ? Comment son intervention, en 1960, peut-elle s'articuler dans l'image générale que nous avons de son règne ? Baudouin n'est pas homme de combines. Nous faut-il supposer que ce n'est pas le Roi, mais d'autres personnes, qui ont ici joué un rôle décisif ? Qui étaient-elles et quels étaient leurs motifs[24] ? Il est évidemment d'usage de parler de l'« entourage », par respect pour le Roi, et c'est également ce qu'a fait la presse en 1960, mais il est des hésitations dans l'attitude de Baudouin qui vont dans ce sens[25].

Ouvrons ici une parenthèse. La fermeté du ton de sa lettre n'empêchera pas le président de parti Théo Lefèvre de devenir Premier ministre. Au contraire, le Roi, en 1962, déclarera en privé : « *J'aime Lefèvre.* » Nous savons par divers témoignages que le Roi appréciait la contradiction. Il demande avec insistance à André Molitor, son nouveau chef de cabinet qui entre en service en juin 1961, de lui dire la vérité, même si elle est désagréable à entendre[26]. Et plus tard, dans son journal spirituel, le Roi écrira : « *Le danger qui nous guette, c'est la flatterie. Il nous faut trouver les gens qui oseront nous contredire et nous arrêter dans un projet qui mérite de l'être*[27]. » Lors d'une conversation privée, il se montre parfois déçu de l'absence d'attachement aux principes des hommes politiques qui, dans l'intimité du Palais, tiennent un langage autre qu'à l'extérieur.

Les relations, plutôt froides et distantes, entre le Roi et le monde politique vont changer au début des années soixante. On remarque aussi une certaine détente dans la vie privée du Roi. En dehors du déménagement de Léopold à Argenteuil, c'est surtout le mariage de Baudouin et de Fabiola, en décembre 1960, qui y contribue largement. Le passé est passé et la monarchie a retrouvé sa place dans le régime belge. Il y aurait beaucoup à dire à propos de la conception de Gaston Eyskens, selon laquelle la Question royale n'a pris fin qu'en 1960[28].

LE ROI NOMME ET RÉVOQUE

Bien que le texte des dispositions de la Constitution relatives au Roi n'ait pratiquement pas changé de 1831 à 1993, le rôle politique du monarque a subi de profondes modifications pendant cette même période. C'est là naturellement la conséquence d'un processus séculaire de démocratisation : l'extension du suffrage, le

19 janvier 1965. Le Roi et la Reine saluent le ministre des Affaires Étrangères, Paul-Henri Spaak, et le Premier ministre, Théo Lefèvre. Photo Belga. (Bruxelles). Bruxelles. Archives du Palais royal.

En automne 1978, le gouvernement se trouve en pleine tourmente communautaire. Le 11 octobre 1978, le Premier ministre Léo Tindemans annonce à la Chambre la démission du gouvernement par les mots « Je vais chez le Roi ... ».
Photo Belga (Bruxelles).

rôle croissant des partis politiques, des syndicats et d'autres intérêts organisés, la complexité croissante des interventions de l'État et, par conséquent, de la prise de décision, ont réduit à un minimum la marge de manœuvre du souverain. Cette évolution, qui était inévitable, s'est encore trouvée accélérée par la régence et l'accession au trône du jeune Baudouin.

En sa qualité de chef du pouvoir exécutif et de l'une des trois branches du pouvoir législatif, le Roi ne peut poser aucun acte public sans l'approbation d'un ministre, qui en porte la responsabilité politique. « Tout ce qui est acte du Roi est donc, en droit, l'acte d'un couple », écrit Stengers[29]. La question à laquelle ne répond pas la Constitution est celle, selon le même auteur, de savoir comment pareille décision est prise et quelle est la part de chacun des partenaires. Le caractère confidentiel des relations entre le Roi et ses ministres a toujours rendu difficile, sinon impossible, au monde extérieur de savoir quelle part prend en fait le Roi dans la décision[30]. Pour Baudouin, les sources disponibles sont trop fragmentaires pour donner dès à présent un avis nuancé à ce propos. De plus, l'historien n'est pas à même d'éclaircir totalement cette question, puisque les contacts sont essentiellement verbaux[31]. Ce qui se discute entre le Roi et un ministre, au cours de ce que l'on appelle un *colloque singulier*, est rarement, voire jamais, communiqué à l'extérieur. Aux bureaux des partis et dans des cercles fermés, on y fait tout au plus référence en termes vagues. Cette discrétion peut induire une surestimation de l'importance du pouvoir royal, parce qu'occulte, mais peut aussi mener à l'appréciation opposée. La réalité est cependant toute simple. Le Roi dispose, il est vrai, du prestige de sa fonction, concrétise la continuité et possède une riche expérience ; mais le ministre s'appuie sur une majorité parlementaire. Il ne fait aucun doute que la volonté du ministre est, en règle générale, décisive, et certainement depuis la Deuxième Guerre mondiale. Le Premier ministre Eyskens s'exprime assez franchement lorsqu'il confie à l'ambassadeur des États-Unis, en février 1950, avant même le dénouement de la Question royale, qu'« il ne se soucie pas de la personne du Roi, puisque sa fonction consiste à suivre le Premier ministre et à jouer au golf ou à faire de l'alpinisme[32] ». Dans ses mémoires, quarante ans plus tard, il donne un témoignage plus nuancé : « Normalement, il y a un dialogue permanent entre le Roi, son Premier ministre et les ministres. Mais le Premier ministre et les ministres doi-

Le Roi en conversation avec le ministre d'État et ancien Premier ministre, le vicomte Gaston Eyskens, et son fils Mark, Premier ministre d'avril à septembre 1981 et ministre des Affaires économiques sous le gouvernement Martens IV (1981-1985). Photo Belga (Bruxelles).

vent décider, et non le Roi. Je n'ai jamais admis qu'il soit dérogé à cette règle[33]. » À quelques exceptions près, le dernier témoignage de G. Eyskens peut se généraliser à l'ensemble du règne de Baudouin. Un Premier ministre qui voudrait réaliser les souhaits personnels du Roi devrait tout d'abord, non seulement convaincre ses collègues ministres, mais aussi les bureaux des partis ainsi que la majorité gouvernementale, et il ne pourrait, à cet égard, même pas faire état du souhait royal. La question de l'avortement, ou encore celle de la réforme de l'État, ont démontré que le Roi n'exerce une influence que dans la mesure où son opinion converge avec celle de l'élite politique ou de la majorité. Cependant, le rôle du souverain est réel. Citons les paroles d'A. Molitor : « L'action du Roi est essentiellement d'influence, et d'une influence qui agit dans la durée. Outre le dialogue permanent sur l'événement, qu'il poursuit avec ses ministres et avec maints autres responsables, le souci d'une efficacité réelle et à long terme, l'entraînera à centrer ses interventions sur un certain nombre de questions. » Ces questions sont connues ; elles reviennent dans ses discours publics et sont examinées dans diverses contributions au présent ouvrage.

Jusqu'au règne d'Albert Ier inclus, le Roi pouvait influencer la politique en présidant le conseil des ministres, mais, depuis Léopold III, cette pratique est tombée en désuétude. Baudouin préside le conseil à deux reprises au cours des années cinquante mais, en fait, il s'agit d'événements solennels plutôt que d'une délibération politique[35]. Il est clair que cette pratique ne cadre plus dans le fonctionnement d'une démocratie moderne et qu'elle comporte d'ailleurs de grands risques pour le souverain lui-même. Il suffit de penser aux indiscrétions, à la fin du règne de Baudouin, résultant de certaines lettres du Roi. Cependant, Manu Ruys, par exemple, rédacteur en chef du *Standaard*, estime encore, au printemps de 1981, que le Roi avait le droit de présider le conseil des ministres pour sortir de la crise de l'époque[36]. Le seul moment où le Roi rencontre le gouvernement au complet est celui de la prestation de serment au Palais. Il est évident que cet événement est, lui aussi, une cérémonie et non une délibération politique. Mais le Roi y tient traditionnellement un bref discours, qui a parfois une portée politique, et dans lequel il exprime en tout cas son opinion personnelle, puisque la cérémonie n'a aucun caractère public[37]. C'est ainsi que lors de la constitution du gouvernement Eyskens, en avril

Le Roi en conversation avec Wilfried Martens, président du CVP, et avec Antoinette Spaak, présidente du FDF. Bruxelles. 21 janvier 1979. Laeken. Collection reine Fabiola.

1981, il s'exprime avec une légère ironie à propos de l'instabilité politique : « Bien que votre prestation de serment me donne à nouveau la joie de vous recevoir ici tous ensemble, je ne puis m'empêcher de déplorer, comme vous, la répétition trop fréquente de cette cérémonie. »

Mais l'élément central est constitué par les contacts personnels avec les ministres[38]. En théorie, le Roi est leur premier conseiller. En théorie, car depuis la Deuxième Guerre mondiale, l'un et l'autre termes ont également changé à ce propos. « *Comme auparavant, je ferai tout ce qui est en mon pouvoir pour vous aider dans ce que je considère comme notre tâche commune* », déclare le Roi lors de la prestation de serment du gouvernement Harmel en 1966. Et il poursuit : « *Selon la vieille formule britannique, le Roi a le droit d'être informé, de stimuler et d'avertir. Pour cela, il doit rencontrer souvent ses ministres.* » Un souhait qu'il répétera en 1968, lors de la prestation de serment du gouvernement Vanden Boeynants. Est-ce le signe que les contacts entre le Roi et les ministres se relâchent ? C'est probable, et l'inflation du nombre de ministres, à partir des années soixante, n'y est sans conteste pas étrangère. De seize, en 1950, leur nombre atteint trente-six dans le cabinet Leburton de 1973. C'est bien sûr le Premier ministre surtout qui a des contacts avec le Roi, lors de ses audiences hebdomadaires du lundi matin. Le Roi insiste d'ailleurs pour que leur relation soit faite de confiance. Les ministres des Affaires étrangères, de la Défense et, avant 1960, le ministre des Colonies, sont reçus au Palais plus souvent que leurs collègues. Tous ne sont évidemment pas aussi malheureux que Gilbert Mottard, bref titulaire du département des Pensions en 1990-1992. Au cours de sa charge ministérielle, il n'a jamais parlé personnellement au Roi et, tout comme l'homme de la rue, il se pose des questions sur la grande influence qu'exerce le Roi[39].

Ce n'est que dans des cas exceptionnels que les contacts entre Baudouin et ses ministres se font par écrit. Ce qui, auparavant, était une pratique courante, sans portée particulière, est à présent devenu un acte politique. Une lettre a quelque chose de formel. Nous avons mentionné une lettre de ce genre au début de la présente contribution. La lettre du 10 février 1966 au Premier ministre Harmel, dans laquelle Baudouin refuse d'accepter la démission du gouvernement, en est un autre exemple. Cette lettre fut rendue publique et c'est précisément dans ce but qu'elle fut rédigée. Après 1981, le souverain n'adresse plus que rarement des lettres aux Premiers ministres, lettres dans lesquelles, soit la cohésion au sein du gouvernement (1981), soit la réforme de l'État (1988), soit la loi sur l'avortement (1990) ou la crise au Rwanda (1990) font l'objet de ses préoccupations. Quelques-unes en sont lues en conseil de cabinet, d'autres seulement en cabinet restreint. La lettre concernant l'avortement a été communiquée aux Chambres réunies et rendue publique.

Si l'influence du roi Baudouin sur la politique gouvernementale est très diffuse et difficile à mesurer, le rôle qu'il joue dans la formation du gouvernement est de premier plan, même s'il a également été édulcoré depuis la Deuxième Guerre mondiale. Jusqu'à la révision constitutionnelle de 1993, la formation du gouvernement est réglée lapidairement par la Constitution en un seul article, très bref : « Le Roi nomme et révoque ses ministres. » En fait, il s'agit d'un phénomène complexe où, à l'exception de la presse et de l'opinion publique, ce sont surtout les partis politiques, les syndicats et autres groupes de pression qui jouent un rôle dominant. Le champ d'action est limité par le résultat des élections, la nécessité de majorités spéciales, les gouvernements régionaux, etc. Le rôle du Roi dans ce processus complexe a été décrit comme suit par Waleffe en 1971 : « Le Roi ... est l'arbitre qui préside aux négociations sans jamais s'y engager. Comme tout arbitre, il est un personnage actif qui entame et clôture le jeu, pousse les forces en présence à y prendre part et en assure la régularité[40]. » Nous allons voir immédiatement, pourtant, que cette définition est trop théorique.

Au cours de ses quarante ans de règne, le roi Baudouin a connu pas moins de 27 gouvernements différents[41]. De

1958 à 1993, les démocrates-chrétiens en ont toujours fait partie ; durant ces trente-cinq ans, ils ont gouverné dix-neuf ans avec les socialistes, quinze ans avec les libéraux et près de deux ans avec les deux. Pendant quelques années, les partis communautaires ont également participé au gouvernement. La formation de tous ces gouvernements s'est déroulée de plus en plus difficilement, à la suite du morcellement des partis, ainsi qu'en raison des oppositions communautaires. La durée des crises gouvernementales s'allonge. Au début de son règne, le roi Baudouin désigne un formateur, plus tard un informateur également, et, finalement, il recourt à de nouvelles formules créatives pour sortir de l'impasse une crise gouvernementale. Les plus marquantes des formations de gouvernement sont celle qui a suivi l'échec du Pacte d'Egmont (1978-1979) et celle du gouvernement Martens VIII (1987-1988), qui ont duré respectivement 107 et 148 jours. Plus la crise est longue, plus le Roi arrive à l'avant-scène. Et, dans pareil cas, la Couronne risque d'être découverte. Toute démarche du Roi peut être mal prise et tel fut le cas dans la pratique.

Dans un premier temps, le roi Baudouin désigne immédiatement un formateur, mais, depuis 1958, il fait généralement appel, d'abord, à un informateur afin de mettre sur de bonnes voies le processus de formation du gouvernement. La désignation d'un informateur a été critiquée, parce qu'user de cette formule continuerait à vider de leur sens les prérogatives du souverain de nommer ses ministres. Il existe cependant des arguments en faveur de cette formule et Baudouin lui-même l'a expérimentée. Lorsque, en 1954, il est confronté à sa première véritable formation de gouvernement – Pholien a encore été désigné par son père et Van Houtte l'a été à la suite d'une révolution de palais au sein du PSC –, il désigne, après une semaine à peine, un formateur, à savoir le socialiste Achille Van Acker, après le refus de Max Buset, président du PSB-BSP. A. Van Acker met sur pied un gouvernement de gauche. Le PSC, bien qu'étant le parti le plus important, est relégué dans l'opposition. Par la suite, le Roi s'entend dire, en privé, qu'il aurait mieux fait de nommer d'abord un informateur PSC. Celui-ci aurait pu conclure qu'un gouvernement de gauche était inévitable. Or, certains imputent au Roi la responsabilité du déroulement de la crise. Celui-ci, de son côté, fait remarquer à son conseiller qu'il n'a pas été informé à temps des échanges de vues Eyskens-Spaak, qui auraient pu conduire à une coalition PSC-PSB. Il se peut que le roi Baudouin ait tiré la leçon de cette expérience. Par la suite, il fera toujours appel à un informateur.

« Sans jamais s'y engager », ajoute le juriste Waleffe, également cité par Molitor qui partage cet avis[42]. L'histoire démontre que cette formulation est trop théorique. En 1957, Baudouin est déjà gagné à l'idée d'une coopération entre le PSC et le PSB. Et après qu'une coalition catholique-libérale s'est formée malgré tout en 1958, il fait connaître à maintes reprises sa préférence pour un gouvernement tripartite, au grand déplaisir du Premier ministre, G. Eyskens[43]. Baudouin n'exprime pas ainsi une préférence pour les socialistes, mais il fait montre de son souci d'atteindre le consensus le plus large possible à propos de la question congolaise. En 1965, le formateur P. Harmel est soutenu dans ses tentatives tripartites parce que c'est la seule manière pour qu'une révision de la Constitution, et donc la paix communautaire, puissent se réaliser. Lorsque les partis nationaux seront scindés en partis distincts, à partir des années septante, il stimule la participation du PSC et du SP parce que ces petits partis attachent plus d'importance à l'unité nationale. En janvier 1974, il forme expressément le vœu que le CVP ne fasse pas tomber le PSC. Après la chute du gouvernement Egmont, en octobre 1978, il insiste encore, avant les élections, pour qu'un accord soit conclu entre le CVP et le PS à propos de la question communautaire. Après ces élections, il soutient d'ailleurs pleinement les tentatives de Paul Vanden Boeynants de remettre sur pied la coalition Egmont. Il convoque à cet effet, ce qui est très exceptionnel, une audience collective des six présidents de parti qui négociaient à ce sujet. Cela lui vaut de vives critiques publiques de la part des libéraux, et renforce l'impression d'une préférence royale pour une coalition sociaux-chrétiens/ socialistes. Aucune préférence idéologique, mais la raison d'État, détermine l'attitude de Baudouin à l'égard des socialistes wallons. La stabilité du royaume est mieux assurée lorsqu'ils siègent au gouvernement plutôt que dans l'opposition. C'est apparu clairement lors de la Question royale et lors des grèves contre la Loi unique. Par ailleurs, plus qu'à la formule de coalition, le Roi attache de l'importance aux personnes.

Dans le choix du Premier ministre, le Roi a juridiquement toute liberté ; politiquement, il est limité. Le formateur qui, généralement, devient Premier ministre, doit en effet être à même de mettre sur pied un gouvernement, et peu nombreux sont ceux qui réussissent à mener à bonne fin ce délicat exercice d'équilibre[44]. La liste des personnes désignées comme formateurs au cours de ces quarante ans est, pour cette raison, tout compte fait très limitée. On notera à ce propos la dominante des sociaux-chrétiens et, après la division du parti unitaire, des sociaux-chrétiens flamands, donc des dirigeants de la plus grande formation politique. Ce seul point montre déjà les limites du Roi. Lorsque, entre

Le Roi en conversation avec le Premier ministre Wilfried Martens et le Vice-Premier ministre Willy Claes. 20 janvier 1981. Laeken. Collection reine Fabiola.

1978 et 1981, tant l'image d'un État CVP que celle d'un « État belgo-flamand » troublent certains esprits et que le président du PSC, Charles-Ferdinand Nothomb, présente sa proposition d'un tour de rôle de francophones et de néerlandophones, Baudouin se montre également préoccupé d'une alternance au poste de Premier ministre. On n'admettra pas toujours un CVP comme Premier ministre, déclare-t-il en 1981 à l'un de ses conseillers.

En fait, le choix du Roi se limite donc à un « club » choisi de sociaux-chrétiens, à quelques exceptions près. Le plus souvent, il n'y a aucune alternative. Le jeu est cependant parfois ouvert et il arrive que le choix soit réellement déchirant. En 1958, Gaston Eyskens est, après la campagne du PSC, le Premier ministre qui s'impose de toute évidence ; en 1961, c'est Théo Lefèvre. Après les élections de 1965, le souverain dispose d'une plus grande marge de manœuvre : Pierre Harmel devient Premier ministre, suivi par Paul Vanden Boeynants et, enfin, par Gaston Eyskens à nouveau. Bien que ses relations avec ce dernier aient d'abord été laborieuses, le Roi insiste à présent pour qu'il accepte. Le choix du socialiste wallon Edmond Leburton, en 1973, s'impose également, en un certain sens.

En 1974 et 1977, le social-chrétien flamand Léo Tindemans est pour ainsi dire plébiscité comme Premier ministre. L'échec du Pacte d'Egmont et la démission spectaculaire de Tindemans, le 11 octobre 1978, donnent lieu à une lutte amère au sein du CVP, qui place le Roi devant un choix difficile : Tindemans ou Martens. Au début, Baudouin réussit à différer ce choix parce que Tindemans est *persona non grata* pour les socialistes wallons, qui sont eux-mêmes *incontournables*. Entre 1979 et 1981, Wilfried Martens, ex-président du CVP, dirige quatre gouvernements consécutifs. Au cours de cette période, le Roi fait ouvertement état de l'estime qu'il porte au Premier ministre, ce qui est inhabituel[45]. En décembre 1981, lors de la constitution d'une coalition catholique-libérale, Baudouin doit lui-même choisir entre deux candidats. Il nomme comme Premier ministre Martens, et non Léo Tindemans ; il justifie sa décision par l'argument selon lequel le premier est plus à gauche et convient mieux pour conduire une coalition avec les libéraux[46]. Lors du changement de coalition de 1988, la situation est confuse ; le Roi nomme Jean-Luc Dehaene comme formateur, mais finalement Martens comme Premier ministre. Grâce à la confiance de

La Roi s'adresse aux autorités du Pays. 8 février 1983. Photo Jean Guyaux (Bruxelles).

Baudouin, Wilfried Martens devient le Premier ministre qui aura gouverné le plus longtemps en Belgique, à l'exception de Charles Rogier.

Si le Roi joue un rôle incontestable dans le choix du Premier ministre, sa participation dans celui des ministres est à nouveau limitée, quoique réelle. La Commission Soenens (1949) pouvait encore demander qu'on respecte l'article 65 de la Constitution, mais il était sans doute inévitable que les partis politiques jouent, à la longue, un rôle décisif dans le choix des ministres. Initialement, c'est le formateur qui présente une proposition au Roi. Mais au cours des années soixante, le formateur se trouve de plus en plus confronté aux exigences des partis. Eyskens soupire dans ses mémoires, à propos de sa mission de formation en 1972 : « La composition (...) était une tâche tout aussi ardue (...). Plus encore que la fois précédente, les présidents de parti voulaient avoir leur mot à dire dans le choix des ministres[47]. » Cette tendance n'a fait que se renforcer par la suite, pour atteindre son sommet dans les mots de Guy Spitaels, président du PS, le 1er mai 1988 à la RTBF déclarant en substance : « Je désigne mes ministres et ne me mêle pas de ceux des autres partis[48]. »

En 1990, à la suite de la nomination du socialiste wallon Gilbert Mottard comme ministre des Pensions, *La Libre Belgique* écrit d'ailleurs : « Le choix régalien de Monsieur Spitaels[49] ». Nous allons voir immédiatement que cette évolution a suscité des réactions.

Une chose est cependant établie. Le roi Baudouin s'est toujours occupé du choix des ministres, comme de la nomination des diplomates et des officiers[50]. Il peut pousser certains candidats aussi longtemps qu'ils sont acceptables pour le formateur et les partis gouvernementaux. En 1958, il souhaite et obtient – ou serait-ce son père ? – la nomination du technicien Léo Pétillon aux Colonies. Les deux noms que le Premier ministre Eyskens, en 1969, avait suggérés sur proposition du Roi à Léo Collard pour succéder au défunt Merlot ne reçoivent pas le fiat du président du PSB[51]. Le Roi peut aussi insister personnellement auprès des intéressés s'ils se montrent réticents. Il peut également opposer son veto à des noms qui lui sont proposés. En 1973, un véritable incident est sur le point de se produire lorsque le roi Baudouin refuse, au dernier moment, alors que la composition du gouvernement a déjà été annoncée, la nomination du libéral Hilaire

Lahaye en raison de sa sympathie pour le régime de Ian Smith en Rhodésie. Le formateur, Edmond Leburton, doit en toute hâte lui trouver un remplaçant ; ce sera M. Kempinaire. Les interventions du Roi ont généralement lieu à un stade antérieur et sont donc quasiment invisibles. Un formateur intelligent veille à ce que le Roi ne soit pas confronté au dernier moment avec une liste de candidats ministres. L'intervention de Baudouin ne porte d'ailleurs pas toujours sur des personnes, mais parfois aussi sur l'attribution de portefeuilles, à des partis ou des personnes. En 1973, il émet des objections contre la désignation du socialiste libre penseur Calewaert à la Justice (à cause du dossier de l'avortement), et en 1977, contre l'attribution de la Justice à la Volksunie (à cause de la question de l'amnistie).

Il en va autrement de la démission. Si, depuis 1960, il est devenu politiquement impossible au Roi de révoquer le Premier ministre, et donc le gouvernement, il a une plus grande marge de manœuvre lorsqu'il s'agit d'accepter ou non la démission qui lui est présentée. C'est là, probablement, la décision la plus personnelle qui lui reste et qui ait une portée politique. L'histoire politique de la Belgique se présenterait différemment si Baudouin avait, sans plus, accepté chaque fois la démission du gouvernement. Le Roi, naturellement, ne prend pas cette décision à la légère. Il s'informe des chances de survie du gouvernement. Un gouvernement ne peut en effet être maintenu envers et contre tout. Quoi qu'il en soit, le roi Baudouin a refusé une démission collective à huit reprises, et une fois également la démission de ministres libéraux, démission qui aurait immédiatement entraîné la chute du gouvernement. La décision de refuser la démission du gouvernement Harmel a suscité quelques remous. Cela s'est produit en février 1966. Baudouin, lors de la prestation de serment de ce gouvernement, qui avait vu le jour après une crise de 65 jours, la plus longue depuis la Libération, avait déjà lancé un avertissement à propos du manque de rigueur des mœurs politiques. *« Le gouvernement qui va se présenter devant les Chambres s'est formé dans des circonstances difficiles. La longueur anormale de la crise confirme l'existence dans le pays d'un malaise qui n'affecte pas sa santé foncière, mais auquel il est grand temps de porter remède »*, déclare-t-il en juin 1965. Dix mois plus tard à peine, le Roi ne peut accepter que le gouvernement laisse tomber les bras pour une cause futile, telle que le ticket modérateur dans l'assurance-maladie ; il fait savoir dans une lettre qu'il adresse au Premier ministre et qui sera rendue publique. Cette intervention remarquée n'empêche pas le Roi de devoir, une semaine plus tard, accepter malgré tout la démission du gouvernement Harmel.

La démission du gouvernement nous entraîne vers la dissolution des Chambres. Auparavant, c'était là une prérogative du Roi, mais sous Baudouin, c'est devenu une affaire réglée par le gouvernement, voire par le Premier ministre[52], du moins lorsque le gouvernement n'est pas démissionnaire. Si tel est le cas, on se trouve dans une situation où Baudouin joue à nouveau un rôle central. Il essaie alors de différer le plus possible une dissolution éventuelle, comme en 1968 ou en 1974, et de former un nouveau gouvernement. En automne 1981, après la démission du gouvernement de Mark Eyskens, on voit apparaître une situation étrange : le CVP exige la dissolution immédiate mais le Roi désigne Willy Claes comme informateur. C'est l'épisode de la grève des ministres PS. Baudouin n'a pas l'intention de mettre sur pied un nouveau gouvernement, mais d'obtenir la garantie qu'en cas d'élections, la direction du pays ne sera pas mise en danger.

Nombre des décisions précitées sont dues à des préoccupations de stabilité et de continuité, à la crainte de longues périodes sans dirigeants, et n'ont rien à voir avec une préférence idéologique pour l'une ou l'autre coalition. Il va de soi que, ce qui pour le Roi est continuité, revêt pour l'opposition une signification politique et est donc susceptible de critique.

PAYS RÉEL ET PAYS LÉGAL. 1981, L'ANNÉE CATASTROPHIQUE

Vers la fin des années septante, le roi Baudouin adopte la position qui sera la sienne jusqu'à son décès : une position qui le place à l'avant-scène plus que lui-même ne l'estime probablement souhaitable. L'explication de cette évolution est double. Au cours des années septante se produit un net changement de génération. Entre 1972 et 1974 disparaissent successivement de la scène le Premier ministre Gaston Eyskens, le président de la Chambre Achille Van Acker et le président du Sénat Paul Struye, et avec eux d'autres hommes politique de la classe de l'après-guerre. En 1977, André Dequae et Pierre Harmel, respectivement présidents de la Chambre et du Sénat, quittent la politique active : ce sont les derniers ministres qui ont connu l'abdication de 1950[53]. L'époque des « parrains » touche à sa fin. Baudouin devient, en âge et en expérience, le plus ancien de la nouvelle génération d'hommes politiques. À cela s'ajoute un deuxième élément, à savoir l'instabilité politique. Depuis 1965, le régime des partis est en pleine évolution. L'apparition et le succès des partis régionaux, suivis par la division des partis traditionnels, entraînent une fragmentation du paysage politique. La surenchère communautaire rend difficile la réalisation de la régionalisation, dont le principe avait été admis en 1970. À partir de 1974 s'y ajoute la crise économique et sociale, dont la gravité est d'abord sous-estimée, mais qui, petit à petit, conduit le pays dans une impasse. Tout cela se répercute évidemment sur le fonctionnement des institutions. Le gouvernement, en particulier, connaît un véritable déclin qui atteint un maximum au cours des années 1978-1981, après l'échec du Pacte d'Egmont[54]. Au cours de ces années chaotiques, le roi Baudouin est considéré par bon nombre de personnes comme un facteur de stabilité.

Le déclin du pouvoir exécutif a préoccupé Baudouin, et pas seulement lui. L'action du gouvernement perd de son efficacité et de sa dignité. On connaît une inflation notable du nombre de ministres. Mais aussi et surtout l'interventionnisme des partis qui constitue une entrave. Au cours de la période d'Egmont, la particratie atteint un sommet, avec la constitution de ce qu'on a appelé la « junte des présidents de parti ». Le conseil de cabinet est interrompu pour donner l'occasion à des vice-Premiers ministres, comme le socialiste Léon Hurez, de prendre des instructions auprès du bureau de leur parti. Tandis que perdurent les palabres sans fin sur la réforme de l'État, les finances publiques déraillent, la position concurrentielle de l'économie belge s'affaiblit et le chômage augmente. Baudouin insiste sur un revirement. En mars 1981, la Belgique est blâmée par ses partenaires de la Communauté européenne ; il y a menace de dévaluation du franc belge, mais le Premier ministre Martens se heurte à un « njet » du syndicat socialiste pour ses mesures de redressement, qui comportent notamment une intervention dans le système d'indexation.

Placé devant l'impossibilité de réaliser son programme d'urgence, Martens présente sa démission dans la matinée du 31 mars. L'impasse semble complète. Quelques heures plus tard, le Roi utilise un procédé inhabituel. Il prend – avec l'approbation du Premier ministre, il est vrai –

Le Roi reçoit le Premier ministre Wilfried Martens au Palais de Bruxelles. L'audience hebdomadaire avec le Premier ministre fait partie intégrante de l'agenda politique du Roi.
Photo Van Parys Media (Bruxelles).

Le Premier ministre Wilfried Martens présente au Roi et à la famille royale les vœux de Nouvel-an du Gouvernement. Bruxelles. 31 janvier 1990. Photo Jean Guyaux. (Bruxelles). Bruxelles. Archives du Palais royal.

l'initiative de convoquer au Palais dix-neuf personnalités aux commandes du monde politique, économique et social. À ces représentants des pouvoirs « en droit et en fait », il adresse le discours auquel nous avons déjà fait allusion au début de la présente contribution. « *Depuis sept ans, sept gouvernements se sont succédé, et cela pendant la période la plus difficile de l'après-guerre, où la stabilité et la continuité du pouvoir auraient été indispensables* », déclare le roi Baudouin dans son style mesuré. « *Dans certains domaines, depuis un peu plus d'une année, quatre ministres se sont succédé. Il est impossible de mener une politique dans de pareilles conditions. Je ne vous demande pas de réagir immédiatement à ce que je vous dis mais d'y réfléchir avec la conscience aiguë du fait que, quelles que soient les divergences de conceptions et d'intérêts, le malheur nous rend plus que jamais fondamentalement solidaires. Prenons tous nos responsabilités. Demain, je commencerai mes consultations pour résoudre la crise. Il est indispensable qu'elle soit brève.* »

L'intervention royale fait l'objet de nombreuses discussions. Certains l'applaudissent : enfin le Roi parle. D'autres le critiquent vivement. Ils s'offusquent de l'invitation adressée aux présidents de parti et aux dirigeants syndicaux, c'est-à-dire aux représentants des « pouvoirs de fait », ou craignent le retour de tendances plus autoritaires. De Standaard parle, non sans sympathie d'ailleurs, « du jour du jugement de la démocratie parlementaire[55] ».

En un certain sens, l'initiative a pourtant un effet contraire. Six jours plus tard, le gouvernement tombé renaît de ses cendres. Seul change le Premier ministre : Mark Eyskens remplace Wilfried Martens. Mais les problèmes et les tabous restent les mêmes et le redressement n'est toujours pas là. Au cours de la deuxième moitié de 1981, l'image du pouvoir exécutif tombe finalement au plus bas, lorsque les ministres PS se mettent en grève.

Lors de l'ouverture de l'exposition « Nous, Roi des Belges », le 20 juillet 1981, à l'occasion de la commémoration du 150ᵉ anniversaire de la dynastie, le Roi fait une allusion évidente à la situation politique et répond implicitement aux critiques émises : « *Les Rois des Belges avaient très bien conscience des limitations de leur pouvoir et les rédacteurs de notre droit constitutionnel ont largement commenté ce principe* », déclare Baudouin. « *Un de ces auteurs l'a récemment encore rappelé dans l'ouvrage introductif à l'exposition que nous allons ouvrir. "Il convient surtout"*, écrit-il, *"de ne pas demander au Roi ce qu'il n'a pas le droit de faire dans notre système constitutionnel, à savoir de s'ériger publiquement en interprète d'un soi-disant pays réel en s'opposant par des prises de position personnelles aux décisions d'un pays légal*[56]*." Je sais que dans des moments importants, tout le monde ne comprend pas que les Rois des Belges doivent agir en public avec tant de prudence et de discrétion. L'on ne sait pas toujours que leur tâche quotidienne* *consiste essentiellement à mener des conversations privées. Le Roi et ses interlocuteurs, principalement ses ministres, sont d'ailleurs strictement tenus par la règle du secret de ces conversations dont le contenu ne peut être dévoilé ni par l'un ni par l'autre. Prudence et discrétion n'ont toutefois jamais été pour mes prédécesseurs un obstacle à l'accomplissement de leur rôle de conseiller et personne ne leur a jamais contesté ce rôle. "Je n'ai jamais failli à mon devoir de mise en garde" déclarait Léopold II, et plus tard également mon Père, mais finalement c'est la Nation qui décide de son propre sort. »*

Dans la vieille querelle entre pays réel et pays légal, le citoyen s'attache instinctivement à l'image quasi mythique du Roi. À mesure que les hommes politiques sombrent dans le discrédit, croît dans le grand public l'estime pour Baudouin, qui se situe au-dessus de la mêlée. Mais le citoyen n'est pas à même de saisir les distinctions subtiles du droit constitutionnel et d'apprécier correctement la position du Roi. Stengers le souligne : « Pour lui, une seule chose compte : le Roi a parlé ou il a écrit[57]. » Par suite de la distance prise par le Roi, du langage de bon sens qu'il tient et de l'examen de conscience qu'il fait en public, résonne involontairement dans ses discours, même s'ils emportent l'approbation du Premier ministre, un élément de critique qui peut être employé contre la politique quotidienne. « *Demandons-nous alors* », ajoute le Roi lors de la même cérémonie, « *si trente années de prospérité et de paix n'ont pas affaibli notre vigilance, si les ressorts de la décision politique et ceux de la rigueur budgétaire ne sont pas dangereusement détendus, si chaque décision est pleinement assumée et prise au moment opportun par ceux-là mêmes à qui notre Constitution confie cette responsabilité. Voilà des questions essentielles que j'entends poser par beaucoup de citoyens soucieux.* »

Depuis l'échec du Pacte d'Egmont et la chute du gouvernement Tindemans en 1978, il est régulièrement question d'un cabinet d'affaires. La presse cite même des noms. Dangereuse éventualité, ou éternel monstre du Loch Ness ? Il est vrai que le Roi est approché par des milieux très divers qui lui soumettent parfois des propositions fantasques[58]. Les personnes qui insistent auprès de lui pour qu'il fasse valoir son autorité sont généralement ignorantes de la réalité politique et des possibilités d'action du Roi. Le Roi a-t-il lui-même envisagé cette idée ? Il l'a parfois avancé, mais ne l'a jamais concrétisé dans la pratique. Le Roi a non seulement conscience de ses limites mais il est aussi loyalement attaché aux traditions constitutionnelles. Il est établi qu'il cherche un « redressement ». En octobre 1981, lors de la campagne électorale qui a succédé à la chute du gouvernement Eyskens, le Roi exprime en privé le souhait que le futur gouvernement se compose d'un petit nombre de personnes indépendantes

Par beau temps, les audiences se déroulent aussi en plein air. 1985. Photo Zamboni. (Isopress, Bruxelles).

et brillantes. Son interlocuteur lui réplique que les ministres doivent en tout cas faire preuve d'une plus grande indépendance, que le formateur ne peut plus admettre qu'ils soient désignés par les partis, mais qu'ils doivent néanmoins conserver un lien avec leur parti. Le cabinet Martens, qui voit le jour après les élections spectaculaires du 8 novembre 1981, répond sous certains aspects aux souhaits royaux. Il ne compte que quinze ministres et comporte des personnalités fortes (Baudouin avait insisté sur l'entrée des présidents de parti au gouvernement). En outre, il gouvernera par pouvoirs spéciaux. Mais, une fois de plus, le souhait royal n'est accompli que dans la mesure où il converge avec les idées des milieux dirigeants de la société. Le cabinet Martens est donc avant tout une réponse à des signaux des milieux politiques et économiques, qui sont enregistrés et amplifiés par le Roi.

NON POSSUMUS NON LOQUI

Le roi Baudouin remplit son rôle de façon très consciencieuse et opiniâtre, même lorsque sa santé lui cause des soucis, à partir des années quatre-vingt. Le peu de personnes qui le connaissent personnellement savent qu'il imprègne également d'un enthousiasme religieux l'accomplissement des obligations que lui impose sa fonction. À l'exception de la question de l'avortement, aucun problème n'a préoccupé le Roi autant que les tensions communautaires et la réforme de l'État. De nombreux autres problèmes y sont liés, tels que la crise de l'industrie sidérurgique wallonne, vers la fin des années septante et au début des années quatre-vingt. Les problèmes communautaires, eux, couvrent l'ensemble de son règne. Après le dénouement dramatique de la Question royale, la polarisation Flamands-Wallons reste latente au cours des années cinquante. Sous le gouvernement de droite, la Flandre pèse plus lourd, sous le gouvernement de gauche, c'est la Wallonie. Une raison d'ailleurs, pour le Roi, de voir de préférence sociaux-chrétiens et socialistes au sein d'une même coalition. En 1957 déjà, le souverain pose en privé la question : y a-t-il un risque de séparatisme ? Il est étonné de constater que la menace vient plutôt des Wallons que des Flamands car les premiers, estime-t-il, ont moins à se plaindre que les derniers. À cette époque, il demande également de larges informations à propos de la Volksunie.

Les relations entre Flamands et Wallons, et la place de Bruxelles, ne deviennent vraiment problématiques que dans les années soixante. Baudouin est sous l'influence de la menace wallingante des socialistes au cours de la grande grève hivernale 1960-1961. À partir du gouvernement Lefèvre, le roi Baudouin exprime à plusieurs reprises ses préoccupations, en souhaitant qu'une solution rapide soit trouvée aux problèmes communautaires. Il a toujours insisté également sur un accord global qui devrait reposer sur le consensus le plus large possible. C'est pourquoi il est déçu de l'échec du Pacte d'Egmont en 1978, même si certains de ses aspects ne le réjouissent pas. Il est, pour lui, particulièrement frustrant de devoir constater que la réforme de l'État, en 1993 – plus d'un quart de siècle après la Table ronde de mai 1964 –, est toujours aussi controversée et que chaque pacte constitutionnel est systématiquement remis en question.

Le Roi prône l'unité nationale ou, plus précisément, il insiste pour que l'on ne touche pas à l'autorité des institutions nationales. Selon lui, il y va également du prestige international du pays. Cette prise de position peut difficilement lui être reprochée. Elle est dans la nature de l'institution qu'il représente et dans sa mission constitution-

Le Roi s'adresse aux autorités du Pays à l'occasion du 150ᵉ anniversaire de la Belgique. 6 juin 1980. Laeken. Collection reine Fabiola.

nelle. Mais, suite à l'effritement du consensus à propos de l'avenir de la Belgique, la mission constitutionnelle du Roi est, elle aussi, controversée. Le roi Baudouin a bien conscience que cette unité nationale ne peut être maintenue qu'en accordant une certaine autonomie aux Communautés et aux Régions. Trouver le juste équilibre constitue sa préoccupation permanente, qu'il communique d'ailleurs aux hommes politiques de divers partis. Dans le débat sur la régionalisation, entre 1974 et 1980, un des points délicats est la portée de l'autonomie des gouvernements régionaux et communautaires : le Roi nommera-t-il les ministres régionaux et signera-t-il leurs arrêtés ? En 1980, on trouve finalement une solution assez républicaine : les assemblées régionales éliront leur gouvernement. Symboliquement, les présidents des gouvernements régionaux et communautaires prêteront serment entre les mains du Roi. Cette formule rencontre peu d'opposition au Palais parce que les gouvernements régionaux et communautaires ne sont, initialement, pratiquement rien de plus que des députations provinciales.

Dans son journal spirituel, le Roi note, en décembre 1988 : *« Jésus, apprends-moi à faire ce que je peux et à assumer les effets de l'âge et d'une année qui a été l'une des plus dures de mon règne. Apprends-moi la douce persévérance qui arrive souvent beaucoup plus loin que la volonté en force[59]. »* Est-ce une allusion à la plus longue crise politique que la Belgique ait jamais connue et à l'intervention directe de Baudouin dans la réforme de l'État ? C'est possible. En 1988 – au cours des cent jours du formateur Jean-Luc Dehaene –, la réforme de l'État acquiert une nouvelle tournure plus radicale. Elle prévoit un transfert massif de compétences de l'autorité nationale vers les Communautés et les Régions. Le Roi n'est pas opposé au transfert de l'enseignement vers les Communautés, mais il a de sérieuses objections contre des propositions qui peuvent menacer l'union économique et monétaire, d'une part, et la position internationale de la Belgique, d'autre part. À ce propos, il écrit au Premier ministre Martens une lettre qui est lue en conseil de cabinet. Il en résulte un incident avec le vice-Premier ministre socialiste, M. Moureaux, ministre des Réformes des Institutions. L'incident est clos et rien n'en transpire à l'extérieur. Le roi Baudouin a cependant conscience que l'opération projetée est déterminante pour l'avenir de la Belgique. C'est à la lumière de ces événements qu'il faut lire son discours du 21 juillet 1988. Il se peut, comme l'affirment certains, que ce discours ait impressionné les milieux unitaristes traditionnels par la manière positive dont le Roi parle du fédéralisme[60]. Mais il faut surtout le comprendre comme un avertissement, comme un coup de semonce : *« La réforme de l'État doit assurer la cohésion et la coopération entre les différentes entités devenues plus autonomes, et entre celles-ci et le pouvoir central »*, déclare le Roi dans son allocution télévisée. *« Il s'agit donc d'un fédéralisme qui doit favoriser l'union, maintenir une solidarité entre les diverses composantes et rejeter toute forme de séparatisme explicite ou larvé. »* Ces dernières paroles cachent une grande inquiétude à propos des propositions avancées. Jusqu'à la fin de sa vie, il continuera à émettre des doutes sur la question de savoir si le fédéralisme constitue le moyen approprié pour maintenir la Belgique unie[61]. L'on peut admettre que certains éléments de la réforme de l'État de 1993, qui a définitivement fait de la Belgique un État fédéral, n'ont pas pu compter sur la sympathie du Roi.

Si le Roi exerce une influence modératrice sur la réforme de l'État, c'est également parce que ses opinions convergent avec celles d'un courant important dans le pays et au sein de son élite[62]. Il lui faut lui-même tenir compte d'une double loyauté : assurer l'unité du pays comme son serment le lui commande, et mettre à exécution les modifications de la Constitution. Par ailleurs, le roi Baudouin a loyalement défendu le fédéralisme d'union et le nouveau sens civique qui y est lié. Son dernier discours officiel, le 21 juillet 1993, en constitue un témoignage impressionnant. C'est une question morale et personnelle qui forcera le Roi à sortir de sa sphère d'influence discrète, à rendre son opinion non seulement publique mais aussi à la faire prévaloir sur sa fonction, jusqu'à mettre son trône dans la balance. Le débat sur l'avortement en Belgique dure depuis 1973 avec des hauts et des bas. Dès le début des années quatre-vingt, le roi Baudouin aborde régulièrement cette question dans ses conversations. Il souligne la portée d'une modification de la loi et exprime ses préoccupations à propos d'une libéralisation éventuelle. Le Roi ne dispose pas de nombreux canaux d'influence puisque, dans la dernière phase de la procédure, le gouvernement se débarrasse de la question. L'avortement n'est pas une affaire gouvernementale, c'est au Parlement de décider : chacun peut y voter en âme et conscience. À la fin de 1989, la question devient plus aiguë. *« L'étau se resserre, pour le problème de l'avortement... »*, écrit le Roi en décembre dans son journal spirituel[63]. Les extraits que le cardinal Suenens, ami personnel de Baudouin, en a publiés indique que le Roi a pris seul la décision de ne pas signer la loi, sans intervention de tiers, contrairement à ce qui a été prétendu à ce propos dans la presse, et qu'il ne l'a décidé qu'en fin de procédure. Ceci explique aussi la surprise du Premier ministre Martens lorsque le roi Baudouin lui transmet, le 30 mars 1990, une lettre dans laquelle il lui expose ses objections de conscience et lui communique qu'il ne signera pas la loi dont le texte a, entre-temps, été adopté par la Chambre et

*Le Roi et le prince Philippe, lors d'une réunion de travail au Palais de Bruxelles. À la gauche du Roi, M. Robert Vandeputte, gouverneur honoraire de la Banque Nationale et ancien ministre des Finances.
21 février 1990.
Photo Belga (Bruxelles). Bruxelles. Archives du Palais royal.*

le Sénat. Totalement nouvelle, l'attitude du Roi ne l'est pas. À l'époque de la guerre scolaire déjà, il a hésité à sanctionner la loi Collard[64]. Mais ici, le Roi reste inébranlable dans sa décision, même lorsque les vice-Premiers ministres, les seuls qui aient été mis au courant, viennent lui rendre visite chacun à leur tour. « *Le pape lui-même ne changerait rien à ma décision* », déclare-t-il à l'un d'eux[65]. Le Premier ministre Martens demande et obtient une modification de la lettre afin de pouvoir chercher une solution à la crise[66]. Le roi Baudouin ne veut d'ailleurs pas empêcher que la loi soit sanctionnée, mais il ne veut pas être concerné. Alors que certains pensent à une révision de la Constitution – ce qui aurait engendré sans nul doute une très importante controverse, avec des conséquences vraisemblablement très dommageables pour la monarchie –, Martens propose une formule qui avait été adoptée pendant la Deuxième Guerre mondiale. Le conseil des ministres du 3 avril constate que le Roi « est dans l'impossibilité de régner », reprend la tâche de chef de l'État, sanctionne la loi sur l'avortement et la promulgue. Deux jours plus tard, le 5 avril, les Chambres réunies rétablissent le Roi dans ses pouvoirs constitutionnels[67]. Si le gouvernement réussit à maîtriser la situation grâce à cette formule ingénieuse, la "mini-question royale" brise quand même un tabou. À partir de ce moment-là, et plus encore après la lettre de septembre 1990 concernant le Rwanda, dont il est question ailleurs dans le présent ouvrage, le Roi est une figure dont on parle, et qui est aussi contestée[68].

Son règne se termine dès lors d'étrange façon. Dans les années cinquante, Baudouin est un souverain quelque peu en retrait, qui se trouve plutôt au deuxième plan. Dans les années soixante et septante, il joue de manière remarquable son rôle de chef de l'État dans une monarchie parlementaire. L'instabilité politique, à partir de la fin des années septante, le démantèlement de l'État belge et la confusion dans les esprits lui font enfin faire un pas en avant. En raison de ses convictions personnelles, il n'écarte pas le risque d'être un signe de contradiction. En raison de son grand prestige moral, la réaction est tout compte fait étonnamment modérée. À son décès, en 1993, il est apparu que le Roi pouvait compter sur une large popularité et un grand respect dont l'importance a surpris de nombreux amis comme de nombreux opposants.

LE ROI BAUDOUIN, LE GOUVERNEMENT ET LA POLITIQUE INTÉRIEURE - CHAPITRE VI

Annexe: gouvernements, crises gouvernementales, élections[69]

Prestation de serment de Baudouin comme Prince royal, le 11 août 1950

01. PHOLIEN, 16.08.50-12.01.52 (PSC)
- formateur Van Zeeland (PSC) 13.08.50 [crise : 6 jours]

Accession au trône du roi Baudouin, le 17 juillet 1951
- démission 17.07.51 immédiatement refusée
- démission 09.01.52 acceptée après consultation 12.01.52

02. VAN HOUTTE, 15.01.52-12.04.54 (PSC)
- formateur Van Houtte (PSC) 12.01.52 [crise : 7 jours]
- Chambres dissoutes de plein droit par suite de la déclaration de révision de la Constitution 12.03.54

Élections 11 avril 1954 (Chambres constituantes)
- démission 12.04.54 immédiatement acceptée

03. VAN ACKER IV, 23.04.54-02.06.58 (PSB-Lib.)
- formateur Van Acker (PSB) 20.04.54 [crise : 12 jours]
- Chambres dissoutes de plein droit par suite de la déclaration de révision de la Constitution 29.04.58

Élections 1ᵉʳ juin 1958 (Chambres constituantes)
- démission 02.06.58 immédiatement acceptée

04. EYSKENS G. II, 26.06.58-04.11.58 (PSC cabinet minoritaire)
- informateur De Schryver (PSC) 06.06.58, formateur Eyskens (PSC) 09.06.58 [crise : 25 jours]
- démission 04.11.58 immédiatement acceptée

05. EYSKENS G. III, 06.11.58-27.03.61 (PSC-Lib)
- formateur Eyskens (PSC) 05.11.58 [crise : 3 jours]
- le Roi demande, le 05.08.60, la démission du gouvernement ; le Premier ministre refuse
- gouvernement remanié 03.09.60
- démission des ministres libéraux 17.02.61 refusée après consultation 20.02.61
- le Roi dissout les Chambres 20.02.61

Élections 26 mars 1961
- démission 27.03.61 immédiatement acceptée

06. LEFÈVRE, 25.04.61-24.05.65 (PSC-PSB)
- informateur Harmel (PSC) 30.03.61, formateur Lefèvre (PSC) 06.04.61 [crise : 30 jours]
- démission 02.07.63 refusée après consultation 03.07.63
- Chambres dissoutes de plein droit par suite de la déclaration de révision de la Constitution 01.04.65

Élections 23 mai 1965 (Chambres constituantes)
- démission 24.05.65 immédiatement acceptée

07. HARMEL, 28.07.65-11.02.66 (PSC-PSB)
- informateur De Schryver (PSC) 01.06.65, formateur Harmel (PSC) 18.06.65 [crise : 66 jours]
- démission 04.02.66 refusée après consultation 05.02.66
- démission 11.02.66 immédiatement acceptée

08. VANDEN BOEYNANTS I, 19.03.66-07.02.68 (PSC-PLP)
- informateur Van Acker (PSB) 15.02.66, formateur Segers (PSC) 17.02.66, formateur Vanden Boeynants (PSC) 03.03.66 [crise : 38 jours]
- démission 07.02.68 immédiatement acceptée
- informateur Segers (PSC) 14.02.68
- Chambres dissoutes de plein droit par suite de la déclaration de révision de la Constitution 28.02.68

Élections 31 mars 1968 (Chambres constituantes)

09. EYSKENS G. IV, 17.06.68-08.11.71 (PSC/CVP-PSB/BSP)
- informateur d'Alcantara (CVP) 08.04.68, formateur Collard (PSB) 22.04.68, formateur Vanden Boeynants (PSC) 07.05.68, formateur Eyskens (CVP) 13.06.68 [crise : 132 jours]
- le Roi dissout les Chambres 24.09.71

Élections 7 novembre 1971
- démission 08.11.71 immédiatement acceptée

10. EYSKENS G. V, 21.01.72-23.11.72 (PSC/CVP-PSB/BSP)
- informateur Eyskens (CVP) 13.11.71, formateur Eyskens (CVP) 22.11.71, informateur Leburton (PSB) 22.12.71, formateur Eyskens (CVP) 05.01.72 [crise : 75 jours]
- démission 22.11.72 acceptée après consultation 23.11.72

11. LEBURTON, 26.01.73-19.01.74 (PSB/BSP-CVP/PSC)
- informateur De Saeger (CVP) 25.11.72, formateur Leburton (PSB) 13.12.72 [crise : 66 jours]
- gouvernement remanié 23.10.73
- démission 19.01.74 immédiatement acceptée
- formateur Tindemans (CVP) 26.01.74
- le Roi dissout les Chambres 30.01.74

Élections 10 mars 1974

12. TINDEMANS I, 25.04.74-11.06.74 (CVP-PSC-PVV-PLP - cabinet minoritaire)
- informateur Van Elslande (CVP) 15.03.74, formateur Tindemans (CVP) 21.03.74 [crise : 97 jours]
- après entrée ministres RW (11.06.74) devient

13. TINDEMANS II, 11.06.74-04.03.77 (CVP-PSC-PVV-PLP-RW)
- gouvernement remanié 04.10.74
- gouvernement remanié 08.12.76

- après révocation des ministres RW (04.03.77) devient

14. TINDEMANS III, 06.03.77-18.04.77 (CVP-PSC-PVV-PRLW – cabinet minoritaire)
- le cabinet n'est pas composé constitutionnellement du 04.03.77 au 06.03.77
- le Roi dissout les Chambres 09.03.77

Élections 17 avril 1977
- démission 18.04.77 immédiatement acceptée

15. TINDEMANS IV, 03.06.77-11.10.78 (CVP-PSC-BSP/PSB-FDF-VU)
- formateur Tindemans (CVP) 22.04.77, démission formateur refusée 03.06.77 (après incident ministres PSC lors de la prestation de serment) [crise : 47 jours]
- démission 15.06.78 refusée après consultation 19.06.78
- démission 11.10.78 immédiatement acceptée

16. VANDEN BOEYNANTS II, 20.10.78-18.12.78 (PSC-CVP-BSP/PSB-FDF-VU)
- informateur Vanden Boeynants (PSC) 13.10.78, pas de formateur [crise : 10 jours]
- Chambres dissoutes de plein droit à la suite de la déclaration de révision de la Constitution 13.11.78

Élections 17 décembre 1978 (Chambres constituantes)
- démission 18.12.78 immédiatement acceptée

17. MARTENS I, 03.04.79-16.01.80 (CVP-PSC-BSP-PSB-FDF)
- informateur Claes (BSP) 21.12.78, formateur Martens (CVP) 08.01.79, médiateurs royaux Claes (BSP) et Nothomb (PSC) 14.02.79, formateur Vanden Boeynants (PSC) 05.03.79, formateur Martens (CVP) 02.04.79 [crise : 107 jours]
- après révocation des ministres FDF (16.01.80) devient

18. MARTENS II, 23.01.80-09.04.80 (CVP-PSC-SP-PS)
- le cabinet n'est pas composé constitutionnellement du 16.01.80 au 23.01.80
- démission 03.04.80 acceptée après consultation 09.04.80

19. MARTENS III, 18.05.80-07.10.80 (CVP-PSC-SP-PS-PVV-PRL)
- informateur Claes (SP) 12.04.80, formateur Martens (CVP) 17.04.80 [crise : 46 jours]
- démission 03.10.80 acceptée après consultation 07.10.80

20. MARTENS IV, 22.10.80-02.04.81 (CVP-PSC-SP-PS)
- formateur Martens (CVP) 07.10.80 [crise : 20 jours]
- démission 31.03.81 acceptée après consultation 02.04.81

21. EYSKENS M., 06.04.81-22.09.81 (CVP-PSC-SP-PS)
- formateur Eyskens (CVP) 02.04.81 [crise : 7 jours]
- démission 22.09.81 immédiatement acceptée

- informateur Claes (SP) 24.09.81
- Chambres dissoutes de plein droit par suite de la déclaration de révision de la Constitution 02.10.81

Élections 8 novembre 1981 (Chambres constituantes)

22. MARTENS V, 17.12.81-14.10.85 (CVP-PSC-PVV-PRL)
- informateur Vanderpoorten (PVV) 12.11.81, formateur De Clercq (PVV) 24.11.81, formateur Nothomb (PSC) 01.12.81, formateur Martens (CVP) 07.12.81 [crise : 87 jours]
- démission 16.07.85 refusée après consultation 18.07.85
- le Roi dissout les Chambres 02.09.85

Élections 13 octobre 1985
- démission 14.10.85 immédiatement acceptée

23. MARTENS VI, 28.11.85-19.10.87 (CVP-PSC-PVV-PRL)
- formateur Martens (CVP) [crise : 46 jours]
- démission 14.10.86 refusée après consultation 17.10.86
- démission 15.10.87 acceptée après consultation 19.10.87

24. MARTENS VII, 21.10.87-14.12.87 (CVP-PSC-PVV-PRL)
- formateur Martens (CVP) 19.10.87 [crise : 7 jours]
- Chambres dissoutes de plein droit à la suite de la déclaration de révision de la Constitution 03.11.87

Élections 13 décembre 1987 (Chambres constituantes)
- démission 14.12.87 immédiatement acceptée

25. MARTENS VIII, 09.05.88-29.09.91 (CVP-PSC-SP-PS-VU)
- informateur Spitaels (PS) 18.12.87, médiateur royal Claes (SP) 04.01.88, informateur Dehaene (CVP) 22.01.88, formateur Dehaene (CVP) 27.03.88, formateur Martens (CVP) 06.05.88 [crise : 148 jours]

Le roi Baudouin dans l'impossibilité de régner 3-5 avril 1990
- après démission des ministres VU (29.09.91), devient

26. MARTENS IX, 29.09.91-25.11.91 (CVP-PSC-SP-PS)
- démission 04.10.91 refusée après consultation 06.10.91
- Chambres dissoutes de plein droit à la suite de la déclaration de révision de la Constitution 17.10.91

Élections 24 novembre 1991 (Chambres constituantes)
- démission 25.11.91 immédiatement acceptée

27. DEHAENE I, 07.03.92-22.05.95 (CVP-PSC-SP-PS)
- informateur Grootjans (PVV) 29.11.91, formateur Verhofstadt (PVV) 09.12.91, formateur Wathelet (PSC) 19.12.91, informateur Dehaene (CVP) 01.02.92, médiateur royal Dehaene (CVP) 22.02.92, formateur Dehaene (CVP) 06.03.92 [crise : 104 jours]
- démission 23.03.93 refusée après consultation 30.03.93 ; Dehaene (CVP) médiateur 29.03.93

Décès du roi Baudouin 31 juillet 1993

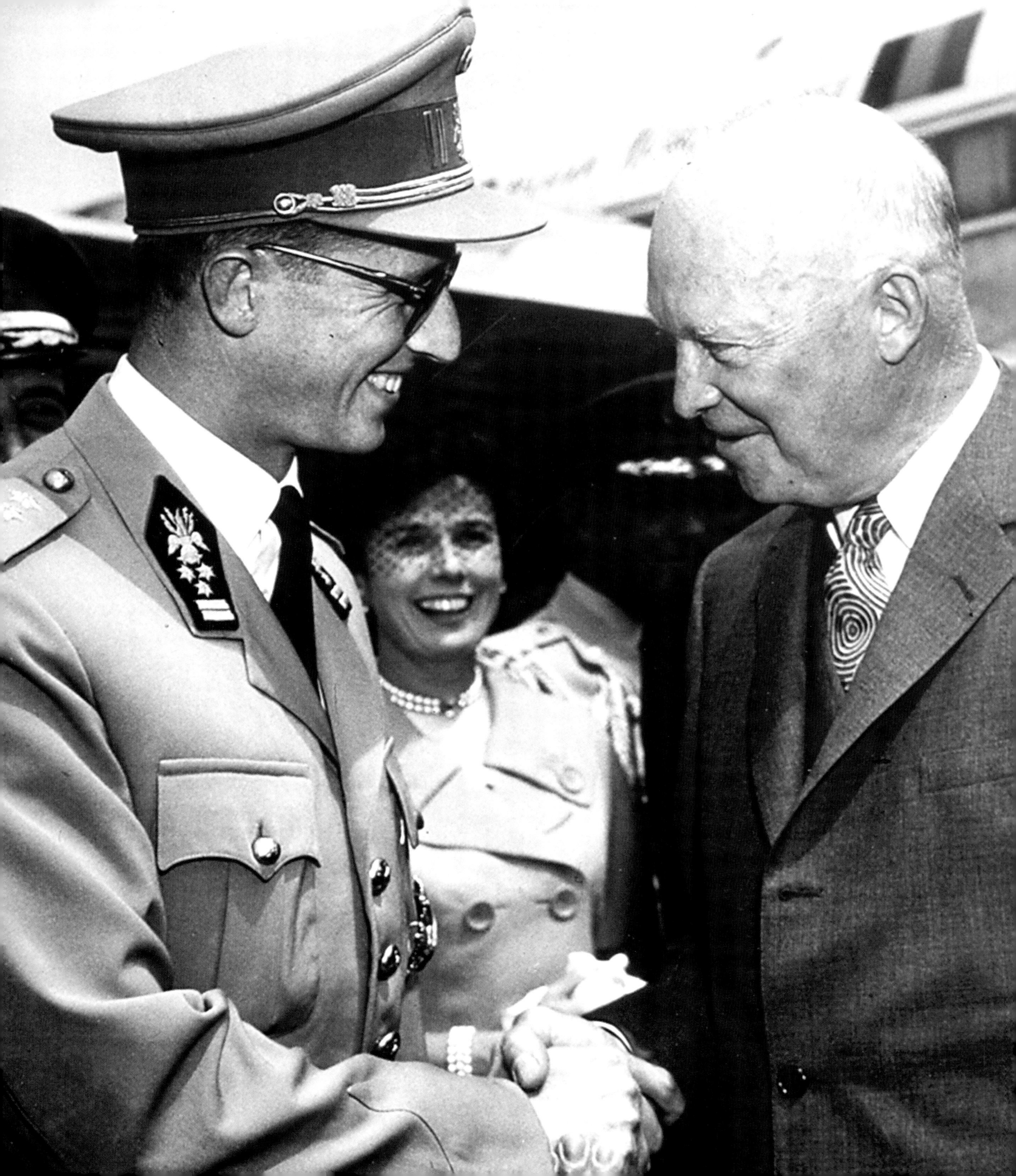

CHAPITRE VII

Le roi Baudouin et la politique étrangère

CHRISTIAN FRANCK ET CLAUDE ROOSENS

Il se raconte que, de passage dans un pays nordique, l'ex-secrétaire d'État américain Henry Kissinger manifesta le souhait d'en rencontrer le Roi. Il lui fut répondu que l'agenda du chef de l'État, trop chargé, ne permettait pas de fixer une entrevue. Kissinger se retrouve donc avec quelques loisirs ; il accepte une invitation à excursionner en mer Baltique. Au large des côtes, tout à fait fortuitement, son bateau de plaisance croise le yacht royal sur lequel se trouvait... le Roi. Un malencontreux hasard avait levé le voile sur la surcharge de l'agenda royal ! Pareille mésaventure, commente Léo Tindemans, à qui l'on avait rapporté l'anecdote, n'aurait pu survenir au roi Baudouin. Son intérêt pour la politique étrangère, son désir de se documenter – il prenait note des ouvrages intéressants qu'on lui signalait – étaient vifs : il n'aurait pas manqué l'occasion de recevoir l'ex-secrétaire d'État américain[1], qu'il invitera d'ailleurs à déjeuner au château de Laeken lors d'un passage à Bruxelles dans les années quatre-vingt.

L'importance que Léopold Ier et ses successeurs ont donnée à la politique étrangère du pays et au concert international des États a formé une tradition de la monarchie belge : l'exercice des pouvoirs constitutionnels – le Roi conclut les traités de paix, d'alliance et de commerce – s'est doublé d'une implication personnelle active dans l'action diplomatique. Les prédécesseurs de Baudouin avaient un sentiment aigu de leur responsabilité quant à l'indépendance et à l'intégrité de l'État. Les décisions cruciales prises par Léopold III – la politique d'« indépendance » d'octobre 1936 et de neutralité de septembre 1939, la rupture avec ses ministres en mai 1940, au château de Wynendaele, à propos de l'exil à Londres – ont forgé chez son fils la conscience du rôle royal à l'égard de la politique étrangère et de sécurité. Sans doute, dans les années cinquante, le jeune monarque se montre-t-il très réservé, soucieux d'apprendre et de comprendre plus que d'influencer. Mais son règne, long de quarante ans, lui donnera une connaissance des hommes et des problèmes, une expérience internationale supérieures à celles de beaucoup de chefs d'État constitutionnels qui, selon la maxime empruntée à Adolphe Thiers, « règnent mais ne gouvernent pas ».

L'INFORMATION ET L'EXPÉRIENCE

« Les premières années sont discrètes, rappelle Pierre Harmel ; il avait le désir de s'informer... Avec le premier voyage au Congo en 1955, il comprend de visu[2]. » Si l'exemple paternel a formé la conscience du jeune Roi à ses responsabilités internationales, l'expérience personnelle affermit une personnalité dont la réserve va se doubler de convictions et chez qui l'écoute n'empêche pas l'influence. Entre 1958, année du premier voyage officiel – c'est aux Pays-Bas –, et 1993 – en mai et c'est encore, hasard, aux Pays-Bas –, le Roi accomplit une cinquantaine de visites d'État et de voyages officiels[3]. Il assiste aussi à de nombreuses cérémonies, tels que mariages royaux ou princiers et funérailles de personnalités d'envergure historique (Kennedy en 1963, Churchill en 1965, de Gaulle en 1970, Tito en 1980...). Il recevra beaucoup, notamment, souligne Pierre Harmel, « en raison de la présence à Bruxelles des organisations internationales (institutions des Communautés européennes, secrétariat

Le voyage aux États-Unis, en mai 1959, constitue une étape importante pour le Roi. Hôte de l'un des plus puissants pays du monde, il découvre l'American way of life et a des contacts décontractés avec des représentants du monde politique, culturel, industriel et militaire. Le 11 mai 1959, il est chaleureusement accueilli à l'aéroport de Washington D.C. par le président Dwight Eisenhower. Bruxelles. Archives du Palais royal.

À l'occasion de sa visite officielle en Inde, le Roi s'est longuement entretenu, le 28 janvier 1970, avec le Premier ministre indien, Mme Indira Ghandi. Laeken. Collection reine Fabiola.

général de l'Alliance atlantique), qui fait passer de nombreuses personnalités par la capitale belge ».

Dans le colloque hebdomadaire avec le Premier ministre, il évoque les questions internationales, sur lesquelles il s'entretient aussi avec le ministre des Affaires étrangères. Après le chef du gouvernement, celui-ci est le ministre qui a le plus de contacts avec le Roi. Par ailleurs, le cabinet du Roi est quotidiennement informé par le ministère des Affaires étrangères de la correspondance diplomatique et des télex importants provenant des ambassades. Analysées par le chef de cabinet et le conseiller diplomatique du Palais, ces informations sont portées à la connaissance du chef de l'État. Entre le cabinet et les Affaires étrangères, la liaison est permanente, et d'ailleurs indispensable. « Aussi peut-on dire », écrit André Molitor, qui fut le chef du cabinet de 1961 à 1977, « qu'après les services du Premier ministre, ce département est celui qui a les liens les plus étroits avec le cabinet du Roi... Dans l'ensemble, le secteur Affaires étrangères est donc un de ceux qui donnent le plus de travail au cabinet du Roi[4]. »

Polyglotte – outre les trois langues nationales, le Roi parle aussi l'anglais et l'espagnol –, il peut converser directement avec la plupart de ses interlocuteurs. Il les reçoit seul[5]. Une caractéristique, relevée par nombre de visiteurs belges et étrangers, est la manière dont il interroge sans dévoiler ce qu'il sait. Mais ses questions laissent deviner une ample connaissance du dossier. Elles traduisent aussi des attentes précises qui visent à compléter l'information royale. En outre, le Roi prend des notes ; son carnet est ouvert sur la table basse autour de laquelle se déroule l'entretien. Il garde ainsi des dossiers et des personnes une mémoire qui, dans la dernière décennie de son règne, impressionne des interlocuteurs, pour la plupart moins expérimentés que lui.

L'écoute que le Roi prête à ses visiteurs, la connaissance des choses que l'on pressent derrière ses questions, créent un climat propice aux échanges de vues approfondis, voire aux confidences. Il est notoire que le président tanzanien Julius Nyerere aimait converser longuement avec le Roi. Et Indira Gandhi lui annonce, lors d'un passage à

Bruxelles, qu'elle se prépare à une guerre contre le Pakistan⁶. Outre qu'elle lui vient de ses entretiens avec des interlocuteurs privilégiés, son information emprunte aussi aux livres. Il lit volontiers à propos des problèmes internationaux. « Il interrogeait le ministre des Affaires étrangères sur les crises, témoigne Léo Tindemans. Il voulait être documenté. Si on lui recommandait un livre sur un sujet de politique étrangère, on pouvait être sûr qu'il s'y intéresserait⁷. »

« LE DROIT DE PARTICIPER »

Le Roi reçoit, écoute, consulte. Mais conseille-t-il, oriente-t-il, intervient-il ? « Non seulement, se souvient Pierre Harmel, il interrogeait beaucoup. Mais il pouvait aussi être suggestif, donner un conseil⁸. » C'est surtout dans le dialogue avec ses ministres, couvert par la confidentialité, qu'il allie l'écoute et le conseil. Le Roi s'informe des vues du gouvernement mais il attire aussi l'attention des ministres sur certains aspects d'un problème et peut souhaiter que ses remarques soient prises en considération. À ce propos, Léo Tindemans est affirmatif : « Bien sûr, le Roi peut exercer une influence, surtout quand se noue une relation d'estime avec le ministre des Affaires étrangères, qu'il voit souvent. Quand le Roi fait comprendre qu'il a une préférence, donne un avis, il est difficile de ne pas en tenir compte⁹. » Chef de cabinet du Roi de 1961 à 1977, André Molitor confirme : « Le Roi prend-il des initiatives qui orientent l'action du gouvernement ? Cela est arrivé¹⁰. »

Des personnalités étrangères adressent parfois des messages au Roi sans passer par les canaux diplomatiques. C'est alors le Roi qui en informe le gouvernement et évalue avec lui la suite qu'il convient de donner. En 1967, par exemple, un émissaire privé du président Mobutu avertit le Palais du souhait du nouveau chef d'État congolais de renouer avec la Belgique. Le Roi et le gouvernement proposèrent que la reprise de contact se fît par une visite privée du dirigeant congolais¹¹.

Dans son analyse de la fonction royale, André Molitor souligne qu'en politique étrangère, « le Roi exerce traditionnellement de manière particulièrement active et vigilante son action de consultation, d'avis et de conseil dans ce domaine... Le devoir pour le Roi d'être sur la même longueur d'onde que le gouvernement n'est pas de nature à dépersonnaliser son action et à faire de lui un simple porte-parole¹² ». C'est dire que si les vues du Roi ne peuvent s'opposer à celles du gouvernement, si ses actes doivent être couverts¹³ par des ministres qui en portent la responsabilité politique devant les Chambres, la participation du Roi à la formation de la politique, son « droit de participer à la décision », selon la formule de Jean Stengers,¹⁴ restent réels et sont d'ailleurs exercés. « La formule qui convient le mieux pour décrire la pratique courante est : le gouvernement mène la politique, le Roi, à un degré qui varie suivant les hommes et suivant les questions, y intervient. Il intervient de façon classique par voie

Au sein des pays de l'Europe orientale, la Yougoslavie occupe une place tout à fait particulière en raison du non-alignement du président Tito. En juin 1973, le roi Baudouin et la reine Fabiola sont les hôtes du couple présidentiel. Auraient-ils évoqué le souvenir de la reine Élisabeth ? Bruxelles. Archives du Palais royal.

La première visite officielle du roi Baudouin et de la reine Fabiola sera pour Paris où ils sont cordialement reçus par le président Charles de Gaulle et son épouse.

de conseils, de mises en garde, d'avis[15]. »

Le roi Baudouin ayant cessé de présider le conseil des ministres[16], ses interventions se font surtout à l'occasion d'audiences ou par lettres. Tant les propos royaux que le courrier sont soumis à la règle stricte du secret. Celle-ci correspond à l'impératif qui veut que l'on ne découvre pas la Couronne. De sorte que l'usage qu'aura fait Baudouin Ier de son « droit de participer » à la politique étrangère ne sera vraiment évalué qu'à l'ouverture des archives royales. Reste que certains faits connus illustrent certaines modalités de la liaison entre le Palais et le gouvernement. En octobre 1990, la divulgation indiscrète d'une lettre au Premier ministre Wilfried Martens à propos du Rwanda[17] montre que le Roi peut inciter ses ministres à agir. En l'occurrence, le message manuscrit alertait le gouvernement sur la gravité de la situation dans ce pays, où le régime à prédominance hutue du président Habyarimana était confronté à l'offensive lancée depuis l'Ouganda par le Front patriotique rwandais, à dominante tutsie : le 4 octobre, le gouvernement décide d'envoyer à Kigali un demi-millier de paracommandos pour protéger les expatriés belges, et d'accélérer le transport de munitions commandées à la Fabrique nationale (FN). Quelles qu'aient pu être les différences d'appréciation sur la crise rwandaise entre le Palais et le gouvernement, on notera que, dans son message de Noël, le 24 décembre, le Roi se félicite des résultats de la mission militaro-humanitaire qui « *a assuré la sécurité de nos concitoyens... permis de poursuivre leur travail de coopération... (et) contribué à éviter le renouvellement d'affrontements interethniques sur grande échelle, tels qu'ils s'étaient produits jadis*[18] ».

À l'inverse du cas précédent, où s'exerce une influence royale directe, le refus gouvernemental de livrer des obus à l'armée britannique, à l'approche de la guerre du Golfe, montre aussi que le Roi peut être insuffisamment informé, ou ne pas l'être, d'une délibération gouvernementale. C'est fin novembre 1990 que, sur proposition du ministre de la Défense Guy Coëme, le conseil des ministres, dans la précipitation d'une fin de réunion, semble-t-il, décide de ne pas fournir au Royaume-Uni des obus destinés aux forces britanniques dépêchées aux confins du Koweit. Cette mesure fut justifiée par le souci de ne pas compromettre la libération de la trentaine de Belges retenus en otages en Irak par Saddam Hussein. Elle fut révélée, et vivement critiquée, par l'opposition libérale au début de janvier 1991[19]. Le Premier ministre, Wilfried Martens, reconnaîtra que le refus opposé à la demande britannique fut sans doute une erreur et que le Palais n'en avait pas été mis au courant. Dans une lettre adressée au Roi, la reine Élisabeth avait regretté cette atteinte à l'amitié belgo-britannique. Aussi est-ce pour sceller la réconciliation entre les deux royaumes que le Roi se rendit cette année-là aux cérémonies de l'ordre de la Jarretière[20].

Ce serait une erreur méthodologique que de mesurer l'action du Roi à partir de ce qui la distingue de celle du gouvernement. La pratique courante est que, agissant en liaison avec lui, le Roi épaule, relaie et, dans certaines circonstances, renforce l'action gouvernementale, notamment en utilisant ses liens personnels avec des dirigeants étrangers ou le prestige de sa fonction de chef d'État. À ce titre, l'intervention du Roi peut être sollicitée par ses ministres. Ce fut notamment le cas pour qu'il écrive au président Mobutu afin d'obtenir la grâce d'un ressortissant belge, Ronald Van den Bogaert, condamné en septembre 1985 à dix ans de prison pour propagande subversive et complot contre la sécurité de l'État zaïrois. La grâce présidentielle survint fin janvier 1986. Le discours du Roi devant le Parlement algérien, le 29 novembre 1990, est une autre illustration du concours royal à l'action diplomatique belge. En affirmant que, pour la Belgique, « *toutes les résolutions des Nations Unies concernant le Moyen-Orient doivent, sans exception, être appliquées par les États concernés* », le Roi rappelle une position traditionnelle de la diplomatie belge, notamment à propos de la mise en œuvre de la résolution 242 du Conseil de Sécurité qui, depuis 1967, prévoit le retrait d'Israël des territoires occupés. Dans le contexte de la crise du Golfe, le message du chef de l'État veut aussi confirmer la considération que porte la Belgique aux droits du peuple palestinien, et, à travers lui, au monde arabe. On attendait aussi du discours royal qu'il facilite la libération par Saddam Hussein des « hôtes-otages » belges retenus par l'Irak depuis la condamnation par la communauté internationale de l'invasion du Koweit en août 1990. Ceux-ci quittèrent l'Irak début décembre.

La politique européenne est un domaine où le concours du Roi à l'action du gouvernement s'affirme à partir des années 1960. « L'appui que le Roi apporte à nos Gouvernements successifs dans leur action en faveur de l'union européenne... n'est un secret pour personne », souligne André Molitor. L'Europe, comme centre d'intérêt majeur du Roi, apparaît notamment dans ses discours[21]. C'est surtout lors de messages adressés à l'opinion belge que se manifeste la préoccupation royale pour le rôle européen de la Belgique. En janvier 1987, la Belgique doit exercer la présidence du Conseil de la Communauté dans un contexte d'instabilité politique intérieure. Le 20 janvier, dans son discours aux autorités du pays, le Roi exprime la crainte que les divisions internes n'empêchent la Belgique d'être « *un élément moteur de la construction européenne : ... comment pourrions-nous prétendre jouer ce rôle nécessaire, si, à* l'intérieur de nos frontières, nos énergies sont absorbées par d'incessantes querelles, si nous donnons le triste spectacle de la désunion, de la mésentente entre nos communautés[22] ». Le 21 juillet, le Roi revient sur la contrariété qu'a entraînée un « *nouvel accès de fièvre communautaire* » à propos de Fouron : « *Il n'était pas simple d'expliquer à des étrangers que, pendant que la Belgique assumait la présidence de l'Europe, le Gouvernement risquait à tout moment de tomber*[23]. »

L'ACTION PUBLIQUE

Tant que le Roi consulte, conseille, influence, dans le cadre de ses entretiens ou par correspondance, son action échappe à la publicité. Le colloque avec les ministres est couvert par la confidentialité. Rappelons que celle-ci est une exigence constitutionnelle : ce sont les ministres qui sont politiquement responsables devant les Chambres. « Découvrir » la Couronne, révéler la part prise par le Palais dans l'élaboration d'une politique, c'est lui imputer implicitement une part de responsabilité, c'est éventuellement diviser le Roi et les ministres[24]. Mais la fonction royale comporte aussi une gamme d'activités publiques à travers lesquelles le Roi représente l'État, parle en son nom et confirme ses engagements internationaux. Les voyages à l'étranger, les discours, la ratification des traités, mais aussi le pouvoir de nomination des ministres et ambassadeurs belges, ainsi que la remise des lettres de créance des ambassadeurs étrangers accrédités auprès du royaume, constituent les manifestations publiques de l'action royale dans les relations internationales. Elles dérivent de la fonction et des pouvoirs du chef de l'État.

On a déjà évoqué la cinquantaine de visites d'État, la quinzaine de visites officielles auprès d'États plus « proches » et d'organisations internationales[25], et la quinzaine de déplacements pour des cérémonies officielles, mariages ou enterrements. Quel est le sens des visites royales à l'étran-

Dans les années 70, le Rwanda se développe de façon exemplaire. La réalisation de projets modérés fait évoluer ce pays dans la paix et la stabilité. Le Roi et la Reine entretiennent des relations chaleureuses avec le président Habyarimana, invité à Bruxelles le 19 mai 1980. Laeken. Collection reine Fabiola.

Comme dans son propre pays, le Roi participe parfois à l'étranger à des réunions de travail avec des experts. Ainsi, le 9 juin 1974, il rencontre la représentation belge à Genève. Laeken. collection reine Fabiola.

ger ? Elles visent à symboliser le lien relationnel entre les États et les peuples. Elles constituent, écrit André Molitor, « un acte de bonne volonté manifestant les relations cordiales entre les deux États concernés et leurs peuples, et cela par le déplacement du chef de l'État qui le symbolise et le représente au plus haut niveau. C'est donc de toute façon un acte politique[26] ».

La Reine accompagne le Roi dans ces voyages officiels, auxquels prend part également un ministre, généralement celui des Affaires étrangères. En marge du programme officiel, c'est lui qui aura des contacts politiques « opérationnels » – échanges de vues, déclarations, signature d'accords – avec les autorités du pays visité. Mais le Roi ne manque pas non plus, dans ses discours et conversations, d'évoquer l'état des relations entre les deux pays. On notera que les voyages royaux ne mettent pas un accent particulier sur la promotion commerciale. Il est devenu coutumier, pour certains chefs d'État, de mettre à profit leurs déplacements pour soutenir, avec le prestige de leur haute fonction politique, les opérateurs économiques nationaux. Sous le règne de Baudouin, c'est surtout le prince Albert qui joue ce rôle, à la tête de nombreuses missions de l'Office belge du Commerce extérieur, dont il fut le président jusqu'à son accession au trône. La délégation belge qui accompagne le Roi n'en comprend pas moins des représentants de la société civile. Mais la présence de savants, techniciens, artistes susceptibles d'enrichir la relation avec le peuple visité, y est plus marquée que celle d'opérateurs économiques.

Les discours sont une autre expression publique du rôle tenu par le Roi dans les relations internationales. À l'égard de l'étranger, ces textes reflètent l'état et l'atmosphère des rapports de la Belgique avec les pays tiers. Tournés vers l'opinion ou les autorités belges, ils tendent à faire prendre conscience des enjeux et à mobiliser les énergies requises pour que la Belgique joue un rôle dans les affaires internationales, notamment la construction européenne et les rapports Nord-Sud avec les pays en développement. Certains discours eurent un impact politique notoire. Le plus marquant a sans doute été celui, radiodiffusé, du 13 janvier 1959 : il annonce le nouveau cours de la politique congolaise, qui va « *conduire sans atermoiements funestes mais sans précipitation inconsidérée les populations congolaises à l'indépendance...* ». Il semble que le Roi ait jugé nécessaire d'annoncer lui-même une décision qui eût été plus controversée, voire combattue, si elle l'avait été seulement par le gouvernement[27]. Le discours prononcé à Alger, le 27 novembre 1990, déjà évoqué pour illustrer le prolongement de l'action gouvernementale par la parole royale, est aussi significatif de la politique belge à l'égard du monde

Au cours du voyage en Inde, rencontre avec des missionnaires belges à Ranchi, le 1er février 1970. Laeken. Collection reine Fabiola.

arabe. Parmi les discours qui eurent un impact politique remarqué, il faut encore citer celui qui fut prononcé au Kremlin le 23 juin 1975. La Conférence sur la sécurité et la coopération en Europe (CSCE) touche alors à sa fin, et l'on s'apprête à signer l'Acte de Helsinki : celui-ci doit consolider la coexistence pacifique, la détente entre États professant des idéologies différentes. Le discours royal à Moscou est un exercice de fleuret diplomatique : en même temps qu'il adhère au rapprochement Est-Ouest, il marque, par touches successives, les différences idéologiques qui subsistent, notamment par cette phrase : « ... pour nous, le succès d'une conception de vie ne peut se mesurer à son extension géographique si elle n'est pas l'expression de la libre volonté des populations ». Et cette autre, qui définit la détente : « Pour nous... il s'agit de créer non pas un état provisoire de non-emploi de la force qui permettrait aux uns de tirer profit de la faiblesse des autres, mais une situation qui garantit à chaque pays, à chaque groupement géographique ou politique qu'il appartienne, de vivre dans la liberté selon des conceptions exprimées par la majorité des citoyens[28]. » On pouvait difficilement être plus ferme dans la compétition idéologique tout en adhérant pleinement aux perspectives de coopération Est-Ouest. André Molitor se souvient que ce discours fut particulièrement remarqué à Washington[29].

Comment se préparent les discours royaux ? Ils sont rédigés au Palais. Le Roi donne des idées, choisit des thèmes ; son cabinet établit un canevas ; un projet est soumis au Premier ministre ou à son collègue des Affaires étrangères. Couverts pas le gouvernement, les discours royaux n'en portent pas moins l'empreinte de qui les prononce. « Contrairement à ce qui semble se passer dans d'autres pays, les Souverains belges, écrit encore A. Molitor, considèrent leur discours comme une intervention personnelle où ils expriment leurs idées propres avec bien entendu l'accord du gouvernement et sous sa responsabilité, mais ils ne sont pas de purs et simples porte-parole du gouvernement[30]. » Il est certain que Baudouin choisissait le ton et l'orientation qu'il voulait donner à ses propos. « Le soin personnel attaché par le Roi à la rédaction de ses discours est évident », atteste Pierre Harmel[31], et Léo Tindemans se souvient que « le Roi défendait mot à mot son texte[32] ». Le discours de juin 1985 à Kinshasa illustre cette détermination royale à tenir le propos qu'il juge opportun. Le contexte est celui d'un rapprochement entre Bruxelles et Kinshasa, d'un réchauffement belgo-zaïrois. Mais le Roi ne sacrifie pas le thème des droits de la personne à l'euphorie des retrouvailles. S'appuyant habilement sur la référence faite par la IIIe Convention de Lomé[33] à la dimension humaine du développement, il juge « *essentiel* » de « *tenir compte des valeurs sociales et culturelles de chaque nation* en intégrant les valeurs fondamentales et universellement admises de respect de la personne humaine et de ses droits[34] ». Selon *De Standaard*, Léo Tindemans, ministre des Relations extérieures, aurait, tout en couvrant le propos royal, préféré un ton peut-être plus conciliant[35].

À lire de façon analytique, ou structuraliste, les discours royaux, on y repère la juxtaposition fréquente de trois éléments. Outre les propos de convenance, s'y retrouve la formulation des positions belges concernant les relations avec tel pays ou à propos de tel problème : c'est l'élément « diplomatico-opérationnel », où les paroles royales font écho à l'attitude du gouvernement et la relaient. Mais au-delà de ces deux éléments, en apparaît un troisième, fait de considérations d'ordre philosophique et moral, et concernant notamment la solidarité entre les peuples, les défis de société, la place des jeunes ou le rôle de la famille. Par-delà l'actualité diplomatique, ce sont les préoccupations et réflexions plus personnelles du Roi qui affleurent ici. Deux discours illustrent notamment cette « griffe » personnelle dans le propos royal. En mai 1961 se déroule la visite d'État en France. Au dîner de gala à l'Élysée, le Roi évoque le chaleureux accueil de Paris, puis souhaite « *l'avènement de la Communauté européenne dans le respect des particularités nationales* ». La formule ménage « l'Europe des patries » chère au général de Gaulle, sans pour autant s'aligner sur elle. Survient enfin le propos philosophique sur « *les principes sacrés et universels sans lesquels aucune communauté humaine ne peut vivre* ». Et le Roi de préciser : « *La grandeur de votre pays à travers l'histoire, Monsieur le Président, vient de ce qu'il a gardé le culte des valeurs essentielles qui sont à la base de notre civilisation et qui sont l'héritage du Christianisme*[36]. » Paul-Henri Spaak, alors ministre des Affaires étrangères, avait lu le texte du discours et n'avait pas trouvé à y redire : il l'avait « couvert ». Mais l'accent placé sur « l'héritage du christianisme » suscita, rappelle Jean Stengers, « une certaine émotion dans les milieux laïques belges », dont Henri Janne, ancien recteur de l'Université libre de Bruxelles, se fit l'interprète dans un article publié dans *Le Soir*[37].

L'autre exemple est celui du discours du 8 avril 1987, devant le Parlement européen à Strasbourg. On est dans un semestre de présidence belge du Conseil des Communautés, et le Traité de Rome a trente ans. Le Roi se dit heureux de commémorer cet anniversaire « *au sein de votre Assemblée, le premier Parlement supranational, élu au suffrage universel, selon la volonté même des auteurs du Traité*[38] » : c'est l'élément « circonstanciel » du discours. Puis vient l'aspect « diplomatico-opérationnel ». Le système institutionnel actuel « *ne comble ni vos espoirs ni les nôtres. Si le mouvement de progrès est visible, je souhaite qu'il s'accélère à présent.*

L'Acte unique doit être perçu comme une étape intermédiaire devant mener à une véritable Union européenne ». L'évaluation royale correspond ici à celle du gouvernement belge : le Parlement devrait détenir davantage de pouvoir, et l'Acte européen, signé en 1986, ne réalise pas l'Union européenne mais constitue un pas dans sa direction. Puis vient l'élément prospectif sur le devenir des sociétés européennes. Le Roi aborde quatre domaines « *où vous* [les euro-députés] *pourriez exercer de façon importante votre influence* ». C'est une invitation au Parlement à réfléchir, par-delà les pouvoirs limités qui sont les siens face au Conseil des ministres et à la Commission, sur des enjeux majeurs de la société de demain : 1°) la maîtrise des progrès scientifiques et techniques, avec les responsabilités morales qu'ils impliquent ; 2°) l'aménagement du temps de travail, qui a un impact sur l'emploi mais aussi sur la durée de la vie professionnelle ; 3°) l'évolution démographique, avec le risque d'arriver à une situation « *où les personnes âgées seront deux fois plus nombreuses que les jeunes de moins de vingt ans* », et la nécessité de l'harmonie familiale « *à un moment où, en Europe, les liens matrimoniaux sont souvent mis en question par une fausse conception de la liberté* » ; 4°) enfin, l'ouverture de l'Europe à la jeunesse : « *aidez-la à multiplier les échanges au-delà de ses frontières nationales* ». Par-delà sa quête de pouvoirs supplémentaires, c'est à sa responsabilité face à l'avenir des sociétés que le Roi était venu conscientiser le Parlement européen.

LES POUVOIRS DU CHEF DE L'ÉTAT

Le Roi participe à la politique, accomplit des voyages officiels, tient des discours : l'ensemble de ces activités dérive des pouvoirs que la Constitution attribue au chef de l'État. Selon l'art. 68, tel qu'il s'énonce sous le règne de Baudouin, « le Roi... fait les traités de paix, d'alliance et de commerce » ; il « nomme » les ministres (art. 65) et « aux emplois... de relations extérieures » (art. 66)[39]. Si le Roi est censé « faire », ou, selon la terminologie de la Constitution révisée, « conclure » les traités, il ne les négocie pas ni ne les signe lui-même. Pour les traités conclus en forme solennelle, qui distinguent la signature de la ratification, c'est un plénipotentiaire qui signe, muni de « lettres de pleins pouvoirs signées par le Roi et contresignées par le ministre des Affaires étrangères[40] ». Mais la ratification, qui confirme l'engagement de l'État signataire, est le fait du Roi dont la signature reste, ici encore, accompagnée du contreseing ministériel. L'acte de ratification par le chef de l'État suit l'assentiment qui est

En 1975, une visite officielle remarquée en Union soviétique. En dépit d'un agenda politique et culturel chargé, le Roi et la Reine trouvent le temps de se recueillir.
Photo Jean Guyaux (Bruxelles).

Le Roi reçoit le chancelier allemand Willy Brandt.
7 février 1973.
Laeken. Collection reine Fabiola.

demandé aux Chambres. On ne connaît évidemment pas de situations où le roi Baudouin ait refusé de ratifier un traité ou hésité à le faire. En revanche, on sait qu'il a été sur le point de refuser les pleins pouvoirs pour la signature du Traité de Rome en mars 1957. L'épisode est rapporté par Jean-Charles Snoy et d'Oppuers dans ses *Mémoires*. Alors secrétaire général du ministère des Affaires économiques, et chef de la délégation belge à la conférence de Val-Duchesse où se négocient les traités CEE et CEEA, il raconte la séance du 6 mars : « J'avais ouvert la séance et entamé les travaux. Spaak arriva peu après dix heures, la mine défaite. Il me répondit que le Roi refusait de signer les pleins pouvoirs pour la signature des traités. Je lui demandai s'il me permettait de demander audience au Souverain pour présenter les arguments en faveur des Traités. Il m'y autorisa aussitôt et le 8 mars, je fus reçu longuement par le Roi qui me posa, avec cet art consommé qui est le sien, un nombre considérable de questions relatives à l'impact que les Traités allaient avoir pour la Belgique. Mes réponses furent satisfaisantes et le Roi se déclara convaincu mais il me demanda si j'avais convaincu le Premier ministre. Je compris aussitôt que Van Acker ne voulait pas des Traités et je m'en allai le voir pour le convaincre à son tour ; ce fut beaucoup plus difficile et plus pénible. » Mais les Traités de Rome furent bien signés par la Belgique, le 25 mars.

Le Roi nomme les ministres. Les choisit-il, a-t-il une influence sur la désignation du ministre des Affaires étrangères ? Le roi Baudouin était loin de se désintéresser du choix des personnes, surtout en période de crise. Il semble qu'il ait souhaité l'effacement du cabinet Eyskens en 1960 pour faire place à une équipe d'hommes plus résolus[42] à l'égard de la crise congolaise. En tout cas, estime Pierre Harmel, « le dialogue du Roi avec le formateur du gouvernement a toujours permis au premier d'exprimer son sentiment et son conseil quant au choix des ministres[43] ». La pratique verra pourtant un renforcement du rôle des présidents de partis, qui répartissent les portefeuilles après avoir rédigé le programme gouvernemental. Avec le temps, souligne aussi André Molitor, « le dernier mot pour la désignation des ministres va plutôt appartenir aux partis[44] ». Et la désignation des ambassadeurs, l'affectation des postes diplomatiques ? Le Roi nomme sur proposition du ministre des Affaires étrangères. Il peut arriver qu'il fasse des suggestions quant à la meilleure adéquation entre le talent des personnes et les qualités requises pour tel poste diplomatique important. Le Roi, rappelons-le, connaît bien le personnel diplomatique. Il reçoit les ambassadeurs de passage à Bruxelles, et les retrouve lors de ses voyages. On sait, par exemple, qu'il avait beaucoup d'estime pour le talent de l'ambassadeur De Staercke, qui fut secrétaire du gouvernement en exil à Londres, chef de cabinet du Prince régent, puis remplit avec brio des fonctions diplomatiques auprès de l'OTAN. Sa démission, en 1973, fut regrettée par le Palais.

Chef de l'État, le Roi exerce enfin le droit de légation passif : c'est en ses mains que les ambassadeurs des pays tiers remettent leurs lettres de créance, et il les reçoit en audience de congé lorsqu'ils quittent leur poste. Aucun de ceux-ci, lors de son séjour à Bruxelles, n'aura sans doute envoyé à sa capitale un message analogue à celui qu'écrivait en 1848 un diplomate autrichien à propos de Léopold Ier : « ... le point essentiel, ici, pour un chef de mission, est de se placer de manière à connaître sur toutes choses les idées et les volontés de Sa Majesté, avant de s'enquérir par pur procédé et pour la forme seulement des opinions et discours de ses ministres[45]. » Les temps ont évidemment changé. La politique étrangère n'est plus faite par « l'amicale des souverains » comme elle l'était au début du XIXe siècle. Ce sont les gouvernements, sous le contrôle du Parlement, qui en sont les acteurs de premier rang. Mais quel ambassadeur étranger, quittant Bruxelles, n'aura pas aussi perçu que, représentant l'État, le roi Baudouin œuvrait activement à son bon fonctionnement

Le président américain Jimmy Carter rend visite à Bruxelles.
6 janvier 1978.
Laeken.
Collection reine Fabiola.

et s'impliquait personnellement dans les relations avec les États tiers et les peuples étrangers ?

Quels sont les dossiers, les thèmes, où la présence du Roi et son implication personnelle sont les plus sensibles ? Sans aucun doute, les deux axes majeurs de la politique étrangère belge : la construction de l'Europe qui, à travers les étapes d'une intégration économique, poursuit une finalité d'union politique, et la politique africaine qui introduit aussi à la relation globale Nord-Sud. Certes, le Roi abordera aussi d'autres thématiques. Il suivra de près l'évolution des relations transatlantiques et la part que prend le gouvernement belge à celle des rapports Est-Ouest, illustrée par le Rapport Harmel qui, en 1967, préconise, au nom de l'Alliance, de coupler défense et détente à l'égard de l'Est. Il soutient aussi le rôle des Nations-Unies, notamment pour développer la prise de conscience des problèmes communs à la communauté internationale, comme en témoigne sa participation au Sommet mondial de l'Enfance à New York, en septembre 1990. Mais, sur la durée du règne, la construction de l'Europe et l'Afrique centrale émergent comme des préoccupations à la fois continues et évolutives. C'est à ces deux dossiers que l'on consacre une analyse détaillée.

LA CONSTRUCTION EUROPÉENNE : DE L'INDÉPENDANCE NATIONALE AU FÉDÉRALISME EUROPÉEN

Le 27 octobre 1953, le Roi reçoit à Bruxelles les chefs des missions diplomatiques belges à l'étranger. Ils ont été réunis par le ministre des Affaires étrangères, Paul van Zeeland, pour des journées de contact et d'information sur la politique étrangère du pays, connues aujourd'hui sous l'appellation de « journées diplomatiques ». En recevant ses hôtes, le Roi évoque la construction d'une « *Communauté européenne* » qui se doterait « *d'institutions économiques, militaires et politiques* ». À l'époque, le Traité CECA (Communauté européenne du charbon et de l'acier), dotée d'une Haute Autorité supranationale, est en vigueur, et le Traité CED (Communauté européenne de défense) est signé mais attend la ratification de la France, qui, on le sait, ne viendra pas. « La Belgique, déclare Baudouin, *se doit de participer à ces efforts dans le double souci des intérêts européens et des intérêts belges en maintenant dans toute la mesure possible sa souveraineté*[46]. » Et il exhorte les ambassadeurs qui l'écoutent à « *veiller avec vigilance, fermeté et dignité, au respect dû à l'indépendance traditionnelle et sacrée de notre Patrie* ». Le souci de l'indépendance nationale et de la souveraineté belge marque les propos des premières années de règne. On le retrouve en mars 1954 : « *La Belgique a voulu que sa Constitution soit la sauvegarde de sa Souveraineté. Appelée à une collaboration plus grande encore avec les autres nations en vue du maintien de la paix et de la prospérité commune, elle remplira pleinement son devoir, en conservant le bien suprême de son indépendance.* » On perçoit dans ces discours l'écho au serment royal de maintenir l'indépendance nationale. Toutefois, l'allocution de 1953 aux diplomates, à laquelle il faut donc ajouter le propos de mars 1954, sera, selon Emmanuel Coppieters, « la seule mention de ce souci de la souveraineté dans les très nombreuses interventions sur le thème de l'unité européenne que comporte le règne de Baudouin[48] ».

Près de quarante ans séparent les propos de 1953 des dernières paroles consacrées au thème européen, lors de l'ultime message du 21 juillet 1993. Le ton en est tout autre : « *Il est pourtant nécessaire de progresser vers une Europe vraiment fédérale. C'est en effet cette Europe-là qui peut le mieux nous aider à combattre la crise économique, à défendre l'emploi et résister aux leurres de chacun pour soi et des nationalismes étroits et néfastes. C'est elle aussi qui doit nous permettre de mieux assumer nos responsabilités à l'extérieur de la Communauté*[49]. » Entre la sauvegarde de la souveraineté nationale et la marche vers l'Europe fédérale, on mesure l'évolution de la conception royale à l'égard de la construction européenne. C'est au début de la décennie septante que cette thématique européenne va prendre une place de premier plan dans les discours royaux. On est à un moment où sont dépassées les tensions des années soixante entre la France gaulliste et ses partenaires. Le sommet européen de La Haye, de décembre 1969, a ouvert la voie à l'élargissement de la Communauté – adhésions du Royaume-Uni, du Danemark, de l'Irlande – et à son approfondissement : nouvelles politiques communes, perspective d'union économique et monétaire. Un nouveau sommet se tient à Paris en octobre 1972, qui établit un échéancier devant conduire à l'Union européenne et à l'Union économique et monétaire pour 1980... C'est dans ce contexte de relance du processus européen que l'intérêt personnel du Roi va s'affirmer. Il n'est bientôt plus de voyages officiels où ne soit abordé le thème de la Communauté européenne et de ses relations avec le pays visité.

Événements européens survenant ou célébrés à Bruxelles, tels la signature le 22 janvier 1972 des Traités d'élargissement, ou le premier Conseil européen – réunion régulière des chefs de gouvernement ainsi que du Président français –, le 17 juillet 1975[50], ou encore ce vingt-cinquième anniversaire des Traités de Rome célébré à Bruxelles le

29 mars 1982, ou la visite au Parlement européen à Strasbourg, le 8 avril 1987 : ce sont autant d'occasions pour le Roi d'exprimer sa conviction européenne. Mais celle-ci prendra plus de relief encore dans de nombreux discours de Noël, du 21 juillet ou aux corps de l'État. Le thème européen y occupe une place significative, comme si le Roi se voulait le pédagogue et l'avocat de la cause européenne auprès de ses concitoyens.

LA PRÉSERVATION DE L'INDÉPENDANCE NATIONALE

Comment décrire les vues du Roi sur les enjeux de la construction européenne ? Il semble que, à travers ses propos et sur la durée du règne, l'on puisse distinguer quatre types de préoccupations. La première, qui est caractéristique des années cinquante, est marquée par le souci de préserver la souveraineté nationale et par l'intuition que l'intégration économique va imposer des changements, requérir des adaptations. Les propos du Roi aux chefs des missions diplomatiques belges en octobre 1953 (cfr supra), l'hésitation à donner les pleins pouvoirs de signature pour les Traités de Rome en mars 1957, témoignent de cette préoccupation. Celle-ci reflète à vrai dire les points de vue de Paul Van Zeeland et d'Achille Van Acker qui, plus soucieux que Paul-Henri Spaak de préserver la souveraineté des États, étaient moins « supranationalistes », moins intégrationnistes que lui. On peut penser qu'à l'époque, les attitudes du jeune Roi sont déterminées pour l'essentiel par ses ministres. Dans l'épisode de la signature du Traité de Rome, on voit mal qu'il eût passé outre les réticences du Premier ministre Achille Van Acker, qu'alarme la diplomatie personnelle de Paul-Henri Spaak. Mais on a vu aussi que le Roi s'est rapidement laissé convaincre des avantages du Marché commun. Ceux-ci vont pourtant exiger, de la part des opérateurs économiques belges, un effort d'adaptation. Inaugurant, en juin 1958, les nouveaux locaux de la FIB (Fédération des industries de Belgique), le Roi évoque l'engagement des gouvernements successifs dans les organisations de coopération économique, tels le Benelux, l'Organisation européenne de coopération économique et enfin le Marché commun : « ... il serait vain de croire que les changements profonds apportés à l'économie européenne par ces initiatives n'entraîneront pas de sérieux ajustements et n'exigeront pas une formation scientifique accentuée... » Même accent en novembre 1959, lors du Congrès sur la productivité : le Marché commun et, au-delà, un marché international élargi sont « pour nous une épreuve en même temps qu'un encouragement. Ils nous imposeront d'accroître notre capacité concurrentielle contre les forces techniques et financières redoutables de l'industrie et du commerce internationaux[52] ».

Les premières préoccupations concernent l'impact de la construction européenne sur la souveraineté de l'État, d'une part, et sur l'appareil productif du pays, de l'autre. À partir de 1970, toutefois, c'est le plaidoyer résolu qui domine le discours royal sur l'Europe. Le transfert de certains pouvoirs aux institutions de la Communauté se justifie désormais par le souci de préserver ensemble une indépendance qu'aucun État n'est plus en mesure d'assurer seul. Telle est « la réflexion en profondeur » que le Roi propose, lors du déjeuner auquel il les convie, aux chefs d'État et de gouvernement réunis en Conseil européen à Bruxelles, en juillet 1975 : « ... pour nos pays, il n'y a pas d'alternative à l'unification... Seule celle-ci peut garantir à nos pays cette indépendance dont ils ne sont plus capables séparément[53]. » Le propos devant les Corps constitués, en janvier 1979, va dans le même sens : « *De naties die destijds met trots hun onafhankelijkheid en soevereiniteit verkondigden, erkennen nu hoezeer zij op elkaar aangewezen zijn en zo wordt, stap voor stap, de Europese eenmaking een werkelijkheid... Dit verdonderstelt dat de Natie, waarvan oorspronkelijk alle macht uitgaat, aan de Europese instellingen datgene afstaat dat beter op Europese vlak kan behartigd worden...*[54] » Bien avant la lettre, cette dernière phrase énonce le principe de subsidiarité répartissant les compétences entre la Communauté et les États membres, qui sera inscrite dans le Traité de Maastricht. Chemin faisant, « l'Europe devient de plus en plus votre espace normal », explique encore le Roi à ses compatriotes, le 21 juillet 1991[55].

Mais où va-t-elle, cette construction de l'Europe, et se fait-elle assez vite ? Les crises qu'elle traverse suscitent tout à la fois l'impatience et la persévérance royales. En 1971, alors que se confirme la relance annoncée au Sommet de La Haye de 1969, le Roi souligne que « *les pays de l'Europe occidentale sont de plus en plus conscients qu'à moins de s'unir étroitement, ils n'arriveront pas à trouver le règlement définitif de leurs problèmes ; ils avancent, bien que trop lentement à notre gré, dans la bonne direction*[56] ». Au début de 1984, dans un contexte marqué par la crise interne liée à la demande britannique d'une ristourne budgétaire, l'impatience perce à nouveau : « *Alors que face à la crise économique, et aux inquiétants problèmes de la sécurité, l'Europe aurait dû serrer les rangs, renforcer son unité, le contraire s'est passé, elle a fait preuve de sa division, de sa paralysie*[57]. » Mais en 1990, c'est la persévérance qui est réconfortée : « *Depuis 1950, petit à petit, elle [la construction européenne] avance. Il est normal que cela prenne du temps. Mais depuis peu, un grand tournant a été pris. La décision d'abolir pour 1993 toutes les barrières au sein de la Communauté a donné à celle-ci une impulsion*[58]. »

VERS L'EUROPE FÉDÉRALE

Où va l'Europe ? Dès 1975, le Roi préconise « *een Europees model ... meer aangepast aan hun [de jonge generaties] verwachtingen, nl. een Europa met een minder mercantiel en een meer sociaal gelaat...*[59] ». Mais c'est surtout l'intégration politique, celle d'une Europe fédérale, qui indique la direction du processus historique d'unification.

Si les premières réalisations européennes se situent dans l'ordre de l'intégration économique, la finalité est celle d'une communauté politique. Recevant, en juin 1974, les participants à un sommet de l'Alliance atlantique – dont le président américain, Richard Nixon –, le Roi exprime la nature politique de cette Union européenne dont le sommet européen de Paris, en octobre 1972, a lancé la formule, sans d'ailleurs en définir le contenu : « *Without the achievment of a genuine European union on the political level, the European States and the European Community will be unable to assume the responsabilities imposed on them by their economic success*[60]. » Le même thème revient en avril 1980 devant le Congrès américain, à l'occasion d'une visite officielle aux États-Unis : « *... what the EEC will have to change into, will be a genuine political community. The election in 1979 by direct universal suffrage of the European Parliament constitutes a major stage of that difficult process*[61]. »

Le caractère politique de l'Union européenne doit s'affirmer à travers le renforcement des institutions européennes, et notamment celui du Parlement européen ; il requiert aussi le développement d'une politique étrangère et de sécurité commune qui permette à l'Union de parler d'une seule voix dans les débats internationaux et dans les crises régionales comme celle de la Yougoslavie. Sous ce double aspect, le Traité de Maastricht, signé en février 1972, apparaît comme facteur de progrès. Bien que les termes de « vocation fédérale » de l'Union européenne ne figurent pas dans le préambule du traité, et ce au grand dam des Pays-Bas et de la Belgique, c'est la tendance vers une Europe fédérale que le Roi reconnaît dans ce traité : « *Notre pays, dit-il lors de la fête nationale en 1992, s'est toujours prononcé en faveur de l'Europe fédérale. Nous souhaitons que soient transférées à une autorité fédérale européenne les compétences qui peuvent s'exercer le plus facilement à ce niveau. C'est pourquoi nous considérons le Traité de Maastricht comme une étape essentielle... Il faut souligner pourtant que ce serait une illusion de croire que le rôle des États nationaux va se dissoudre dans une Europe fédérale. Il va se transformer mais ne disparaîtra pas*[62]. » L'affirmation de la finalité fédérale de l'Union européenne sera répétée à Paris, en novembre 1992, lors d'un dîner à l'Élysée. Elle revient dans le dernier message du 21 juillet 1993 : « *Il est pourtant nécessaire de progresser vers une Europe véritablement fédérale*[63]. »

L'apparition, dans les discours royaux, des mots « Europe fédérale » survient en fait vers la fin des années quatre-vingt. Elle est manifestement en syntonie avec l'usage similaire qu'en fait le Premier ministre de l'époque, Wilfried Martens[64]. Elle va aussi s'insérer dans une

La Belgique se situe au cœur de l'Europe et plusieurs institutions européennes sont établies à Bruxelles. Le roi Baudouin suit de près la politique européenne et saisit à plusieurs reprises l'occasion de procéder à des échanges de vue avec d'importants hommes politiques européens. Le président de la Commission européenne, Roy Jenkins, et son épouse sont reçus, le 16 septembre 1977, par le Roi et la Reine. Laeken. Collection reine Fabiola.

construction doctrinale qui rapproche la vocation fédérale de l'Europe et l'expérience belge du fédéralisme. Même si les deux processus peuvent aussi s'interpréter comme suivant des voies divergentes, c'est leur commune articulation de l'unité et de la diversité qui est mise en avant par le Roi, le Premier ministre et leurs cabinets respectifs. Au cours des années septante et quatre-vingt, le Roi s'était préoccupé de la contribution belge à l'intégration européenne ; il s'inquiétait de l'effet des divisions politiques internes sur le rôle européen de la Belgique. À la fin de son règne, il trouve l'équation idéologique entre les fédéralismes belge et européen, qui établit leur parallélisme et efface leur opposition. Tel est le troisième ordre des considérations relatives à la construction européenne.

LE PARALLÉLISME

Au début de son règne, on a donc vu le jeune Roi se préoccuper de la préservation de l'indépendance nationale et de l'adaptation de l'économie belge face aux ébauches d'unification politique et économique. Mais au tournant des années 1970, la conviction s'est forgée : la construction européenne doit aller de l'avant, sans retard et en surmontant les obstacles qui la freinent. Par-delà l'intégration économique, la finalité est politique : l'Europe fédérale. En même temps que s'affirme cette deuxième thématique, apparaît en parallèle le souci royal que l'évolution des structures politiques belges et les crises qui la jalonnent n'affectent pas le rôle européen de la Belgique, n'affaiblissent pas sa contribution à l'intégration européenne. Le rapport entre celle-ci et la réforme de l'État apparaît ainsi comme un troisième thème dans les propos européens de Baudouin. « *Pour trouver sa place en Europe ... notre pays doit trouver à son tour ce nouvel équilibre intérieur qu'il cherche depuis longtemps déjà*[65] », déclare-t-il dès 1973. Même avertissement à Noël 1978 : « *Vous savez comme moi ce que nous perdrions dans d'interminables confrontations qui nous empêcheraient de faire face ensemble à nos difficultés et qui affaibliraient notre position à tous au sein de l'Europe en formation*[66]. »

En mai 1987, une nouvelle crise politique s'ouvre à propos de Fouron alors que la Belgique préside le Conseil des Communautés. Lors de son allocution du 21 juillet, le Roi – on l'a indiqué plus haut – déplore cet « *accès de fièvre communautaire* » qui a pour effet que « *pendant que la Belgique assumait la présidence de l'Europe, le gouvernement risquait à tout moment de tomber*[67] ». Mais le discours de 1987 amorce aussi une nouvelle approche du lien entre réforme de l'État et unification de l'Europe. Au lieu de souligner le handicap que constituent les crises communautaires pour la contribution belge à l'intégration européenne, le Roi va ébaucher un parallélisme entre l'enjeu de la réforme de l'État, le fédéralisme belge, et la finalité fédérale de l'Europe communautaire. Au lieu d'observer que les deux processus divergent – le premier étant centrifuge, le second, centripète –, le Roi souligne désormais qu'ils ont un même enjeu : une dialectique de l'unité et de la diversité. « *Je voudrais que notre pays démontre, au sein de cette Europe diversifiée qui cherche son unité, qu'il est possible de voir des cultures différentes s'épanouir côte à côte, sans trop de peine, au sein d'un même ensemble politique. Ce serait pour la Belgique le gage de la paix et du progrès. C'est en même temps une contribution importante que nous devons apporter à la construction européenne*[68]. » Dans le discours de Noël 1988, la suggestion se fait doctrine : « *J'ai tracé les contours d'un fédéralisme qui doit favoriser l'union, faire vivre harmonieusement dans un même ensemble des Communautés et des Régions qui ont chacune leur personnalité propre. Relever ce défi, c'est aussi montrer concrètement la voie de la construction européenne : la Belgique peut et doit devenir la véritable creuset d'une Europe fédérale*[69]. » Le 21 juillet 1992, le Roi revient une nouvelle fois sur la concordance entre fédéralismes belge et européen : « *L'unité dans la diversité que nous recherchons sur le plan européen, nous devons aussi la vivre chez nous sur le plan national, sinon nos grands credos européens sonneront creux et seront perçus comme hypocrites par nos partenaires... En gardant notre tradition d'ouverture et de tolérance, la Belgique continuera d'être une source d'inspiration et d'exemple pour la construction européenne*[70]. » Le 30 novembre 1992, à Paris, au dîner à l'Élysée en présence du président Mitterrand, le même parallélisme conclut encore le propos royal sur l'Europe : « *Et cette option fédérale que nous défendons pour l'Europe, vous n'ignorez pas, Monsieur le Président, que nous nous efforçons également de la réaliser au sein de notre pays*[71]. »

On a déjà indiqué que le recours au terme « fédéral » pour évoquer la finalité politique de l'intégration européenne coïncide, dans les discours du Roi, avec l'usage qu'en fait le Premier ministre, Wilfried Martens. On peut estimer que la même syntonie existe entre le Roi, son Premier ministre et leurs chefs de cabinet respectifs, J. van Ypersele de Strihou et André Allen, sur la congruence entre le fédéralisme belge et la vocation fédérale de l'Europe. À Vienne, en octobre 1993, Wilfried Martens, qui n'est plus au 16, rue de la Loi, fait encore écho à cette position idéologique commune : « *Peut-être, en effet, la Belgique fédérale de 1993 préfigure-t-elle une Europe des peuples rassemblés dans leur diversité organisée*[72]. » Léo Tindemans, pour sa part, attribue au légalisme du Roi la valorisation doctrinale du fédéralisme : « Une fois que la réforme de l'État allait dans ce sens, le Roi, légaliste qu'il est, se fait le défenseur et l'avocat du modèle[73]. » On notera d'ailleurs qu'il a établi un parallélisme semblable entre fédéralisme suisse et construction européenne. Devant le Parlement fédéral de Berne, en octobre 1989, le Roi déclarait aussi : « *À maints égards, la Confédération helvétique constitue par ailleurs un terrain d'expérience plein d'enseignements pour l'avenir de l'Europe*[74]. »

LES RAPPORTS NORD-SUD ET LA CONVENTION DE LOMÉ

S'il est une quatrième thématique qui se dégage des discours royaux sur l'Europe, c'est celle des relations extérieures de l'Union. L'Europe ne songe à aucune forme de domination, elle n'a pas d'exigence territoriale, rappelle le Roi lors de son discours devant le Parlement européen[75]. À l'égard des États-Unis, elle doit pouvoir mener un dialogue qui ait « *the nature of a conversation between equal partners*[76] ». Elle doit aussi mieux assumer ses responsabilités grâce à une approche commune face à la tragédie yougoslave[77]. Mais c'est le rapport Nord-Sud, et en particulier les relations entre la Communauté et ses partenaires africains des Conventions de Yaoundé et de Lomé, qui reviennent le plus souvent dans les propos royaux. En 1958 déjà, le Roi soulignait l'importance de l'association à la CEE des Pays et territoires d'outre-mer prévue par le Traité de Rome : « *Le Marché commun n'entraînera pas seulement des conséquences pour la Belgique, nos territoires d'outre-mer y étant associés, des perspectives nouvelles s'ouvrent pour le Congo et le Ruanda*[78]. » Les liens eurafricains et euroméditerranéens seront évoqués au cours de nombreux voyages, tandis que le thème du dialogue global entre le Nord développé, auquel appartient la Communauté, et le Sud en développement sera fréquemment abordé dans les années 1970. Ces thèmes ne seront pas abandonnés au début des années 1990. Le 30 novembre 1992, à l'Élysée, le Roi affirme toujours que l'effort de la Communauté en faveur du tiers monde reste un trait majeur de sa mission internationale, même si l'Europe de l'Est lui a ouvert une nouvelle dimension : « *Notre intérêt pour l'Est ne peut nous amener à oublier l'hémisphère sud, en particulier le continent africain, où la faim, la maladie, les guerres civiles et la corruption dans certains pays, font des ravages cruels*[79]. » Jusqu'au terme du règne, l'Afrique sera restée, avec la construction européenne elle-même, la préoccupation prédominante de politique étrangère du Roi. Les rapports Nord-Sud, qui sont sur l'agenda international depuis la fin des années soixante, la Convention de Lomé qui lie la Communauté européenne et les pays de l'Afrique, des Caraïbes et du Pacifique, prolongent et étendent l'intérêt et l'attention que, dès son premier voyage, en 1955, Baudouin porte à l'Afrique centrale.

Le roi Baudouin et la reine Fabiola au dîner de gala offert par le roi Hassan II du Maroc. Octobre 1968. Photo Belga (Bruxelles).

Le Roi dépose une couronne au monument à la mémoire des victimes de la bombe atomique à Hiroshima, le 29 janvier 1964. Laeken. Collection reine Fabiola.

Le Roi des Belges en conversation avec le vice-président et dirigeant politique chinois Deng Xiao Peng, Pékin, mai 1981.
Photo Van Parys Media (Bruxelles).
Laeken. Collection reine Fabiola.

Les traditions de bienvenue des Maoris de Nouvelle-Zélande. Décembre 1987.
Photo Van Parys Media (Bruxelles).

« Qu'y a-t-il au menu ajourd'hui ? » Un roi Baudouin curieux en visite dans la commune agricole de Tch'Ang Ts'In, dans les environs de Suzhou. 31 mai 1981.
Photo Van Parys Media (Bruxelles).

Le 6 décembre 1987 dans l'avion, au retour du voyage en Australie. Le chef du service de presse, Marc Van Craen, aurait-il renseigné saint Nicolas ?
Laeken. Collection reine Fabiola.

LE ROI ET L'AFRIQUE CENTRALE

Dans le champ de la politique étrangère, l'Afrique centrale se situe, en effet, au premier rang des préoccupations royales. L'histoire de la Belgique et celle de ses Rois se rejoignant étroitement sur cette question, Baudouin Ier ne pouvait que se trouver directement concerné par l'évolution congolaise. Léopold II s'y était investi totalement, faisant de cette implantation coloniale une affaire personnelle que l'État belge récupéra en 1908. Entreprise royale et nationale, le Congo fournit, en politique étrangère, l'un des principaux fils rouges du règne.

Avant l'indépendance

Si 1960 représente, bien sûr, la césure essentielle, il n'est pas inutile néanmoins de jeter un coup d'œil sur la période antérieure, tant la réflexion et l'action royales par rapport au Congo s'inscrivent dans la continuité.

Quant le Roi arrive à Léopoldville, le 16 mai 1955, pour sa première visite dans la colonie, il débarque dans un pays marqué par la stabilité. La domination européenne y est quasi complète et empêche l'expression de toute revendication politique. Si des contestations se font jour, elles concernent, pour l'essentiel, les domaines social, économique, culturel. L'autorité belge ne se préoccupe pas, sinon pour un futur lointain, de l'avenir politique des Congolais. L'enseignement, l'équipement, la mise en valeur des ressources naturelles, le « progrès » constituent des objectifs prioritaires. La colonisation belge repose sur le long terme, seule perspective dans laquelle on se place. Pourquoi se lancerait-on dans l'émancipation politique alors que les Congolais eux-mêmes, hormis l'une ou l'autre exception, ne la revendiquent pas, faisant porter leurs réclamations sur l'acquisition d'avantages susceptibles de les rapprocher du statut et du niveau social des Européens ? Cette approche générale s'accompagne, dans le chef des responsables belges, du souci de tout mettre en œuvre pour maintenir l'union entre la Belgique et le Congo ; elle ne peut, certes, se concevoir sans les Congolais, qu'il ne s'agit donc pas d'écarter mais auxquels il faut apporter – tant aux élites qu'à la masse – la formation politique éclairée indispensable.

Cette conception d'ensemble, on la retrouve dans les allocutions prononcées par le Roi au cours de ce premier voyage. S'adressant aux « *artisans* » (officiers et soldats de la Force publique et des troupes métropolitaines, fonctionnaires et magistrats, savants, techniciens et industriels, missionnaires ; l'État, l'industrie, l'Église) de la « *grande œuvre* » entreprise par Léopold II auquel la référence est constante, il met l'accent sur l'entreprise civilisatrice de la Belgique, insistant sur les transformations morales et matérielles apportées à ces « *régions de l'Afrique centrale où sévissaient la maladie, l'insécurité et souvent la misère* ». La « *population autochtone* », le « *sort de l'indigène* » sont présents dans les réflexions ; il faut, dans « *une politique de large compréhension mutuelle fondée sur le respect de la personne humaine* », veiller à leur « *relèvement moral et matériel* »[80].

Quant à l'avenir politique, il reste conçu dans la perspective d'une union entre la Belgique et le Congo, qui ne forment qu'« *une nation* », objet d'une souveraineté « *exercée sans partage* ». Le maintien de l'intégrité territoriale, objet du serment constitutionnel du Roi, demeure l'un de ses attachements essentiels qu'il évoque très clairement : « Mon Père, le Roi Léopold III (...) m'a élevé dans l'idée que la Belgique et le Congo ne formant qu'une nation, ce principe commande au Souverain d'assurer l'intégrité de leurs territoires. » Si l'on ajoute à ces divers points la référence à la civilisation chrétienne, que mentionne explicitement le Roi, on aura évoqué l'ensemble des principes de base à partir desquels se définit sa position.

Cette visite à Léopoldville et les différentes déclarations qui l'accompagnèrent furent suivies de déplacements dans les provinces, qui lui permirent d'apprécier une série de réalisations agricoles et industrielles. Le Roi tira, de ce premier contact direct avec le Congo, une impression très favorable qui le confirma dans la nécessité d'élaborer un statut destiné à assurer « *pour le bonheur de tous, la pérennité d'une véritable communauté belgo-congolaise et qui garantira à chacun, blanc et noir, la part qui lui revient, selon ses mérites et sa capacité, dans le gouvernement du pays* ». À côté de cette conclusion politique, la question des relations humaines lui était apparue comme essentielle : « *Il ne suffit pas d'équiper le pays, de le doter d'une sage législation sociale, d'améliorer le niveau de vie de ses habitants ; il faut que les blancs et les indigènes fassent preuve, dans leurs rapports quotidiens, de la plus large compréhension mutuelle*[82]. » L'intérêt, l'admiration et l'attachement du Roi pour ce pays trouvèrent, dans les quatre semaines passées sur place, matière à s'enrichir. Ce premier voyage marque bien, sinon l'aboutissement de la période coloniale triomphante, du moins le lien entretenu avec celle-ci. En moins de cinq ans, le bouleversement allait être complet.

Avant que les aspects politiques de la question congolaise ne s'imposent, à travers la décolonisation, le Roi manifeste encore son souci du développement de la région lorsque, le 13 septembre 1957, il préside, pour la deuxième et dernière fois au cours de son règne, le conseil des ministres. Il y défend un projet de mise en valeur des ressources hydro-électriques du fleuve Congo, sur le site d'Inga. Il voit dans ce projet « *l'entrée des grandes industries de transformation en Afrique centrale* » qui ne pouvaient que générer « *bienfaits (... pour les ...) populations locales* », en même temps qu'il affirme la « *foi en l'avenir du Congo et de notre œuvre en Afrique* ». Le projet, approuvé par le conseil des ministres, prévoyait la production du premier kilowatt-heure pour 1964[83].

Le Roi attache également beaucoup d'importance au choix des personnes en charge des questions congolaises. Ainsi, en juillet 1958, intervient-il, lors de la constitution du gouvernement Eyskens, pour que Léo Pétillon, gouverneur général, soit nommé ministre des Colonies[84]. Une intervention semblable eut lieu en août 1959, quand il s'agit de confirmer à son poste le gouverneur général Cornélis. Le Roi s'opposa à la proposition de Van Hemelrijck, ministre des Colonies, de désigner à ce poste R. Scheyven[85].

Contribuer au développement du pays et de sa population demeure bien l'objectif central. On espère de la sorte assurer la sécurité du Congolais et l'empêcher ainsi de penser à l'émancipation politique. Des signes apparaissent cependant, annonciateurs de la révolution de 1959-1960 : le Plan de trente ans pour l'émancipation politique de l'Afrique belge[86], ou le Manifeste de Conscience africaine (juillet 1956)[87]. Très rapidement, le caractère tempéré de la revendication se transforme, prenant une allure plus déterminée : l'indépendance pure et simple est réclamée[88]. La radicalisation du mouvement et l'accélération des événements, avec les émeutes de Léopoldville de janvier 1959, obligent les autorités belges à réagir. Elles doivent dépasser leurs objectifs de développement économique et social pour affronter la demande politique dont elles n'ont pas tenu compte.

Le Mwami du Ruanda Charles Mutara Rudahigwa offre au roi Baudouin une vache ruandaise. Nyanza, mai 1955.
Bruxelles, Archives du Palais royal.

L'arrivée à Léopoldville, le 16 mai 1955, constitue le début du voyage historique de Bwana Kitoko - Bula Matari Baudouin au Congo belge et au Ruanda-Urundi. Laeken. Collection reine Fabiola.

Fin 1959, le roi Baudouin rend visite au Congo belge et aux territoires sous mandat, le Ruanda et l'Urundi. Ce voyage se situe entièrement sous le signe d'une indépendance toute proche. Après les troubles de janvier 1959, de plus en plus de voix s'élèvent dans la colonie pour réclamer l'indépendance. L'arrivée du roi Baudouin à Élisabethville. 12 décembre 1959. Photo H. Goldstein (Congopresse). Bruxelles. Archives du Palais royal.

Le 13 janvier 1959, la réaction intervient, elle est le fait et du gouvernement et du Roi. L'une et l'autre interventions contiennent le terme d'« indépendance ». L'allocution, prononcée par le Roi sur les ondes de l'INR et dont seuls quelques ministres sont au courant – MM. Eyskens, Lilar et Van Hemelrijck –, est empreinte d'un caractère de clarté et donc d'une force plus grande que la déclaration gouvernementale chargée de fournir les détails du plan projeté. Le Roi, dont l'engagement personnel se vérifie une fois de plus à propos du Congo, situe ses paroles dans la ligne antérieure, se référant à ses « *illustres prédécesseurs, fondateurs et consolidateurs de notre œuvre en Afrique* » et aux «*quatre-vingts années de services et d'efforts* » accomplis par la Belgique. « *Continuant ces nobles visées [civilisation, liberté, progrès...]* », notre « *ferme résolution est aujourd'hui de conduire, sans atermoiements funestes, mais sans précipitation inconsidérée, les populations congolaises à l'indépendance dans la prospérité et la paix.* » Si l'objectif est ainsi défini, il est certain que sa mise en œuvre demandera du temps, l'indépendance supposant la réalisation d'une série de conditions de base ; il est également bien établi que c'est la Belgique, certes « *dans un enthousiaste et cordial concert d'efforts avec nos populations africaines* » et en favorisant « *des adaptations originales répondant aux caractères propres et aux traditions qui leur sont chers* », qui conduira le processus : « *Notre tâche de guider et de conseiller, à nous métropolitains et blancs du Congo, doit se poursuivre tout en se transformant et s'atténuant à mesure des progrès réalisés.* » Ce discours ouvrait le chemin de l'in-

Au cours de son séjour à Léopoldville, le ministre des Colonies Auguste De Schrijver a des conversations avec des dirigeants congolais. Le 26 novembre 1959, il rencontre une délégation du Kasaï. De gauche à droite, MM Tshilembo, Kabengele, Germain Kalondji, Ilunga, Katombe et Alonga. Photo J. Makula (Congopresse). Bruxelles. Archives du Palais royal.

dépendance ; en cela, il allait être respecté[89].

Il n'en serait pas de même quant à la maîtrise du processus qu'attribuait le Roi à la Belgique et à laquelle il restait particulièrement attaché, mais dont il fallut bien vite, dans l'accélération des événements, reconnaître qu'elle allait échapper au pouvoir colonial. La lettre qu'il adresse à son Premier ministre, Gaston Eyskens, le 4 septembre 1959, illustre l'état d'esprit du Roi face à cette situation. Rappelant au gouvernement « *l'exceptionnelle gravité des décisions à prendre* » pour l'application du programme du 13 janvier, et l'obligation de sauvegarder « *les droits imprescriptibles que se sont créés nos pionniers* » et d'« *assurer la continuité de l'association de la Belgique et du Congo* », le Roi reconnaissait aussi que la réalité ne correspondrait guère à cette perspective : « *Si – ce qu'à Dieu ne plaise – nous devions perdre l'incomparable patrimoine que nous a légué le génie de Léopold II et qui, jusqu'à présent, fait notre orgueil, la Belgique en subirait un préjudice moral et matériel incalculable, et les responsables de cet abandon encourraient une unanime réprobation*[90]. »

La gravité de la situation, dont le Roi a une conscience très claire, le conduit à retourner au Congo, en décembre 1959. Initiative dont le caractère personnel traduit bien le souci d'approcher de manière directe l'évolution des événements (« *J'ai tenu à venir en personne m'assurer sur place des aspirations foncières des populations, dont l'avenir me tient immensément à cœur* », déclare-t-il sur Radio-Stanleyville, le 17 décembre 1959). Alors que le calendrier s'est précisé, les délais ayant été clairement fixés – Table ronde en janvier 1960 et « *en 1960, l'indépendance sera chose acquise*[91] » –, le Roi s'efforce de garder à la Belgique la conduite des choses. Sa préoccupation constante d'une préparation sérieuse et ordonnée de l'indépendance le conduit à dire à Pierre Leroy, gouverneur de la Province orientale, qui lui expose la nécessité de mesures fermes pour assurer le calme : « *Eh bien ! Prenez-les. Je vous couvre*[92]. » Il peut aussi toucher du doigt les difficultés auxquelles le Congo devra faire face quant au maintien de son unité. Son passage à Élisabethville le confronte directement aux revendications spécifiques du Katanga et aux menées sécessionnistes qui y sont à l'œuvre. Il sait combien la mesure est difficile à garder, tant les interprétations peuvent être récupératrices[93]. Signe du caractère exceptionnel de la situation et de l'enjeu essentiel que constitue l'évolution du Congo, le Roi préside un Conseil de la Couronne, le 18 février 1960. Situant son intervention dans la perspective des intérêts de la Belgique et du Congo et de l'avenir qui suivra l'indépendance, il rappelle les principales actions qu'il a menées depuis son voyage de 1955. Les mêmes préoccupations que celles qu'il a toujours manifestées jusque-là reviennent dans son exposé, même si l'indépendance du Congo est bien considérée comme un fait acquis. La Belgique, selon le souverain, se doit de poursuivre sa politique de conseil et d'assistance afin de suppléer les déficiences de sa colonie, en même temps que de protéger ses propres intérêts et ceux de ses citoyens y établis. L'indépendance est acceptée ; la décolonisation ne signifiera cependant pas, pour la Belgique, rupture et abandon.

Après l'exposé du Roi et diverses interventions, le Conseil, qui réunissait tous les membres du gouvernement et les ministres d'État, à l'exception de MM. Maistriau et Gutt, approuve les conclusions de la Table ronde qui devait se terminer le 20 février[94]. Quatre mois plus tard, le Congo accédait à l'indépendance sans que toutes les ambiguïtés relatives à la forme de l'État, au partage financier ni à d'autres questions essentielles aient été levées.

Depuis l'indépendance

Les cérémonies du 30 juin 1960 ont donné lieu à de nombreuses discussions, au centre desquelles on retrouve le discours que prononça le Roi et la réponse que lui apporta Patrice Lumumba. Après l'accueil enthousiaste que lui a réservé la population à son arrivée, le 29 juin, le Roi, auquel aucune place n'a été reconnue dans les institutions du nouvel État, prend le premier la parole au cours de la cérémonie de l'indépendance. On ne s'éloigne guère du discours traditionnel. Après avoir rappelé l'œuvre de Léopold II et de la Belgique, le Roi s'adresse directement aux dirigeants congolais, les incitant, tout en soulignant l'immensité de la tâche qui les attend, à *« démontrer que nous avons eu raison de vous faire confiance »*. Leur travail sera exigeant ; il doit se baser sur l'acquis laissé par la Belgique, à laquelle ils ne doivent pas hésiter à faire appel. Le ton moralisateur et paternaliste, si souvent dénoncé, de cette intervention royale reflète bien la politique coloniale belge, dont le caractère tutélaire ne pouvait évidemment disparaître du jour au lendemain. Située dans ce contexte, la vive réaction de Patrice Lumumba, très critique à l'égard de la Belgique, trouva sa correction lors du déjeuner qui suivit la cérémonie d'indépendance, le Premier ministre congolais y rendant hommage au Roi des Belges et à l'action menée par la Belgique au Congo. L'incident était clos ; il annonçait cependant les difficultés qui allaient suivre.

Très vite, avec la sécession du Katanga, les ambiguïtés apparaissent. Quand Moïse Tschombe proclame l'indépendance de sa province, le 11 juillet 1960, il en offre la direction suprême au Roi, rappelant ainsi une proposition avancée lors de la Table ronde de faire du Roi des Belges le chef d'un État congolais qui serait intégré dans une Communauté d'États avec la Belgique. Le Roi lui-même, dans son discours du 21 juillet 1960, tient des propos que certains jugent très favorables à la cause katangaise : *« Des ethnies entières, à la tête desquelles se révèlent des hommes honnêtes et de valeur, nous ont conservé leur amitié et nous adjurent de les aider à construire leur indépendance au milieu du chaos qu'est devenu aujourd'hui le Congo belge. Notre devoir est de répondre à tous ceux qui nous demanderont loyalement notre collaboration. »* Il faut dire que la Belgique elle-même, par diverses voies officielles, aidait effectivement le Katanga. D'une manière générale, à diverses reprises, le Roi manifeste cette attitude favorable au Katanga : ainsi reçut-il une délégation de trois ministres katangais, le 3 août 1960, et Moïse Tschombe, le 6 décembre de la même année, auquel le ministre des Affaires africaines remet, le même jour, le Grand Cordon de l'ordre de la Couronne. Dans une correspondance à *« Monsieur Moïse Tschombe, Président du Katanga »*, datée du 28 octobre 1960, le Roi lui exprime toute son appréciation pour la *« politique d'entente »* qu'il poursuit avec les leaders de l'ancien Congo, estimant *« qu'une association de quatre-vingts années comme celle qui a uni nos deux peuples crée des liens affectifs trop étroits pour qu'ils puissent être dissous par la politique d'un seul homme »* et que *« le Katanga représentait une oasis de paix, une tête de pont à partir de laquelle il sera possible d'arrêter l'expansion du communisme en Afrique*[95]* »*. L'attitude royale reflète, dans l'ensemble, celle du gouvernement. Il ne pouvait d'ailleurs en être autrement. Sans aller jusqu'à la reconquête militaire du Congo qu'envisageaient certains milieux, la reconstruction d'un Congo uni, à partir d'un Katanga stable, avait les faveurs de beaucoup[96]. Aux yeux de Moïse Tschombe cependant, la personne du Roi, auquel il portait une grande estime, demeurait un recours.

L'évolution politique des rapports entre la Belgique et le Congo va désormais osciller entre périodes de tension, sinon de crise, et périodes de détente et de rapprochement. Mais l'intérêt du Roi reste constant. Le passé – l'importance attachée par le Roi à l'action accomplie depuis Léopold II –, comme le présent et l'avenir – c'est-à-dire la place occupée par le Congo dans la politique extérieure belge –, expliquent cette permanence de l'attention royale, évidente au cours des voyages accomplis comme à chacune des crises bilatérales. Après les événements de Stanleyville, en novembre 1964, qui voient le Roi interrompre un voyage qu'il effectue en Iran, l'accession au pouvoir du président Mobutu, un an plus tard, met en place celui qui, pendant plus de trente ans, dirigera le pays. Entre les deux chefs d'État s'établissent des relations dont le caractère apparent d'amitié et d'entente s'explique moins par les affinités personnelles que par le souci du Roi, compte tenu de la personnalisation du pouvoir zaï-

Le roi Baudouin et la reine Fabiola, en tant que « chefs », sont portés sur les épaules lors de leur visite au Congo, en 1970. Bruxelles. Archives du Palais royal.

rois, de préserver les enjeux présents au cœur des relations entre Bruxelles et Léopoldville.

Alors que, sous l'influence de la question du contentieux et de celle du contrôle de l'UMHK (Union minière du Haut-Katanga), les relations bilatérales se sont sérieusement détériorées, la visite privée du Président congolais en Belgique, en juin 1968, amorce le rétablissement de leur caractère privilégié. Plusieurs rencontres entre les deux chefs d'État – au cours de l'une d'elles, le président Mobutu est décoré du Grand Cordon de l'ordre de Léopold – favorisent largement cette évolution. La visite officielle que le Président zaïrois effectue en Belgique en novembre 1969 donne l'occasion au Roi d'insister, dans un point de vue d'ouverture à l'autre et non plus d'européo-centrisme comme auparavant, sur les fondements de confiance, de respect et de coopération active, à partir desquels avaient à se construire ces nouvelles relations. Ce difficile passage de l'assistance à la coopération, qui ne pouvait faire fi du passé, devait intégrer les intérêts respectifs de chacun.

Ces idées, et notamment ce souci du développement, le Roi eut l'occasion de les expliciter très clairement au cours du voyage officiel qu'il effectue au Congo, lors du dixième anniversaire de l'indépendance, en juin 1970. Ce voyage traduit bien la normalisation recherchée des relations bilatérales ; le Roi trace les grandes lignes du cadre dans lequel il voit leur développement. Dans un esprit nouveau, qui exclut le néo-colonialisme et le paternalisme mais situe dans la continuité l'action à venir (« C'est une grande œuvre qui se poursuit aujourd'hui dans des circonstances nouvelles »), la coopération belge, aux côtés de laquelle le secteur privé était appelé à intervenir, s'inscrivait dans l'action européenne appelée à « coopérer à l'épanouissement des régions et des pays du sud de la planète ». Cette visite, qui permit au Roi de se rendre dans les diverses provinces du pays, se termine par la signature d'un traité d'amitié concernant principalement la coopération scientifique et technique. Cette orientation pour une coopération Nord-Sud élargie, qui alliait établissement du bien-être matériel et développement des valeurs spirituelles, de nombreux voyages, de nombreux entretiens, à Bruxelles ou à l'étranger, en témoignèrent : tournée en Amérique latine en octobre-novembre 1965, visite en Éthiopie en 1972, voyage au Bengla Desh en 1981, par exemple.

Les mesures de zaïrianisation et de radicalisation (1973-74), ainsi que d'autres affaires, comme celle provoquée par la publication de l'ouvrage de J. Chome, *L'ascension de Mobutu. Du sergent Désiré-Joseph au général Sese Seko* (1974), démontrent très vite les limites de la normalisation en

En juillet 1970, le Roi se rend au Rwanda. Il y visite notamment l'hôpital universitaire de Butare et prend le temps d'avoir des contacts avec la population. 2-3 juillet 1970.
Laeken. Collection reine Fabiola.

faveur de laquelle cependant le Roi écrit personnellement au Président zaïrois, lui faisant part de la compréhension de la Belgique envers les difficultés économiques auxquelles son pays se trouve confronté[98]. Les guerres du Shaba et les clivages qu'elles révèlent dans l'élaboration de la position belge ne facilitent guère le rétablissement de la confiance et la restauration de la stabilité. Tant le développement, en Belgique, de critiques de plus en plus vives à l'égard du régime Mobutu que la présence d'opposants, à Bruxelles, avivent encore les susceptibilités. Dans cette recherche constante de la normalisation, qui témoigne de l'incapacité dans laquelle se trouve le monde politique belge de définir une politique constructive plus que d'une réelle action volontariste, le Roi manifeste une attitude de prudence. Ainsi, en juillet 1984, lorsque le président Mobutu effectue une nouvelle visite en Belgique, le Roi ne va pas l'accueillir à Zaventem mais le reçoit à Laeken. Ainsi encore, un an plus tard, à l'occasion des cérémonies du 25ᵉ anniversaire de l'indépendance, à Kinshasa. Le Roi et la Reine assistent aux cérémonies et, alors que le Président zaïrois tient un discours particulièrement mielleux (il parle de « petites querelles de ménage » à propos des différends entre les deux pays : « il n'est point de peuples aussi rapprochés les uns des autres que les peuples belge et zaïrois »), le Roi, après avoir prononcé les propos d'usage, consacre un tiers de sa courte intervention à la question des *« valeurs fondamentales (...) du respect de la personne humaine »*. L'intervention reflétait bien la préoccupation personnelle du souverain ; elle n'allait pas nécessairement dans le sens de l'euphorie de la reprise que beaucoup souhaitaient voir encouragée. Léo Tindemans, tout en couvrant le propos royal, aurait peut-être préféré un ton moins didactique[99].

Ce dernier voyage royal se déroule dans un pays accablé par d'énormes difficultés économiques, financières, sociales qui n'iront que grandissant, provoquant finalement, à travers de multiples crises, la chute du régime et dont, inévitablement, les relations bilatérales subiront les effets. Si le Roi intervient encore personnellement – et l'aspect humain de la situation n'y est probablement pas étranger – dans l'affaire Van den Bogaert[100], il semble que, par la suite, le caractère désordonné et tumultueux des événements l'ait emporté, excluant toute nouvelle tentative, par le biais d'actions particulières, de rétablissement du cours normal des choses[101]. Deux événements, dans lesquels le Palais se trouve directement concerné, témoignent bien de la détérioration des rapports bilatéraux : en janvier 1993, l'ambassadeur Kimbulu n'est pas invité à la cérémonie traditionnelle du Nouvel An organisée au Palais et surtout, malgré le souhait expressément émis par le chef de l'État zaïrois, le ministre des Affaires étrangères s'oppose à la présence du président Mobutu aux funérailles du roi Baudouin, en août 1993.

Tant à cause des liens anciens, familiaux et politiques, l'unissant à ce territoire que dans la perspective de la prise en compte des intérêts de l'État belge, les relations que le Roi a entretenues avec le Congo-Zaïre comme avec ses responsables sont étroites et constantes. Elles sont un des éléments constitutifs des rapports entre les deux États. Le Roi en a été un acteur essentiel, dans le respect de la règle constitutionnelle, sachant allier le sens de la responsabilité morale et le souci des intérêts réciproques des partenaires.

Entre les deux composantes du Ruanda-Urundi, qui se libère de la tutelle belge en 1962, et le Roi, les liens ont également revêtu un caractère privilégié.

C'est à travers l'exercice du droit de grâce que le Roi fut directement confronté à la problématique du Ruanda-Urundi, en mai-juin 1962. Le 13 octobre 1961, le prince Rwagasore, Premier ministre du Burundi, est assassiné par un ressortissant grec, Jean Kageorgis, dont le procès débouche sur une condamnation à la peine capitale. Son recours en grâce met le Roi et son ministre des Affaires étrangères, Paul-Henri Spaak, dans une situation délicate. Si l'on se réfère aux *Mémoires* de ce dernier, la prise en compte de l'intérêt général et les considérations politiques l'emportèrent sur les préoccupations morales et humanitaires, non sans réticence du côté du Roi. La grâce fut refusée[102]. Jean Kageorgis fut exécuté le 30 juin 1962, veille de l'indépendance.

Dans les contacts qu'il entretient avec les deux nouveaux États, le souverain exprime de manière très claire les principales idées que l'on a déjà relevées à propos du Congo-Zaïre.

Outre la reconnaissance des qualités propres à ces sociétés africaines – le souverain met l'accent, à diverses reprises, sur leur sens de l'hospitalité, par exemple –, le Roi insiste constamment sur la nécessité du développement, pour lequel la coopération de la Belgique et de l'Europe, des secteurs public et privé, sont indispensables, en même temps qu'il souligne la nécessité de la prise en compte primordiale du facteur humain.

Ces idées, le Roi les a affinées au cours du temps, à travers les contacts multiples qu'il a pu avoir, qu'il sollicitait souvent et au cours desquels il montrait une particulière attention. Le discours qu'il prononce à Dar es-Salaam, en mars 1975, devant l'un des chefs d'État dont il apprécie particulièrement le souci du développement, Julius

Nyerere, en constitue une bonne synthèse : « *Sur tous les continents, des personnes, des groupes et des nations poursuivent une réforme de la société sur base de principes qui sont partout reconnus théoriquement, mais qui bien rarement atteignent le stade d'une pleine réalisation. Pour ne citer que quelques-uns de ces principes, je pense ici au respect de la dignité humaine, au droit à l'autodétermination, à l'égalité et à la souveraineté des peuples, à la participation de tous les groupes sociaux à la production, à la gestion et à la puissance des richesses communes, à l'éducation, à la santé comme droits et comme privilèges.* »

Lorsque le Rwanda connaît, en octobre 1990, de sérieuses difficultés internes (offensive du FPR), qui amènent son Président à demander une assistance militaire à la Belgique, le Roi, dont l'attachement à ce pays et les liens personnels qu'il entretient avec son Président sont importants, joue un rôle très actif en appuyant par une lettre adressée au gouvernement la demande rwandaise d'intervention belge[104]. Comme on l'a indiqué plus haut, une indiscrétion rendit publique la démarche royale. Cette atteinte au secret de la relation entre le Roi et ses ministres provoqua quelques remous politiques.

Les anciennes colonies auront donc occupé une place particulière dans les centres d'intérêt du Roi en matière de politique étrangère. La profondeur historique des liens établis et le sens aigu d'une responsabilité morale à leur égard justifient cet intérêt, qui le conduit à suivre ces questions au plus près, à s'engager personnellement, sans toutefois développer une politique étrangère parallèle. L'écoulement du temps et le cheminement de la réflexion l'ont progressivement amené à élargir son point de vue sur ces questions, qu'il s'agisse du contenu des politiques de développement ou de leur insertion dans un dialogue global entre pays du Nord et du Sud.

Le Roi reçoit Moïse Tschombe, homme politique congolais-katangais. 1965.
Photo Nestor Defraene (Anvers Press).
Bruxelles. Archives du Palais royal.

Le président Joseph-Désiré Mobutu invite le roi Baudouin au dixième anniversaire de l'indépendance du Congo. À son arrivée à Kinshasa, le 17 juin 1970, le Roi est chaleureusement accueilli par la population.
Laeken.
Collection reine Fabiola.

LE ROI BAUDOUIN ET LA POLITIQUE ÉTRANGÈRE - CHAPITRE VII

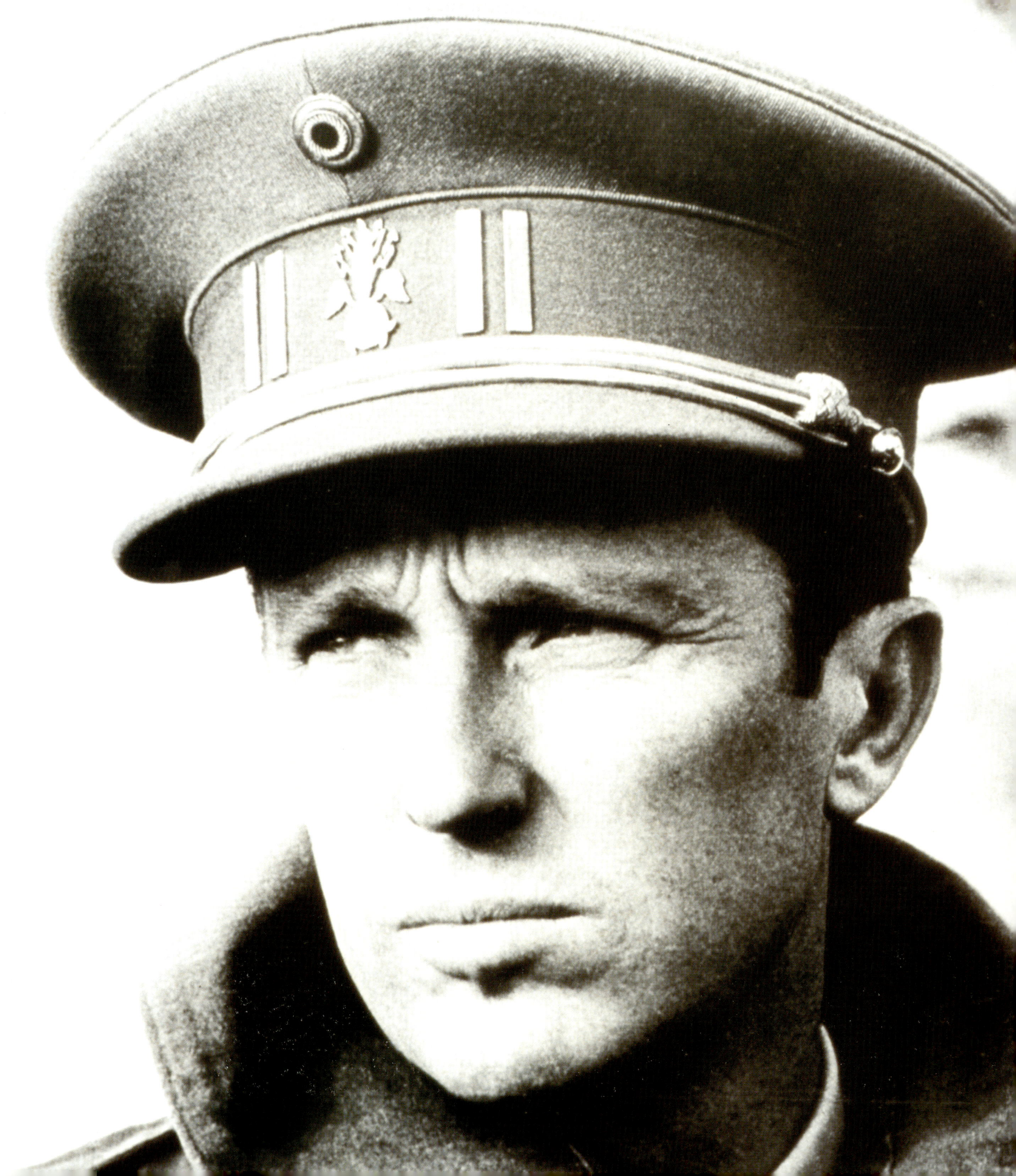

CHAPITRE VIII

Le roi Baudouin et la Défense nationale

PATRICK LEFÈVRE

AVANT-PROPOS

Les funérailles du Roi, hors la cérémonie religieuse, sont, le 7 août 1993, essentiellement militaires. Depuis le 1er août, l'armée n'a plus quitté la dépouille mortelle. Elle monte la garde à son chevet avant de la conduire sur une prolonge d'artillerie vers sa dernière demeure. Mais quel « Roi Soldat » était donc ce souverain que la nation enterre ?

Le rôle militaire du Roi est défini par la Constitution : en vertu des articles 66 et 68, il commande les forces de terre et de mer, déclare la guerre, signe les traités de paix et d'alliance et confère les grades dans l'armée ; conformément à l'article 80, lorsqu'il accède au trône, il prête un serment par lequel il s'engage à maintenir, en respectant la Constitution et les lois du peuple belge, l'indépendance nationale et l'intégrité du territoire.

Depuis 1949, le commandement par le Roi des Forces armées n'est plus réellement effectif, celui-ci n'étant plus exercé en temps de guerre par le souverain mais par un général en chef nommé par lui et par le gouvernement. En effet, pour sa sécurité, la Belgique est désormais partie prenante des systèmes d'alliances qui subordonnent l'essentiel de ses forces à un commandement interallié auquel le chef de l'État, même en temps de guerre, ne peut jamais être lui-même subordonné !

Cette situation ne change rien à la portée du serment constitutionnel du chef de l'État qui reste le commandant en chef « éminent », avec pour souci d'agir pour que la défense nationale garde toujours sa juste place dans les préoccupations de chacun[1].

Fréquemment, au début de son règne, le jeune Roi, privé par les circonstances de toute formation militaire, porte l'uniforme de lieutenant général dans des circonstances qui n'ont parfois rien à voir avec la vie militaire. Plus logiquement, c'est revêtu de cette tenue qu'il assiste aux funérailles, accueille des chefs d'État étrangers, mène à l'extérieur de la Belgique la plupart de ses voyages officiels, s'associe chaque année à la portée symbolique de la fête nationale ou rend hommage en de multiples occasions aux combattants des deux guerres[2].

*Le roi Baudouin passe les Troupes en revue, le 15 novembre 1951, à l'occasion de la Fête du Roi.
Photo Ministère de la Défense nationale.
Bruxelles. Archives du Palais royal.*

Dans toutes ces circonstances, c'est le protocole, et non le Roi lui-même, qui décide. L'uniforme a valeur de symbole et il est manifestement inimaginable dans la Belgique des années cinquante que le successeur d'Albert Ier et de Léopold III doive, malgré son jeune âge et l'absence pour lui de tout passé militaire, représenter le pays en civil !

LA MAISON MILITAIRE DU ROI

La Maison militaire du Roi a pour mission de veiller, en liaison avec le ministre de la Défense nationale, au bon fonctionnement des Forces armées et à la qualité de l'outil militaire, et de faire en sorte que le souverain soit tenu soigneusement au courant de la situation morale, technique et matérielle des Forces armées, des problèmes mondiaux de stratégie, de la géopolitique, de la politique et du fonctionnement de l'OTAN, des armées et des dispositifs militaires étrangers. Elle vérifie et commente avant soumission à la signature du Roi les projets d'arrêtés en provenance du ministère de la Défense nationale, organise les réceptions en audience du ministre de la Défense nationale et des chefs militaires, propose au Roi les projets de visites et d'inspections ayant trait à un sujet militaire et est l'intermédiaire entre le Palais et les associations patriotiques et d'anciens combattants[3].

La Maison militaire du Roi coordonne aussi les activités des aides de camp et des officiers d'ordonnance du Roi.

Les aides de camp sont des officiers généraux ou supérieurs, qui, après s'être distingués à l'attention du Roi, parfois par des faits d'armes, se voient confier par lui le soin de le représenter en cas d'empêchement personnel ou pour sa convenance, tout en conservant leurs fonctions militaires effectives ; la tradition veut notamment que le souverain n'assiste jamais personnellement à des funérailles, exception faite de celles des membres de sa famille et des chefs d'État étrangers, même s'il s'agit de ministres, de généraux ou de collaborateurs qui lui sont très proches. Une visite à la famille ou à la maison mortuaire est prévue si le Roi souhaite manifester son affliction par un témoignage personnel de condoléances.

La fonction d'officier d'ordonnance est à la fois très importante et très particulière. Chaque semaine, du samedi au samedi, un officier d'ordonnance est à la disposition du souverain, de jour comme de nuit, afin de lui rendre tout service qu'il peut être amené à réclamer. Il s'agit donc d'abord d'une mission de permanence, assurant que le Roi soit secondé vingt-quatre heures sur vingt-quatre. Les officiers d'ordonnance exercent cette fonction par roulement, conservant leurs attributions dans l'armée et « montant de service » une semaine sur six en général. Plusieurs des militaires qui sont aussi des collaborateurs du Roi ne sont pas rattachés, théoriquement du moins, à sa Maison militaire. C'est le cas de l'intendant de la liste civile du Roi, assez traditionnellement un général ou un colonel de la Force aérienne, retraité ou non, qui gère le personnel, les finances et les patrimoines du Palais. C'est le cas aussi du commandant des Palais royaux, un officier de la Force terrestre qui assure la « logistique générale » des Palais au sein du département du grand maréchal de la Cour. Il en va de même du colonel commandant le détachement de gendarmerie des Palais royaux et de son officier adjoint, ainsi que du colonel qui exerce les fonctions de maître des cérémonies au sein du département du grand maréchal de la Cour. C'est le cas enfin de plusieurs autres officiers généraux et supérieurs, d'active ou en retraite, qui exercent des fonctions particulières comme celles de conseiller ou de secrétaire privé auprès du Roi ou de la Reine ou au service du roi Léopold III, voire des Maisons des Princes.

Le chef de la Maison militaire du Roi est, sous Baudouin, un officier général ou un officier supérieur de la Force terrestre. De 1950 à 1993, cinq personnes seulement ont occupé cette fonction : le lieutenant général Dinjeart, de 1950 à 1965, le lieutenant général Boussemaere, de 1965 à 1969, le lieutenant général Blondiau, de 1969 à 1982, le lieutenant général Charlier, de 1982 à 1988 et le lieutenant général Mertens, depuis 1988. Le lieutenant général Charlier est le seul à avoir quitté ce poste pour une autre fonction, celle de chef de l'état-major général.

Sur le pouvoir ou l'influence réellement exercés par ces personnes sur le Roi et les décideurs politiques et militaires, on sait peu de chose, et, eu égard à la discrétion du Palais, il n'est pas dit qu'il sera possible de le préciser un jour ! Plus que la durée du mandat, leur âge par rapport à celui du Roi et surtout la personnalité de chacun et la confiance, le respect, voire l'amitié qu'ils purent ou non lui inspirer, furent déterminants.

Le premier chef de la Maison militaire du Prince royal, puis du roi Baudouin, est le lieutenant-colonel BEM Raymond Dinjeart, nommé simultanément à cette fonction et à celle de commandant de l'École de Guerre, où il remplace le colonel BEM de Greef, devenu ministre de la Défense nationale. Présenté par beaucoup comme froid et peu drôle, Raymond Dinjeart a l'âge de Léopold III, dont il a été le camarade de promotion à l'École royale militaire. Ferme et directif, il exerce sur le roi Baudouin une grande influence.

Paul Boussemaere, qui lui succède en décembre 1965, est un tout autre homme. Il arrive à la Maison militaire comme lieutenant général, avec l'expérience d'importants commandements en Belgique et en Allemagne. Héros de la Résistance, arrêté, condamné à mort et déporté, il est une « grande figure » particulièrement utile lorsqu'il s'agit de commémorer en 1965-1970 le 25ᵉ anniversaire de la Deuxième Guerre mondiale. Supérieurement intelligent, de caractère gai et au contact facile, c'est un homme de parole, qui fait confiance ou non et juge les gens avec une sûreté et une rapidité extraordinaires[4].

Ancien officier d'ordonnance du Roi, le lieutenant général Blondiau, qui le remplace en septembre 1969, a suivi aux États-Unis les cours du *Command and General Staff College* et est depuis 1965 commandant de l'École de Guerre. Pouvant être sec et mordant, le général Blondiau est de petite taille et ne sourit guère. On lui reproche de « jouer au Père Joseph, à l'éminence grise ». Le général Blondiau n'en est pas moins un homme qui sort de l'ordinaire : « Épris de son métier et travailleur infatigable, il joint, nous dit le lieutenant général e. r. Renson[5], à une culture particulièrement étendue, un esprit aigu d'analyse et un jugement très sûr. D'une rectitude absolue, il ne se départ jamais de la ligne de conduite qu'il s'est donnée ou de l'avis qu'il préconise, même si l'un et l'autre ne plaisent pas. Son air sévère et un abord parfois déroutant cachent l'intérêt qu'il porte à son interlocuteur et son souci de l'aider. Attentif aux événements et ouvert à tous les problèmes humains, il a l'art de persuader, d'entraîner, de dynamiser. Le jour de sa retraite, dans l'allocution qu'il adressait aux élèves de l'École royale militaire, il déclarait : "Être chef signifie deux choses : être compétent et être disponible. Être militaire veut dire trois choses : la rigueur, la solidarité, le dépassement de soi." Il proposait ainsi les objectifs qu'il avait lui-même visés tout au long de sa carrière. Bourreau de travail, organisateur de talent, il n'a qu'une préoccupation : l'exécution parfaite de la mission. Si, dans ce but, il bouscule parfois, il sait encore convaincre et charmer. »

À sa mise à la retraite le 31 mars 1982, le lieutenant général Blondiau est remplacé par le colonel BEM Charlier, le premier chef de la Maison militaire qui soit plus jeune que le Roi. Le général-major e. r. Dassy nous le décrit ainsi : « Formé à l'école des jésuites du collège Saint-Servais à Liège et ensuite à l'École royale militaire, il y a aiguisé ses qualités probablement les plus fondamentales, à savoir une intelligence hors du commun, une grande rigueur dans le raisonnement et une capacité de travail phénoménale. En service, cela s'est vite traduit par une exigence sans pardon pour lui-même mais aussi pour les autres, n'acceptant ni flatterie, ni soumission béate, ni incompétence. Comme chef de la Maison militaire du roi Baudouin, il a pris le temps de la réflexion et préparé sa future tâche de chef de l'état-major général. Persuadé de la place que devaient occuper les Forces armées belges au sein de l'Europe occidentale, mais aussi du rôle de modèle qu'elles devaient représenter dans le rapprochement avec les pays de l'Europe de l'Est, il a mis tout en œuvre pour y réussir malgré les restructurations et les difficultés souvent politiques... Son autorité naturelle et son charisme faisaient peur non seulement à ses collaborateurs mais aussi à ses chefs. Et c'est probablement, à mon sens, essentiellement ce que beaucoup lui ont reproché : son style de commandement. Celui-ci était inspiré à coup sûr par les grands chefs de l'histoire militaire dont il était féru... Cette inspiration se répercutait sur son processus de décision : analyse fouillée, appréciation et prise de décision. Celle-ci une fois arrêtée, rien ni personne ne pouvait la changer ! Sous cette carapace se cache pourtant un homme simple et sensible et ces qualités ont été très vite discernées par le roi Baudouin lui-même... Étrange personnalité d'un agnostique, conseiller et j'oserais dire ami du roi Baudouin, d'un homme dur et exigeant à qui les larmes viennent aux yeux quand il parle de la perte de ses hommes, d'un homme décontracté pour qui le temps était pourtant plus que de l'argent et qui savait parler avec

Le Roi rend visite à la Première Brigade d'Infanterie blindée au camp de Bergen-Höhne (République fédérale d'Allemagne). 18 novembre 1972. Photo Ministère de la Défense nationale. Bruxelles. Archives du Palais royal.

À l'instar des diplomates, les autorités de l'OTAN et du SHAPE sont reçues annuellement au Palais royal. Rencontre avec le secrétaire général de l'OTAN, Jozef Luns. 31 janvier 1979. Photo Belga (Bruxelles). Laeken. Collection reine Fabiola.

passion de technique de pêche le long d'une rivière à truites... ⁶! »

Lorsque le lieutenant général Charlier est nommé chef de l'état-major général, le 22 juillet 1988, le colonel BEM Guido Mertens – actuellement lieutenant général – est désigné pour lui succéder à la tête de la Maison militaire. Né à Turnhout en 1938, ce spécialiste des missiles antiaériens a également suivi les cours de l'*US Army Command and General Staff College*. Comme tous ses prédécesseurs auprès du roi Baudouin, c'est un ancien professeur de l'École de Guerre. S'il n'a pas été officier d'ordonnance du Roi, il est depuis 1981 un aide de camp que le souverain apprécie comme conseiller du prince Philippe à la formation duquel le Roi attache la plus grande importance.

L'OTAN

Sans rôle militaire défini au sein de l'OTAN, le Roi, qui est particulièrement attentif au respect de la solidarité et des engagements de la Belgique envers ses alliés, s'attache à rencontrer et à connaître les chefs militaires étrangers qui ont des soldats belges sous leur commandement. Recevant à deux reprises l'ensemble du Comité militaire, il voit chacun de ses présidents à leurs départ et arrivée en Belgique. C'est vrai aussi du commandant en chef allié pour l'Europe, du commandant en chef allié pour la Manche et du commandant en chef allié pour la région du Centre-Europe. Le Roi rend visite aux quartiers généraux de l'OTAN en 1977, à ceux du SHAPE en 1981, de CINCENT (Centre-Europe) en 1985 et de CINCHAN (Manche) en 1987. Au sein de la région du Centre-Europe, les unités terrestre et aérienne belges sont rattachées à NORTHAG et à 2 ATAF, quartiers et services généraux terrestre et aérien du groupe d'armées Nord établis près de Mönchengladbach, en Westphalie septentrionale. Le Roi les visite en 1961 et en 1985.

Le souverain, qui assiste aux sessions plénières de l'Assemblée de l'Atlantique Nord à Bruxelles en 1969 et en 1980, déclare en 1974 et en 1975 considérer comme complémentaires la construction européenne et le renforcement de l'Alliance, à la condition toutefois qu'il y ait égalité entre partenaires américains et européens. Insistant sur « *the absolute necessity of keeping the North Atlantic Treaty unbroken to serve as the instrument of a peace which will ensure respect in our countries for the principles of democracy and protect every person's right to lead a free and dignified life* », le Roi conclut : « Nous n'avons plus peur. La panique, qui avait fait dresser en hâte notre défense pour survivre, a fait place à un sentiment de sécurité qui va jusqu'à nous rendre sceptiques sur la réa-

Le Roi en conversation animée avec le général Alexander Haig, commandant en chef du SHAPE. 31 janvier 1979. Photo Belga (Bruxelles). Bruxelles. Archives du Palais royal.

lité d'un danger. En s'engageant dans un système de défense collectif, la Belgique a pris une option fondamentale pour éviter le retour de guerres qui deux fois en trente-cinq ans avaient dévasté son territoire, pour participer à la recherche d'une paix durable, pour favoriser la construction d'une Europe unie. Grâce à la garantie que donnent l'indivisibilité et la solidarité de notre défense, il est possible de poursuivre une politique ayant pour objectif premier la paix et, plus particulièrement en Europe, la

Avec des miliciens au cours de l'exercice OTAN Crested Eagle. 24 avril 1986. Photo Belga (Bruxelles). Bruxelles. Archives du Palais royal.

recherche de l'entente et de la coopération avec tous les pays du Continent. L'Alliance ne se confond pas uniquement avec la défense. Depuis quelques années, une corrélation s'est établie entre les notions de défense et de détente jusqu'alors séparées. La défense, considérée pour elle-même, semblait exclure la détente. La détente, dans son résultat, semblait détruire la défense. Depuis lors, on a saisi les liens délicats qui les unissent et renforcent la situation de l'une et de l'autre. Sans défense, il n'est point d'équilibre de forces, il n'est pas de coexistence possible. Sans détente, il n'est pas de progrès vers des solutions pacifiques...[7] »

LES FORCES ARMÉES BELGES

Le souverain visite l'École royale des Cadets, l'École royale militaire et l'École de Guerre, ainsi que les écoles pour sous-officiers de Dinant et de Zedelgem et les centres d'instruction pour soldats de Coxyde, de Turnhout et de Saive.

Deux promotions de l'École royale militaire – la 115e et la 118e promotions Toutes Armes – retiennent toute son attention : la « promotion Roi Albert », dédiée en 1975 au « Roi-Chevalier » à l'occasion du centième anniversaire de sa naissance, et la promotion, en 1978, du prince Philippe, son filleul.

« Toujours extrêmement soucieux de la formation des jeunes officiers destinés à commander d'autres jeunes sur le terrain et en opérations[8] », le souverain leur dit les qualités qu'ils doivent posséder et, au-delà de la mission militaire à remplir, l'influence morale et le rôle social qu'ils doivent exercer. « *La formation disciplinée que vous recevez dans ce haut établissement d'instruction est un privilège dont vous recueillerez des bienfaits pendant toute votre vie. Vous avez suivi cette vocation parce que vous avez l'ambition de servir, et que virilement vous croyez pouvoir servir le mieux en commandant. Il s'agit là d'un idéal élevé exigeant des qualités remarquables de l'esprit et du cœur. Le temps de guerre exigera de l'initiative, des décisions promptes et de l'abnégation à un degré toujours plus élevé. Le temps de paix vous demandera un esprit ouvert et réceptif à toutes les nouveautés. Votre mission d'éducateur deviendra d'autant plus difficile que la jeunesse, placée sous vos ordres, se montrera toujours plus exigeante. Gardez intact votre enthousiasme à travers la monotonie des routines journalières. Restez fidèles à l'idéal d'homme de caractère et d'homme d'action qui vous a conduits dans cette École* », leur dit-il en 1957[9]. En 1984 : « *La tâche primordiale du militaire n'est pas de faire la guerre mais bien de garantir la paix. Notre pays fonde sa sécurité sur la recherche d'un climat de relations internationales pacifiques et sur la participation à une stratégie de dissuasion visant à décourager les entreprises menaçantes de ceux qui ne partageraient pas notre idéal de coopération et de solidarité. Une armée forte, bien équipée et bien entraînée, est un élément indispensable de la dissuasion, auquel correspond un premier domaine de vos responsabilités : instruire, exercer, aguerrir vos soldats afin*

Le Roi a régulièrement marqué son intérêt pour la formation des sous-officiers. Le 26 novembre 1986, le Souverain visitait l'École de Zedelgem. Photo Ministère de la Défense nationale. Laeken. Collection reine Fabiola.

qu'ils soient capables de remplir leur mission sans exposer inutilement leur vie... Un second élément de la dissuasion, tout aussi indispensable que le premier, est une société forte, consciente de ses valeurs et des devoirs qu'elles impliquent ; d'abord parce que les moyens militaires ne trouvent leur pleine efficacité que s'ils s'appuient sur la volonté et la cohésion sociales nécessaires à la défense ; ensuite parce qu'à côté du danger d'agression militaire, les démocraties sont exposées à de multiples formes d'action et d'information visant à affaiblir et à démoraliser ; enfin et surtout parce qu'en démocratie, le besoin de sécurité est l'affirmation d'une identité, l'expression d'une volonté autonome et collective d'être et de survivre avec des valeurs et des caractéristiques propres. À ce deuxième aspect de la dissuasion correspond l'autre domaine de vos responsabilités. Alors que chaque année le pays vous confie des dizaines de milliers de jeunes, vous avez mission de tenir leur conscience en éveil, de stimuler et de rassembler leur volonté[10]. »

Aux officiers, le Roi associe le cadre de réserve ainsi que, dans une certaine mesure, les sous-officiers. Aux officiers de réserve en 1967 : « Les officiers de réserve sont des citoyens choisis pour participer à l'encadrement de leurs compatriotes au sein des Forces armées... Les vertus que vous devez manifester dans votre formation militaire doivent pareillement inspirer vos tâches civiques, familiales et professionnelles : le sens du devoir, l'esprit de sacrifice, le désintéressement, la conscience dans le métier caractérisent toutes les élites, quel que soit le domaine où celles-ci sont appelées à agir[11]. »

En 1959, le Roi rend une première visite aux Forces belges en Allemagne. Il revient pour des voyages du même type en 1960, 1966, 1968, 1969 et 1973. En plus de ces visites, que l'on pourrait qualifier de « travail », le Roi participe, en 1976, en 1980 et en 1990, à la commémoration par les Forces belges en Allemagne du 150e anniversaire de l'indépendance de la Belgique et des 25e et 40e anniversaires de son règne.

En 1975 et en 1978, le Roi rend visite à Bourg-Léopold et à Marche-en-Famenne aux deux brigades d'infanterie blindée qui reviennent d'Allemagne. Le déménagement, ses problèmes et ses difficultés, d'un point de vue militaire comme d'un point de vue social, sont alors surtout évoqués.

De 1953 à 1987, le Roi participe une vingtaine de fois à des manœuvres, principalement à Beverlo et à Elsenborn en Belgique, et à Volgelsang et Bergen-Höhne en Allemagne.

Lors de leur grands exercices, les élèves-officiers de dernière année pouvaient compter sur l'intérêt du Roi. Ici la 115ᵉ promotion toutes armes à Bourg Léopold, le 8 avril 1976. Photo Ministère de la Défense nationale. Bruxelles. Archives du Palais royal.

À partir de 1958, les ministres de la Défense nationale accompagnent le souverain. Le but des exercices auxquels assiste le Roi est généralement de donner à une brigade d'assaut l'occasion de s'exercer à une opération offensive combinée à la défense des objectifs conquis. Après divers travaux du génie et le « bombardement » des positions ennemies par l'artillerie et l'aviation, les chars et l'infanterie blindée montent à l'assaut ! La manœuvre de 1958 permet au Roi d'imaginer ce que peut être la guerre atomique. La « bombe » éclate une demi-heure après son arrivée. Un éclat fulgurant illumine une partie de la plaine, aussitôt suivi d'un champignon blanc. L'explosion déclenche une série de réactions en chaîne. Partout on voit des morts et des blessés. Ces derniers reçoivent sur place les premiers soins, avant d'être embarqués en ambulance ou en hélicoptère. Accompagné du colonel médecin Guérisse, le Roi parcourt le terrain avant de gagner les grandes tentes du service de santé où les soins adéquats sont donnés aux victimes irradiées.

Les visites du souverain en Allemagne comme sa participation aux manœuvres lui permettent de faire la connaissance de « ses hommes », de connaître leur situation quotidienne et de comprendre mieux l'organisation, le fonctionnement et les dispositions tactiques des grandes unités, mais aussi de découvrir, utilisés sur le terrain, la plupart des nouveaux matériels de la Force terrestre. Une information qu'il acquiert aussi lors de ses nombreuses visites aux écoles d'armes : l'École d'infanterie en 1950, 1952, 1959, 1966 et 1979, l'École des troupes blindées en 1950, 1959 et 1967, l'École d'artillerie en 1953, 1956 et 1970, l'École du génie en 1954, le Centre d'entraînement des commandos en 1954 et 1964, le Centre d'entraînement pour parachutistes en 1966, le service de déminage de la Force terrestre en 1986. Au programme, divers exercices et la présentation de matériels, le Roi n'hésitant pas à faire parfois lui-même le coup de feu !

Décentralisé au niveau des différentes armes, le Service médical ne constitue une Force autonome qu'en 1976. Le Roi, qui ne manque jamais de s'intéresser lors des manœuvres à l'organisation de l'appui médical aux blessés, visite en 1963 le Centre de médecine aéronautique de la Force aérienne à Bruxelles, et en 1969 le Centre de médecine Hyperbare de la Force navale à Ostende. Après avoir vu le nouvel hôpital militaire en construction à Neder-

Comme lors de nombreuses autres visites à l'École Royale Militaire, le Roi prend le temps de s'entretenir avec les élèves.
8 novembre 1989.
Photo Ministère de la Défense nationale. Laeken. Collection reine Fabiola.

over-Hembeek, en 1976, il le revisite en 1981, quelques mois après son inauguration.

Le Roi est passionné par tout ce qui a trait à l'aviation et à l'espace. Cet intérêt tout particulier n'échappe pas aux Britanniques, qui le nomment dès 1963 *Air Marshall* de la Royal Air Force, le revêtant ainsi d'un type d'uniforme qu'il ne portera que l'année suivante à l'Armée belge ! Certains, dont le lieutenant général aviateur e. r. baron Donnet, pensent qu'une mésaventure arrivée au Roi a contribué à sa décision de piloter. L'hélicoptère qui le ramène le 29 mars 1959 de l'École des troupes blindées de Stockem doit faire un atterrissage de fortune. Au-dessus de La Roche, le moteur s'arrête brusquement. Le Sikorsky est piloté par Anselme Vernieuwe, directeur de l'exploitation à la SABENA et pilote chevronné. Il parvient à diriger l'aéronef en autogiration et à atterrir sans dégât dans un champ. Quoiqu'un peu secoué par l'événement, le Roi réagit avec sang-froid et s'entretient longuement avec son pilote. Quelques mois plus tard, Vernieuwe est chargé

d'apprendre au Roi à piloter, ce qu'il fait avec efficacité et discrétion. Au lieutenant général aviateur baron Donnet, qu'il connaît bien, Vernieuwe dira un jour son admiration pour les aptitudes du Roi en tant que pilote, soulignant sa précision en vol, sa détermination et sa volonté d'apprendre tous les aspects du métier[12].

L'incident d'hélicoptère est suivi, en mai 1959, de la visite du Roi aux États-Unis. Le programme du voyage réserve une large part à l'aviation et à l'espace : il prévoit la rencontre de pilotes et la découverte de matériels et de sites exceptionnels, sans oublier l'atterrissage sur un porte-avions en... hélicoptère. « Il est prévu de passer par l'état-major de la NASA. Un briefing a été demandé sur les recherches en haute altitude, leurs buts scientifiques et militaires, les programmes, les résultats déjà atteints, la survie de l'homme. Un briefing prospectif sur Mercury, Gemini, Apollo lui est donné par les chefs de projets. L'entraînement des cosmonautes, avec toutes ses contraintes, est décrit avec beaucoup de précision. Le Roi rencontre Werner von Braun, visite Fort Bliss, où notre première unité NIKE est à l'entraînement. En Californie, on lui montre le X-15, l'avion expérimental atteignant Mach 7. C'est son pilote, Al White, qui lui en explique toutes les caractéristiques. Il assiste aux essais fixes des fusées Atlas qui doivent équiper les engins intercontinentaux et être les précurseurs des fusées Saturne et autres, prévues pour la propulsion des engins du futur dans l'espace[13]. » Accueillant à plusieurs reprises à Laeken des astronautes américains et russes, le Roi suivra la mission Apollo X depuis Cap Canaveral et le Centre de contrôle de Houston en 1969, avant de participer en 1971 à Bruxelles à un important congrès sur l'espace.

Assurant avec deux Dakota, en juillet et en août 1950, le retour du roi Léopold III, des princes Baudouin et Albert et de la princesse Lilian, la Force aérienne invite rapidement le Prince royal à venir la visiter : « Commandant du groupement des opérations dont dépendait le wing de transport, j'avais dû organiser les premiers vols, nous dit le lieutenant général e.r. baron Donnet. Un mois plus tard, je dus organiser le retour de la princesse Lilian que Léopold III était parti chercher en Suisse. Le Dakota qui la ramenait devait à nouveau atterrir en fin de matinée à l'aérodrome d'Evere. Durant l'attente, le Prince royal vint dans mon bureau. J'eus l'occasion de lui expliquer l'organisation et les missions du groupement que je commandais. Le Prince fut fort intéressé par tous les aspects d'une aviation moderne. Sa curiosité pour les techniques nouvelles était réelle. Deux escadrilles de Beauvechain étaient équipées de Météor IV. Elles devaient participer la semaine suivante à une manœuvre aérienne. Aussi, j'invitai le Prince à y assister. Il aurait l'occasion d'observer le premier wing en action. Le Prince royal accepta avec enthousiasme. Cette précipitation des aviateurs à capter le Roi déplut au ministre de la Défense nationale ; le chef d'état-major de la Force aérienne fut par contre enchanté de ce que notre nouveau souverain fût d'abord passé par l'une de ses unités[14]. » Le Roi revient à Beauvechain en 1964 pour y recevoir ses ailes de pilote. Arrivé aux commandes de son Aerocommander, le Roi apparaît pour la première fois en uniforme de lieutenant général aviateur : « Une indicible fierté se lut aussitôt sur le visage de tous les aviateurs au garde-à-vous[15]. » Le souverain retourne à Beauvechain en 1969, pour piloter cette fois un F-104 G : « Après son atterrissage, le souverain sortit très décontracté et souriant de l'appareil où manifestement il venait de passer un fort agréable moment[16]. » Le Roi y reviendra encore en 1979 pour se faire présenter le nouvel F-16.

Le Roi visite les centres de contrôle radar de Glons et de Semmerzake, en 1971 et en 1974. Il s'agit de radars en sur-

La Force Aérienne a toujours passionné le Roi. Le 13 juin 1957, co-pilote du major Avi Techy, le Souverain s'envole de la base de Florennes sur un Meteor VII.
Photo Ministère de la Défense nationale. Bruxelles. Archives du Palais royal.

Le Roi suit de près l'évolution technique des appareils. Le 6 juin 1969, il effectue, au départ de la base de Beauvechain, un vol sur l'avion supersonique F-104 G.
Photo Ministère de la Défense nationale. Laeken. Collection reine Fabiola.

face, prolongés par des écrans installés à plusieurs dizaines de mètres sous le niveau du sol. Le souverain, qui les visite au moment où la Force aérienne améliore leur fonctionnement par une automatisation accélérée, est déjà venu à Glons lors d'une inspection impromptue en février 1956.

> « Le Roi apprend par la presse que les hommes ont froid à Glons. L'hiver est long et très rigoureux. Le gel et la neige sont présents pendant six semaines. Le personnel est logé dans de longues baraques métalliques disposées dans l'enceinte du camp. Ces bâtiments sont vétustes et n'ont pas été entretenus, les crédits d'entretien étant très limités. Par temps de gel, il fait froid dans les locaux mal chauffés par des poêles à charbon. Le Roi est accompagné du chef d'état-major de la Force aérienne. Je suis à côté du chef de corps à l'arrivée du Roi, le Centre faisant partie du groupement des opérations que je commande. Les locaux qui sont montrés ne sont guère confortables, mais ne prêtent pas nécessairement aux critiques. On a choisi ceux qui sont dans le moins mauvais état, réfectoire, chambrée, cuisine. À un moment, échappant au groupe qui l'accompagne, le Roi part seul vers un corridor. L'ayant vu partir, je le suis et le rejoins. Nous arrivons à la porte de l'infirmerie, dont la visite n'est pas au programme. La porte d'entrée poussée, le Roi se trouve devant un caporal infirmier qui se présente : "Caporal Deconinck". Coïncidence et sourire du Roi ! Le lieu est loin d'être en état, un trou dans le plancher, un poêle au charbon dégageant peu de chaleur mais une fumée désagréable. Le Roi se penche vers un malade qui tremble de fièvre et de froid. Il demande au caporal de quoi souffre ce pauvre militaire. Il lui est répondu : "Il est grippé, mais il sortira de l'infirmerie ce soir." La fiche de température ne semble pas indiquer cette issue. Le Roi sourit et dit : "Je pense plutôt qu'il est à envoyer à l'hôpital !" À cet instant la suite arrive et le chef de corps est tout penaud de constater que ce local non prévu au programme a reçu la visite royale. Le Roi avait compris les pénibles conditions de vie de ces militaires dont il avait par lui-même découvert l'inconfort. Des instructions furent données pour remédier à cet état de choses. À la suite de quoi les militaires furent logés à la caserne de Tongres[17]. »

En 1970, le Roi vient découvrir à Florennes les chasseurs bombardiers Mirage V ainsi que les Marchetti qui doivent remplacer les avions d'entraînement SV 4 de l'école de pilotage élémentaire de Goetsenhoven. Rendant déjà visite au 2e wing tactique en 1957, il a fait alors l'aller et retour Bruxelles-Florennes en avion à réaction.

Le souverain connaît bien le 15e wing de transport qui assure, entre autres missions, les voyages royaux à partir de Melsbroeck. Venu visiter les nouveaux hangars en 1975, le Roi revient en 1993 pour s'y faire expliquer le déroulement d'une opération humanitaire et les dernières améliorations apportées au C-130.

Le Roi visite en 1954 l'École technique de la Force aérienne à Saint-Trond. L'école de pilotage avancé est installée depuis 1953 à la base métropolitaine aéro-terrestre de Kamina. Gérée partiellement par la Force aérienne, cette base est aussi un centre d'instruction pour les colons appelés à faire leur service militaire, et un camp de transit pour les paracommandos qui se rendent à Kitona, l'autre grande base métropolitaine du Congo. Lors de son voyage au Congo, en 1955, coiffé d'un casque colonial et vêtu de l'uniforme colonial blanc de lieutenant général, le Roi leur rend visite, ainsi qu'aux différentes unités de la Force publique congolaise.

À première vue, le Roi, s'il apprécie la pêche en mer, a moins de contacts avec la Marine qu'avec les autres Forces. Cette impression est trompeuse : il y a ici en quelque sorte partage des tâches, car le prince Albert est étroitement associé à la Force navale depuis 1953. Spécialisée dans la chasse et le dragage des mines, la Force navale belge est aussi appelée à protéger la marine marchande contre d'éventuels bateaux, sous-marins, avions et missiles ennemis. Il s'agit d'une marine de taille réduite et peu diversifiée que le Roi connaît bien, ne fût-ce que parce que plusieurs de ses chefs sont d'anciens officiers d'ordonnance restés très proches du souverain.

Les gendarmes font partie jusqu'en 1991 de la Défense nationale, et le Roi reçoit le commandement en chef de la Gendarmerie au même titre et aussi souvent que les chefs militaires des autres Forces. L'inspecteur général de la Gendarmerie rédige deux fois par an un rapport sur l'état du corps, rapport dont reçoit copie le chef de la Maison militaire. « La connaissance approfondie qu'en avait le souverain, comme la pertinence des questions posées, étaient frappantes, témoigne le lieutenant général de Gendarmerie Beernaert. Écrivant soigneusement les réponses données dans un petit cahier de notes, il me fit savoir à plusieurs reprises qu'il ne manquerait pas de parler aux ministres d'un problème abordé, sans toutefois faire de promesses quant au résultat escompté[19] ! »

À l'École royale de Gendarmerie, à la Légion mobile de Bruxelles, au Groupe mobile de Gand ou à l'Escadron spécial d'intervention, le Roi s'informe sur la formation, l'équipement et les techniques d'intervention de la Gendarmerie. Les gendarmes affectés au Palais sont évidemment particulièrement proches du souverain. C'est vrai surtout du détachement permanent qui assure sa sécurité quotidienne rapprochée, l'escorte royale à cheval et à moto ne lui étant associée que plus occasionnellement. Si deux gendarmes – son « ordonnance » et son chauffeur – sont particulièrement en contact avec lui, le Roi connaît tous les officiers et sous-officiers du détachement, leur adressant souvent la parole pour s'intéresser à eux ou à leurs familles. Le Roi, qui n'est absolument pas inquiet pour sa sécurité personnelle, se préoccupe fort de celle de la Reine comme de celle des gendarmes qui veillent sur eux, et s'oppose souvent à ce qu'ils prennent des risques inutiles. Exécrant les méthodes agressives et les déploiements de forces pratiqués à l'étranger, il considère qu'un strict minimum doit suffire !

LES MINISTRES

Le Roi travaille, au cours de son règne, avec douze ministres de la Défense nationale ; leur rôle ne peut être compris qu'en rapport avec celui de leurs collègues Premiers ministres ou ministres des Affaires étrangères, les problèmes de politique extérieure et de défense nationale étant étroitement liés, et les trois ministres sou-

À partir de 1964, lors de ses visites à la Force aérienne, le Roi porte l'uniforme de lieutenant-général aviateur. Ici, le Roi en compagnie du lieutenant-général aviateur Guy Vanhecke. Photo Ministère de la Défense nationale. Bruxelles. Mémorial roi Baudouin.

Le Roi visite la Force Navale à Zeebrugge. 1993.

vent amenés à traiter avec le Roi de dossiers identiques. Le Roi a avec eux des rapports assez directs, n'hésitant jamais à attirer leur attention sur certains problèmes ni à leur faire part de ses avis et suggestions. À sa manière ! « Le Roi n'était pas directif, dit Paul Vanden Boeynants. Il parvenait cependant très bien à faire partager ses sentiments par ses interlocuteurs. Il parlait peu, posait beaucoup de questions, fixait intensément son interlocuteur, puis exprimait sa façon de penser par des formules du type "Monsieur le Ministre, ne croyez-vous pas que…" ou "À mon sens, vous auriez intérêt à…" S'il avait reçu quelqu'un qui lui avait fait part de quelque chose, il ne vous disait jamais de qui il s'agissait. Il notait tout ce que l'on disait dans des cahiers d'écolier. Il se souvenait ainsi de ce qui avait été dit des mois plus tôt et redemandait alors ce qu'étaient devenus les problèmes[20] ! » « Le Roi préparait ses entretiens et avait une liste de points à traiter, dit François-Xavier de Donnéa. Il questionnait le ministre en le poussant dans ses derniers retranchements, puis donnait son avis, qui était toujours intéressant, car il était très bien informé et voyait beaucoup de monde. Peu de gens voient autant de personnes différentes que le Roi ! Il usait de son pouvoir d'avis et de conseil à bon escient en restant dans son rôle constitutionnel. Il avait des jugements globaux fondés sur le bon sens, des jugements justes et lucides qui pouvaient être sévères. Il avait l'esprit critique, le sens de la formule et pouvait être très percutant, mordre, lancer des flèches terribles…[21] » « Il connaissait remarquablement ses dossiers, les sujets qu'il abordait, dit Guy Coëme. Il avait une extraordinaire capacité d'écoute et recueillait beaucoup d'informations car il savait remarquablement mettre ses interlocuteurs en confiance, dans la préoccupation constante d'améliorer sa connaissance d'une matière. Ne se contentant pas d'écouter, il faisait parfois part avec force de ses préoccupations et de ses inquiétudes, sachant influer dans le sens qu'il

À l'occasion des manœuvres, le Roi s'est toujours intéressé autant aux militaires de carrière qu'aux miliciens et aux réservistes. Ici, on le voit s'entretenir au camp de Beverlo avec des rappelés du 2ᵉ Bn de Carabiniers. 13 septembre 1972. Photo Ministère de la Défense nationale. Bruxelles. Archives du Palais royal.

Le ministre de la Défense nationale, Paul Vanden Boeynants, en tenue adaptée pour assister à un exercice militaire. Bergen-Höhne, 18 novembre 1972. Photo Ministère de la Défense nationale.

souhaitait, toujours en douceur, sans jamais donner l'impression de dicter des ordres ni des instructions...[22] »
L'influence du Roi s'exerce tout d'abord par l'expression de rejets ou de préférences quant aux « ministrables » avancés pour la formation d'un gouvernement. Il ne semble pas que le Roi se soit opposé à beaucoup de noms qu'on lui aurait proposés comme ministres de la Défense nationale. Le seul cas cité est celui du socialiste Guy Cudell, en 1972[23]. Alors que Paul Vanden Boeynants aurait voulu les Affaires économiques ou les Communications, André Cools aurait souhaité placer un socialiste à la Défense nationale, afin d'avoir plus de poids dans le contrôle ou la négociation de certains dossiers militaires. Le Palais refusant une telle solution, Vanden Boeynants devient ministre de la Défense nationale... avec, pour nouveau chef à la tête de l'état-major général, un officier aviateur présenté comme étant de gauche, le lieutenant général aviateur Crekillie.

Lorsqu'ils deviennent ministres de la Défense nationale, le colonel de Greef, A. Spinoy, L. Moyersoen, Ch. Poswick, F. Vreven, G. Coëme ou L. Delcroix ne sont guère connus du Roi, alors qu'il connaît bien, pour les avoir appréciés comme ministres, P. W. Segers, P. Vanden Boeynants ou F. X. de Donnéa. L'aventure qui est arrivée à Arthur Gilson montre que le souverain ne sait pas toujours à qui il a affaire. Arthur Gilson est âgé de quarante-trois ans lorsqu'il devient ministre de la Défense nationale, en 1958. Ses relations avec le Roi seront vite excellentes : « J'avais rencontré Baudouin en tant que chef scout quand il avait douze ans. Devenu ministre, Eyskens me demande de le représenter à une journée sportive organisée au Heysel en présence du Roi. Me retrouvant à ses côtés, je décide de rompre la monotonie qui s'installe par un commentaire à la Luc Varenne. Le Roi s'étonne et me dit : "Vous vous y connaissez ?" Comme je lui dis avoir couru le 800 et le 1500 mètres avec les scouts, le Roi me demande si "Puce" vit toujours. Je lui réponds : "Puce, c'est moi, Sire." "Je ne le savais pas, me dit le Roi, qui très vite ajoute : Alors avec vous, les conseils des ministres, cela doit être marrant !" Grâce à nos souvenirs communs, nos rapports furent immédiatement très simples et très directs[24]. »

Le colonel de Greef est le premier ministre de la Défense nationale qui soit appelé à travailler avec le Roi. Il a avec lui les rapports qu'il peut avoir avec quelqu'un de l'âge de son père et qui est son homme de confiance comme ami et prédécesseur à l'École de Guerre du colonel Dinjeart, le chef de sa Maison militaire.

Alors que l'année 1954 voit Spaak succéder à Van Zeeland à la direction de la politique extérieure, le Roi s'entend bien avec Spinoy, le nouveau ministre de la Défense nationale. Âgé de cinquante-trois ans, celui-ci, député socialiste de Malines, est un homme intègre et intelligent que le souverain apprécie tout particulièrement. Rendant hommage à plusieurs reprises à Léopold III, il accompagne Baudouin au Congo en 1955.

Dans le gouvernement catholique homogène que dirige en 1958 l'homme à poigne qu'est Gaston Eyskens, Arthur Gilson, ministre de la Défense nationale, réduit la durée du service militaire en réorganisant la Force terrestre au bénéfice de la Force aérienne. Cela ne lui vaut pas que des amis : « Je ne suis resté qu'un peu plus de deux ans et demi à la Défense nationale. La gestion de l'armée me semblait imparfaite. Je voulais qu'elle passe à une vraie gestion et qu'on diminue le nombre de militaires qui, commis à des tâches administratives, gonflaient les casernes et croupissaient à Dailly et ailleurs. J'ai tout d'abord procédé au renouvellement de la Force aérienne, que le lobby de la Force terrestre ne souhaitait pas voir se réaliser : elle pré-

Le Roi en conversation avec des militaires prêts à se rendre en mission en ex-Yougoslavie. Juin 1993. Photo Ministère de la Défense nationale. Bruxelles. Mémorial roi Baudouin.

ferait voir augmenter le nombre de ses divisions installées en Allemagne ! Je ne voulais pas que l'armée belge ne soit que de la piétaille et je voyais un danger à laisser nos troupes d'Allemagne sans protection aérienne propre. De plus, le caractère technologique du matériel aérien faisait que la Force aérienne pouvait offrir au personnel un service militaire beaucoup plus enrichissant. J'ai carrément refusé de supprimer la Force aérienne et pris le risque d'acheter pour sept milliards de francs de F-104 G. Un ministre avait à l'époque plus de liberté que de nos jours. J'arrivai avec le dossier au conseil des ministres ; le ministre des Finances évoqua la marge budgétaire disponible, et le Premier ministre dit tout simplement : "Le ministre de la Défense nationale prend la décision !" La prise de responsabilité était totale. En cas de problème, le ministre démissionnait ! À l'époque, Dassault tentait déjà une percée avec ses Mirage. La France m'avait promis la Légion d'honneur si elle remportait le contrat. Les militaires belges tenaient pour le F-104. Moi, j'étais pour un programme commun avec l'Allemagne. Le ministre allemand de la Défense nationale me proposa de faire construire les F-104 allemands en Belgique, en les acquittant par des compensations économiques. Dans cette affaire, le Roi m'a compris, n'a fait aucune restriction et m'a laissé faire ! Ma décision de réduire la durée du service militaire ainsi que celle d'engager et de former des volontaires pour cinq ans fut très mal appréciée par une très grande partie de l'armée. En agissant ainsi, je prenais des risques. Je vis le Roi à ce moment et, une fois, exceptionnellement, il parut très préoccupé. Je devinai rapidement à ses propos qu'il avait été conditionné par son entourage. Je m'expliquai, et le Roi me dit : "Si j'ai un jour besoin d'un avocat, je ferai appel à vous, Monsieur le Ministre !" Il y avait eu une action du lobby militaire pour m'envoyer ailleurs et le Roi avait été approché à ce sujet ! Le lieutenant général baron Jacques de Dixmude, président du Comité des chefs d'états-majors, est allé jusqu'à démissionner. Je l'ai remplacé de mon propre chef par le lieutenant général de Cumont, que j'ai rappelé de Paris. La crise politique de 1961 offrit au lobby militaire l'occasion de m'envoyer vers d'autres cieux. Le formateur, Théo Lefèvre, m'a placé à l'Intérieur. Le Roi, qui m'aimait bien mais était averti des réticences de la Force terrestre à mon égard, n'a pas dû intervenir pour que je reste à la Défense nationale...[25] »

« Pendant la durée de mon mandat, le problème du Congo nous a accaparés. Le Roi connaissait vraiment bien le Congo et y était fort attaché. La préparation de l'indépendance faisait l'objet de débats

LE ROI BAUDOUIN ET LA DÉFENSE NATIONALE - CHAPITRE VIII   181

Lors de son long voyage à travers le Congo belge en 1955, le roi Baudouin s'est beaucoup intéressé à la formation des hommes de la Force publique congolaise. C'est ainsi qu'il a notamment rendu visite à l'École centrale pour télégraphistes gradués à Luluabourg. (Congopresse). Bruxelles. Archives du Palais royal.

entre le Premier ministre, le ministre des Affaires étrangères et le ministre des Colonies. J'avais quant à moi pris des contacts et effectué de nombreux déplacements sur place. Je proposai d'envoyer des compagnies de marche dans dix ou douze grands centres. Il fallait prendre en Allemagne des unités composées de volontaires, et les doter d'un équipement tropical. L'armée étant une institution très efficace, tout cela fut prêt en vingt-quatre heures. Je proposai au conseil des ministres du 13 mai 1960 mon plan, assorti d'une exécution immédiate. Je voulais partir moi-même avec la première unité. Le conseil des ministres acquiesca. Rentré au cabinet, je mis au point avec les chefs d'états-majors la procédure à suivre. Alors que je me préparais à partir, le Premier ministre préféra y envoyer Ganshoff, nouveau ministre désigné pour le Congo. Mon plan tombait à l'eau[26] ! »

Après l'échec de son plan, Gilson est tenu à l'écart de tout ce qui concerne le Congo. Il n'est même pas invité aux fêtes de l'indépendance. Le 6 juillet, une semaine après la proclamation de celle-ci, la Force publique congolaise se révolte et la nouvelle des premiers viols arrive à Bruxelles. Écourtant ses vacances, le Roi rentre le 9 juillet en Belgique. Cette fois, le ministre de la Défense nationale est convoqué chez le Premier ministre avec le ministre des Affaires étrangères, P. Wigny. À une intervention de troupes belges, ce dernier préfère celle des Nations Unies, et s'il y a intervention de troupes belges, elle doit se faire par le canal de l'ambassade belge à Léopoldville. Avec l'appui de Gaston Eyskens et, semble-t-il, du Roi, Gilson bouscule ce scénario : « Je voulais déclencher une opération. Se posait la question du choix du moment. Cinq morts furent signalés au Katanga. Je fis partir des avions pour rétablir l'ordre à Élisabethville, et fis en sorte que mon ordre soit irréversible. Prenant mes responsabilités, j'instaurai le maintien de l'ordre au Katanga, allant jusqu'à envoyer dix mille hommes en Afrique ! Dans cette décision militaire, le Roi s'engagea à fond. Il nous réunit deux ou trois fois, le Premier ministre, le ministre des Affaires étrangères et moi. Lors d'une de ces rencontres, le Roi nous a donné l'occasion de nous expliquer, à Wigny et à moi. Prenant la parole au nom du Roi et en plein accord avec celui-ci, le Premier ministre me conforta dans mes positions. Le Roi avait vu le Premier ministre avant l'entretien, qu'ils avaient initié ensemble... À la manière dont les choses étaient présentées, on comprenait que le Premier ministre exprimait le point de vue du Roi, qui pouvait ainsi respecter le prescrit constitutionnel. Le dialogue proprement dit avait eu lieu entre le Roi et son Premier ministre. Après, ce fut à travers lui que le Roi s'exprima. En présence de plusieurs ministres, le Roi se taisait ou se contentait de poser des questions[27]. » Conséquence directe de l'action de Gilson, le Katanga proclame le 11 juillet son indépendance... L'appui du ministre de la Défense nationale est acquis au commandant Wéber, qui mène sur place les opérations auprès de Tschombe...

Dans le gouvernement que forme Théo Lefèvre en 1961, Paul Henri Spaak reprend les Affaires étrangères et Pierre W. Segers remplace Arthur Gilson à la Défense nationale. Segers, qui a l'âge de Léopold III, a été ministre des Communications de 1949 à 1954 et de 1958 à 1961. Le Roi, qui le connaît bien, l'apprécie beaucoup !

Alors que le Congo reste au cœur des préoccupations, le talent, l'expérience et les relations de Spaak, comme sa prudence dans l'affaire katangaise, aplanissent bien des difficultés. La sécession katangaise une fois terminée, des centaines de militaires belges sont envoyés en Afrique pour réorganiser l'armée nationale congolaise, à la demande des autorités locales. La position belge devient difficile lorsqu'éclate en 1964 une rébellion dans l'Est du Congo. Après de vaines négociations, le gouvernement belge, appuyé par le Roi, fait libérer par les para-commandos les civils belges otages des rebelles.

De 1966 à 1980, Paul Vanden Boeynants, comme Premier ministre d'abord, puis, pendant huit ans, comme ministre de la Défense nationale, fait construire des casernes et achète du matériel militaire pour quelque deux cents milliards de francs. De ces dossiers, le Roi et la Maison militaire ne discutent que les éléments techniques, s'abstenant d'interférer de quelque manière que ce soit dans leur négociation financière.

Après avoir eu peu de contacts avec F. Vreven, qui a succédé en 1981 à F. Swaelen comme ministre de la Défense nationale, le Roi s'entend particulièrement bien avec François-Xavier de Donnéa. « Le souverain, qui avait compris que le service militaire était condamné si on ne parvenait pas à le valoriser, m'a continuellement encouragé à agir afin d'occuper les miliciens à quelque chose d'intéressant, dit le ministre. J'ai pris des mesures et multiplié les visites pour vérifier à l'improviste leur application. Le Roi m'a accompagné dans plusieurs de mes déplacements pour soutenir ma démarche. Nous allâmes à Duren voir comment on y appliquait les instructions qui avaient été données pour occuper les temps morts. Le Roi fut furibond lorsque nous constatâmes que, dans cette garnison, on faisait exactement l'inverse de ce qui était souhaité[28] ! » Le Roi s'entend tout aussi bien avec Guy Coëme, qui devient ministre de la Défense nationale lorsque le lieutenant général Charlier est nommé chef de l'état-major général. La situation internationale est alors particulièrement agitée : chute du mur de Berlin, guerre du Golfe, premiers événements d'Afrique centrale et en ex-Yougoslavie. Plus que jamais, le chef de l'état-major général est alors proche du Roi, premier moteur à l'époque de l'intervention militaire au Rwanda.

Le Roi manifestement détendu à la fin d'une journée bien chargée. Photo Ministère de la Défense nationale. Bruxelles. Mémorial roi Baudouin.

CONCLUSIONS

Le roi Baudouin, un « Roi Soldat » ? Non. Mais un souverain très proche de l'armée et qui se sent, tout comme ses prédécesseurs, responsable de la sécurité et de la défense du pays. À ses côtés, les chefs de la Maison militaire jouent un rôle de première importance pour l'informer comme pour l'aider dans son action, principalement auprès de ses ministres. Mais le Roi utilise aussi d'autres canaux pour s'informer directement et personnellement sur les matériels et les techniques de combat, mais aussi sur la vie de ces hommes que sont les militaires. Ce sont la richesse et la diversité de son information, des personnes et des situations rencontrées, le sérieux qu'il met à préparer et à étudier ses dossiers et sa manière d'interroger et d'agir, qui lui donnent le pouvoir et l'influence qu'il a en définitive bien réellement exercés... du moins auprès de ceux, nombreux, qui voulurent l'écouter.

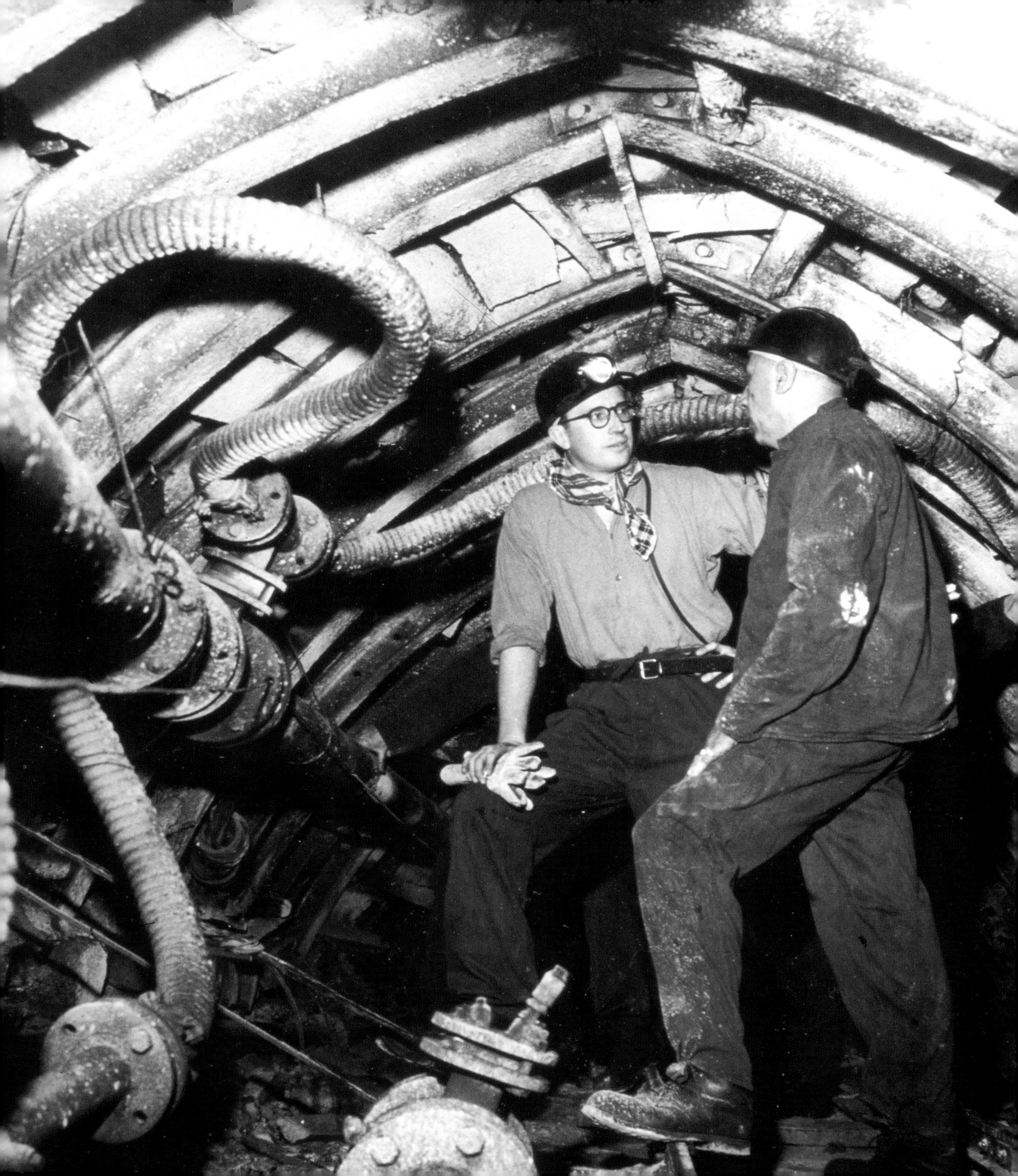

CHAPITRE IX

Le roi Baudouin et le modus vivendi dans le domaine socio-économique

Analyse d'un cas : une discrète intervention royale lors de la grève de 1960-61[1]   GITA DENECKERE

« Une question se pose inévitablement : quel est l'effet réel sur ses interlocuteurs, et spécialement sur la classe politique, des avis, des conseils, des encouragements et des mises en garde du Roi dans ces entretiens ? Seule l'Histoire peut le dire, pour autant qu'il reste trace de ces conversations. Seule elle peut dire si le Roi a été non seulement écouté, mais entendu, et dans quelle mesure les interlocuteurs (...) se sont servis de ces propos pour les traduire dans les faits et dans les lois, pour orienter leur action et leur politique. »

André MOLITOR, *La fonction royale en Belgique*.

LES RELATIONS ÉCONOMIQUES ET SOCIALES DANS L'HISTOIRE DE L'APRÈS-GUERRE. POUVOIR ET INFLUENCE DU ROI

Dans l'un des rares articles consacrés à l'influence du Roi dans l'économie, Robert Vandeputte, ancien gouverneur de la Banque nationale et ancien ministre des Finances récemment décédé, écrivait que le Roi garantit, « de la place qu'il occupe », une certaine stabilité qui est favorable à l'activité économique et à la paix sociale[2]. Des interventions directes de la part du Roi dans la réalité économique sont rares ; sa simple présence, son affabilité et son sourire à de nombreuses fêtes et jubilés d'entreprises sont autant d'exemples de la fonction essentiellement « vide » et symbolique de la royauté. Elle se manifeste parfaitement lorsque le Roi se déplace et effectue des visites. André Molitor, ancien chef de cabinet du roi Baudouin, souligne à juste titre que l'on ne peut sous-estimer l'impact affectif de la fonction symbolique et représentative de la royauté. De même, aux yeux du monde apparemment rationnel, « pragmatique », de l'économie et des relations sociales, un geste de reconnaissance du Roi sous quelque forme que ce soit (une visite, une réception au Palais, une lettre, un discours, une poignée de main...) établit de manière remarquable une relation affective[3]. Un acte symbolique du chef de l'État peut avoir des effets très réels et ne peut être négligé lorsqu'on désire mesurer sa sphère d'influence. Lors de moments de crise, il a pu arriver cependant que le Roi joue un rôle qui aille plus loin que la fonction symbolique de *primum movens immobile*. C'est précisément parce que le Roi « sort de son rôle » qu'une telle intervention effective ne peut (ni ne doit) être rendue publique au moment même. Comme le déclare Jean Stengers, il existe en effet une différence importante entre l'action publique du Roi qui, en principe, doit être couverte par le gouvernement, et les aspects plus cachés de l'exercice du pouvoir royal, où la discrétion des interlocuteurs doit également garantir que la Couronne ne soit pas découverte[4].

Il est difficile de dissocier les relations du Roi avec les milieux sociaux et économiques, de la « politique » *stricto sensu*, et certainement en Belgique où existe un lien étroit entre les pouvoirs économiques et sociaux d'une part et la classe politique d'autre part. Ce lien s'est institutionnalisé au cours de la période qui a suivi la Deuxième Guerre mondiale, dans divers organismes qui opèrent de manière autonome par rapport à la prise de décision parlementaire. Nous pensons ici, par exemple, au Conseil national du travail (CNT, 1952), au Conseil central de l'économie (CCE,

Le roi Baudouin dans les galeries du charbonnage André Dumont à Waterschei, 11 avril 1962. Photo Minders (Genk). Bruxelles. Archives du Palais royal.

Le Roi visite une ferme modèle et une station expérimentale du Boerenbond, à Poppel, le 4 juillet 1957. Photo Belga (Bruxelles). Bruxelles. Archives du Palais royal.

1948) et à d'autres organismes à composition paritaire, au sein desquels se déroule la concertation sociale entre employeurs et travailleurs. Dans le système de concertation de l'après-guerre, le gouvernement est un partenaire important, de sorte qu'il est question d'une sorte de « tripartite » parallèle qui essaie de maintenir le *modus vivendi* dans le domaine social et économique.

Le pacte social qui a déterminé l'architecture du système de la sécurité sociale et de l'État-providence jusqu'à nos jours a été conclu en 1944. Au cours des années cinquante et soixante, nous assistons à une amélioration de l'institutionnalisation du système de concertation, lors de la création du Bureau de programmation économique (1959) et du Comité national d'expansion économique (1960). Le premier accord interprofessionnel de programmation sociale est conclu le 11 mai 1960. À partir de 1963, les organisations patronales et de travailleurs gèrent les organismes parastataux de sécurité sociale tels que l'Office national de sécurité sociale, l'Office national de l'emploi, l'Institut national d'assurance maladie-invalidité, l'Office national d'allocations familiales pour travailleurs salariés… Outre les institutions citées, il existe un circuit parallèle où prennent corps de manière plutôt officieuse les relations du monde politique avec le monde bancaire et industriel, le patronat et les syndicats, les organisations de classes moyennes et d'agriculteurs.

En raison des relations qui se sont tissées entre les milieux socio-économiques et le monde politique, les « partenaires sociaux » sont généralement associés à la formation des gouvernements. La démission et la nomination de ministres est de loin le principal domaine de la politique intérieure sur lequel le Roi exerce des pouvoirs constitutionnels. Dans le contexte d'une crise gouvernementale, la consultation de personnalités du monde socio-économique relève depuis longtemps déjà de la pratique politique, même si cet usage n'a aucun fondement constitutionnel. D'après André Molitor, il s'agit d'un « droit acquis », d'une sorte de privilège dont les groupes d'intérêt sont fiers, sans pourtant que le Roi se sente obligé à quoi que ce soit. Dans des circonstances « normales » aussi, le Roi entretient de manière relativement régulière des contacts avec des personnalités du monde économique et des représentants des grandes organisations sociales. Le Roi est très bien informé, par son cabinet, de la situation économique, sociale et financière du pays. Il reçoit fréquemment des documents de synthèse, soit périodiquement (par exemple les rapports hebdomadaires de la Banque nationale), soit sporadiquement (dossiers spécifiques)[5].

Comme cela a déjà été souligné, il convient d'établir une distinction entre l'action publique du Roi et ses interventions discrètes. Ses discours constituent de loin le canal principal par lequel il communique avec ses concitoyens. Un discours royal constitue une intervention personnelle qui, il est vrai, doit être couverte par le gouvernement, mais où le Roi des Belges, contrairement à ce qui se passe aux Pays-Bas ou en Grande-Bretagne, n'agit pas en tant que porte-parole du gouvernement. Les discours du roi Baudouin sont peu à peu devenus des interventions politiques à forte connotation personnelle. Les problèmes socio-économiques y sont souvent mis en exergue. Au cours des années cinquante et soixante, plein d'espoir, il met l'accent sur l'expansion économique et le progrès social. C'est ainsi que le roi Baudouin prononce chaque fois un discours aux « Congrès sur la productivité » en 1956, 1959 et 1964. Et, à chaque fois, il souligne l'importance de bonnes relations entre les organisations d'employeurs et de travailleurs, en vue de l'accroissement de la productivité dans un cadre européen plus large. Lors de l'inauguration des nouveaux bâtiments de la FIB, en février 1958, le roi Baudouin se réjouit, en premier lieu, de la présence de représentants des syndicats. « *J'y vois avec plaisir la manifestation d'un désir mutuel de coopération.* » Pour Baudouin, la coopération dans le cadre du CNT et du CCE revêt une importance essentielle pour l'économie. « *Je souhaite que la FIB continue à promouvoir, en collaboration avec les organisations ouvrières, une véritable communauté de travail dans l'intérêt de la collectivité belge tout entière*[6]. »

Lorsqu'éclate la crise économique, au milieu des années septante, les discours royaux changent de ton. L'opposition entre égoïsme et solidarité devient un thème récurrent et l'attention se tourne vers les couches de la population les plus durement touchées par la crise, vers les plus défavorisés. Parallèlement, Baudouin appelle régulièrement à réfléchir à la modernisation du système économique et social, à la reconversion des industries, à une solution au problème du chômage et à l'assainissement des finances de l'État. Compte tenu des graves problèmes économiques et sociaux, on perçoit souvent, dans les discours de Baudouin, au cours des années quatre-vingt, une irritation à peine dissimulée à propos de l'instabilité politique et de l'absence de décision dues aux crises gouvernementales successives. Dans ses discours, le roi Baudouin essaie avec insistance de combattre les effets socio-psychologiques de la crise persistante sur la population : découragement, pessimisme et fatalisme[7].

Le moyen par excellence par lequel le Roi peut exercer son pouvoir et son influence, sans que ce soit nécessairement rendu public, est l'audience. Une audience chez le Roi est généralement un « colloque singulier », un tête-à-tête, auquel n'assiste aucun témoin et dont il n'est établi aucun rapport écrit, du moins officiellement. Les interlocuteurs du Roi sont tenus à la discrétion afin de garantir l'inviolabilité et la non-responsabilité du chef de l'État. C'est aussi la raison pour laquelle le Palais n'informe pas toujours la presse du fait que le Roi a reçu quelqu'un en audience. Stengers écrit : « *Ce qui se passe à l'insu du public, dans le colloque secret avec les ministres, ou à l'insu des ministres eux-mêmes, représente un élément majeur, essentiel, de l'action royale*[8]. » C'est souvent l'historien seul qui, des années après les faits, se basant sur des

*Violences lors des grèves contre la Loi unique du gouvernement Eyskens. Liège, 1961.
Photo Marcel Carlier (Pressport).
Gent. AMSAB.*

archives ou des témoignages, peut soulever un petit coin du voile sur les effets d'un « colloque singulier ».

Dans la deuxième partie de la présente contribution sera présentée une étude de cas où l'intervention discrète du roi Baudouin est concrétisée de manière « exemplaire ».

Les audiences collectives sont beaucoup plus rares que le colloque singulier et ont surtout pour but de débloquer une situation tendue. À cet égard, je puis rappeler une initiative, remarquable et inaperçue, du roi Baudouin, le 31 mars 1981. Après la chute du gouvernement Martens IV, suite aux dissensions entre socialistes et démocrates-chrétiens à propos de la politique de redressement, il ne convoque pas seulement les ministres démissionnaires, comme l'avait fait avant lui son père, le roi Léopold III, à la fin des années trente. Lors de la crise gouvernementale de 1981, outre les présidents de la Chambre et du Sénat, le Premier ministre et les présidents de parti (y compris ceux de l'opposition), ainsi que Louis Van Geyt, président du Parti communiste (mais à l'exclusion des présidents du *Vlaams Blok* et de l'UDRT), il convoque également les « partenaires sociaux ». Frans van den Bergh de la FEB, Jef Houthuys de la CSC, Georges Debunne de la FGTB, Armand Colle de la CGSLB, A. Margot du Conseil supérieur des classes moyennes et Dequae du Conseil national de l'Agriculture. Certains journaux s'étonnent de l'absence de représentants des banques et des holdings. Au total, Baudouin convoque au Palais dix-neuf « représentants du pouvoir en droit et du pouvoir de fait » pour leur communiquer son opinion sur la gravité de la situation[10].

Par cette audience collective, le roi Baudouin consacre la situation existante, qui fait réellement des « partenaires sociaux », qui n'ont aucune place constitutionnelle, d'importants partenaires politiques. C'est une indication de ce que le Roi considère la démocratie par consensus, telle qu'elle a été prévue sur base du pacte social de 1944, comme l'un des fondements de l'ordre social. Ceci se produit à un moment où l'ordre social est en train de chanceler. La régionalisation de la Belgique d'une part, et l'unification du marché européen d'autre part, rendent nécessaire la recherche de nouveaux équilibres. La dette publique de notre pays constitue, dans ce contexte, une lourde hypothèque sur le système de sécurité sociale. En faisant un bond dans le temps, nous pouvons dépasser la crise de 1981 pour nous rendre en juillet 1993, lorsque le Roi a partiellement placé son discours du 21 juillet, qui allait être le dernier, sous le signe de la situation socio-économique, des problèmes de l'emploi et de l'assainissement des finances publiques. En raison de son décès inopiné, dix jours plus tard, ce texte est considéré comme le testament politique du roi Baudouin. Dans son discours du trône, le roi Albert II a appelé à un « nouveau consensus économique et social » et, se référant à 1944 et au souhait de son frère, a annoncé un nouveau pacte social. Le roi Baudouin confère donc, à titre posthume, un grand poids à ce discours du trône.

De cet aperçu sommaire du rôle du roi Baudouin au cours de l'histoire socio-économique de l'après-guerre, on peut conclure que le Roi est non seulement favorable au modèle de concertation « néo-corporatiste » entre les partenaires sociaux, mais même qu'il l'approuve en tant que garant de la paix sociale et du bon fonctionnement de l'économie capitaliste. Toutefois, revenons-en à un moment spécifique du règne, lorsque s'est produit un court-circuit dans le système. Les grèves contre la Loi unique en 1960-61 ont constitué le premier conflit sérieux et, considéré avec un certain recul, sur le plan économique et social, de loin le plus grave auquel ait été confronté le roi Baudouin sous son propre règne. L'intervention dont traite notre cas d'étude n'est certes pas représentative ni quotidienne ; mais, en cela, peut-être d'autant plus intéressante. Parallèlement, nous y voyons passer quantité d'acteurs importants de notre histoire socio-économique. La discrète intervention royale souligne à nouveau le souci du souverain d'arriver à la pacification et au consensus, en dehors des règles « normales » du jeu parlementaire.

ÉTUDE DE CAS D'UNE TENTATIVE DE MÉDIATION DU ROI BAUDOUIN LORS DES GRÈVES DE 1960-61

Le 7 novembre 1960, Gaston Eyskens présente à la presse la Loi unique. Pour le dire en style lapidaire, ce texte met en perspective une politique de sobriété et de rigueur, avec une augmentation des impôts indirects, une diminution des dépenses sociales et une série de mesures spécifiques pour le personnel des services publics. Le mouvement ouvrier socialiste, CGSP en tête, lance immédiatement une contre-offensive.

Toutefois, le mariage de Baudouin et de Fabiola, le 15 décembre 1960, se déroule dans une atmosphère de liesse générale. Même *Le Peuple* ne demeure pas en reste. Un compliment sarcastique à l'adresse de Madame Eyskens, « dont la luxueuse toilette vert-j'espère et bordée d'une somptueuse fourrure illustrerait à merveille une brochure consacrée à l'austérité », ne réussit pas à assombrir l'atmosphère de fête, pas plus que l'ombre d'une note critique sur le contraste entre les festivités opulentes en

Le Roi et la Reine visitent, le 24 avril 1963, la papeterie Steinbach à Malmedy.
Laeken. Collection reine Fabiola.

l'honneur du Roi et la dure réalité à laquelle se trouve confronté son peuple[11].

Une semaine plus tard à peine, l'unité euphorique des Belges a complètement disparu. Sur le pays souffle un vent de lutte sociale qui est unique dans l'histoire de l'après-guerre, et qui met en péril non seulement le gouvernement catholique-libéral dirigé par Gaston Eyskens mais également la structure unitaire de l'État[12].

LE RETOUR DU ROI BAUDOUIN

À mesure que les grèves, aux environs du Nouvel An, s'étendent et se font plus explosives, des voix s'élèvent, notamment dans la presse socialiste, pour que le roi Baudouin, en voyage de noces à San Calixto, revienne en Belgique. Cela pourrait favoriser « une éclaircie » de la situation[13].

Lorsque le Roi décide, effectivement, d'interrompre son voyage de noces le 19 décembre 1960, les commentaires sont très divergents. Dans ses mémoires, Gaston Eyskens maintient que c'est lui qui a invité le Roi à interrompre son voyage « vu la radicalisation des actions de grève »[14]. Il ressort clairement des commentaires de la presse que la version d'Eyskens ne correspond pas à ce qui circule au moment même dans les « milieux gouvernementaux ». Il est assez remarquable que le journal communiste, Le Drapeau Rouge, aille le plus loin en attribuant une signification politique à l'« acte de présence du Roi. De cette manière, Eyskens peut donner sa démission... », écrit ce journal, qui souhaite ardemment que de l'enceinte de son Palais, le Roi entende la voix des travailleurs. Le président du Parti socialiste, Léo Collard, déclare que ce retour est normal et ajoute que les socialistes ne l'ont pas demandé. « La place du chef de l'État est d'être à son poste. » D'après Le Peuple, le retour du Roi est le résultat de l'entêtement d'Eyskens. De Standaard titre « Voyage de noces interrompu volontairement » et souligne que le retour anticipé du Roi suscite quelque étonnement dans les milieux gouvernementaux. Dans ces mêmes sphères, on déclare que le gouvernement ne se laissera influencer par rien, pas même par le retour du Roi. Le Times s'appuie sur des déclarations d'officiels du Palais pour affirmer que le Roi a pris cette décision de sa propre initiative « and, indeed, this would be in accordance with his character ». Le journal britannique estime par ailleurs que le Roi est peut-être le seul qui puisse débloquer la situation : « Both sides have worked themselves into such entrenched and uncompromising positions that perhaps only the King can bring about a solution. »

Le Roi, le soir même de son retour, reçoit immédiatement en audience le Premier ministre. Le désordre est grand car, pendant le voyage du Roi et de la Reine, une partie du mobilier du Palais a été transféré au château d'Argenteuil où ont aménagé le roi Léopold et la princesse Lilian. Gaston Eyskens témoigne :

> « Je n'oublierai jamais cette rencontre. Lorsque je suis entré dans le hall de la grande rotonde du château de Laeken, j'ai vu la Reine au milieu de ses bagages et le Roi assis sur un coffre de bois[16]. »

Le lendemain, le 30 décembre 1960, Paul Struye (CVP), président du Sénat, Paul Kronacker (libéral), président de la Chambre, et les trois présidents de parti, à savoir Roger Motz (libéral), Léo Collard (PSB) et Théo Lefèvre (CVP), sont entendus par le Roi. Au cours d'une conférence de presse, Gaston Eyskens déclare qu'il est normal que le Roi ait pris des contacts strictement informatifs. Il ajoute également que ce n'est pas le gouvernement qui a rappelé le Roi mais que cette décision emporte son plein assentiment[17].

LA VOIE EST APLANIE

Le 3 janvier 1961, les grèves atteignent un sommet, aussi bien en nombre qu'en intensité. Le 4 janvier 1961, René Lefébure, chef de cabinet de Baudouin, demande à Gaston Eyskens si le Roi peut recevoir les dirigeants des organisations patronales et de travailleurs : Léon Bekaert et Roger De Staercke de la FIB, Paul Gillet, gouverneur de la Société Générale, Paul de Launoit des holdings Cofinindus-Brufina/Cockerill-Ougrée, August Cool de l'ACV, Louis Major de la FGTB et Armand Colle du syndicat libéral. Toujours d'après Gaston Eyskens, le chef de cabinet adjoint du Roi, J.-P. Paulus de Chatelet, lui confie que « personne n'est maître de la situation et qu'il faut penser au pays ». Gaston Eyskens est également approché par le ministre d'État et sénateur coopté, Albert-Édouard Janssen, membre de la commission des Finances du Sénat, et par un autre sénateur CVP important, Émile De Winter, vice-président de la commission des Affaires économiques. Le Premier ministre sent bien que des pressions s'exercent sur lui et il approuve sagement les consultations entreprises par le Roi auprès des personnalités du monde économique et social précitées[18].

Finalement, rien ne sort de cette initiative qui aurait été incontestablement spectaculaire. Ce même 4 janvier, Léo Collard est reçu pour la deuxième fois par le Roi. Aux environs de 22 heures, Gaston Eyskens est à nouveau appelé. Baudouin veut calmer les esprits et propose au Premier ministre de confier une mission de médiation au ministre d'État Camille Gutt, et à un fonctionnaire général, Jean-Charles Snoy et d'Oppuers, tous deux liés au groupe financier Lambert. Eyskens estime que Franz De Voghel, vice-gouverneur de la Banque nationale et professeur à l'UCL, est mieux placé pour cela. Le vice-Premier ministre libéral, René Lefèbvre, suggère le nom du recteur honoraire de l'ULB, Henri Janne, connu comme socialiste, et qui préside également le Conseil national du travail. D'après les mémoires d'Eyskens, le Roi renonce, dès le 5 janvier, à ses projets de médiation[19].

Nous avons toutes les raisons de supposer que ce ne fut pas le cas. Il est plus que probable que Léo Collard discute immédiatement avec Louis Major, secrétaire général de la FGTB, de l'entretien crucial qu'il a eu avec Baudouin. Le 5 janvier, les membres des bureaux du parti et du Syndicat arrivent « unanimement » à la conclusion qu' « une solution peut être recherchée dans le cadre des pourparlers qui pourraient être menés notamment à l'initiative du chef de l'État ». Cette résolution est mise sur papier et signée par les personnes présentes[20].

Contrairement à la tradition, aucun communiqué de presse n'est diffusé après la réunion. Signalons, entre parenthèses, une remarquable constante dans l'histoire du socialisme belge qui fait que, depuis Albert Ier, la Cour exerce un pouvoir particulier sur certains dirigeants socialistes, notamment lorsqu'il s'agit de résoudre des conflits sociaux. Il en va de même au moment des grèves contre la Loi unique. La résolution qu'adoptent le PSB et les dirigeants de la FGTB le 5 janvier 1961 illustre, outre la grande influence du chef de l'État, les relations ambivalentes des dirigeants avec la base en grève. Même une figure radicale comme André Renard signe la résolution. Ce dirigeant syndical liégeois, intelligent et charismatique, secrétaire général adjoint de la FGTB, est, depuis la fin des années cinquante, en conflit de plus en plus ouvert avec le pragmatique Louis Major. André Renard milite en faveur de réformes de structures économiques (contrôle sur les holdings, nationalisation du secteur de l'énergie...) qui vont plus loin que les luttes quotidiennes d'intérêts que le *mainstream* préconise au sein de la FGTB. C'est aussi un ardent partisan de l'action extraparlementaire directe. Au cours des grèves contre la Loi unique, André Renard organise, en l'absence d'une direction nationale pour les

Le Roi et l'industriel flamand Léon Bekaert, lors de l'inauguration des nouveaux locaux de la Fédération des industries de Belgique. 28 février 1958. Laeken. Collection reine Fabiola.

grèves, un comité de coordination des sections régionales wallonnes de la FGTB. C'est là une première dissidence fédéraliste ouverte au sein du syndicat socialiste, qui engendre une sérieuse crise interne et débouche sur la sécession du Mouvement populaire wallon. Au cours des grèves de 1960-61, André Renard montre ses deux visages. Son accord sur le compromis politique sous les auspices du roi Baudouin, vu à la lumière de ses critiques de la structure unitaire de la Belgique et de son verbalisme révolutionnaire, est à tout le moins équivoque. Dans l'hebdomadaire satirique Pan qui, soit dit entre parenthèses, est lu de manière très attentive à la Cour, on trouve une interprétation intéressante de la stratégie d'André Renard :

> « Il sait que le Palais est tellement inquiet des tendances fédéralistes, que le Roi en est à craindre une victoire des modérés qui serait celle de la Flandre sur la Wallonie. Il sait que la Haute-Phynance tremble à l'idée que les mesures de la sauvegarde de «l'outil»[21] ne seraient plus assurées. Pour réussir, il lui fallait le chaos. Il l'a[22]. »

Le mouvement ouvrier chrétien, qui ne participe pas à la grève et s'y est également déclaré opposé, réagit aux tentatives de médiation de la Cour avec beaucoup moins de souplesse que les camarades socialistes. Toutefois, les dirigeants du mouvement ne portent pas du tout le gouvernement Eyskens dans leur cœur. En août 1960 déjà, le ministre de la Fonction publique, Pierre Harmel, écrivait à Théo Lefèvre : « Nos amis de l'ACW-MOC préfèrent des élections, même immédiates, et une alliance avec les socialistes[23]. » En octobre 1960 a lieu une réunion à laquelle participent Cool, Dereau (secrétaire général de la CSC), Raphaël Hulpiau (président de l'ACW), André Oleffe (président du MOC) et les ministres P.W. Segers (Communications), Léon Servais (Prévoyance sociale) et Yves Urbain (Emploi et Travail). Les têtes démocrates-chrétiennes abordent, sans beaucoup de détours, la crise de confiance interne à l'égard de Gaston Eyskens et la nécessité d'avoir un gouvernement soutenu par les deux syndicats[24].

Le président de la CSC, August Cool, est très irrité également par l'immixtion du cardinal Van Roey dans la grève. En effet, dans son message de Noël du 23 décembre 1960, celui-ci a condamné en termes extrêmement durs la révolte des ouvriers. Cool envisage de démissionner mais son bon ami P.W. Segers l'en dissuade :

> « Je sais que ces jours-ci, il vous faut traverser une rude épreuve qui est d'autant plus tragique qu'elle semble placer un catholique apostolique tel que vous en opposition avec son autorité spirituelle. Je suis toutefois convaincu que Notre-Seigneur vous accordera le sang-froid nécessaire pour traverser un incident qui n'amoindrira certes pas votre autorité dans tous les milieux compétents. Le seul vrai danger est que cela provoque une crise de conscience chez bon nombre de travailleurs bien-pensants. Vous contribuerez certainement, même si d'autres ont déjà fait naître ce risque, à ce qu'une pareille catastrophe soit évitée. À cet égard, il vous faut vraiment abandonner toute intention de démissionner. C'est un nouveau sacrifice qu'il vous faut consentir pour la CSC à laquelle vous avez réussi à donner une autorité tellement grande[25]. »

Dans le conflit à propos de la Loi unique, la CSC se positionne, à l'égard de l'extérieur et en dépit de tout, derrière le gouvernement Eyskens. Dans le passé, et pas seulement lors de périodes de révolte et de grèves sociales, il est souvent arrivé que pour le syndicat chrétien, l'unité catholique prime sur la solidarité des travailleurs. En ce qui concerne la tentative de médiation, il n'est absolument pas évident de savoir si Cool sait ou peut présumer qu'en coulisses, c'est le roi Baudouin qui a lancé la dynamique de négociation. Il n'en est probablement pas au courant, contrairement à André Oleffe, président du MOC[26]. Le 5 janvier 1961 se réunit le bureau national de l'ACW-MOC. Cool déclare qu'en fait aucune négociation n'est en cours. Mais seront reçues « les personnes qui désirent nous voir ». En tout cas, les amis wallons ne souhaitent pas que l'on négocie à certains niveaux avec André Renard. Oleffe, de son côté, estime que les socialistes ne peuvent subir une défaite totale. Par conséquent, il faut, après la période d'illégalité, donner aux adversaires l'occasion de sauvegarder « l'avenir psychologique » de la Wallonie[27]. André Oleffe semble jouer un rôle clé dans le rapprochement avec les socialistes ; il sera scellé, après les grèves de 1960-61 et les élections qui suivront, par l'accession au pouvoir du gouvernement « travailliste » Lefèvre-Spaak. La deuxième consultation de Collard chez le Roi suscite d'ailleurs immédiatement des rumeurs dans le sens d'une tripartite. À partir de ce moment, on chuchote que le secrétaire général de l'OTAN, Paul-Henri Spaak, reviendrait à la politique belge[28].

LA TENTATIVE DE MÉDIATION

C'est par le biais du flot de rumeurs que suit attentivement le Palais dans la presse que nous arrivons à la tentative de médiation. D'après le rapport que dicte immédiatement Major, il est appelé le vendredi 6 janvier 1961, à 8 h 15, par Henri Janne. Au cours de cet entretien téléphonique, il explique qu'« on [c'est l'auteur qui souligne] lui a demandé d'intervenir comme médiateur », afin d'aboutir à un accord avec la CSC. Janne déclare qu'il a déjà consulté Renard et Collard et que tous deux ont réagi positivement. Major répond hargneusement : « Si vous avez déjà contacté d'autres pour obtenir leur accord, il est dès lors logique que vous continuiez à discu-

Manifestation socialiste contre la Loi unique. Janvier 1960. Gent AMSAB.

ter avec eux. » Janne demande ensuite à rencontrer immédiatement le secrétaire général. Un quart d'heure plus tard, ils se rencontrent au bureau de la FGTB. Il ressort tout d'abord de l'entretien à quel point il est important, étant donné le pouvoir de mobilisation inégal pour les grèves en Flandre et en Wallonie, que Renard et quelqu'un du Hainaut, par exemple Arthur Gailly, soient associés aux négociations. Ensuite, Janne donne lecture des six points qui devront servir de base aux discussions. En résumé, ces points comportent les éléments suivants :

1) une réforme fiscale en profondeur visant à réaliser un équilibre entre les impôts directs et indirects et à lutter contre la fraude, notamment en ce qui concerne la perception de l'impôt sur les valeurs mobilières et les actions ;
2) une modification de la législation sur les holdings en vue de favoriser les investissements avec, en compensation, une réglementation du contrôle sur les holdings et l'engagement d'orienter les investissements selon un plan économique ;
3) la création d'une Société nationale d'investissement ;
4) la création d'un Bureau de programmation pour le gouvernement, dont le conseil d'administration se composera de représentants du Conseil national du travail et du Conseil central de l'économie ;
5) la création d'un Fonds autonome pour les investissements publics qui donnera priorité aux travaux publics ;
6) une réforme de structure dans le cadre de la problématique charbonnière.

L'objectif de ces six points est triple : des réformes structurelles, l'expansion économique et le plein emploi. Contrairement à ce qu'il a dit au téléphone, Janne déclare à présent, formellement, « n'être mandaté par personne ». Avec De Voghel il essaie, « en tant que personnes totalement indépendantes », sans avoir une quelconque mission[29], de réunir les deux grands syndicats sur la base de ce programme en six points. Les deux médiateurs ont, paraît-il, mis ces points sur papier de leur propre initiative. Bien que leurs contacts préliminaires avec les patrons aient été absolument négatifs, ils estiment qu'il n'est pas impossible que puisse être conclu un accord entre syndicats et patrons, qui n'ont pas d'objection de principe contre les six points. Si la FGTB, la CSC et les patrons parviennent à un accord, les propositions seront transmises au gouvernement. L'objectif est, dès le vote de la Loi unique au Parlement, d'envoyer les arrêtés royaux au CNT et au CCE avec l'engagement du gouvernement que sera exécuté le programme qui y sera fixé[30].

Quels sont les deux médiateurs qui jouent un rôle si discret dans les grèves de 1960-61 ? D'origine libérale, Henri Janne est influencé avant la guerre par le Plan de travail de Henri De Man. C'est en 1946 seulement qu'il entre au Parti socialiste. Dans diverses publications, il se manifeste comme un solide partisan d'une planification économique poussée. En 1955, il travaille comme expert, avec Franz De Voghel, pour le gouvernement socialiste-libéral Van Acker, à un rapport sur la semaine des 45 heures qui débouchera sur un accord social. Henri Janne, au cours des années cinquante, travaille en étroite collaboration avec les syndicats socialistes et est coauteur des rapports de la commission Renard dans lesquels il est plaidé pour des réformes de structure en profondeur. C'est d'ailleurs sur l'avis de Renard que Janne, après les grèves de 1960-61 et les élections anticipées de mars 1961, est coopté comme sénateur PSB-BSP. Il se distanciera par la suite du MPW de Renard, notamment parce qu'il considère que les différences économiques régionales ne peuvent être résolues que dans un contexte national. En juillet 1963, Henri Janne entre comme ministre dans le gouvernement Lefèvre-Spaak[31]. Franz De Voghel, lui, devient, juste après la guerre, ministre des Finances en tant que technicien et extraparlementaire (1945-1946). Au cours de cette période, il est considéré comme un partisan de l'Union démocratique belge. Après la libération, De Voghel devient directeur de la Banque nationale où il accédera, de 1957 à 1970, au poste de vice-gouverneur. En cette qualité, il rédige des rapports d'étude de la commission De Voghel, notamment en ce qui concerne les réformes du secteur bancaire et de l'épargne. Grâce à ses qualifications financières, il entre au conseil d'administration de la Banque centrale du Congo belge et du Ruanda-Urundi (1955-1960). En tant que président du Palais des Beaux-Arts, De Voghel est aussi l'un des fondateurs du festival Europalia. Il est anobli en 1975[32].

La tentative de médiation de Janne et de De Voghel ne fait l'objet d'aucune fuite dans la presse. Seul *Pan* semble en avoir été informé. Une petite phrase mentionnant leur mission est soulignée dans l'exemplaire conservé aux archives du Palais royal[33].

UNE RENCONTRE HISTORIQUE RATÉE ?

Dans ses mémoires, Gaston Eyskens affirme qu'il a su par Franz De Voghel que celui-ci avait été chargé, le 7 janvier 1961, d'une mission de médiation par Renard, Major et Janne. Le programme de six points aurait donc été conçu par les trois socialistes[34]. Cette version ne correspond pas à ce que nous apprennent les annales des mouvements ouvriers socialiste et chrétien qui ont été rédigées au moment même.

« Certaines personnalités agissant de leur propre initiative ou mandatées par qui sait, essaient de prendre contact afin de voir si une solution au conflit est possible. » C'est dans ces termes que, le 7 janvier 1961, Louis Major attire l'attention du bureau de la FGTB sur la tentative de médiation afin de mettre fin aux grèves contre la Loi unique. Le même jour, le secrétariat de la FGTB se réunit au complet, y compris Renard, Janne et De Voghel[35].

Le matin suivant, un dimanche, Henri Janne téléphone de nouveau à Major, dès les premières heures, afin d'arranger un rendez-vous avec Cool, président de l'ACV. Ce dernier, entre-temps, a été approché par De Voghel. Major n'est pas opposé à un entretien avec Cool, mais ne veut pas en prendre lui-même l'initiative. Aussitôt dit aussitôt fait : grâce à l'intervention des médiateurs, une rencontre à deux, Major et Cool, a lieu le dimanche 8 janvier 1961, à 16 h 30, au domicile de Franz De Voghel. L'ACV pose trois conditions avant d'entamer avec la FGTB, Renard inclus, la négociation sur les six points :
1) la FGTB doit condamner l'abandon de l'outil[36] ;
2) elle doit condamner la violence ;
3) il faut mettre fin à la grève.

D'après Cool, le problème le plus épineux est la position des patrons. Ceux-ci considèrent comme « caduc » le premier accord interprofessionnel sur la programmation sociale, conclu en mai 1960, et estiment qu'il n'y a rien à faire avec les syndicats, surtout pas avec quelqu'un comme Renard, qui trahit régulièrement sa parole. Dans son message de Nouvel An paru dans le bulletin de la FIB, Roger De Staercke a en effet affirmé que la confiance est ébranlée et que de nouveaux contacts avec les syndicats sont compromis pour longtemps[37]. Tout comme les patrons, l'ACV trouve que les méthodes violentes et les déclarations à propos de « l'abandon de l'outil » sont abso-

*Le Roi visite la Manufacture belge de Lampes et de Matériel électronique à Anderlecht.
31 octobre 1961.
Bruxelles. Archives du Palais royal.*

lument inadmissibles. Un autre point sur lequel les patrons, pas plus que l'ACV ni surtout la CSC, ne sont d'accord est le partage de la Belgique et en particulier sur les plans économique et social.

Les deux dirigeants syndicaux s'entendent sur le fait qu'ils doivent se serrer les coudes pour que le mouvement ouvrier conserve au maximum son « efficacité ». Les six points peuvent constituer la base d'un accord éventuel. Cependant, la conversation n'engendre pas de résultats immédiats. Major souligne qu'en tant qu'organisation, la FGTB ne porte aucune responsabilité à propos de la menace de l'abandon de l'outil. Renard joue cavalier seul et cela pose un problème que seule la FGTB peut résoudre en son propre sein. Le secrétaire général déclare formellement que les trois conditions préalables ne peuvent être acceptées ainsi en plein mouvement de grève. Les travailleurs, en effet, ne le comprendraient pas. Il est important, pour l'avenir, de ne pas les abandonner à leur sort et de ne pas les désapprouver. Pour Cool, il est impossible de présenter la proposition des médiateurs au bureau de l'ACV sans que la FGTB accepte les trois conditions.

Lorsque Major et Cool sont arrivés à cette conclusion, les deux médiateurs reviennent. En leur présence, Cool s'en tient expressément au point de vue selon lequel les règles normales du jeu de la démocratie parlementaire doivent être suivies, bien qu'il approuve aussi la constatation selon laquelle le gouvernement Eyskens porte une lourde responsabilité. En outre, il convient de remarquer que du côté patronal, on a réagi négativement à la demande des médiateurs. La réaction négative est formelle mais, d'après ces derniers, elle laisse la porte ouverte pour que, après la grève, de nouveaux contacts soient établis et entretenus. Major et Cool parviennent finalement à un accord :

1) il n'y a pas eu de négociations *stricto sensu* ;
2) les deux médiateurs ont invité les dirigeants à se réunir en privé ;
3) cette conversation a un caractère strictement confidentiel et personnel ;
4) les deux bureaux sont informés des propositions, du contenu des six points et des trois conditions de l'ACV[38].

Peu de temps avant son décès, Major esquisse, pour l'hebdomadaire *Humo* et dans les termes suivants, cette rencontre historique « ratée » au domicile du vice-gouverneur de la Banque nationale :

> « *Nous étions là, Gust et moi, tous deux du même âge et, en dépit de toutes nos divergences d'opinion, nous nous entendions merveilleusement bien. Et nous nous faisions mutuellement confiance. Et nous avons dit, voilà, c'est bon, cela a assez duré que les deux syndicats soient à couteaux tirés. Les seuls qui en profiteront seront les patrons. Nous avons alors, dans les meilleurs délais possibles, conclu un accord pour en arriver à un front commun syndical. Un accord qui a tenu de longues années*[39]. »

LE MÉMORANDUM AU ROI

En dépit de l'impossibilité devant laquelle August Cool, de même que Louis Major, se savent placés pour entamer des négociations sur base de la proposition de médiation afin de mettre fin à la grève, les six points de Janne et de De Voghel poursuivent leur bonhomme de chemin. C'est ainsi que le dimanche 15 janvier 1961, ils sont remis par Léo Collard, sous forme d'un mémorandum, à personne de moins que... le roi Baudouin. Suivons le trajet à tout le moins remarquable de ces six points.

Le 11 janvier 1961, Louis Major est appelé chez Henri Janne, qui lui transmet un document écrit comportant six points. August Cool et le président de la FIB en reçoivent eux aussi un exemplaire. Dans le mémorandum sont décrits les points de départ des partenaires sociaux. Pour la FGTB, la solution des problèmes ne réside pas dans une scission économique du pays. La FGTB n'a jamais favorisé ni approuvé la violence, mais estime qu'un syndicat peut, et dans certaines circonstances doit, défendre les intérêts de ses membres en exerçant le droit incontestable qu'est le droit de grève. D'après le mémorandum, la CSC rejette également la violence et le séparatisme économique et social. Le syndicat chrétien considère toutefois comme suffisantes les modifications à la Loi unique qu'il a obtenues en négociant, et juge que les travaux parlementaires doivent se poursuivre normalement. La FIB, de son côté, demande que l'on respecte les accords sociaux et se dit prête à étudier les réformes qui favorisent l'expansion économique dans un climat de paix sociale. Les patrons ne sont toutefois disposés à en discuter qu'après la grève et seulement avec des représentants « valables » des organisations syndicales[40].

Pour Cool, il est absolument nécessaire que le document reste « strictement » confidentiel et ne soit « pas multiplié »[41]. Le document circule également dans les milieux gouvernementaux. Gaston Eyskens en reçoit un exemplaire par l'entremise de Pierre Harmel, ministre de la Fonction publique. « Pour des raisons évidentes », il ne peut approuver les propositions présentées. Les réformes de structure économique vont trop loin pour lui[42].

Dès que Major a le document en sa possession, il en informe le bureau de la FGTB. Il estime que ce document ne peut être d'aucune utilité immédiate, étant donné que le gouvernement actuel n'acceptera jamais les six points, mais qu'il s'agit d'un bon document en vue du futur, lorsque les deux grandes organisations syndicales auront un programme commun. Major fait rapport à Collard qui, de son côté, annonce qu'il a eu un nouvel entretien avec le roi Baudouin au cours duquel le document Janne-De Voghel a également été évoqué. Les socialistes reçoivent du Roi l'autorisation de lui transmettre un mémorandum qui ait pour base le document Janne-De Voghel. En outre, le Roi autorise le président du PSB-BSP à continuer à utiliser le mémorandum après le lui avoir transmis[43].

En transmettant le mémorandum au Roi, on fait entrer les six points dans le domaine public. Le rôle discret des deux médiateurs prend fin ici. Le Roi s'est ingénieusement permis d'intervenir publiquement dans le conflit. Cependant, cette manœuvre ne donne pas de brillants résultats.

Le 13 janvier 1961, la Chambre adopte la Loi unique. Et ceci en l'absence du Premier ministre Eyskens qui, la veille, a eu un malaise : il souffre du « vertige de Ménière », un trouble de l'équilibre.

Le 14 janvier 1961, les dirigeants socialistes constituent en leur sein, en vue de rédiger le mémorandum au Roi, un comité de rédaction dont font partie, pour la FGTB, André Renard, Dore Smets et Georges Debunne. Pour le PSB-BSP sont désignés Anseele et Merlot. Le mémorandum est signé en leur nom personnel parce que Renard n'a pas eu l'occasion de consulter le comité de coordination des régionales wallonnes[44]. Au bureau du PSB-BSP, Collard pousse un soupir de soulagement en constatant que Renard s'est révélé malléable. D'après le président socialiste, Renard souhaite terminer la grève « dignement » et reste attaché au parti[45].

Le dimanche 15 janvier 1961, Collard remet le mémorandum au roi Baudouin. Au cours de l'audience, le président du PSB-BSP souligne qu'il n'entreprendra plus la moindre démarche, étant donné que la base trouverait cela inadmissible. Le Roi évoque ensuite la dissolution du Parlement. « Dissolution évoquée par le Roi », tels sont les termes qui figurent dans le compte rendu manuscrit et assez sibyllin du bureau du parti du 16 janvier[46].

August Cool est courroucé par la manière dont les six points sont entrés dans le domaine public. Ceci ressort d'une note manuscrite dans laquelle il fournira ultérieurement les six points ainsi que des explications au conseil de la CSC. Il a demandé la discrétion et est dès lors très étonné lorsque Collard remet le mémorandum au Roi « avec de légères modifications de texte mais sans grands changements, comme s'il s'agissait d'un texte du Parti socialiste. Ceci démontre l'inventivité du PSB-BSP au niveau du programme », déclare Cool, qui accuse sans détours les socialistes de plagiat[47].

La veille du jour où Collard remet au souverain le mémorandum, le Roi reçoit une délégation de mandataires socialistes wallons. Ils lui remettent solennellement une adresse dans laquelle ils demandent des solutions qui n'affecteront pas l'intégrité du pays. Par les questions qu'il pose, le Roi montre qu'il perçoit très bien la portée de la crise, déclare le sénateur Fernand Dehousse[48].

Dans la presse catholique, les réactions aux deux démarches socialistes chez le Roi sont très négatives. On dit que, du côté PSC, la colère est grande. On reproche au Roi de jouer la carte socialiste. Dans *Europe Magazine*, Jo Gérard écrit que les socialistes attendent du Roi une abdication, « celle de la légalité ». Par ailleurs, des questions surgissent à propos du fait que Renard ait pu signer une déclaration aussi « faible »[49].

L'idée ne vient à l'esprit de personne que le roi Baudouin ait participé à la mise en scène du coup de théâtre du mémorandum...

Le programme en six points proposant des réformes de structure n'a pas immédiatement servi de base aux négociations entre les organisations patronales et syndicales,

Le dirigeant syndical Louis Major. Photo Jean Guyaux (Bruxelles). Anvers, AMSAB (Archives Louis Major).

Des crevettes fraîches pour le Roi, à l'occasion de sa visite aux installations portuaires de Zeebruges, le 14 juillet 1967. Aux côtés du Roi, Monsieur Boereboom, secrétaire-général au Ministère des Travaux publics. Au centre, le gouverneur de la province, Pierre van Outryve d'Ydewalle. Laeken. Collection reine Fabiola

Le 8 février 1984, visite aux laboratoires d'Afga-Gevaert à Mortsel. Tenue appropriée obligatoire pour tout le monde. Aux côtés du Roi, Monsieur André Leysen. Laeken. Collection reine Fabiola.

mais vu dans une perspective à plus long terme, il a vraiment été important. Il est rendu public à un moment où la tendance à une dissolution du Parlement devient de plus en plus manifeste, même dans la majorité. Fin janvier 1961 règne une fiévreuse atmosphère préélectorale. Nous ne pouvons approfondir ici les circonstances qui ont conduit à la formation du gouvernement « travailliste » Lefèvre-Spaak. Mais, à titre de transition pour la suite de l'histoire, il est significatif de mentionner que le président du MOC, André Oleffe, qui a élaboré un programme de réformes financières, est fort occupé au cours de cette période préélectorale à nouer des contacts avec le monde financier. C'est ainsi qu'en janvier-février 1961, il rencontre le baron Léon Lambert, président du holding du même nom, Franz De Voghel de la Banque nationale, Jules Dubois-Pèlerin, vice-gouverneur de la Société générale et Frans Brusselmans, administrateur de la SNCI. André Oleffe écrit à Théo Lefèvre qu'il est arrivé à une série de conclusions « rencontrant l'accord de ces personnalités »[50]. D'autres indices font également penser que les relations avec les syndicats commencent à jouer un rôle plus important pour le roi Baudouin après les grèves de 1960-61. August Cool est reçu en audience par le Roi le 25 janvier 1961[51]. En novembre de la même année, le dirigeant syndical chrétien est une fois de plus reçu en audience, entrevue au cours de laquelle le chef de cabinet du Roi fraîchement nommé, André Molitor, l'invite à dresser une liste des responsables des diverses associations syndicales afin que le Roi puisse les recevoir. Cool signale la différence qui existe entre syndicalistes « orthodoxes » et « non orthodoxes ». André Molitor demande quelles sont les personnes à faire figurer dans cette seconde catégorie ; Cool cite alors les noms suivants : André Renard, André Genot, Robert Moreau, Jacques Yerna, Willy Schugens et… Georges Debunne, le futur secrétaire général de la FGTB[52].

CONCLUSION

Bien que la discrète tentative de médiation à l'instigation du roi Baudouin n'ait pas enregistré de résultats spectaculaires, on peut tirer quelques conclusions remarquables de cette étude de cas.
En dépit de l'attitude du Premier ministre, Gaston Eyskens, qui s'en tient de manière inflexible au principe de la majorité parlementaire, les médiateurs essaient d'aboutir à une réconciliation entre les organisations patronales et syndicales sur base d'un programme de six points. Nous disposons d'assez d'indications pour affirmer que l'impulsion donnée à cette démarche émane du roi Baudouin, même si elle est restée bien discrète.
Considérée à plus long terme, l'intervention s'inscrit dans la tendance à soustraire les dossiers socio-économiques au processus de décision parlementaire et à les faire traiter par des organes de concertation paritaire, tels que le CNT. Au cours de la période qui suit le conflit, la concertation sociale s'intensifie, en dépit des déclarations du patronat

pendant la grève, et de nouveaux accords interprofessionnels voient le jour. Le prix que paient les syndicats à cet égard est une stricte limitation du droit de grève. On voit aussi comment la tendance, déjà sous-jacente, à la réalisation de réformes structurelles sur les plans économique et financier, ainsi qu'à la planification, se trouve favorisée de manière tout aussi paradoxale que la concertation sociale par la grève et ses péripéties. On peut ajouter avec prudence que le roi Baudouin observe avec bienveillance, sinon approuve, ce processus d'accélération.

Pour la Cour, le point noir de la grève de 1960-61 réside dans la dissidence fédéraliste wallonne au sein du syndicat socialiste. Une scission de la FGTB-ABVV menace en effet la structure unitaire de l'État. Il s'agit d'associer aux négociations André Renard, le porte-parole récalcitrant des grévistes wallons. Cela réussit merveilleusement avec l'aide de Léo Collard, président du PSB-BSP. Ce cas d'école illustre non seulement le phénomène récurrent qui voit les acteurs du mouvement de grève en appeler au Roi afin qu'il intervienne activement, mais également les préoccupations du souverain de rétablir l'ordre et le calme, ce que l'on peut aussi considérer comme une constante dans l'histoire des mouvements protestataires.

Les paroles devenues légendaires de Gaston Eyskens, qui considère que « la démocratie n'est plus possible si l'on gouverne dans la rue et si la loi n'est plus faite par les représentants que la Nation a elle-même choisis », doivent être nuancées à la lumière de la discrète intervention royale en 1960-61. La raison d'État place le roi Baudouin en opposition avec son Premier ministre et suscite des tensions à propos desquelles le dernier mot n'a pas encore été dit. Cette étude pourra incontestablement être approfondie dans le futur, à mesure que les archives révéleront leurs secrets. En tout cas, la Couronne n'a, en aucune manière, été découverte au cours des grèves de 1960-61. En dépit du fait que, compte tenu de l'attitude du gouvernement Eyskens, le roi Baudouin ne pouvait pas intervenir ouvertement comme médiateur sans violer la Constitution, il n'a pas manqué d'exercer en coulisses une influence sur l'évolution des événements, et ce d'une manière qui, vue dans une perspective à plus long terme, a certainement été significative.

Le 22 janvier 1993, le Roi rend visite au Service de la propreté publique de Bruxelles. Laeken. Collection reine Fabiola.

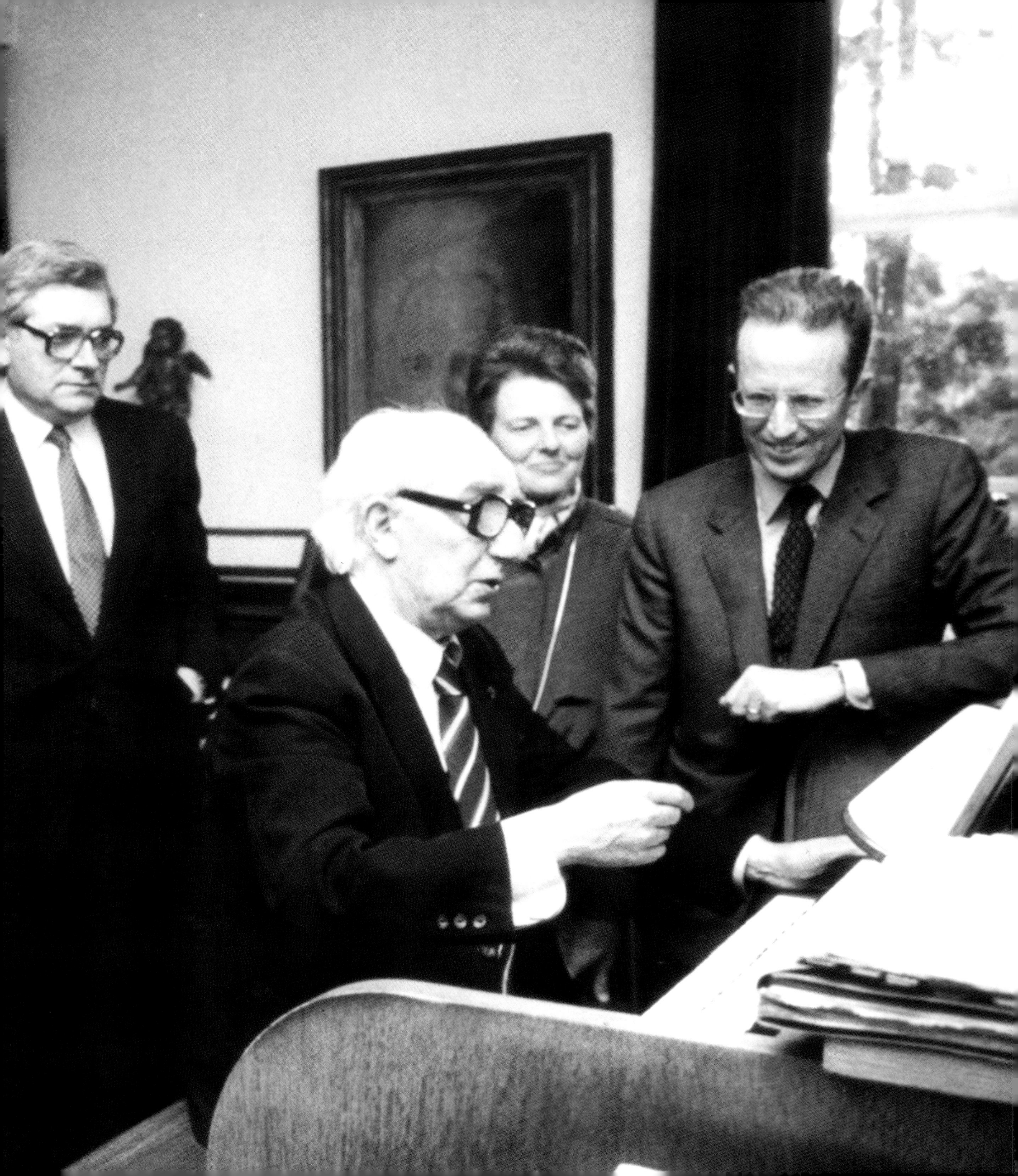

CHAPITRE X

Le roi Baudouin et le monde philosophique, scientifique, culturel et sportif en Belgique

LUC FRANÇOIS

INTRODUCTION MÉTHODOLOGIQUE

Mesurer l'intérêt d'un chef d'État pour des matières qui ne concernent pas directement la politique quotidienne ne peut se faire que de manière indirecte, surtout lorsqu'il s'agit d'un passé récent. Les discours du souverain et ses contacts avec le monde extérieur sont dès lors les sources tout indiquées. Les contacts du chef de l'État avec divers groupes de la population sont cependant trop souvent le résultat d'un protocole dosé avec un soin extrême. Dans un pays qui, depuis sa création, est caractérisé par un certain nombre de grandes fractures – idéologiques, communautaires et sociales –, qui essaie de s'en accommoder et qui, parfois, tente de les surmonter, chaque apparition du souverain est pesée et soupesée avec beaucoup de rigueur. Le fait que l'on fasse, chaque mois, le compte du nombre de poignées de main qu'il a données, respectivement à des Bruxellois, des Flamands et des Wallons, en est peut-être le meilleur exemple. Alors que les prédécesseurs de Baudouin, en raison aussi de l'époque où ils vivaient, pouvaient encore se permettre une certaine liberté d'action, ce ne fut pas accordé à Baudouin. La Question royale et ses séquelles, en effet, ont eu pour conséquence que toute apparition publique du souverain relevait d'un véritable exercice d'acrobatie politique.

Ajoutons que la non-accessibilité aux archives privées de Baudouin ne fait que compliquer la tâche de l'historien ; il est clair dès lors que rechercher quels étaient ses « intérêts philosophiques, scientifiques, culturels et sportifs » n'est pas une sinécure. Les intérêts et les conceptions de Baudouin ne peuvent être reconstruits qu'en examinant à quelles occasions il prend la parole et ce qu'il dit. De manière indirecte, on peut également sonder les conceptions du souverain par sa présence ou son absence à certaines manifestations. Mais cette analyse, elle aussi, est rendue difficile par la dualité permanente de chaque intervention du chef de l'État : est-ce en raison de préférences personnelles ou en tant que branche du pouvoir exécutif qu'il prend part à une manifestation donnée ou qu'il s'adresse aux personnes présentes ?

En outre, chaque apparition du souverain ne peut pas être entièrement dissociée des conséquences politiques supposées de ses actes. En quelle qualité ouvre-t-il les portes du Palais, que ce soit pour accueillir un visiteur, ou pour aller lui-même en visite ? Il faut toujours tenir compte de la manière dont seront interprétés ses actes.

Les avis émis par ceux qui sont entrés en contact avec lui résistent difficilement à la critique historique. Comme le contenu des conversations avec le souverain est soumis au principe du « colloque singulier », ces avis ne sont jamais le compte rendu exact d'une conversation ; ils n'en donnent qu'une impression générale, difficilement contrôlable.

Le principal objectif de la présente contribution est de voir dans quelle mesure les intérêts personnels de Baudouin pour les domaines cités ont eu une influence sur sa fonction de chef de l'État.

Le Roi chez l'organiste Flor Peeters, à l'occasion de son 80ᵉ anniversaire. Malines, le 21 mars 1983. Laeken. Collection reine Fabiola.

L'INTÉRÊT DE BAUDOUIN POUR LES QUESTIONS PHILOSOPHIQUES

Baudouin restera incontestablement dans les mémoires comme le souverain qui ne dissimulait pas ses convictions philosophiques. Peut-on connaître la nature de cette philosophie et la mesure dans laquelle elle a eu une influence sur son rôle de chef de l'État ? Il est peut-être utile, ici, de partir de la conclusion de Jean Stengers, qui déclare que Baudouin – indépendamment du fait qu'il était homme de prière, aux convictions chrétiennes profondes – a réussi à dissocier le service de Dieu et le service de l'État – à l'exception du conflit concernant la question de l'avortement. Croyants et incroyants sont reçus au Palais avec la même courtoisie[1].

Il est bien connu que Baudouin a vécu la doctrine catholique avec conviction. À côté de l'aumônier de la Cour, il introduit, à partir des années septante, un aumônier privé. Dans la logique de ses convictions, il assiste à la messe quotidienne, tant chez lui qu'en voyage. D'après les dires de son aumônier privé, c'est à ce moment-là qu'il prend le recul nécessaire pour affronter les nombreuses questions auxquelles il sera confronté pendant la journée. Mais le catholicisme n'est pas monolithique, et Baudouin ne cache pas son appartenance à l'aile " engagée ". La foi, pour lui, ne peut se limiter à un comportement superficiel et formel ; elle doit au contraire constituer l'inspiration de base de ses actes. Les rumeurs, dans les années cinquante, sur son éventuelle entrée dans l'un ou l'autre ordre monastique n'ont pas été niées par son entourage. Son intérêt pour le mouvement charismatique et sa présence à des réunions de ce mouvement sont bien connus. C'est ainsi que Baudouin, en mai 1975, assiste, à Rome, à la célébration de la Pentecôte de l'Année sainte. Afin de ne pas donner l'impression d'être « un membre actif » du Mouvement pentecôtiste, et bien qu'il soit favorable à ses objectifs, il ne participe pas, selon Philippe Verhaegen, le lendemain, à la célébration eucharistique massivement suivie du Renouveau charismatique, qui favorise un renouveau dans l'Église catholique. C'est pour la même raison qu'il s'abstient, en 1976, de participer à une réunion du mouvement charismatique à Koekelberg. Le souverain marque également son intérêt pour d'autres mouvements chrétiens qui cherchent à vivre leur foi de façon plus vivante et moins rigide. On ne peut confirmer aujourd'hui la rumeur selon laquelle le couple royal serait membre de l'Opus Dei ; au contraire, la manière dont Baudouin et Fabiola vivent leur catholicisme ne répond pas aux critères propres à l'Opus Dei.

Mais ce qui nous intéresse surtout, c'est de voir dans quel-

Le Roi, en compagnie des princes de Liège et de la princesse Astrid, à l'occasion d'un concert pour la jeunesse au Palais royal de Bruxelles. 16 novembre 1983. Bruxelles. Archives du Palais royal.

le mesure les interventions de Baudouin, en tant que chef de l'État, ont été influencées par ses convictions personnelles. Il est évident que la partie de l'opinion publique, adepte de la libre pensée, n'a pas toujours, ni entièrement, approuvé l'action royale. La sécularisation croissante de la société, au cours du règne de Baudouin, a incontestablement contribué à ce que la critique gagne du terrain. Il faut donc s'attendre, malgré les précautions prises, malgré toute la prudence voulue et le respect d'un strict protocole, à ce que surgissent de temps à autre des conflits ; et les risques de tension augmenteront à mesure que la société continuera à évoluer. Compte tenu de l'inviolabilité de la personne du souverain, il faut aussi s'attendre à ce que les discussions portent moins sur le fond ; partisans et opposants essayeront de maintenir l'unité à l'égard du monde extérieur en soulignant le rôle constitutionnel à assumer par le souverain.

Un premier conflit possible s'annonce déjà dans les années cinquante. En 1955, Baudouin n'approuve pas le contenu de la loi Collard en matière d'enseignement. Ses arguments sont que la majorité catholique de la population désapprouve cette loi. En adoptant pareil point de vue, le souverain nie le fait qu'au Parlement, représentation légitime du peuple, une majorité l'a adoptée. L'attitude du Roi n'est pas partagée par l'opposition catholique : par la voix de Gaston Eyskens, elle fait savoir à Baudouin qu'il n'a pas d'autre choix que de signer la loi[1]. Ailleurs dans cet ouvrage, il est dit que Baudouin, à partir de la fin des années cinquante – sous l'influence du voyage aux États-Unis d'Amérique – et certainement depuis son mariage en 1960, donne à ses interventions une empreinte plus personnelle. On en trouve une preuve évidente lors de la visite officielle que le couple royal effectue en France. Au cours du dîner au Louvre, Baudouin prononce un discours qui suscite quelques remous en Belgique. Le Roi y déclare notamment :

> « Il nous faut être, plus résolument que quiconque, des promoteurs des principes sacrés et universels sans lesquels aucune communauté humaine ne peut vivre. Nul dialogue n'est valable entre les hommes si ceux-ci ne communient pas à quelques vérités souveraines et reconnues par tous. La science peut abolir les distances et franchir les espaces : elle est incapable, par elle-même, de faire tomber un préjugé, d'amener l'homme à tendre la main à l'homme, de nouer entre eux des liens durables et de lui apporter des raisons de vivre... Ceux qui ont opté pour les sables mouvants du relativisme ne peuvent offrir une réponse valable à ces questions vitales. On ne construit pas une cité humaine sur de pareils fondements, sur de pareils marécages. »

Les réactions à ce discours sont d'abord celles d'Henri Janne. Ce professeur de l'ULB, qui est aussi sénateur socialiste, critique l'appel de Baudouin à la population belge de s'ériger en promoteur de principes décrits par le souverain comme sacrés et universels, mais qui, selon Janne, ne sont partagés que par une partie de l'opinion publique. Par ses paroles, le Roi porte préjudice au caractère pluraliste de la société belge. Contrairement au souverain, Janne estime que la recherche de la vérité, dans un esprit scientifique, est le seul moyen de progresser et la seule manière d'éliminer les préjugés. Par son discours, le souverain aurait nié les principes du « libre examen », et les aurait désapprouvés. Janne reconnaît cependant la valeur de la chrétienté dans la civilisation occidentale ; mais il estime que c'est surtout l'orientation scientifique de l'Europe qui en a fait la « patrie de la science ». Partisans et opposants du discours du souverain se battent à coups d'articles de presse. Les uns qualifient les paroles de Baudouin d'« homélie royale [...] qui fait figure d'hymne à la gloire de l'obscurantisme et de la pire intolérance » ; les autres soulignent le fait que le Roi a surtout voulu exprimer sa crainte d'une offensive communiste. Alors que le communisme vise à asservir l'individu à la collectivité, la société occidentale tient, elle, à souligner la priorité qu'il faut donner à l'individu. Mettre l'accent sur la valeur de l'humain serait, selon le souverain, propre à la chrétienté. Ce discours à connotation philosophique devient, dans la presse, une question politique. Le chef de l'État s'est-il attribué un rôle spirituel ? Est-il, en cela également, couvert par le gouvernement qui a approuvé ce texte ? Cette approbation doit-elle être interprétée comme une condamnation des valeurs du libre examen par un gouvernement où siègent aussi des ministres socialistes ? Les discussions laissent, consciemment et volontairement, la personne du souverain totalement en dehors du débat ; pour partisans et opposants, la question est de savoir si, d'un point de vue constitutionnel, le souverain pouvait tenir de tels propos. Les deux parties s'accordent à dire qu'il faudrait plus de prudence, sans quoi la neutralité idéologique en Belgique, un des fondements de l'État belge, serait mise en danger. Abstraction faite du contenu du discours royal au Louvre, en prononçant ses paroles, Baudouin a obtenu un effet plus polarisateur que conciliateur. Même s'il s'est avéré par la suite que le texte du discours n'avait pu obtenir l'approbation du gouvernement que parce que Paul-Henri Spaak l'avait parcouru d'un œil plutôt distrait et qu'il n'avait pas veillé à ce que n'y figurent pas des passages qui auraient pu heurter une partie de la population, cet incident peut difficilement, comme l'écrit Jean Stengers, être considéré comme « pittoresque et unique en

Le roi Baudouin et la reine Fabiola, les princes de Liège et la reine Élisabeth en compagnie de Evgueni Moguilevsky, premier lauréat du Concours musical international Reine Élisabeth de piano 1964. Photo Les frères Haine (Bruxelles). Bruxelles. Archives du Palais royal.

Copie de l'Agneau mystique des frères Van Eyck par Roger Trente. En 1934, le panneau droit du retable représentant les juges intègres fut volé. On en fit une copie sur laquelle Léopold III fut représenté comme l'un des juges intègres. Roger Trente entreprit en 1983 une copie du polyptyque. Le portrait de Léopold III y fut remplacé par celui de Baudouin. Deux semaines avant sa mort, le roi Baudouin alla visiter cet ouvrage et manifesta toute son admiration pour celui-ci. Photo Peter Paul Rubens. Collection privée.

son genre ». C'est seulement par une application effective de la responsabilité ministérielle que Baudouin respecte les limites de neutralité prévue par la Constitution. Que ce texte ne soit pas repris dans les éditions de 1973 et de 1986 des discours de Baudouin illustre que, même plusieurs décennies plus tard, il est toujours nécessaire de couvrir cet incident du manteau de l'oubli[3].

L'occasion la plus notable où se soient trouvés en conflit la conviction personnelle du souverain et son rôle de chef de l'État est évidemment la question de l'avortement. La loi qui prévoit, dans certaines circonstances et dans certaines conditions, une dépénalisation partielle de l'avortement, a une longue histoire. Dès le début, son contenu suscite chez Baudouin un problème de conscience, au point qu'il se demande si, compte tenu de ses convictions personnelles, il peut concilier la signature de la loi avec ses convictions philosophiques. En décembre 1989, alors que l'on savait déjà clairement quel serait le contenu de la nouvelle loi, il aurait écrit dans un document personnel :

« L'étau se resserre pour le problème de l'avortement. Tout cela, mon Dieu, me force à ne chercher d'appui qu'en toi seul[4]. »

Ces paroles, de même que son comportement au printemps de 1990, montrent qu'à cette occasion, sa conviction personnelle l'a emporté sur son rôle de chef de l'État. « Même le pape n'aurait pu me faire changer d'opinion », aurait-il encore dit.

Le 30 mars 1990, Baudouin écrit une lettre au Premier ministre, Wilfried Martens. Il y dit notamment :

« Bref, je crains que le projet ne comporte une diminution sensible du respect pour la vie des plus faibles. Vous comprendrez dès lors pourquoi je ne souhaite pas être associé à cette loi. »

Le conflit est ouvert. Le Roi, par cette décision, est conséquent avec sa propre conscience, mais non avec le serment constitutionnel qu'il a prêté quelques décennies plus tôt. Partisans et opposants soulignent surtout les conséquences de son attitude pour la monarchie et le régime démocratique. Le gouvernement élabore un compromis, qui est considéré par de nombreuses personnes comme une manipulation constitutionnelle, mais qui offre la seule solution possible. Le Roi écrit qu'il ne signera pas la loi, mais il déclare également qu'il ne souhaite pas miner le bon fonctionnement des institutions démocratiques. Il laisse ainsi au gouvernement la possibilité de constater que le Roi se trouve dans l'impossibilité de régner. D'un point de vue constitutionnel, les ministres, réunis en conseil, reprennent à ce moment-là les prérogatives royales : ils signent la loi et la publient au Moniteur belge. De cette manière, il est satisfait aux deux souhaits de Baudouin ; ensuite, les Chambres réunies constatent que l'impossibilité de régner du Roi a pris fin : il peut à nouveau reprendre la totalité de ses fonctions. Il est apparu plus tard que, dans le premier projet de lettre du Roi au gouvernement, le passage sur le bon fonctionnement des institutions démocratiques ne figurait pas. Baudouin y faisait connaître uniquement ses objections morales contre la loi. Si le gouvernement, et probablement Wilfried Martens en particulier, n'avaient pas réussi à convaincre Baudouin d'ajouter ce paragraphe qui permettait de trouver un compromis, une nouvelle et véritable question royale aurait été inévitable. Même si la concertation « pleine de succès » entre le chef de l'État et son Premier ministre prouve que les institutions fonctionnent convenablement et s'équilibrent mutuellement, cela prouve aussi que Baudouin, à ce moment-là, était disposé à aller jusqu'au bout et même à renoncer à son trône. Pendant cette période cruciale, Baudouin prend conseil : le cardinal Danneels et Mère Theresa sont ses hôtes, au cours des premiers jours d'avril 1990. Le fait qu'il y ait aussi, ces mêmes jours, des réunions de prière organisées par le mouvement charismatique pour éviter l'adoption de la loi à la Chambre est fermement nié par Philippe Verhaegen, l'aumônier privé du Roi. Toutefois, on ne sait pas si, avant de se faire une opinion définitive, le Roi a également consulté des personnes ayant une autre opinion ; cela ne ressort pas, en tout cas, de l'agenda royal. Le fait que cet agenda politique ne soit pas public ne permet pas d'apporter une réponse définitive à cette question. Le Roi ne peut, en l'espèce, que se voir imputer des doutes à ce sujet. Une fois dépassé le sommet de la crise à propos de la question de l'avortement, le pays en revient rapidement aux affaires courantes. L'intention, encouragée par le Roi lui-même, de procéder à une modification constitutionnelle afin d'éviter à l'avenir pareil conflit, n'a toujours pas été traduite dans les faits. Lors de la récente révision de la Constitution, aucun accord n'a été obtenu sur un nouveau texte de l'article 109, qui prévoit que « le Roi sanctionne et promulgue les lois ». Des propositions de modification qui limitent effectivement le pouvoir royal ne sont pas acceptées, parce qu'elles perturberaient l'équilibre entre les pouvoirs ; d'autres, qui définiraient autrement la procédure pour obtenir la signature royale ne sont pas acceptées, soit parce qu'elles découvriraient structurellement la Couronne, soit parce qu'elles accroîtraient le pouvoir royal dans un nombre plus limité de domaines. Le résultat en est que le compromis du 3 avril 1990 entre le souverain et le gouvernement pourra tout au plus, à l'avenir, être invoqué comme un précédent pour éviter un éventuel nouveau refus royal. Cela n'exclut pas, toutefois, le recours du souverain à un droit de veto royal[5].

SCIENCE ET CULTURE

L'attitude du souverain à l'égard de la science et de la culture est différente. Il considère ces deux domaines comme des instruments de politique permettant de promouvoir la nation. En avril 1965, il signe les arrêtés royaux accordant à une dizaine d'établissements le statut d'institutions scientifiques du Royaume. On admet généralement que cela correspond à son souhait personnel : lorsque le gouvernement, quelque deux décennies plus tard, envisage de transformer ces institutions en organismes parastataux, on peut sans aucun doute attribuer à une intervention personnelle du souverain l'abandon de ce projet. Baudouin considère donc clairement ces institutions comme des moyens de soutenir une politique culturelle taillée selon un modèle belge : dans son optique, elles se situent en effet au-dessus de la politique quotidienne et c'est pourquoi il faut les protéger d'une « fonctionnarisation éventuelle » et d'une possible fédéralisation.

Cette disposition d'esprit ressort également du souci du souverain de participer à des manifestations scientifiques.

*Le Roi en conversation avec l'actrice Gina Lollobrigida et l'acteur Frank Sinatra dans les studios de la Metro-Goldwyn-Mayer, à Hollywood.
19 mai 1959.
Bruxelles.
Archives du Palais royal.*

*Le Roi en conversation avec les écrivains francophones belges Maud Frère et Thomas Owen, à l'occasion d'une rencontre informelle, le 24 décembre 1974.
Photos N. Hellyn (Bruxelles).
Bruxelles.
Archives du Palais royal.*

Les activités répertoriées dans l'agenda royal sous la rubrique « sciences » reçoivent presque toutes la visite de Baudouin en personne, accompagné ou non de Fabiola. Lorsque la Reine est seule, elle visite surtout des institutions du secteur du bien-être, telles qu'hôpitaux et écoles d'infirmières ; elle participe à des congrès sur des thèmes concernant le secteur de la santé... Les activités des souverains dans le domaine de la culture présentent une image totalement différente. Baudouin ne participe en moyenne qu'à un tiers des manifestations de ce secteur ; lorsque Fabiola y assiste, elle n'est généralement pas accompagnée par le Roi. Ce choix de Baudouin se situe dans une ligne évidente. Il opte pour les grandes manifestations nationales – ouverture et clôture du Concours Reine Élisabeth, par exemple –, pour des manifestations où sont présents des invités étrangers – ouverture de l'exposition Europalia –, pour des manifestations à caractère « belge » – concert commun des orchestres du Festival van Vlaanderen et du Festival de Wallonie, mais pas à leurs nombreuses représentations distinctes –, ou pour des distributions de prix et des cérémonies d'hommage à des personnalités qui, par leurs prestations particulières, ont contribué à donner à l'étranger une image positive de la Belgique.

Cette dernière option se remarque aussi clairement dans l'intérêt – plutôt restreint – du souverain pour les événements sportifs : il reçoit le vainqueur belge du Tour de France et l'équipe nationale de football après sa brillante prestation à la Coupe du monde ; il déjeune avec les équipes belges du Rucanor Tristar et Côte d'Or après leur participation couronnée de succès aux championnats du monde de voile ; il participe à une réunion de travail du Comité olympique et interfédéral belge (C.O.I.B.)[6].

Baudouin a également suivi de très près un certain nombre de réalisations dans le domaine culturel. La construction de la Bibliothèque Albert Ier en est une illustration. En 1954, lors de la pose de la première pierre, il rappelle les paroles de Léopold III qui, en 1935, voyait en cette future bibliothèque « un mémorial national dont la destination répondait à la vision du souverain [Albert] qui ne manquait pas de porter une attention particulière aux lettres et aux sciences ».

L'intérêt de Baudouin pour les musées royaux des Beaux-Arts, à Bruxelles, est encore plus explicite : non seulement le Roi visite le chantier à titre d'encouragement à la création d'un ensemble homogène, mais, en 1974 et 1984, il assiste à l'ouverture officielle des diverses sections des musées et suit la constitution des collections qui « devaient répondre à la formation culturelle de ses concitoyens » et, par le regroupement d'œuvres d'art de grande valeur, « devaient rehausser le prestige du pays[7] ».

En ce qui concerne la participation à des manifestations

(haut gauche)
Le Roi et la Reine en compagnie du chorégraphe Maurice Béjart et de ses danseurs étoiles, Paolo Bortoluzzi et Laura Proença, à l'occasion de la représentation de Romeo et Juliette par le Ballet du XXe siècle. Bruxelles, 17 novembre 1966. Laeken. Collection reine Fabiola.

(haut droite)
Le Roi et le poète néerlandais Adriaan Roland Holst, lauréat du Prix de littérature néerlandaise en 1959. À côté du Roi, Herman Teirlinck, président du jury. Bruxelles, 25 octobre 1959. Laeken. Collection reine Fabiola.

(milieu gauche)
Remise, le 2 juin 1953, du prix Francqui au professeur Claire Préaux, de l'Université libre de Bruxelles, spécialiste de l'Antiquité grecque et égyptologue renommée. Laeken. Collection reine Fabiola.

(milieu droite)
Le Roi en compagnie de l'auteur flamand Maurice Gilliams, promu docteur honoris causa de l'Université de l'État à Gand, le 17 novembre 1980. Laeken. Collection reine Fabiola.

Le Roi en compagnie des lauréats des prix quinquennaux du Fonds national de la Recherche scientifique (1981-1985). De gauche à droite : les professeurs J.E. Desmet (ULB), R. Thomas (ULB), L. Genicot (UCL), H. Van den Berghe (KU Leuven), J. Bourgain (VUB) et L. Apostel (RUG). Bruxelles, Palais des Académies, 27 février 1986. Bruxelles. Archives du Palais royal.

culturelles, Baudouin est bien plus sélectif, parce qu'elles sont beaucoup plus nombreuses que celles d'ordre strictement scientifique et parce qu'elles peuvent compter sur un intérêt beaucoup plus large du public. La préférence personnelle de Baudouin pour les sciences exactes est surtout connue de ceux qui le fréquentent personnellement. C'est ainsi que le baron Melchior constate, à l'occasion de contacts successifs avec le Roi en Belgique, mais aussi lors de voyages à l'étranger, son intérêt croissant pour l'astronomie. Les professeurs Prigogine et de Duve témoignent également d'un véritable intérêt et d'une forte sympathie de Baudouin pour les sciences exactes. Le premier cité estime que l'intérêt du souverain se porte surtout vers les sciences pures, plutôt théoriques, de même que vers la théorie du « big bang ». La finalité de cet intérêt concerne surtout l'espoir du souverain de pouvoir améliorer les conditions de vie de l'homme. De Duve remarque, lui, l'intérêt pour les aspects philosophiques de la science et le mystère de la vie. Selon lui, le souverain voit dans la recherche scientifique un moteur de progrès et soutient les chercheurs, tant sur le plan privé que public[8].

L'intérêt de Baudouin pour la qualité de la vie est dû à des questions, toujours en suspens, relatives à l'origine et la finalité de celle-ci et se manifeste nettement en 1976. À l'occasion de la commémoration de ses vingt-cinq ans de règne, le souverain renonce aux cadeaux personnels et fait créer, grâce aux dons divers et à une aide des pouvoirs publics, la « Fondation Roi Baudouin » (voir chapitre XII). Cette Fondation a pour objet d'effectuer un travail de recherche dans divers secteurs, en vue d'assurer une meilleure qualité de la vie et, plus spécifiquement, chez les jeunes et dans les domaines de l'éducation, de la santé, de l'aménagement du territoire, de l'environnement... Bien que la Fondation soit juridiquement distincte du Palais, elle est, en ce qui concerne ses objectifs, étroitement liée aux principales préoccupations du Roi, comme cela ressort d'un certain nombre de ses discours.

CONCLUSION

L'intérêt de Baudouin pour les matières philosophiques, culturelles, scientifiques et sportives est assez inégal. Dans la mesure où l'examen des sources le permet aujourd'hui, on peut dire que le Roi, dans les secteurs pour lesquels il avait un intérêt personnel moindre, s'est surtout comporté en chef de l'État et a mis l'accent sur le consensus et l'unité nationale. Mais lorsque la vie sociale évolue dans un sens auquel il ne peut adhérer, sa conviction personnelle prend le dessus et les acteurs de l'événement trouvent en lui un opposant obstiné. Seule l'ultime raison d'État peut finalement le faire fléchir en raison des conséquences constitutionnelles qu'entraînerait un point de vue trop rigide.

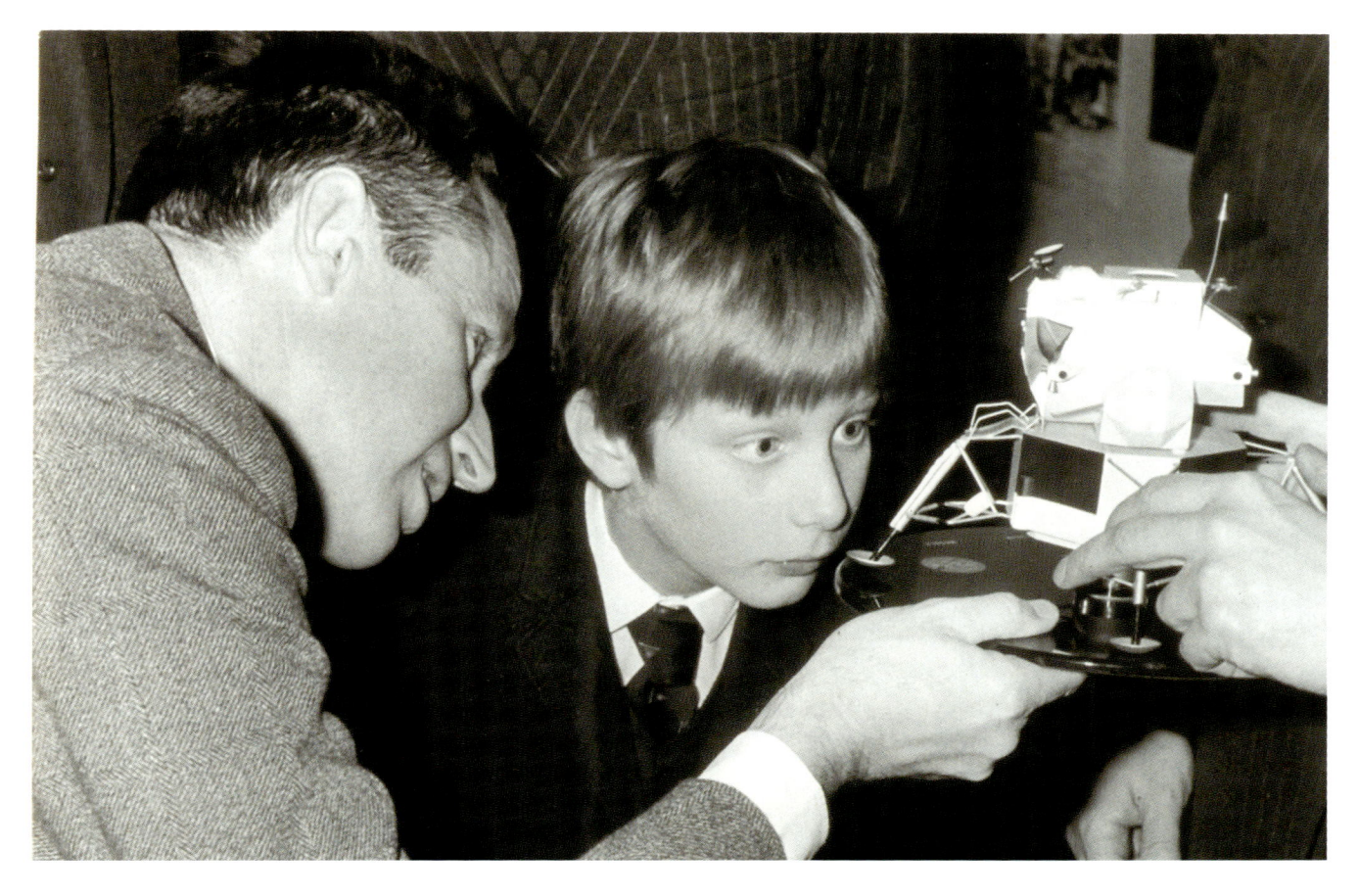

Le Roi et le prince Philippe passionnés par la maquette du module lunaire.
24 décembre 1970.
Laeken. Collection reine Fabiola.

Le Roi dans l'atelier du céramiste Max van der Linden.
Bruxelles. Mémorial roi Baudouin.

ANDRÉ DEFAWE
Commandant des Palais royaux de 1992 à 1995

LE ROI BAUDOUIN ET LES SPORTS

Exploits des élites belges au niveau national et international, prestations de nos équipes nationales, performances hors du commun réalisées dans les domaines sportifs les plus variés, ces événements retenaient en permanence l'attention du roi Baudouin. Citer tous les sports et les sportifs auxquels s'est intéressé notre Souverain tient de la gageure tant ils sont nombreux et recouvrent un champ d'intérêt extrêmement vaste, allant des disciplines les plus populaires, telles le cyclisme ou le football, à d'autres nettement moins médiatisées, comme les vols en ballon à air chaud ou l'alpinisme.

Cet intérêt du Roi se manifestait sous les formes les plus diverses. L'aspect le plus connu est bien entendu sa présence aux manifestations sportives organisées dans notre pays ou à l'étranger, où il se rendait souvent accompagné de la reine Fabiola. Moins connues du grand public sont les marques d'attention, d'encouragement et de sympathie adressées aux sportifs à la suite d'une prestation exceptionnelle. Souvent ainsi, au lendemain de ces performances, nos élites recevaient-elles un télégramme de félicitations des souverains ; ces télégrammes s'accompagnaient parfois d'une invitation à se rendre à une audience au Palais de Bruxelles ou au château de Laeken. Ces moments privilégiés permettaient bien sûr au Roi de réitérer de vive voix ses félicitations et son admiration pour les exploits accomplis et les efforts déployés, mais lui donnaient également l'occasion de s'intéresser à tous les aspects de la performance. Tout le pays se souvient bien sûr des nombreuses rencontres entre nos souverains et Eddy Merckx ou notre équipe nationale de football. Cependant, bien d'autres élites sportives, souvent moins connues du grand public, furent reçues en audience par le Roi.

Si les exploits des sportifs de haut niveau retenaient l'attention du Souverain, le sport de masse, accessible et praticable par chacun, et en particulier les mesures prises en vue d'améliorer la condition physique des jeunes Belges, constituaient sa préoccupation majeure. Ainsi, les instances officielles communautaires (BLOSO – Communauté néerlandophone ; ADEPS – Communauté française ; responsables de la Communauté germanophone) étaient les interlocuteurs privilégiés du Souverain dans son souci constant d'être informé de cette problématique. Chaque année, dans le courant du mois de juillet, le Roi tenait à effectuer une visite d'information, mais de détente également, à un centre sportif ou à un mouvement de jeunesse organisant des activités sportives durant les congés scolaires.

Aux côtés de ces instances officielles, le Comité olympique et interfédéral belge jouait également un rôle prépondérant comme conseiller du Roi dans le domaine du sport, et à de nombreuses reprises, le Souverain manifesta son intérêt pour l'olympisme et les valeurs qu'il représente.

Nous ne pouvons passer sous silence le soutien ni l'intérêt du Souverain, et ce ne furent pas les moindres, pour les activités physiques organisées en faveur des personnes handicapées mentales ou physiques. Ainsi portait-il une attention toute particulière aux compétitions nationales et internationales pour handicapés (Jeux olympiques pour handicapés physiques et « Special Olympics » pour handicapés mentaux). Et ici plus qu'ailleurs, les initiatives prises en vue d'intégrer au mieux les personnes moins favorisées dans notre société retenaient son attention.

S'il n'est pas possible de reprendre l'ensemble des activités du roi Baudouin dans le domaine des sports, ses dernières visites et présences à des manifestations sportives furent les suivantes : le 11 juillet 1992, le Roi assista au départ de la 7ᵉ étape du Tour de France '92 Bruxelles - Valkenburg ; le départ fut donné sur la place des Palais, à Bruxelles. Et le 13 juillet 1993, le Roi rendit visite au centre BLOSO - Gavermeer à Harelbeke ; ce fut sa dernière visite officielle.

Le Roi et le prince Albert à bord du voilier de J.-B. Dreesen, Bruno Claeys, Marc Deschutter et Staf Versluys. Ostende, 5 mai 1979. Laeken. Collection reine Fabiola.

Le Roi et la Reine en conversation avec Gaston Reiff (médaille d'or du 5000 m aux Jeux Olympiques de 1948). À l'arrière-plan, Gaston Roelants et Patrick Sercu. 20 avril 1983. Laeken. Collection reine Fabiola.

Le Roi et la Reine reçoivent Eddy Merckx, vainqueur du Tour de France 1969. Photo Belga (Bruxelles). Bruxelles. Archives du Palais royal.

Les Diables Rouges, de retour de Mexico. 1986. Photo Van Parys Media (Bruxelles).

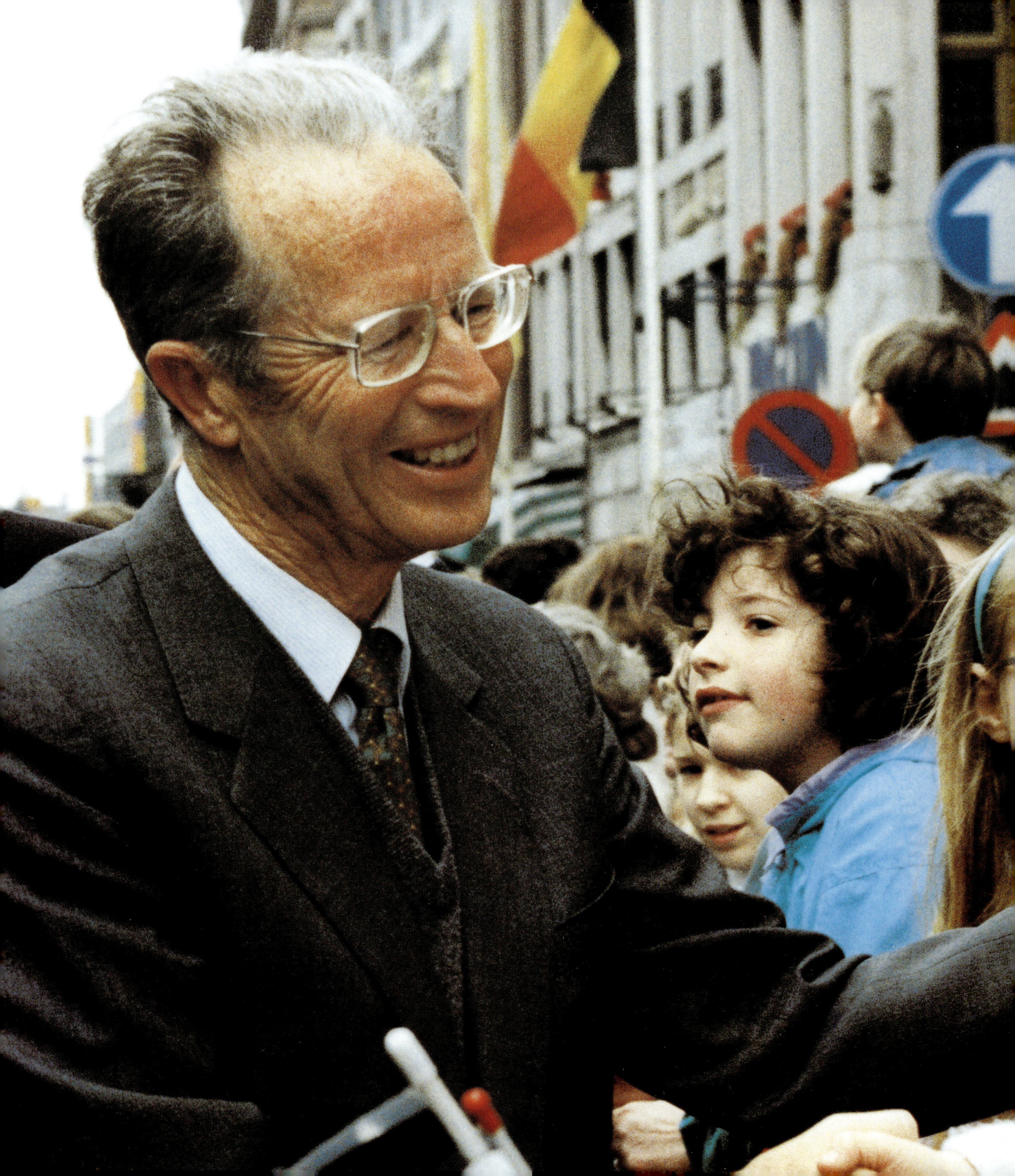

CHAPITRE XI

Le Roi et la jeunesse

BRIGITTE HENAU

« D'ABORD, NOUS VOULONS VOUS DIRE QUE NOUS VOUS AIMONS BEAUCOUP... »

C'est par ces mots, prononcés le 19 mai 1979 lors de l'ouverture de l'Année de l'Enfant, que le roi Baudouin exprime un ferme engagement personnel pour que soit donnée priorité aux enfants et aux jeunes, engagement auquel il allait rester fidèle jusqu'à la fin de ses jours[1].
Le thème de l'enfant et des jeunes n'a certes pas toujours été au centre des préoccupations de Baudouin. Au cours des premières années de son règne, il ressort de ses divers discours et activités qu'il prête assez peu d'attention à la jeunesse en tant que groupe cible spécifique. Durant les années cinquante, il n'y consacre que deux discours officiels : l'un aux cadets d'honneur du travail (1954) et l'autre aux scouts (1957)[2].
Au cours des années soixante et septante, la jeunesse en tant que telle ne semble pas vraiment être une priorité pour le Roi. Lorsqu'il s'adresse directement aux jeunes, c'est surtout pour attirer leur attention sur leurs responsabilités et les inciter à se rallier aux normes sociales en vigueur. Même après les déchaînements de la contestation en 1968, la teneur de ses discours ne change pas et le Roi loue même la majorité des jeunes pour leur bonne volonté à s'engager pour une société qui aborde les vrais besoins des hommes[3].
Il se peut que le moindre intérêt de Baudouin à l'égard des jeunes, au cours de la première période de son règne, soit dû à la situation assez délicate dans laquelle le jeune Roi s'est lui-même trouvé. Âgé d'une vingtaine d'années, après avoir vécu une jeunesse inhabituelle mais assez protégée, en captivité puis en exil, il peut difficilement adresser des « paroles de sagesse » à des concitoyens du même âge que lui qui ont connu les privations de la guerre. Il ne peut pas non plus invoquer son jeune âge pour s'identifier à eux ou sympathiser avec eux : les circonstances difficiles dans lesquelles il succède à son père font qu'il doit s'affirmer comme souverain à part entière à l'égard d'hommes politiques chevronnés qui ne lui sont pas toujours favorables. Attirer l'attention sur son jeune âge ne serait pas habile.
À la fin des années septante, plusieurs éléments semblent amener Baudouin à un revirement radical, et dans sa manière d'aborder le thème de « la jeunesse », et dans ses discours à ce sujet. Au fil des ans, Baudouin et Fabiola ont

Le roi Baudouin en conversation avec deux scouts américains. Washington D.C., Blair House. 13 mai 1959. Bruxelles. Archives du Palais royal.

19 mai 1979. 700 enfants sont invités à Laeken pour l'Année Internationale de l'Enfant. Le Roi distribue des friandises. Laeken. Collection reine Fabiola.

Même lorsque le Roi vous donne la main, un genou douloureux n'est pas immédiatement oublié. Laeken. Collection reine Fabiola.

eux-mêmes connu une maturation personnelle, qui entraîne chez eux des déplacements d'accent. Ils ont réussi à accepter, par-delà leur déception, le fait de ne pas voir se réaliser leur souhait parental, au point de partager leur souffrance avec l'ensemble de la population et de se rendre plus disponibles à tous les enfants. Ils ont également suivi les changements sociologiques à la suite desquels les enfants et la jeunesse occupent une place de plus en plus centrale au sein de la famille et de la société. Comme quinquagénaires, ils ont en outre l'expérience humaine nécessaire pour être crédibles aussi bien aux yeux des jeunes lorsqu'ils leur proposent un idéal, qu'aux yeux des adultes lorsqu'ils plaident pour une attitude responsable à l'égard de la jeunesse. Lorsque l'ONU proclame 1979 « Année de l'Enfant », le Roi saisit l'occasion pour demander – avec beaucoup de conviction et un grand engagement personnel – que l'on soit attentif aux enfants et aux jeunes. Dès ce moment-là, il continuera d'insister, à intervalles réguliers, sur les divers aspects des besoins des enfants et des jeunes. On verra le couple royal organiser à plusieurs reprises de grandes fêtes informelles pour les enfants et les jeunes où les souverains pourront, sans intermédiaires, toucher du doigt ce que vivent leurs jeunes hôtes.

Le revirement dans l'attitude de Baudouin à l'égard de ce thème se situe à divers niveaux. Tout d'abord, dans ses discours, il associe de plus en plus les « jeunes enfants » aux « jeunes ». Beaucoup plus remarquable que l'élargissement du groupe d'âge est le changement de ton des messages. Les jeunes ne sont plus uniquement les futurs adultes qui doivent s'entendre dire sur un ton quelque peu pontifiant qu'il leur faut prendre leurs responsabilités dans la société. Baudouin va désormais présenter en premier lieu les jeunes et, cela va de soi, les enfants, comme l'un des groupes les plus vulnérables de la société et qui, dès lors, a droit à une attention et à des soins particuliers. L'accent n'est plus mis sur ce que la société attend d'eux mais sur ce qu'elle leur doit. Il souligne les devoirs et responsabilités de ceux qui ont la charge spécifique de leur guidance, tels les enseignants, les dirigeants de mouvements de jeunesse et surtout les parents. Il adjure ces derniers d'offrir à leurs enfants le bonheur de grandir dans une famille unie et solide ; il leur demande aussi de leur consacrer assez de temps pour les entendre et répondre à leurs besoins d'être guidés et écoutés.

Il encourage les enseignants en leur rappelant régulièrement à quel point il considère leur tâche comme importante. Il esquisse un profil de l'éducation où famille et école ont des responsabilités complémentaires et où les enseignants contribuent, en plus de leur mission de transmission des connaissances scolaires traditionnelles, à former la personnalité des enfants et à leur donner confiance en l'avenir. De plus, il souligne très fortement l'importance de la démocratisation de l'enseignement, qui doit garantir les mêmes chances d'épanouissement à tous les jeunes[4].

Baudouin demande de plus en plus souvent aux enfants et aux jeunes d'exprimer leurs sentiments et ce qu'ils attendent de la société. Le point culminant à cet égard est atteint en 1990-91, lorsque le Roi lui-même, à l'occasion des fêtes 40-60, émet le vœu exprès que les projecteurs soient braqués sur les jeunes et qu'il les invite à nouer le dialogue avec lui. Dans chaque province, des jeunes se réunissent autour de quelques thèmes pour rédiger un « Message au Roi », et ceci sous les formes les plus diverses. Au cours des préparatifs, le roi Baudouin rend successivement visite à chacune des provinces et, le 27 juin 1991, à Bruxelles, une délégation de jeunes lui remet solennellement le « Message de la jeunesse »[5].

Dans l'ensemble, le contenu du message est assez prévisible : un plaidoyer pour une ouverture vers les immigrés, mais liée au respect par ceux-ci des lois et coutumes belges ; une préoccupation de l'environnement, en demandant que l'on évite de poursuivre la détérioration de celui-ci par des campagnes de prévention, et que l'on favorise une meilleure protection du milieu de vie par une gestion des déchets et un aménagement du territoire plus efficaces ; l'appel à une meilleure connaissance des autres communautés dans notre propre pays ; une plus grande solidarité tant en Belgique qu'au niveau international ; et enfin plus de démocratie dans la vie publique[6].

Fidèle à la promesse qu'il a faite aux jeunes, Baudouin essaie d'inciter les responsables politiques à œuvrer dans le sens indiqué par la jeunesse et il stimule les initiatives dans ces domaines. Toutefois, son décès inopiné ne lui permettra pas de voir les résultats complets de ce qu'il a mis en route.

Le Roi invite des enfants à Laeken à l'occasion du 150e anniversaire de la Belgique. 20 mai 1980. Collection reine Fabiola.

Le Roi en visite chez des élèves de l'Institut technique Glorieux à Oostakker, 3 juin 1993. Photo Van Parys Media (Bruxelles).

BARON JACQUES
grand maréchal honoraire de la Cour

Le roi Baudouin et la reine Fabiola formaient un couple extrêmement solide. Le Roi et la Reine ont toujours travaillé ensemble, et tout spécialement en ce qui concerne le thème de la jeunesse.

Pour les Souverains, la jeunesse et les enfants étaient des sujets qui leur tenaient fort à cœur : pour eux, l'avenir du pays était basé sur la jeunesse. En matière d'éducation, ils attachaient une très grande importance aux valeurs chrétiennes et occidentales. C'est pourquoi ils soulignaient avec tant d'insistance l'importance de la famille, qui conçoit l'enfant et lui procure un viatique pour toute son existence. Le roi Baudouin avait été profondément marqué par la perte de sa mère alors qu'il était très jeune. Cette expérience douloureuse a joué un rôle dans l'intérêt qu'il portait à la famille : il voulait que la jeunesse actuelle soit, sur ce plan, mieux lotie qu'il ne l'avait été.

Par leur attachement aux valeurs fondamentales, les Souverains donnaient également la preuve de leurs préoccupations à propos de la qualité de l'enseignement, de l'éducation et de l'environnement dans lequel grandissent les enfants. C'est ainsi que le roi Baudouin a évidemment essayé d'éliminer le phénomène de transmission de la pauvreté de génération en génération, qui constituait pour lui l'une des plus grandes injustices. Par ailleurs, il avait parfois aussi des réflexions assez dures à l'égard des jeunes qui grandissent dans un milieu luxueux et artificiel, qui pouvait, selon lui, être malsain. En outre, le Roi et la Reine mettaient l'accent sur le vieil adage « mens sana in corpore sano » et voulaient une jeunesse vraiment saine qui puisse s'épanouir dans le sport et dans le jeu.

TOUS ÉTAIENT LEURS ENFANTS

Les Souverains étaient toujours entourés d'enfants et d'adolescents : ceux des princes de Liège étaient souvent accueillis par le roi Baudouin et la reine Fabiola, et les enfants des grands-ducs de Luxembourg venaient souvent à Laeken. En outre, ils voyaient aussi régulièrement les enfants de la nombreuse famille de la reine Fabiola. Le couple royal avait également des contacts avec les enfants des membres du personnel et faisait preuve d'un grand intérêt pour leurs progrès et leurs prestations.

Le Roi et la Reine se sentaient responsables, non seulement des enfants de leur entourage, mais, par extension, de tous les enfants de Belgique, et de proche en proche, de tous les jeunes du monde. Ce sentiment est né et a progressé à mesure qu'eux-mêmes prenaient de l'âge et mûrissaient. Il leur a fallu accepter la tristesse de ne pas avoir d'enfant, celui qui devait naître et n'est pas né ; l'enfant qui devait grandir et n'a pas grandi.

Lorsque Baudouin et Fabiola rencontraient les plus petits, par exemple lors d'audiences collectives ou de grandes fêtes, cela se faisait toujours de manière très spontanée. Le protocole sévère du Palais est un mythe qu'ont diffusé les médias. Le Roi avait un véritable don pour parler aux enfants, même de choses simples. Le couple royal rayonnait vers eux, et les enfants restaient naturels, même en présence des souverains ; ils n'étaient pas intimidés et se sentaient immédiatement à l'aise. Les jeunes percevaient que le couple royal ne jouait pas la comédie. La sincérité de l'intérêt que leur portaient les souverains émanait aussi du fait qu'ils reparlaient souvent entre eux de ce qu'ils avaient appris au cours de leurs contacts avec ceux-ci.

LES FESTIVITÉS 60-40 ET L'IMPORTANCE ACCORDÉE À LA JEUNESSE

L'initiative des fêtes 60-40 est venue du Roi : il ne voulait pas être fêté lui-même mais souhaitait que l'on organise des fêtes autour de quelques thèmes plutôt qu'autour de sa personne. L'idée de la jeunesse comme l'un des thèmes centraux est venue du Roi lui-même et de la Reine. Le programme en a jailli spontanément : tant le Roi que ses collaborateurs y ont apporté leurs idées et elles ont été fondues en un tout. La réalisation des projets a été confiée à la Fondation Roi Baudouin, et le Souverain lui a laissé une grande liberté de manœuvre.

Le Roi a fait preuve d'un grand intérêt pour le contenu des messages que lui apportèrent les jeunes à l'occasion de ces festivités. Il a aussi cherché vraiment à répondre concrètement aux aspirations et souhaits que lui ont communiqués les jeunes. Lors des rencontres avec eux, un ministre responsable était toujours présent. Il était ensuite reçu en audience. Avec celui-ci, ou avec le Premier ministre, le Roi examinait ce qui pouvait être concrètement réalisé pour la jeunesse.

C'est ainsi que, dans l'enseignement, il a voulu agir sur les problèmes de ceux qui décrochent prématurément ou restent à l'école sans vouloir étudier, sur l'amélioration de la qualité de certaines orientations, etc.

L'ÉVOLUTION DE L'ATTITUDE DU SOUVERAIN

On constate manifestement une évolution dans l'attitude du Roi et dans sa manière d'aborder tous les problèmes. À mesure qu'il avance en âge, il s'adresse de plus en plus directement à la nation, notamment par ses discours du 21 juillet. Il infléchit aussi beaucoup plus le contenu de ses discours. Les préoccupations sociales sont un exemple caractéristique de l'évolution thématique chez Baudouin. Au fil des ans, il devient plus social. Il constate que le bien-être est encore inégalement partagé, et même que le fossé entre pauvres et riches ne fait que se creuser. Ceci reste l'une de ses préoccupations, qui se concrétise par son emploi du temps, les visites qu'il rend et les personnes qu'il reçoit en audience.

Le Roi au Centre namurois des métiers. Des femmes y reçoivent une formation complémentaire. Namur. 13 novembre 1972. Bruxelles. Archives du Palais royal.

Le 28 octobre 1992, à l'occasion de sa visite au centre Payoke à Anvers, le Roi s'entretient avec deux jeunes Philippines, victimes de la traite internationale des femmes. Photo Belga (Bruxelles). Laeken. Collection reine Fabiola.

Le 5 juin 1991, le Roi consacre toute une journée à s'informer sur place des divers problèmes des défavorisés à Borgerhout (Anvers). Il y rencontre aussi de jeunes immigrés. Photo Koen Frasseur. Bruxelles. Archives du Palais royal.

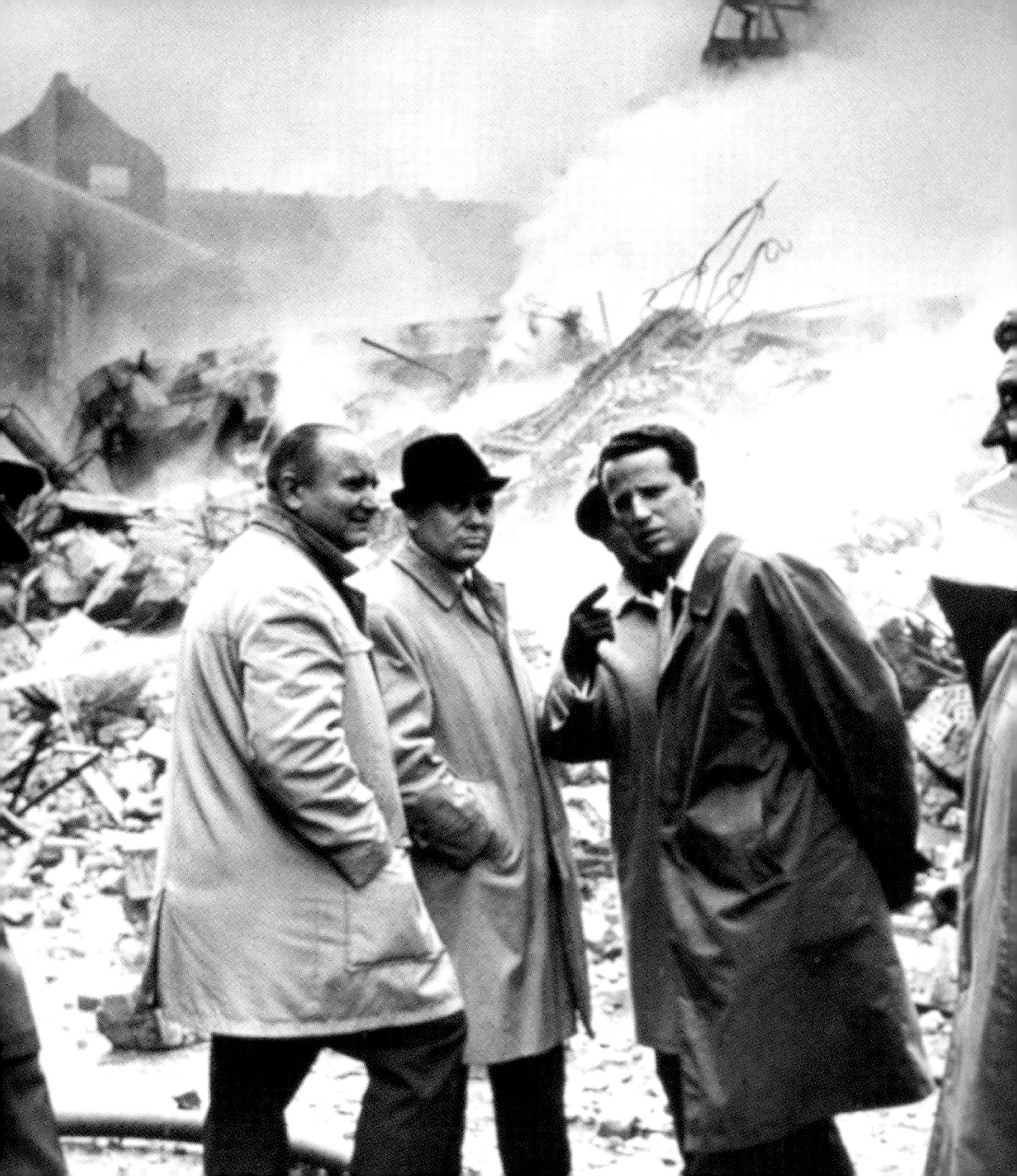

CHAPITRE XII

Sollicitude pour les faibles et les défavorisés

GUSTAAF JANSSENS

Quiconque a suivi la retransmission des funérailles du roi Baudouin n'oubliera jamais l'image de la Philippine Luz E Oral qui, saisie par l'émotion, n'a pas été à même de prononcer son témoignage lors de cette cérémonie. Luz E Oral était présente à Anvers le 28 octobre 1992 lors de la visite que le roi Baudouin a rendue au centre Payoke. Aux funérailles du Roi, elle représentait les nombreuses femmes pour qui son intérêt personnel constituait un important soutien pour parvenir à surmonter les injustices qu'elles avaient subies. Son témoignage vient du cœur :

> « Maintenant que mon ami est passé de vie à trépas, qui d'autre pourra nous aider ? Je viens de Manille. Ma famille est très pauvre. On m'a promis un chouette travail en Europe. Mais des hommes belges nous ont enfermées dans un sex-club. Des hommes belges nous ont contraintes à la prostitution. Nous avons pleuré et refusé. Mais personne ne pouvait nous aider. Nous avons été forcées. Nous avons été traitées comme des esclaves. Lorsque j'ai pu m'échapper, j'ai été arrêtée par la police. J'ai eu beaucoup d'ennuis. L'année dernière, le Roi est venu nous voir à Anvers. Nous étions là, cinq filles. Nous avons pleuré à nouveau, mais c'étaient d'autres larmes. Le Roi me tenait par le bras. Il m'a écoutée. Il n'y avait que lui pour nous écouter. Il était choqué. Il y a trop de victimes ici. Elles venaient de Manille, de Bangkok, de Saint-Domingue, de Budapest, de l'Europe de l'Est. À toutes, on a promis une vie meilleure en Occident. Toutes, elles ont été contraintes à la prostitution. Le Roi luttait contre cette traite internationale du sexe. Il a pris notre parti. C'était un vrai roi. Je l'ai appelé mon ami. Maintenant nous pleurons à nouveau. Nous avons perdu notre ami. » Traduction de l'anglais, 9 août 1993.

LE ROI BAUDOUIN ÉTAIT SOUCIEUX DE TOUT CE QUI TOUCHE À L'ÊTRE HUMAIN.

À partir de 1950, la Belgique arrive lentement mais sûrement à surmonter les séquelles politiques et socio-économiques de la Deuxième Guerre mondiale. Le symbole de cette « résurrection » est l'exposition internationale de 1958, l'Expo '58, qui, pendant six mois, nous a ouvert une fenêtre sur le monde. C'était la première grande manifestation internationale organisée en Belgique depuis la guerre. À cette exposition sont présentés de manière concrète les produits et les symboles du progrès technologique et de la société de bien-être et de consommation. Au pavillon de la Communauté européenne du Charbon et de l'Acier (CECA), des milliers de visiteurs descendent dans une galerie de charbonnage reconstituée et, aux pavillons belges du commerce et de l'industrie, le secteur alimentaire rencontre un énorme intérêt. L'Expo '58 met à la portée de tout un chacun les pays lointains et leurs produits. Les doux raisins d'Espagne se vendent par plusieurs caisses à la fois, tandis qu'au pavillon brésilien, les visiteurs peuvent déguster café et maté. À l'exposition, les pavillons des États-Unis d'Amérique et de l'Union soviétique sont voisins, mais l'un en face de l'autre. La guerre froide n'est pas encore terminée, mais le Spoutnik russe et la télévision en couleurs des Américains, la machine à calculer électronique et l'ordinateur (« le cerveau électronique ») font rêver les visiteurs à un avenir meilleur, pacifique et surtout plus confortable. Dans son discours d'ouverture, le roi Baudouin met l'accent sur la paix et l'entente entre les peuples :

Le Roi au milieu des ruines après l'incendie du grand magasin « À l'Innovation », rue Neuve, à Bruxelles. 22 mai 1967. Laeken. Collection reine Fabiola.

« *Deux chemins s'ouvrent à nous : celui d'une rivalité entraînant une course aux armements toujours plus dangereuse, qui menace de déchaîner contre l'humanité les découvertes issues du génie de ses savants, et celui qui doit permettre, quelles que soient les divergences de conceptions sociales, politiques ou spirituelles, de s'engager dans la voie de la compréhension, seule capable de conduire à une paix véritable[1].* »

La prestation de serment du prince Baudouin en tant que cinquième Roi des Belges représenta un moment crucial pour la monarchie. L'attitude anti-léopoldiste de grands groupes politiques, au cours de la période 1944-1950, n'avait pas remis en question le principe de la monarchie, ou à peine, mais la controverse sur l'attitude de Léopold III pendant la guerre et l'évolution de la Question royale avaient profondément divisé la population. La monarchie reçoit en 1951 une nouvelle chance en la personne du jeune roi Baudouin.

LE ROI EST PRÉSENT PARMI LA POPULATION

Outre les tâches de chef de l'État précisées dans la Constitution, le Roi a malgré tout en Belgique une certaine autonomie d'action. Dans la marge de manœuvre que lui laisse la Constitution à cet égard, le souverain peut consulter, encourager et mettre en garde. Pour cette action, dont le gouvernement est toujours responsable si elle est publique, le Roi dispose de diverses possibilités : audiences, visites de travail et discours[2].

En Belgique, contrairement à ce qui est en usage dans d'autres pays, le Roi considère que ses discours constituent une intervention personnelle qui lui permet, en accord avec le gouvernement, d'exprimer ses propres idées. Le Roi n'est donc pas le « porte-parole » du gouvernement. Il agit, il est vrai, sous la responsabilité des ministres, mais tient à mettre ses propres accents[3]. Un discours du Roi peut donc avoir une portée politique[4]. Lorsque, à la suite d'une visite, le Roi attire l'attention sur certains problèmes, son action revêt une signification politique.

Toutefois, le chef de l'État ne peut faire connaître publiquement son opinion n'importe quand ni à n'importe

Les Belges savent que le Roi est toujours à l'écoute, et plus particulièrement de ceux que la douleur accable. Le Roi auprès d'un réfugié du Congo. 26 novembre 1964. Photo Van Parys Media (Bruxelles). Laeken. Collection reine Fabiola.

quel propos. En général, le Roi profite dès lors des audiences privées pour s'informer et donner son avis. Le roi Baudouin s'en est expliqué ainsi le 20 juillet 1981, à l'occasion de l'ouverture de l'exposition intitulée « Nous, Roi des Belges (1831-1981) » : « *Je sais qu'en des moments critiques, tout le monde ne comprend pas bien la réserve et la discrétion qui s'imposent aux souverains belges dans leurs attitudes publiques. On ne saisit pas toujours que leur action quotidienne s'exerce essentiellement en des colloques privés. (...) Réserve et discrétion n'ont cependant jamais empêché mes prédécesseurs d'assumer pleinement la mission de conseil, même public, que personne ne leur a contestée*[5]. »

Le Roi peut donc intervenir à propos de problèmes actuels qui doivent être résolus à court ou à moyen terme, mais il s'exprime d'abord en partant d'une vision à plus long terme. Le caractère permanent de la royauté et la continuité de la dynastie contribuent à cette attitude[6].

Le roi Baudouin prend sa mission très à cœur. Cela donne de lui, pendant les premières années de son règne, une image d'homme sérieux, un peu sombre. Au cours des années cinquante, on ne voit jamais rire le Roi, ou rarement. On le voit surtout, en effet, à des cérémonies officielles ou rendant visite à des victimes de catastrophes. Lorsque le souverain ne peut pas se rendre lui-même sur place, il se fait représenter. Par cette présence, le Roi perpétue une tradition inaugurée par ses prédécesseurs. Les nombreuses marques de sympathie et de compassion du Roi pour tout ce qui se passe dans le pays ont fait naître cette grande confiance dont bénéficiait le roi Baudouin dans de larges couches de la population.

Le roi Baudouin, dont l'éducation n'a pas été si éloignée de la réalité qu'on pourrait le croire, avait déjà pu constater pendant la guerre, en tant qu'enfant, que quantité de ses compatriotes vivaient dans des conditions pénibles. Sa visite à la grande exposition nationale du Secours d'hiver au Palais des Beaux-Arts à Bruxelles, le 17 décembre 1942, ses activités avec la troupe des scouts de Laeken (notamment l'action en faveur des nécessiteux du quartier des Minimes à Bruxelles le 21 mars 1943) et, en 1943 et 1944, les visites aux camps de l'AEP pour les enfants de prisonniers de guerre, lui ont fait prendre vivement conscience que la guerre entraînait, pour bon nombre de ses compatriotes, pauvreté et soucis matériels. Enfin, la déportation et l'insécurité quant à son avenir ne lui seront pas épargnées non plus.

Un des grands problèmes de la Belgique de l'après-guerre est celui du logement et de la lutte contre les taudis. La politique du logement social fut l'un des terrains où l'influence de la politique sociale menée après la guerre par les démocrates-chrétiens fut la plus visible[7].

En 1952, l'abbé Édouard Froidure (1899-1971), qui s'était engagé dès avant la guerre dans les organisations de plein air au profit de la jeunesse et l'œuvre « Les petits riens », avait transmis au Roi un dossier relatif à la situation misérable de l'habitat à Bruxelles. Le 19 décembre 1952, en compagnie du ministre de la Santé publique, Alfred De Taeye, et de l'abbé Froidure, le roi Baudouin rend visite incognito, pendant six heures, à vingt-trois familles des passages et impasses du quartier des Marolles à Bruxelles[8]. Cette visite rappelle celle qu'avait rendue la reine Astrid en avril 1935 aux familles touchées par la crise économique en Flandre occidentale et dans le Borinage, ou celle du roi Léopold III aux familles de travailleurs de la région industrielle wallonne en 1937. La grande différence toutefois est qu'en 1952, grâce à son incognito, le roi Baudouin peut, mieux que ses parents, toucher du doigt la misère des gens. Dans la presse, les commentateurs expriment l'espoir que quelque chose sera finalement fait pour résoudre le problème des taudis[9]. Peu de temps après la visite du Roi, le 4 mars 1953, le ministre De Taeye dépose un projet de loi afin de pouvoir mieux lutter contre les habitations insalubres et délabrées[10].

Le Roi a toujours fait preuve d'intérêt pour la politique du logement. C'est ainsi que, le 21 mars 1953, il assiste à la séance solennelle de lancement de l'action nationale contre les taudis et, le 20 novembre 1955, à la célébration du 20e anniversaire de la Société nationale de la petite Propriété terrienne[11]. La délinquance chez les jeunes, étroitement liée aux problèmes du logement social et des défavorisés, fit le thème d'une journée d'études le lundi 25 juin 1956. La présence du roi Baudouin à cette réunion est un signe sans équivoque de l'attention que porte le souverain à cette problématique[12]. Le 14 mars 1958, le Roi assiste à l'inauguration de logements sociaux rue Haute à Bruxelles, et le 28 juillet 1965, il attire expressément l'attention du nouveau gouvernement sur la politique en matière de logements sociaux[13].

À partir de 1950 environ, le bien-être va progresser à grands bonds en Belgique et l'on fera appel dans l'industrie lourde à des travailleurs étrangers (italiens surtout)[14]. Les charbonnages limbourgeois et wallons tournent à plein rendement, mais au cours de cette même période, la catastrophe minière de Marcinelle (8 août 1958), qui provoque la mort de deux cent soixante-deux personnes – parmi lesquels de nombreux travailleurs immigrés italiens –, place le pays face à un problème qui n'apparaîtra vraiment que quelques années plus tard[15]. Les charbonnages nécessitaient une nombreuse main-d'œuvre, les installations étaient vieilles, la production n'était plus rentable : les fermetures de charbonnages étaient dès lors

> LE ROI BAUDOUIN EN CONVERSATION
> AVEC DES TRAVAILLEURS FRONTALIERS À MENIN
>
> « Jeudi soir (9 novembre 1961), le Roi était dans la région de Menin. Il s'y entretint avec des frontaliers revenant de leur travail en France. (...) Le Roi avait lui-même ouvert la porte du car, était monté dans le car et serrait la main d'un ouvrier d'un certain âge, lui demandant où il travaillait. Mais l'homme était tellement ému qu'il ne put que bredouiller quelques mots. Puis le Roi s'est adressé à deux hommes plus jeunes :
>
> – Quelle est votre profession ?
> – Tisserands.
> – Où habitez-vous ?
> – Tous deux à Dadizele, monsieur le Roi.
> – À quelle heure quittez-vous votre maison le matin ?
> – Parfois à 3 h 30 du matin, cela dépend de la pause à laquelle nous appartenons.
> – Combien gagnez-vous ?
> – 210 francs français à l'heure, c'est-à-dire à peu près 21 francs belges.
> – Et c'est tout ?
> – Oui, Monsieur. Comme ils ne paient pas plus que cela en France, nous ne pouvons recevoir plus.
> – Avez-vous toujours travaillé à l'usine ?
> – Non, dans le temps nous travaillions, ici, dans le lin.
> – Pourquoi êtes-vous allés travailler en France ?
> – Parce que le lin ne rapportait plus rien, monsieur le Roi. »
>
> (La Gazette de Liège, 14 novembre 1961)

Le 9 novembre 1961, le Roi rencontre à Menin des travailleurs frontaliers qui reviennent en car de leur travail en France. Photo Bille (Menin). Collection E. Debeir (Menin).

inéluctables, tant dans les bassins wallons que campinois[16].

En dépit de la prospérité d'un certain nombre de nouvelles branches industrielles au début des années soixante, dans d'autres secteurs plus traditionnels, l'incertitude règne à propos de l'emploi. Dans un discours prononcé à l'occasion d'un congrès sur la productivité (16 décembre 1959), le Roi rompt une lance en faveur des investissements dans la recherche et l'industrie et constate que trop peu de jeunes encore sont en mesure d'accéder à l'enseignement supérieur[17]. Le roi Baudouin encourage l'enseignement, l'apprentissage, la formation et le recyclage. Ceci ressort de la visite qu'il rend le 3 juin 1960 à un centre de réorientation pour chômeurs à Bruxelles, d'une visite privée du 5 octobre 1961 à la *Rijkstechnische School voor Handel en Nijverheid* (l'École technique de l'État pour le commerce et l'industrie) à Gand, et de nombreuses autres visites, au cours de son règne, à des établissements d'enseignement et à des centres de formation dans l'ensemble du pays[18].

L'attention portée à la formation, à la culture, à l'emploi et aux équipements sociaux doit, selon le Roi, inspirer la politique. Le 27 mai 1962, il déclare à Gand : « *Au moment où se manifeste un renouveau scientifique, technique et industriel, la Belgique a besoin d'une politique économique et sociale qui assure à notre jeunesse de larges possibilités d'éducation et de culture ; à notre population active, le travail dans la dignité ; à tous un bien-être suffisant, l'utilisation intelligente de loisirs accrus et l'accès aux valeurs spirituelles* . » Le problème du chômage des jeunes est mis en exergue par le Roi le 3 juin 1977, lorsqu'il s'adresse au nouveau gouvernement[20].

Au cours des années soixante, on aménage partout en Belgique de nouveaux parcs industriels. C'est le moyen par excellence pour assurer « du travail dans leur propre région » à de nombreux travailleurs et employés.

À la fin de 1961, le roi Baudouin rend visite à plusieurs zones industrielles : dans la région de Courtrai et Menin (9 novembre), en région liégeoise (23 novembre) et à Tessenderlo (29 novembre). Les informations publiées dans la presse à cet égard font état d'échanges décontractés entre le Roi et les travailleurs[21].

Dans le sud de la Flandre occidentale, le travail frontalier et saisonnier a été longtemps la seule source de revenus de bon nombre de travailleurs. Ils trouvent peu d'emploi dans leur propre région et les longues journées de travail pour un maigre salaire provoquent de nombreux problèmes sociaux[22]. Afin d'assurer les travailleurs frontaliers de l'attention qu'entendent également leur porter les pouvoirs publics, le Roi assiste, le 9 novembre 1961 à Menin, à une réunion de dirigeants syndicaux, dont le thème est la situation des travailleurs frontaliers. Ensuite, il s'entretient longuement avec des travailleurs qui reviennent de France en autobus. Le Roi apprend ainsi de première main dans quelles conditions difficiles ces personnes doivent assurer leur subsistance[23].

Le roi Baudouin à la célébration du 20ᵉ anniversaire de la Sécurité sociale en Belgique. À côté du Roi, le président de la Chambre et ancien Premier ministre, A. Van Acker, et le ministre des Affaires sociales, E. Leburton. 28 janvier 1965. Laeken. Collection reine Fabiola.

Le Roi visite le centre médico-pédagogique pour enfants de l'Université de l'État à Gand. 19 mai 1967. Photo R. Masson (Gand). Bruxelles. Archives du Palais royal.

SOLIDAIRE AVEC LES DÉFAVORISÉS

Un problème qui a perturbé de nombreux pays européens dans les années de l'après-guerre est celui des conditions lamentables, souvent sans issue, dans lesquelles doivent vivre réfugiés et personnes déplacées. En 1946, en Allemagne, en Autriche et en Italie, un million de personnes environ vivent dans des camps d'accueil[25].

L'attention que porte le roi Baudouin aux réfugiés se concrétise dans l'appel qu'il lance à la radio et à la télévision le 15 octobre 1959, à l'occasion de l'Année mondiale des réfugiés. Le Roi demande l'aide de la population et exhorte celle-ci : « *Qu'il n'y ait plus à nos yeux de réfugiés "déplacés", "étrangers", mais seulement des êtres humains qui ont souffert davantage et qui méritent donc plus d'amour*[26]. »

En janvier 1964, le Roi, lors d'un passage à Hong Kong, a l'occasion de visiter une école et un quartier de réfugiés à Kowloon[27]. La problématique des réfugiés est pour lui désormais très concrète. Le 24 octobre 1966, dans une brève allocution radiodiffusée et télévisée, le roi Baudouin demande que l'on soit attentif au problème des réfugiés en Asie et en Afrique[28].

En automne 1965, le Roi se rend en Amérique centrale et du Sud. Dans son message de Noël, il se réfère à ce voyage et témoigne : « *Partout, ce que l'homme cherche sur cette terre, c'est le pain, la paix, la justice et la liberté vraie. Je veux dire par là : un minimum de vie décente, le respect de sa dignité personnelle, la possibilité pour lui et pour son foyer de vivre sans peur, d'accéder à l'éducation, d'adhérer librement aux valeurs qu'il a choisies comme but de son existence*[29]. »

Les préoccupations humanitaires du Roi s'expriment clairement lorsqu'en 1975, à l'occasion du 25ᵉ anniversaire de son règne, il fait savoir qu'il ne désire aucun cadeau personnel. Le souverain souhaite que soit institué un organisme dont les activités seront axées sur des thèmes sociaux et économiques. C'est ainsi qu'est créée en 1976 la « Fondation Roi Baudouin ». Son objectif principal est de prendre des initiatives en vue d'améliorer les conditions de vie de la population, compte tenu de facteurs de nature économique, sociale et culturelle. Elle essaie de déceler les problèmes dans la société, de les étudier et de trouver des manières de les résoudre. En 1978, la Fondation crée le « Prix international Roi Baudouin pour le développement ». Depuis 1980, il est attribué tous les deux ans pour récompenser des personnes ou des organisations qui ont notablement contribué au développement du tiers monde ou à la solidarité entre pays industrialisés et pays en voie de développement[30].

Au cours des années quatre-vingt et nonante, les *Golden sixties* ne sont plus qu'un souvenir, et la Belgique est frappée comme les autres pays par le chômage et une pauvreté croissante[31]. Lorsque, le 11 mai 1990, le Roi est fait docteur *honoris causa* de l'Université d'Anvers, il demande dans son allocution que l'on soit attentif « *à la misère au quotidien vécue par une importante minorité de la population européenne* ». Il suggère un plan d'action en cinq points :

« *L'obligation scolaire offre une chance unique de rompre le cycle de la pauvreté. C'est dès l'école primaire qu'il faut faire un effort spécial pour que les jeunes issus de familles pauvres ne commencent pas à accumuler du retard. Cet effort doit se réaliser à l'école, mais aussi au-dehors. La formule de l'école des devoirs ou des assistants aidant les enfants après l'école à faire leurs devoirs semble très utile et mérite soutien.*

Le développement de logements sociaux constitue le second axe d'une stratégie d'ensemble. L'absence de logements adéquats constitue une lourde hypothèque pour ces familles...

Un troisième axe est constitué par les efforts de formation pour favoriser la transition entre l'école et le marché du travail...

Enfin, la simplification des formalités administratives dans la vie de tous les jours est une nécessité absolue certainement pour de nombreux déshérités pour lesquels elles sont souvent tout simplement incompréhensibles. La solidarité doit pouvoir se pratiquer sans bureaucratie exagérée !

Outre ces quatre niveaux de politique générale, il faut être attentif aux actions spécifiques en faveur de ceux qui, en raison de circonstances données, telles que la consommation de la drogue, l'emprisonnement ou la prostitution, sont relégués au ban de la société[32]. »

Un peu moins d'un mois plus tard, le 8 juin 1990, le Roi se rend dans les Marolles à Bruxelles. Dans ce quartier, les conditions de vie et d'habitat ont changé, il est vrai, depuis sa visite en 1952, mais c'est toujours un quartier à problèmes sur le plan social et économique, qui recèle beaucoup de pauvreté cachée. À côté d'autochtones moins favorisés, de « vrais » Bruxellois, nombre d'immigrés sont venus s'y installer au cours des dernières années. Le Roi, à cette occasion, assiste à une journée d'études sur la rénovation du quartier et prend ensuite le temps d'entrer en contact avec la population[33].

Le roi Baudouin a montré à maintes reprises que la lutte contre la pauvreté et l'exclusion sociale est l'une de ses principales préoccupations. Le 11 mars 1993, il participe avec Charles Picqué, ministre-président de la Région de Bruxelles-Capitale, à une réunion de travail sur la lutte contre la pauvreté au C.P.A.S. de la commune de Saint-Gilles à Bruxelles. Il se rend ensuite au « Restaurant du cœur » à la chaussée de Forest, où 65 % de ceux qui le fré-

Écoute attentive du Roi lors d'une visite à un centre d'accueil pour défavorisés et sans-abri à la Place du Jeu de Balle, dans le quartier des Marolles, à Bruxelles. 18 mars 1993. Photo Van Parys Media (Bruxelles).

quentent proviennent de Saint-Gilles[34]. La semaine suivante, le 18 mars, le Roi rend visite aux deux établissements de « Het Huizeke », un centre d'accueil et de rencontre pour défavorisés et sans domicile, installé à la place du Jeu de Balle, au cœur des Marolles. Le Roi s'y montre surtout attentif au problème du logement et écoute, au cours de longues conversations chuchotées, ce qu'ont sur le cœur les participants à cette rencontre[35]. Par sa présence, le Roi représente un signe d'espoir et de soutien pour les nécessiteux et les confirme ainsi dans leur dignité[36].

Le journaliste Chris De Stoop, lors des funérailles du roi Baudouin, témoigne : « Il y a deux ans, le Roi m'a reçu au Palais. Personne ne pouvait être plus choqué que lui. Il m'a dit : "Ensemble nous allons lutter." Il m'a encouragé à écrire un livre sur les victimes de la traite internationale des femmes[37]. » Chris De Stoop s'était attaché à la problématique de l'exploitation des jeunes femmes du tiers monde par l'industrie européenne du sexe, et son livre, *Ze zijn zo lief Meneer. Over vrouwenhandel, meisjesbaletten en de Bende van de miljardair* (Louvain, 1992), avait suscité beaucoup d'émotion. Des différents contacts du Roi découle la visite qu'il rend le 28 octobre 1992 au centre anversois Payoke où, sous la direction galvanisante de Madame Patsy Sörensen, aide et assistance sont accordées aux femmes victimes de la traite d'êtres humains. Pour Patsy Sörensen et tous ses collaborateurs, la visite du Roi représente un soutien exceptionnel. Un commentateur politique parle même d'un geste de samaritain du Roi qui, espère-t-il, « par ce geste réveillera énergiquement la conscience des responsables politiques[38] ».

ENGAGEMENT POUR UNE SOCIÉTÉ SOLIDAIRE ET TOLÉRANTE

La question des immigrés est en Belgique, depuis les années septante, une donnée politique et sociale importante. Au cours des années soixante, de nombreuses familles d'origine nord-africaine ou turque sont venues s'installer en Belgique. Elles y avaient été attirées pour travailler dans l'industrie, ou venaient tenter leur chance en Belgique afin de se construire une existence meilleure et nouvelle. Des communautés d'immigrés se sont constituées, souvent dans des quartiers défavorisés, qui furent peu à peu délaissés par leurs habitants d'origine. Dans certaines villes, la formation de ghettos était à craindre et la « deuxième génération » posait des problèmes. En effet, ces enfants grandissants d'immigrés ne voulaient souvent plus rien entendre des traditions en vigueur dans la patrie de leurs parents. Par ailleurs, ils parvenaient à peine à s'intégrer en Belgique, leur degré de scolarité étant souvent très faible et le chômage parmi eux très élevé[39].

Heureusement, diverses personnes et organisations s'occupaient depuis un certain temps déjà de cette problématique. À Bruxelles sont apparues plusieurs initiatives, comme le « Centre d'accueil pour travailleurs immigrés » et le « Foyer des jeunes ». Accompagné de Vic Anciaux, secrétaire d'État aux Affaires sociales et à la Culture néerlandaise à Bruxelles, qui avait proposé le 30 mai 1978 une note pour une politique globale d'immigration, le roi Baudouin rend une visite de travail à ces deux centres, le 6 juin 1978. L'intérêt chaleureux du Roi pour ce qui se réalise dans ces « foyers » devait constituer un important soutien pour l'action en faveur des immigrés[40].

LE ROI BAUDOUIN AU MILIEU DES VICTIMES DE LA TRAITE DES FEMMES

« *La visite du roi Baudouin à Payoke, je l'ai préparée avec soin. Il est venu pour y parler à des femmes victimes de la traite d'êtres humains. (...) Lorsque le Roi est entré, je suis restée sans paroles. Je ne savais pas comment m'adresser à lui. Les gens se sont spontanément levés dès qu'il est entré. Je me suis mise immédiatement à indiquer à chacun où il devait s'asseoir. Les cinq femmes et moi-même d'un côté de la table, de l'autre côté, le Roi, Paula D'Hondt, le chef de cabinet Jacques van Ypersele, Chris De Stoop et Kathy. Un agent de la sécurité était présent, ainsi que le photographe de l'agence Belga. La conversation avec le Roi fut très émouvante. Nous avons tous pleuré. Les femmes ont raconté leur histoire. Chacun aidait à traduire ce qu'elles disaient. (...) J'étais à ce moment-là contente que nous ayons un Roi. En tant que figure neutre, je le voyais se situer au-dessus des partis. Sa visite à Payoke était évidemment un geste politique d'envergure. C'était un signal très clair aux ministres. Pour les femmes, c'était très important. Elles trouvaient en lui un allié. Nous avons soudain été crues jusque dans les sphères les plus hautes du pays. Pour nous, c'était quelque chose comme "ouf, nous sommes sorties de la marginalité".* »

(Patsy Sörensen, *De maskers af ! Over socialisme, prostitutie en mensenhandel*, Anvers-Baarn, 1994, pp. 26-27.)
(Traduction du néerlandais)

*Le roi Baudouin était choqué par les informations concernant la traite internationale des femmes. Le 28 octobre 1992, accompagné de Madame Paula D'Hondt, commissaire royal à l'immigration, et du journaliste Chris De Stoop, il visite le centre Payoke à Anvers. Le Roi y est accueilli par Madame Patsy Sörensen, responsable du centre, et écoute le témoignage de victimes de la traite d'êtres humains.
Photo Belga.
Bruxelles.
Archives du Palais royal.*

Dès ce moment-là, la problématique des réfugiés en Belgique n'est plus jamais absente des préoccupations du Roi. Divers discours et un certain nombre de visites l'illustrent, surtout lorsque ressort des résultats des élections de novembre 1992 qu'en Belgique également, le racisme et la xénophobie se concrétisent dans des groupements politiques.

Le mercredi 12 décembre 1984, le Roi se rend au « Centre socio-culturel des immigrés de Bruxelles ». Ce geste est très apprécié par tous ceux qui œuvrent à la réalisation d'une société multiculturelle. Le souverain écoute les coordonateurs et converse longuement avec les jeunes présents[41]. Dans son message de Noël 1984, le souverain demande que l'on fasse preuve de solidarité avec les plus pauvres parmi les pauvres et condamne l'intolérance[42].

Remarquable aussi est la visite impromptue du roi Baudouin, le 5 juin 1991, aux diverses initiatives de coexistence à Borgerhout (Anvers), en compagnie de Paula D'Hondt, commissaire royal à la Politique d'immigration. Le Roi baigne une journée entière dans la vie locale et quotidienne des immigrés : il montre qu'il apprécie beaucoup l'engagement sur le terrain des agents de quartier anversois. À midi, il déjeune avec quelque vingt-cinq personnes âgées, puis assiste à une réunion de l'association « *Borgerhout beter bekeken* », où Belges et immigrés œuvrent ensemble à un meilleur avenir commun ; il parle pendant une heure avec les personnes présentes, rend visite au C.P.A.S. et termine sa visite de travail chez de jeunes immigrés et représentants du Conseil marocain et turc au Centre des travailleurs étrangers. Par cette « promenade parmi les immigrés », le Roi donne un signal psychologique et politique important dont la clarté ne fait aucun doute pour les intéressés (immigrés et autochtones), ni pour les dirigeants politiques[43].

Dans son message de Noël 1991, le Roi constate encore : « *Dans plusieurs pays, dont le nôtre, le racisme refait surface de façon inquiétante. Il n'y a pas de compromis possible avec une telle attitude, qui nie des valeurs humaines et démocratiques fondamentales. Il faut la combattre et en même temps nous attaquer à des situations qui favorisent l'extrémisme comme l'insécurité dans les grandes villes*[44]. »

Voir se développer une société solidaire et tolérante en Belgique est incontestablement l'un désirs les plus chers du Roi. Il n'est plus à démontrer qu'en Belgique, ce n'est pas chose simple, en raison des oppositions communautaires, des épisodes pénibles de la guerre et d'un ressentiment toujours vivace causé par la mise en minorité et les injustices subies. Après des tensions communautaires très intenses au cours des années soixante et septante, le pays, dans les années quatre-vingt, progresse vers une structure fédérale, pour devenir un nouvel État où Communautés et Régions se voient attribuer une large autonomie.

Dans son message du 21 juillet 1993, le Roi invite ses concitoyens à œuvrer au bon fonctionnement des nouvelles institutions. Selon lui, « cela nécessitera de la part de tous les responsables un esprit de conciliation, de bonne volonté, de tolérance et de civisme fédéral[45] ».

Dans les milieux flamands, on a souvent entendu émettre des critiques et faire état de déceptions à propos de ce que très longtemps, le roi Baudouin ne se soit jamais clairement prononcé pour que l'on aborde le problème de la répression pour faits de collaboration pendant la Deuxième Guerre mondiale. Des hommes politiques et des personnalités de premier plan de diverses tendances, ainsi que des personnes d'une réputation patriotique irréprochable, ont pourtant à maintes reprises insisté sur ce point. Le professeur Raymond Derine, plaideur engagé en faveur de l'amnistie, affirme toutefois que cette critique puise ses sources dans une mauvaise compréhension du pouvoir politique du Roi[46]. L'homme politique flamand Hugo Schiltz réfute également la thèse souvent exprimée selon laquelle « le Roi est complice de l'obstruction du dossier de l'amnistie ». D'après lui, le roi Baudouin était depuis longtemps partisan de mesures qui mettraient fin aux séquelles encore vivaces de la répression de l'après-guerre[47].

Le Roi est conscient du caractère explosif de ce dossier et connaît les sensibilités qui divisent le monde politique sur ce problème. Il est évident que, dans pareil cas, il ne peut publiquement rien entreprendre, ou presque. Le chef de l'État ne peut en effet risquer un conflit ouvert avec le Parlement. Toutefois, au début des années nonante, le roi Baudouin souhaite entreprendre quelque chose. Il consulte divers spécialistes, mais se trouve face à un « véritable mur politique[48] ». Dans son allocution du 21 juillet 1990, le Roi fait allusion à cette question en soulignant que tous les problèmes engendrés par la guerre ne sont pas résolus. Il poursuit : « Dans le cadre de la pacification entre les communautés, les mesures qui peuvent contribuer à la réconciliation

LE ROI BAUDOUIN CONTRE LE RACISME ET L'INTOLÉRANCE

« Au cours de ces quatre années, je me sentis renforcée par l'attitude conséquente du chef de l'État, qui n'a pas manqué de condamner dans ses discours officiels le racisme et l'intolérance. J'ai, dans ma vie, pu rencontrer quelques personnes auprès desquelles je me sentais meilleure et qui incitaient mon être profond à faire le bien. Le Roi est l'une de ces personnalités. Il a en outre veillé à ce que la volonté de promouvoir une société harmonieuse et une attitude inébranlable contre le racisme et l'exclusion restent d'actualité. »

(Paula D'Hondt, *Geen dienaar van de macht. Mijn leven*, s.l., 1993, pp. 177-178) (traduction)

Les problèmes de cohabitation dans une commune de l'agglomération anversoise sont expliqués au Roi sans détour. Borgerhout. 5 juin 1991. Photo Koen Fasseur. Bruxelles. Archives du Palais royal.

Lorsque, le 11 mai 1990, lui fut décerné le titre de docteur honoris causa de l'Université d'Anvers, le Roi demanda que l'on prête attention à la misère quotidienne dans laquelle vit une grande partie de la population européenne. Photo Isopress (Bruxelles).

*entre tous les concitoyens doivent être étudiées*⁴⁹. » Ce passage du discours du Roi provoque une virulente polémique. Il est évident que – parce que le débat est immédiatement porté sur le plan communautaire – la réconciliation visée n'est pas pour demain. Il s'avère une fois de plus que les intéressés ne sont pas disposés à aborder les faits avec la sérénité voulue⁵⁰.

Le roi Albert II, dans son discours du 1ᵉʳ février 1994 aux autorités du pays, où il se réfère expressément à la prochaine commémoration du 50ᵉ anniversaire de la libération et de la fin de la Deuxième Guerre, rejoint littéralement ce qu'avait dit son frère défunt en 1990 à propos « de la réconciliation entre tous les citoyens ». Mais le mur politique à ce moment-là s'avère aussi trop élevé⁵¹.

> ### UN CHEF D'ÉTAT QUI RÉAGIT EN TANT QU'HOMME
>
> « Quiconque le côtoyait ressentait son authenticité et sa probité. Il était imprégné d'un charisme intense, d'une préoccupation sacerdotale pour son prochain, surtout pour les moins favorisés, les victimes de l'exploitation. La compromission lui était étrangère ; il réagissait en être humain plutôt qu'en institution. »
>
> Manu Ruys, *Bas les masques. Apparences et réalité du pouvoir en Belgique*, Bruxelles, Racine, 1996, p. 55

La problématique des immigrés, le racisme croissant et l'exploitation sexuelle des femmes sont des thèmes difficiles et souvent très controversés. Le roi Baudouin, en sa qualité de chef de l'État, s'est formellement engagé en attirant l'attention sur ces problèmes. Les besoins du tiers monde et du quart monde ont eux aussi, à maintes reprises, fait l'objet de son attention dans ses discours. Qu'il y ait des terrains sociaux où le Roi s'est peu – voire, ne s'est pas – engagé est peut-être regrettable, mais compréhensible. Il est impossible à un monarque constitutionnel de prendre publiquement position dans des questions sur lesquelles le gouvernement et/ou le Parlement sont fondamentalement divisés. Le Roi peut émettre des mises en garde, mais chaque fois qu'il s'exprime publiquement sur un thème important – même lorsqu'il agit sous la responsabilité expresse du gouvernement –, il est très vulnérable. Les responsables politiques ont toutefois le devoir « de prendre au sérieux et d'examiner en profondeur » les conseils et recommandations du Roi⁵³.

Le roi Baudouin n'a cessé, au cours de plus de quarante ans de règne, de demander que l'on soit attentif aux besoins actuels. Il demande le respect pour chaque individu, pour le travail de chacun, pour chaque identité sociale ou culturelle, et entend à ce propos faire droit à chaque individu. On peut dire que, par sa personne, il a, dans une large mesure, contribué à donner tout son sens à la royauté.

La sollicitude du roi Baudouin pour les exclus et les défavorisés, pour les économiquement faibles et pour les victimes de l'adversité, de l'injustice et de la violence, se situe dans le prolongement de l'attention qu'ont également prêtée ses prédécesseurs à ces groupes de la population. Tout au long de son règne, le souci que Baudouin, en tant que chef de l'État, a porté aux problèmes sociaux et humanitaires a toutefois acquis un caractère plus personnel. N'y sont certes pas étrangers le fait que le roi Baudouin a exercé la fonction royale pendant plus de quarante ans et que, tout comme le pays, il a connu durant cette période toute une évolution sur le plan socio-politique ; de même, le fait d'avoir grandi dans sa fonction lui a permis d'acquérir une très large expérience politique et une très grande autorité⁵⁴. Le « rôle d'influence » du Roi Baudouin n'a dès lors fait que croître au fil du temps tout au long de son règne⁵⁵.

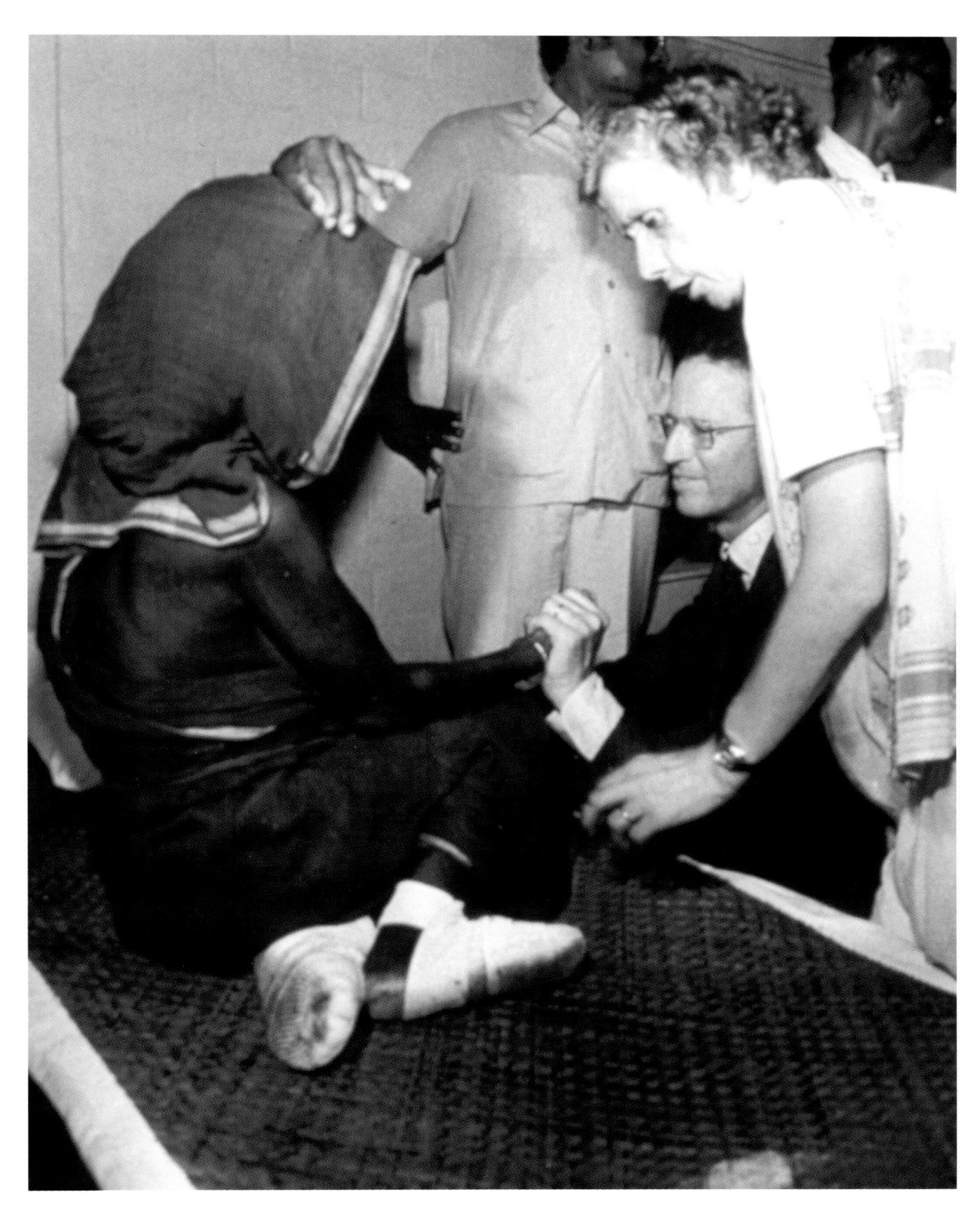

En mai 1981, le Roi visite la léproserie de la religieuse belge Marie-Paule Bijnens, à Jalachtra (Bangladesh). Laeken. Collection reine Fabiola.

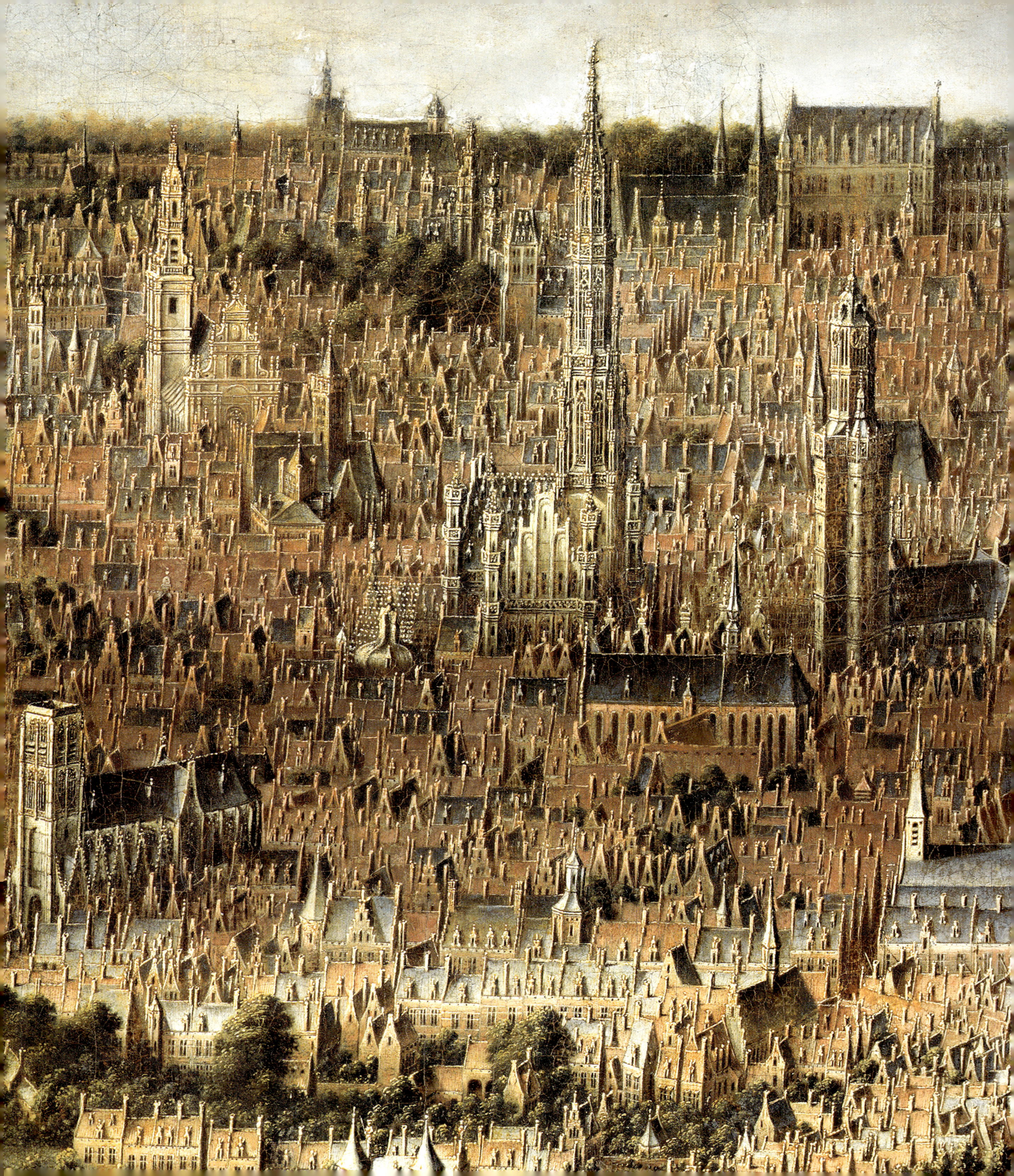

CHAPITRE XIII

La Fondation Roi Baudouin

COMTE DIDISHEIM

Il est frappant de voir combien, après un peu plus de vingt ans d'existence, la Fondation Roi Baudouin est connue et reconnue. Assurément, dans un pays où tant d'institutions ont été malmenées, elle a bénéficié de l'aura qui entoure le nom qu'elle porte et du prestige resté intact de la monarchie. Mais peut-être sa crédibilité est-elle due aussi à la qualité de son travail ? Les deux explications se conjuguent : il existe effectivement, dans l'esprit des gens, une « nébuleuse royale » et, selon eux, la Fondation en fait partie, alors qu'en réalité, elle est de droit privé et gérée par un conseil d'administration indépendant. Mais l'opinion publique sait aussi que, depuis ses débuts, elle n'a pas ménagé ses efforts, qu'elle essaie d'être objective et n'hésite pas à s'attaquer, parfois avec impertinence, à des situations intolérables, comme par exemple à toutes les formes d'exclusion, à la maltraitance ou au non-emploi.

Hors de nos frontières aussi, la réputation de la Fondation Roi Baudouin est désormais bien établie. Ses interlocuteurs étrangers savent que, par priorité, elle s'occupe de la population vivant en Belgique. Mais ils considèrent beaucoup de ses travaux comme transférables et, de plus en plus fréquemment, sollicitent sa collaboration pour mener à bien des projets communs, par exemple en Europe centrale et orientale, et même en faveur du tiers monde.

Si la Fondation Roi Baudouin est honorablement connue et que son indépendance d'esprit est appréciée, sait-on pour autant, avec un minimum d'exactitude, ce qu'elle est et ce qu'elle fait ? La réponse, là, est plus nuancée, même en Belgique !

Le baron de Voghel présente la Fondation Roi Baudouin au Roi et au pays. Palais royal, 31 mars 1976. Photo Belga (Bruxelles). Bruxelles. Fondation Roi Baudouin.

QU'EST-CE, EN FAIT, QUE LA FONDATION ROI BAUDOUIN ?

Création

Créée en 1976, à l'occasion de la célébration du 25ᵉ anniversaire du règne du roi Baudouin, elle reçut à l'époque pour objet social « toutes initiatives tendant à l'amélioration des conditions de vie de la population belge[2] ».
Depuis lors, cette mission fut adaptée et l'article 3 § 1 des statuts se lit désormais comme suit : « La Fondation a pour objet toutes initiatives tendant à l'amélioration des conditions de vie de la population, en tenant compte des

Détail de la « Vue de Bruxelles » du peintre J.B. Bonnecroy (XVIᵉ siècle). Achetée par le Fonds pour le Patrimoine Culturel Mobilier de la Fondation Roi Baudouin, l'œuvre a été confiée aux Musées Royaux des Beaux-Arts à Bruxelles. Bruxelles. Fondation Roi Baudouin.

Principes directeurs et méthodes de travail

Créée par un arrêté royal du 29 décembre 1975, la Fondation fut présentée au Roi lors d'une cérémonie au Palais de Bruxelles, le 31 mars 1976. Mais dès le début de l'année, son conseil d'administration, épaulé par une commission d'avis extérieure, s'attacha à définir les grandes orientations ainsi que les domaines d'intervention. Cette réflexion fut poursuivie par la suite, le dernier de ces ressourcements datant de juin 1997. En effet, pour rester adaptée à l'évolution de la société, la Fondation se remet régulièrement en question. Et pourtant, il est remarquable de constater que la plupart des grands thèmes traités aujourd'hui encore furent ébauchés dès les premiers mois de son existence.

Il fallut en premier lieu définir si la Fondation Roi Baudouin mènerait ses propres programmes ou si, comme bien d'autres organismes analogues, elle se bornerait à soutenir des initiatives extérieures. L'échange de lettres déjà cité, entre le chef de l'État et le chef du gouvernement, ainsi que les travaux du Comité national et de ses sous-comités, donnaient déjà quelques indications à cet égard. On aperçoit immédiatement les implications d'une telle décision, notamment en termes de personnel et donc de budget. Il est évident qu'octroyer des subventions, des prix et des bourses, peut se faire avec relativement peu de personnel, tandis que la conception et la gestion de programmes par la Fondation même exigent à la fois beaucoup plus d'inventivité, d'énergie, de contrôle... et par conséquent, beaucoup plus d'argent ! Bien que, en 1976, le capital de la Fondation Roi Baudouin fût loin d'être constitué et donc que sa survie financière ne fût pas assurée, le conseil d'administration eut le courage de prendre des risques. Il décida que la Fondation Roi Baudouin mènerait ses propres programmes, ne subsidiant les initiatives extérieures que lorsque celles-ci s'intégreraient dans ces propres projets.

La durée de vie de la Fondation, elle aussi, fit l'objet d'une discussion. Était-elle là pour l'éternité ? Le Roi, discrètement, avait fait savoir qu'il souhaitait que les moyens financiers mis à la disposition de sa Fondation soient rapidement remis au service de la nation. Il fallait éviter de « rester assis sur un tas d'or ». On était en droit d'en conclure que la durée de vie de l'institution nouvellement créée serait limitée dans le temps et correspondrait par exemple à la durée du règne. Depuis la mort du Roi, en 1993, cet objectif a été modifié : les finances de la Fondation se sont consolidées, elle a trouvé sa place dans le pays et à l'étranger, et elle perpétue le souvenir d'une personnalité dont la hauteur de vues est reconnue par

« Cette institution qui sera entièrement au service de la collectivité devra, pour réussir, pouvoir compter sur des appuis dont les formes sont multiples. À cet égard, je fais appel à ceux qui se sentent proches de ses objectifs, afin qu'ils lui apportent le concours qui, tôt ou tard, leur sera demandé. » Extrait de l'allocution du Roi lors de la présentation solennelle de la Fondation Roi Baudouin. Bruxelles, 31 mars 1976. Photo Van Parys Media (Bruxelles).

facteurs économiques, sociaux, scientifiques et culturels. » Cet objet lui donne donc beaucoup de liberté et, dans sa version nouvelle, ne limite plus son champ d'activités à la Belgique ni à la population autochtone.

En 1975, lorsque le Roi fut consulté sur la forme qu'allait prendre la célébration de son règne, il refusa d'emblée tout cadeau personnel. En conséquence, le Comité national chargé de l'organisation du jubilé royal décida de concentrer, sur une institution nouvelle et unique, tous les dons qui seraient consentis par la nation en hommage au souverain. Ce faisant, il répondait au vœu émis par le chef de l'État dans sa réponse, datée du 8 octobre 1975, à une lettre du Premier ministre du 25 septembre 1975[3], dans laquelle le Roi exprimait le souhait que l'hommage qu'on souhaitait lui rendre soit « *l'expression renouvelée de l'étroite union entre le peuple belge et la Dynastie qui est à son service depuis cent cinquante ans* ». Connaissant les préoccupations du chef de l'État pour que soit édifiée une société plus humaine et plus harmonieuse, tournée vers l'avenir, le Comité national conçut le projet de lui offrir une fondation[4] qui ne serait pas une instance de redistribution supplémentaire au service des autorités en place. Le Roi allait immédiatement la remettre au service de la nation.

- Éviter les doubles emplois,
- ne pas prendre la place d'institutions existantes mais collaborer avec elles,
- impliquer ces institutions dans les processus de changement étudiés,
- faire appel à la participation des citoyens,
- être une maison transparente, irréprochable,
- en tant qu'institution « royale », s'efforcer de répondre aux attentes de tous les secteurs de la société, ce qui explique d'ailleurs la diversité du programme,
- et bien entendu rester pluralistes et objectifs.

Quelques années plus tard, lorsque furent publiés les premiers travaux sujets à controverses, tels que *L'avenir économique de la Belgique* ou le premier rapport sur la pauvreté, se posa la question de savoir jusqu'où la Fondation pouvait aller. D'une part, le monde politique et l'opinion publique n'auraient jamais accepté qu'elle agisse en tant que groupe de pression. A fortiori, étant, dans l'esprit des gens, associée à l'institution royale, elle devait éviter d'exposer celui dont elle portait le nom. Par contre, elle ne pouvait pas non plus se borner à émettre des avis insipides ! C'est à ce moment que fut imaginée la technique des rapports à la Fondation, ce qui les différenciait des rapports de la Fondation[6]. C'est à ce moment aussi que fut évoqué un principe dont elle se réclame depuis lors : son droit à l'impertinence, dans certaines situations et dans certaines conditions.

Ces quelques orientations ayant été tracées, les modes d'action pratiques qu'utiliserait la Fondation pouvaient être imaginés. Ils furent nombreux et variés : études, projets pilotes, actions de terrain, campagnes de sensibilisation, rapports et autres publications, expositions, concours avec appel d'offres, prix et bourses, organisation de stages de formation, etc. Dans certains cas, des interventions plus directes furent jugées indispensables en vue d'obtenir un effet d'entraînement. Par exemple, en matière de « patrimoine », la Fondation entreprit la restauration d'ensembles de grande valeur ou y participa. Dans le domaine de la création d'emplois, une aide directe fut apportée à des entreprises sensibilisées à l'économie sociale.

Rappelons que si la Fondation Roi Baudouin n'octroie que rarement des aides financières directes, elle s'appuie fréquemment sur des acteurs de terrain, des organismes ou des experts qu'elle rémunère pour leurs prestations.

Le roi Baudouin entouré du baron Didisheim et de Monsieur A. Molitor lors de sa visite au siège de la Fondation Roi Baudouin, le 15 décembre 1986. Laeken. Collection reine Fabiola.

tous. La Fondation Roi Baudouin est donc là pour durer, aucune limite n'est plus fixée à son existence.

Une troisième décision fut prise très rapidement : celle de ne mener que des actions novatrices ayant des effets multiplicateurs. Autrement dit, la Fondation n'agirait que si elle apportait une valeur ajoutée. L'effet de levier, encore à l'heure actuelle, est déterminant chaque fois qu'il y a lieu d'intervenir.

Un quatrième principe fut édicté dès l'abord, qui aida considérablement le secrétariat général[5] dans la sélection des projets. Il concernait la culture et la recherche scientifique, secteurs dans lesquels l'appétit était énorme ! Il fut d'emblée décidé de ne financer des actions en ces matières que si elles s'avéraient indispensables à la poursuite des objectifs propres de la Fondation Roi Baudouin, d'autres instances disposant de fonds beaucoup plus importants pour soutenir la vie culturelle ainsi que la science.

Enfin, sur le plan de l'organisation interne, le conseil insista pour que la Fondation s'adapte en permanence aux réformes institutionnelles du pays. Elle conçut donc sa structure en conséquence mais veilla toujours à ce que les orientations générales restent les mêmes pour tous et que des relations étroites soient maintenues entre ses équipes. De ces premières grandes orientations découlèrent tout naturellement d'autres principes d'action qui, dans la pratique, ne sont pas toujours faciles à appliquer !

Les grandes constantes du programme d'action

Même si, au fil des ans, c'est sous des titres divers qu'ont été menés certains projets, on peut regrouper en cinq grands chapitres les sujets traités depuis ses débuts par la Fondation (certains thèmes, abandonnés après quelques années, ne sont plus repris dans cette liste) :

- *Solidarité* :

qui comporte tout ce qui touche à l'aide sociale, au logement, à l'emploi, à l'humanisation des soins de santé, à la lutte contre la pauvreté, les inégalités, la maltraitance et les exclusions (en ce compris les problèmes des seniors, des jeunes insuffisamment formés, des immigrés, etc.) ; en bref, le refus de la fracture sociale.

- *Cadre de vie* :

où des centaines de projets ont été menés pour un meilleur aménagement du territoire urbain et rural, pour la qualité des espaces publics, pour l'éducation à la nature et à l'environnement, ainsi que pour promouvoir des applications concrètes du concept de « développement durable ».

- *Patrimoine* :

qui tente à la fois de restaurer le patrimoine architectural, culturel et historique, de promouvoir une politique constante de sauvegarde, mais aussi de susciter la création de structures permanentes de protection, de gestion et d'entretien du patrimoine.

- *Civisme* :

qui vise, le plus souvent en collaboration avec les responsables de l'enseignement, à renforcer la cohésion sociale et à créer une citoyenneté plus active, plus critique et plus responsable, en tenant compte de la structure de la Belgique, de l'intégration européenne et de l'émergence de valeurs nouvelles.

- *Prospective sociétale* :

vaste programme dans le cadre duquel la Fondation a mené des recherches-actions sur des thèmes aussi divers que l'avenir économique de la Belgique, une meilleure adéquation entre science et société, la démographie, la sécurité sociale, le travail, les rapports entre droit et société, etc. D'autres problèmes de société sont abordés dans le cadre des conférences « Millennium », cycle de trois causeries annuelles qui se terminera au tournant du siècle. Le programme de réflexion prospective a eu pour effet second

Visite à la Banque Nationale à Anvers, à l'occasion des Journées du Patrimoine, en Flandre, les 10 et 11 septembre 1994. La Fondation Roi Baudouin soutient activement les Journées du Patrimoine dans les trois Régions. Bruxelles. Fondation Roi Baudouin.

À l'occasion d'une rencontre organisée par la Fondation Roi Baudouin en 1997. Photo Koen Broos (Anvers). Bruxelles. Fondation Roi Baudouin.

que la Fondation s'est peu à peu transformée en un forum pluraliste, lieu presque unique en Belgique, où s'échangent les avis les plus divergents, dans un climat de sérénité et de fair-play.

Il est impossible d'énumérer les actions menées dans le cadre de ces cinq grandes matières. À l'heure actuelle, il y en a plus de cinq cents par an, dont varient le budget et la durée. Mais ce qu'il faut noter, c'est que, si les mêmes grands thèmes sont traités depuis le début, la priorité accordée à chacun d'eux évolue dans le temps. Par exemple, le thème « aménagement-environnement » (aujourd'hui cadre de vie), très important au début, l'est moins à l'heure actuelle. A contrario, le thème « solidarité », avec tous ses à-côtés dus à la fracture sociale grandissante, a considérablement crû en importance. Il en est de même d'actions « grand public » destinées aux enfants, qui visent à les familiariser avec les multiples facettes de la société dans laquelle ils seront appelés à vivre.

Ce qu'il faut encore souligner, c'est que, à côté des cinq grands chapitres, il existe des « dimensions » qui les traversent tous, par exemple les problèmes de la jeunesse et ceux, cruciaux, de l'emploi ou du non-emploi. Cela montre la difficulté qu'il y a à décrire le programme de la Fondation, dans sa diversité et dans son évolution.

Depuis quelques années, à côté des initiatives menées aux plans national, communautaire et régional, la Fondation a considérablement renforcé la dimension européenne et même internationale de ses activités, et il est dans ses intentions de continuer à le faire.

La première de ces initiatives fut la création, en 1980, d'un Prix international Roi Baudouin pour le Développement, octroyé tous les deux ans à des personnes et des organismes qui ont contribué de façon déterminante au développement du tiers monde ou à l'amélioration des relations Nord-Sud.

Cette première initiative en faveur des relations avec le tiers monde fut suivie de la rédaction – elle demanda près de treize ans – de deux véritables traités sur la façon pratique dont les Belges remplirent leur mission en Afrique centrale, en matière de santé et de développement rural intégré.

La Fondation Roi Baudouin a également épaulé sa présidente d'honneur, la reine Fabiola, dans ses multiples initiatives en faveur des femmes rurales du tiers monde.

Enfin, après la chute du mur de Berlin, la Fondation, par-

Le roi Baudouin s'entretient avec des parlementaires venus de Roumanie, d'Estonie et d'autres pays d'Europe de l'Est, à l'occasion d'un séminaire organisé par la Fondation Roi Baudouin à Eupen. Mai 1993. Bruxelles. Fondation Roi Baudouin.

fois seule, parfois avec des institutions analogues, lança des projets en Europe centrale et orientale. Ils visaient essentiellement quatre objectifs : la protection des minorités, le renforcement de la société civile, l'aide aux enfants des rues et la solidarité.

À noter aussi, au niveau international, le fait que la Fondation assure depuis de nombreuses années déjà le secrétariat des Journées européennes du Patrimoine.

Dans un autre ordre d'idées, la Fondation Roi Baudouin a établi un réseau dense de relations avec d'autres institutions pour faciliter la « philanthropie transfrontalière » (Transnational giving), un étranger pouvant désormais octroyer un don, dans son propre pays, dont le montant sera affecté à un projet en Belgique, et vice versa. Enfin une « King Baudouin Foundation U.S., Inc. » a été créée aux États-Unis pour y mener des projets et y réunir des fonds.

Le roi Albert II et la reine Paola visitent l'exposition consacrée au projet de restauration du « Tracé Royal », soutenu par la Fondation Roi Baudouin. Photo Jean Guyaux (Bruxelles).

Présentation du programme actuel

Depuis juin 1997, le conseil d'administration a décidé, pour des raisons de lisibilité notamment, de restructurer le programme et le budget de la Fondation en trois « axes » modulés en huit thèmes, où l'on retrouve presque toutes les préoccupations du début.

Le premier axe, intitulé « permettre l'existence », couvrira les matières hautement prioritaires suivantes :

- lutte contre la pauvreté et l'exclusion sociale,
- avenir du travail et de l'emploi,
- promotion du développement durable dans les secteurs économiques.

Le deuxième axe, « vivre ensemble », sera centré sur le rôle du citoyen et le développement de la société civile. Il couvrira les thèmes suivants :

- adéquation des tâches de l'État aux attentes de la société, notamment en matière de justice et de pouvoirs locaux,
- participation du citoyen et développement de la société civile place et rôle des médias dans la société.

Le troisième axe, intitulé « se développer », vise l'ensemble des éléments qui favorisent l'épanouissement, facilitent l'intégration et contribuent à forger l'esprit critique :

- l'avenir des générations futures (enseignement - formation - épanouissement),
- la promotion de la culture et du sport comme leviers de changement social et d'intégration.

Parallèlement au développement de ces huit thèmes, le rôle clé de Bruxelles, comme capitale à fonctions multiples, fait l'objet d'un projet séparé s'inscrivant dans le contexte de Bruxelles « Capitale européenne de la Culture » en l'an 2000.

La Fondation, seule, ne peut naturellement concevoir ni mener un programme d'une telle ampleur. Fort heureusement, elle a acquis la confiance de nombreux milieux, qui voient en elle une « tête chercheuse de l'innovation ». C'est ainsi qu'elle a pu compter sur l'appui et le « know how » de nombreux experts et volontaires, ainsi que sur l'inventivité d'un monde associatif particulièrement développé en Belgique. Il est indispensable que, dans l'avenir, elle puisse poursuivre cette collaboration, d'une incomparable richesse.

Activités complémentaires : fonds autonomes, missions pour tiers, contrats

En gros, la Fondation joue donc le rôle d'un catalyseur de changement et, à cette fin, vise à stimuler la générosité. Elle agit par le truchement de projets qu'elle conçoit elle-même et qu'elle mène en son nom propre. Mais depuis quelques années se développe parallèlement un secteur dont l'importance croît régulièrement, celui des activités complémentaires ou « connexes ». Parmi celles-ci, la gestion de fonds autonomes, logés au sein de la Fondation Roi Baudouin et gérés par elle, occupe une place prépondérante. Ils sont de divers types :

- *tout d'abord, certains projets propres de la Fondation, dont on a considéré qu'ils seraient menés plus efficacement par des fonds gérés par un comité de gestion autonome. Il s'agit par exemple du Fonds Prince Albert, pour la formation d'experts en commerce extérieur et en management international, du Fonds des jeunes entrepreneurs, du Fonds du patrimoine culturel mobilier, ou du Fonds de la pauvreté ;*
- *ensuite, des fonds créés à l'initiative de particuliers, qui en général leur donnent leur nom, ou à celle d'entreprises, ou encore des fonds spécifiques qui centralisent les donations affectées à l'un ou l'autre objectif particulier. Ces dernières catégories (fonds nominatifs, d'entreprises ou spécifiques) disposent d'un capital propre.*

Citons encore, parmi les activités connexes, des contrats rémunérés conclus entre la Fondation et un pouvoir public (l'État belge, une Région, une Communauté, l'Union européenne). Dans ce cas, la Fondation exécute pour compte de tiers, parfois seule, parfois en collaboration, une tâche spécifique. Tel a été le cas, par exemple, du deuxième rapport sur la pauvreté, effectué pour le compte de l'État fédéral, ou encore de diverses missions remplies dans le domaine de la promotion de la condition des femmes rurales, à la demande de la Commission européenne. Autres exemples : une campagne menée pour le compte de la Communauté flamande en vue d'engager le grand public à visiter les musées, ou encore l'organisation, pour la Région wallonne, de séminaires techniques d'urbanisme, destinés à former les fonctionnaires.

Il est arrivé aussi que l'État belge propose à la Fondation de prendre une part prépondérante dans l'organisation d'événements nationaux, comme le 150e anniversaire de la Belgique, en 1980 ; le jubilé royal « 60 - 40 », en 1990-91 (60e anniversaire du Roi et 40e anniversaire de son règne) ou la célébration du 50e anniversaire de la Libération du territoire, en 1994, et des camps, en 1995. Bien que de telles activités n'aient que de lointains rapports avec la vocation première de la Fondation, elle accepte en général d'en prendre la responsabilité dans un esprit de service à la collectivité et parce que peu d'autres institutions en Belgique peuvent le faire.

Il arrive, mais c'est plus rare, que certaines tâches importantes soient proposées à la Fondation sans qu'un budget y soit attaché. Elle les accepte et les prend à sa charge lorsqu'elles paraissent vraiment prioritaires. Tel est par exemple le cas de la préparation et de la création d'un Centre européen pour enfants disparus et exploités.

FINANCEMENT

Le budget annuel de la Fondation Roi Baudouin en 1996, 1997 et 1998 dépasse 750 millions, dont 400 millions octroyés par la Loterie Nationale, le solde provenant de prélèvements sur les ressources propres (return du capital, dons, legs) et de missions rémunérées pour tiers (voir supra).

C'est l'apport considérable de la Loterie Nationale qui a permis à la Fondation d'atteindre son volume d'activités et son format actuels. Cette collaboration date de 1983. Elle a commencé sous forme de subsides octroyés annuellement pour certaines activités, menées progressivement par le truchement de fonds autonomes (patrimoine mobilier et immobilier, puis environnement). Ce mécanisme a été modifié à l'occasion du Jubilé royal 60 - 40, et dès 1989, la Fondation a bénéficié d'une dotation annuelle qui se monte à l'heure actuelle à 400 millions. Cette importante dotation a déjà été octroyée pour deux périodes de cinq ans (1989-1993 et 1994-1998). Elle est en cours de renégociation.

Le capital propre de la Fondation, réserves et provisions exclues, est de l'ordre de 5 milliards. Il a commencé à se constituer, dès 1975, par souscription ouverte aux particuliers, aux pouvoirs publics, aux entreprises et aux institutions publiques de crédit, ainsi que par la vente de médailles en or, de monnaies en argent et de timbres avec surcharge. À l'époque, l'État accepta d'octroyer une subvention annuelle analogue aux dons des particuliers et du secteur privé. À l'heure actuelle, ce mécanisme est remplacé par un autre, moins favorable à la Fondation mais encore significatif. Au 31 décembre 1976, le capital réuni par le sous-comité des Finances[6] atteignait 1 milliard. Une seconde collecte de fonds fut organisée en 1990-91, à l'occasion du Jubilé royal 60 - 40[7].

À lui seul, le capital propre de la Fondation ne lui permettrait pas encore de conserver un volume d'activités comparable à celui des dernières années (un placement de « bon père de famille » de 5 % l'an ne donnerait que 250 millions) ; or son programme représente une dépense annuelle de l'ordre de 750 millions. L'apport des dons, des legs, des contrats et surtout celui de la Loterie Nationale est donc vital pour le maintien, à son niveau actuel, de l'activité de la Fondation. On comprendra que l'indépendance financière soit l'un des buts à atteindre dans l'avenir !

En termes de ressources propres, la Fondation Roi Baudouin ne figure pas parmi les premières d'Europe, loin de là. Par contre, en termes de budget et surtout de volume et de type d'activités, elle est considérée comme faisant partie des fondations les plus actives et les plus originales de notre continent.

L'APPORT PERSONNEL DU ROI

Quel type de relation s'est-il établi, au fil des ans, entre le Roi et sa fondation ? Si cette question intéresse probablement le lecteur, plus que la simple description de l'institution, il est délicat d'y répondre sans manquer au devoir de discrétion qui s'impose. Certaines choses néanmoins peuvent être dites, qui donneront une assez bonne idée de l'implication personnelle du souverain.

Deux points doivent être soulignés d'emblée :
d'abord, sans le Roi, il n'y aurait pas eu de Fondation, c'est aussi simple que cela ! C'est en effet en raison de la longueur et de la qualité de son règne que, par deux fois, en 1976 et en 1991, fut organisée une souscription nationale, et c'est bien lui qui décida de refuser tout cadeau personnel, préférant que l'on affecte à une institution utile tous les dons qui lui seraient faits. Les dirigeants et les cadres de la Fondation furent donc toujours pénétrés de cette double caractéristique : il s'agit d'un cadeau de la nation au Roi, mais qui fut remis au service de la collectivité nationale ;

en second lieu, si les interventions vraiment personnelles du Roi dans le choix des orientations, des projets et des méthodes d'intervention furent extrêmement rares, la Fondation, a toujours, presque instinctivement, anticipé sur ce qu'elle croyait être les souhaits ou les préférences du souverain. Il est certain, par exemple, que la priorité accordée à la solidarité et à la lutte contre la pauvreté est due non seulement à l'importance intrinsèque du problème mais aussi au fait que chacun, en Belgique, était conscient des profondes préoccupations du Roi comme de la reine Fabiola vis-à-vis des inégalités sociales et de la maltraitance.

Ceci dit, le Roi se tint toujours activement informé de la vie de la Fondation. D'abord par le canal des deux repré-

*Le Prix international Roi Baudouin pour le développement 1994 a été remis, le 22 mars 1995, par le roi Albert II à Madame Noerine Kaleena de la TASO - The Aids Support Organisation, de l'Ouganda. Le prix est un encouragement aux travaux de la TASO en matière de développement social, surtout au niveau de la prévention du sida et de l'accompagnement des patients atteints du sida et de leur famille.
Photo Jean Guyaux (Bruxelles).*

sentants que, statutairement, il avait au conseil, le plus souvent le grand maréchal de la Cour et le chef de cabinet. Mais aussi par les contacts réguliers qu'il entretenait avec le président et l'administrateur-délégué et même, à l'occasion, avec des cadres responsables de projets qui lui tenaient particulièrement à cœur. Par ailleurs, de très nombreuses personnes, venant de tous les horizons, qui rencontraient le Roi, lui parlaient fréquemment de leurs contacts avec la Fondation.

Jamais le Roi ni ses représentants n'opposèrent de veto à une initiative émanant du conseil d'administration ou du secrétariat général. Mais il va de soi que, lorsqu'un des représentants du Roi prenait la parole au conseil ou au comité exécutif, c'est avec une attention toute particulière que chacun l'écoutait !

Dans ses rapports avec sa Fondation, comme dans bien d'autres domaines, le Roi a montré à la fois sa capacité d'anticipation et la discipline à laquelle il soumettait sa réflexion. Ceux qui l'ont côtoyé connaissaient, par exemple, son souci d'un meilleur environnement. Sa tristesse devant l'état de délabrement de Bruxelles n'était un secret pour personne et, comme il avait un côté facétieux que la plupart ignorent, il lui est arrivé de dire, devant ses collaborateurs : « Parfois, j'ai envie de convoquer la télévision, *de faire arrêter ma voiture et, "pour l'exemple", de ramasser moi-même les papiers qui traînent.* »

Or, malgré ce souci évident pour la dignité de la ville, le Roi n'intervint personnellement qu'une fois en dix-sept ans pour un problème d'urbanisme. C'est qu'il savait qu'il ne faut pas multiplier les recommandations, sous peine d'épuiser son crédit. Il n'intervenait donc que très rarement dans la vie de la Fondation, et le faisait en fonction d'une échelle de priorités mûrement réfléchie.

C'est dans trois grands domaines surtout que le Roi fit connaître ses souhaits :

les relations entre nos Communautés nationales, en particulier les contacts entre jeunes ;

les problèmes d'emploi et de non-emploi ;

la lutte contre les inégalités, l'exploitation et les exclusions. Et à ce propos, à une époque où personne ou presque n'en parlait – cela montre combien était grande sa faculté d'anticipation –, il demanda expressément à la Fondation, dès la fin des années quatre-vingt, d'aborder des sujets aussi délicats que

- la traite des femmes,
- la maltraitance sexuelle des enfants,
- les problèmes carcéraux (conditions physiques et morales

*Le gouvernement fédéral a confié à la Fondation Roi Baudouin, en collaboration avec d'autres institutions, la rédaction d'un « Rapport général sur la pauvreté ». Au cours d'un colloque, organisé le 17 octobre 1994 en présence de la reine Fabiola, les plus démunis ont aussi eu droit au chapitre.
Photo Jean Guyaux (Bruxelles).*

de la vie en prison ainsi que réadaptation à la vie en société),
- l'accès à la justice.

On notera aussi le soutien puissant qu'apporta le Roi à la reine Fabiola dans sa lutte pour l'amélioration de la condition féminine, en particulier en milieu rural dans le tiers monde.

CONCLUSIONS : L'APRÈS BAUDOUIN

La Belgique n'est pas un pays comme les autres ; la Fondation Roi Baudouin n'est pas une fondation comme les autres ! Bien qu'étant de droit privé, elle a une image publique forte ; ne menant théoriquement que ses propres programmes, elle est néanmoins en perpétuelle interaction avec les pouvoirs publics, le monde associatif et le secteur privé ; belge par ses origines, elle a pour ambition d'être de plus en plus européenne et même internationale ; portant le nom d'un homme qui n'est plus, elle se veut néanmoins prospective ; « royale », elle prône depuis plus de vingt ans une démocratie participative et une citoyenneté plus responsable.

En outre, dans un pays où pourraient être améliorées l'efficacité et l'image du secteur public, elle est gérée comme une entreprise privée, met son point d'honneur à être courtoise et serviable, et tente de donner un certain « style » à ce qu'elle entreprend.

Il y a bien sûr le programme officiel. Mais il y a aussi tout ce que l'on ne voit pas, tout ce qui est difficilement descriptible, les mille et un contacts qui ont lieu en son sein ; bref, sa fonction de « forum ». Pour combien de problèmes délicats n'a-t-on pas trouvé à la Fondation, entre personnes qui n'avaient presque plus de contacts fonctionnels, le consensus qui semblait inaccessible ? D'ailleurs, il est un autre miracle, un miracle permanent ! Il s'agit de l'esprit d'équipe qui anime son conseil d'administration et son personnel. Il serait impensable que la composition du conseil d'administration et du personnel ne reflète pas les sacro-saints « équilibres » belges : philosophique, politique, linguistique, sub-régional, professionnel et autre ! Pourtant, depuis 1976, la Fondation a su dégager un projet commun. N'est-ce pas là la preuve que, même dans un pays où les clivages sont aussi prononcés qu'en Belgique, des personnes de qualité peuvent encore travailler ensemble ?

Mais, dira-t-on, ce sont là des mots. Qu'en est-il des résultats tangibles ?

Il est évident que des centaines de projets, chaque année, ne peuvent manquer d'avoir laissé des traces, tant sur le terrain que dans les esprits. Mais outre ce que la Fondation a pu initier, il y a les comportements qu'elle a

La Fondation Roi Baudouin développe des projets visant à sensibiliser les plus jeunes aux problèmes liés à la protection de l'environnement. La campagne « vert de terre » incite plus particulièrement les mouvements de jeunesse à camper en respectant au mieux l'environnement. Bruxelles. Fondation Roi Baudouin.

induits et l'action de médiation qu'elle mène.

Dans le domaine du patrimoine et, dans une moindre mesure, dans celui de l'environnement, son influence fut très nette. En matière de lutte contre la pauvreté et les exclusions, il est certain qu'elle a fait œuvre de pionnier. Il en est de même en ce qui concerne la création d'emplois de proximité. Quant au programme de recherches prospectives et aux conférences « Millennium », ils constituent un lieu de rencontre et d'échanges sans égal en Belgique.

Une enquête d'opinion, réalisée au printemps de 1997, permet de tirer certaines conclusions du passé. Globalement, la Fondation Roi Baudouin est considérée comme un « succès » et sa contribution à la vie nationale dépasse les attentes.

Son principal mérite, sans doute, est d'avoir réussi à attirer l'attention sur des défis cruciaux, d'avoir su rendre honorables des causes et d'avoir provoqué un effet d'entraînement.

D'aucuns cependant voudraient moins de dispersion des efforts et plus de lisibilité dans ses actions. Ils souhaiteraient que la Fondation Roi Baudouin utilise son autorité morale pour mettre en route de véritables mécanismes de changement, qu'elle fournisse aux décideurs les outils de réflexion et d'analyse qui si souvent leur font défaut, qu'elle soit moins « diplomate »; en un mot, qu'elle ose, de manière plus impertinente encore, s'attaquer aux faiblesses fondamentales de la société belge.

On le voit, on attend beaucoup de la Fondation Roi Baudouin, peut-être plus qu'elle ne peut donner en tant que fondation « royale », qui doit à la fois servir toutes les catégories sociales et faire preuve d'une certaine réserve.

La petite enquête conduite au début de 1997 fut réalisée à une époque où chacun était sous le coup des « affaires », de la révélation des dysfonctionnements de l'État et de la Marche blanche. Peut-être les épreuves de tous genres qu'a traversées la Belgique depuis trente ans ont-elles contribué à conférer à la Fondation Roi Baudouin, au-delà de sa mission statutaire, une responsabilité morale non inscrite dans les textes. Si elle ne l'assume pas, elle risque de décevoir. Elle se trouve donc à une phase délicate de sa vie.

Ce n'est pas tout. Dans peu de temps, la Fondation aura vingt-cinq ans. Gageons qu'à l'aube du XXIe siècle, l'environnement auquel elle s'est habituée sera en pleine évolution. Deux exemples, choisis au plan national, illustreront le nouvel effort d'adaptation qu'elle devra s'imposer :

- *dans une Belgique de plus en plus fédéralisée, les décideurs appartenant à nos différentes Communautés nationales se connaîtront de moins en moins. Le rôle de « pont » de la Fondation, ô combien délicat, n'en sera que plus important ;*
- *si le climat de méfiance envers les Institutions perdure, finira-t-il par atteindre la Fondation ? Continuera-t-elle à jouir de la confiance des jeunes générations, moins respectueuses que les précédentes de l'« establishment » ?*

Ce ne sont là que deux exemples de défis nouveaux. Ceux-là, et d'autres, la Fondation saura les relever.

Lors du décès du Roi, en été 1993, d'aucuns se sont demandé quel serait l'avenir de sa Fondation. Conserverait-elle son influence, son appellation serait-elle modifiée, deviendrait-elle un mémorial à la gloire de celui dont elle portait le nom ?

La mort du Roi fut ressentie à la Fondation avec une particulière émotion, on s'en doute. De plus, le lien « affectif » avec la Maison royale risquait d'être brisé. Or il n'en fut rien : dès les premiers jours d'août 1993, la reine Fabiola accepta la présidence d'honneur de la Fondation Roi Baudouin, ce qui constitua pour son personnel et ses dirigeants un très précieux encouragement. Ensuite, très rapidement, le lien s'établit avec le nouveau souverain, celui-ci ayant d'ailleurs maintenu, au conseil d'administration, les deux représentants que son prédécesseur y avait désignés. La Fondation s'efforcera de le seconder comme elle le fit pour son regretté frère.

Dans l'esprit des gens, en Belgique et à l'étranger, l'aura du roi Baudouin ne fit que croître après sa mort et ses impressionnantes funérailles. Et cela rejaillit sur la Fondation, elle le sent quotidiennement. Cela aussi renforce la conscience qu'elle a de sa mission.

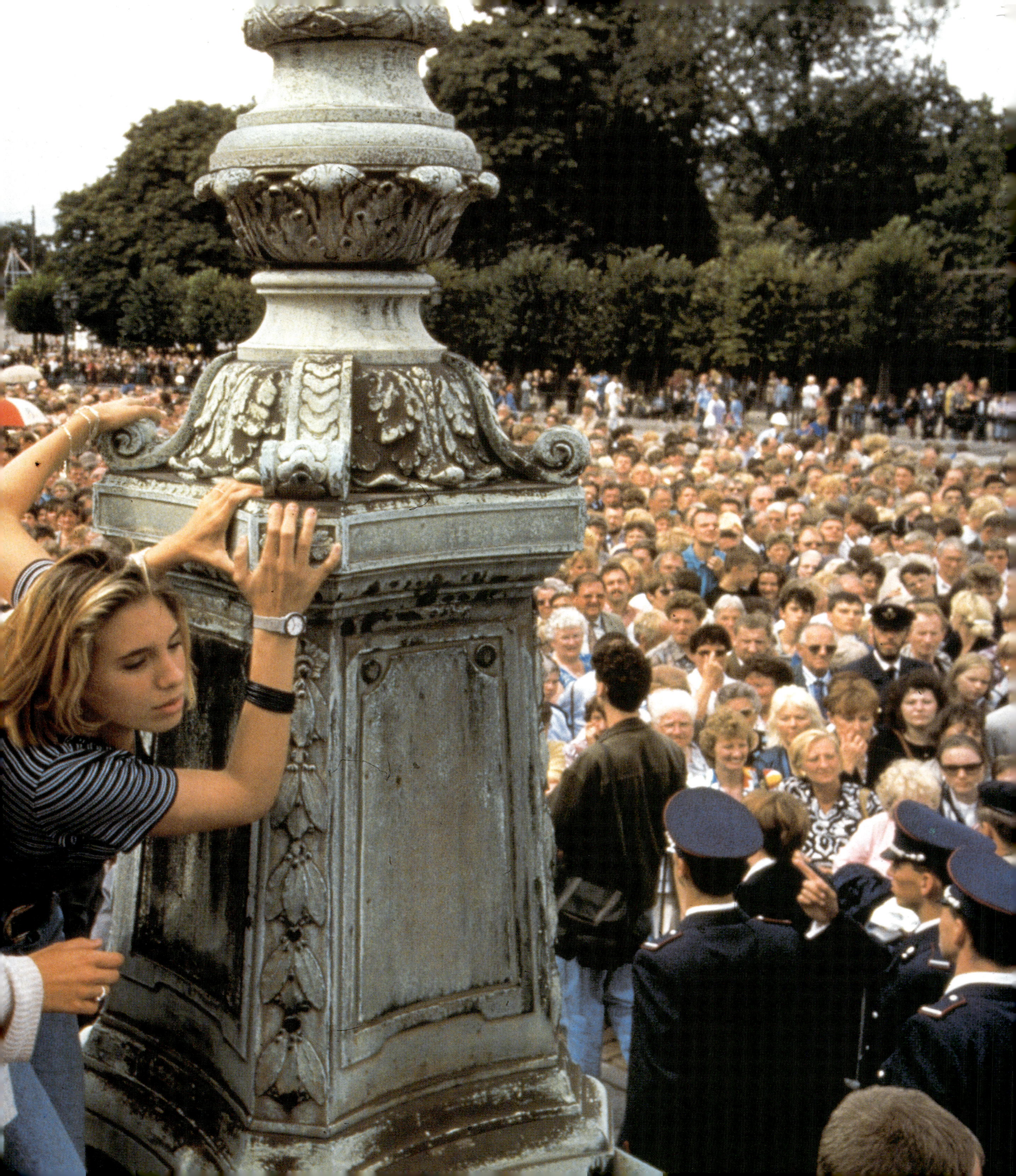

CHAPITRE XIV

La nation dit adieu à son Roi

LAURENCE VAN YPERSELE

L'été 1993 restera gravé dans bien des mémoires. En ces premiers jours d'août, le temps semble suspendu. Dans la nuit du 31 juillet, le roi Baudouin est mort d'une crise cardiaque. À l'incrédulité et la stupéfaction succède un mouvement d'émotion collective largement relayé – voire amplifié – par les médias. Des milliers de Belges descendent sur Bruxelles pour rendre un dernier hommage au défunt. Les façades des maisons sont couvertes de drapeaux. On voit réapparaître dans les rues de nombreux vendeurs de journaux. Les éditions spéciales se multiplient. Les télévisions sont sur les lieux. Le style des médias change – en particulier du côté francophone – : l'objectivité analytique soudain laisse la place à la participation émotionnelle... Semaine de « folie » sans lendemain, diront certains. Semaine d'exaltation nationale qui a révélé la Belgique à elle-même, disent d'autres. Semaine hors du temps où beaucoup se sont étonnés de leurs propres sentiments.

L'heure n'était ni à la critique ni à l'analyse, mais à la mémoire. Phénomène vivant, la mémoire se vit, s'éprouve, invite à la participation collective. « La mémoire installe le souvenir dans le sacré[1] », l'éternel présent, l'immobile. Sa vérité est purement symbolique et affective ; son enjeu, de l'ordre des représentations sociales. Pour cette raison, « la mémoire ne s'accommode que des détails qui la confortent[2] ». Elle se situe donc à l'opposé du regard critique et de la reconstruction du passé en tant qu'il n'est plus. L'histoire fait toujours mal à la mémoire.

Il s'agit pourtant, cinq ans après les événements, de quitter la mémoire pour faire de l'histoire. Tenter de comprendre ce qui s'est passé. Analyser l'image que l'on s'est faite du roi Baudouin au moment de sa mort et les caractéristiques de cette image. Approcher sa signification collective. Je ne chercherai pas ici qui était le roi Baudouin, mais bien ce qu'il a représenté au niveau collectif. En effet, il est assez remarquable que, malgré le flot d'écrits et d'images qui le concernent, on ne sache toujours pas vraiment qui il était. Comme si cela n'avait qu'une importance relative au regard de sa fonction symbolique. Car c'est bien elle – la représentation mentale et collective de la monarchie – qui a mis en mouvement la foule lors des funérailles. Encore faut-il expliquer ce que l'on entend par là. Rappelons que les représentations mentales et collectives sont une nécessité structurante de l'identité collective, c'est-à-dire de l'existence d'une collectivité comme telle. Elles sont le lieu d'un « être ensemble » qu'il faut

Dès son annonce, les journaux commentent abondamment le décès du Roi. Photo Van Parys Media (Bruxelles).

Quelqu'un a attaché, le dimanche 1ᵉʳ août 1993, un drapeau belge à la grille du Palais royal. Photo Hendrickx (Bruxelles). Bruxelles. Mémorial roi Baudouin.

sans cesse réactualiser. Toute représentation rend compte du réel en y investissant de l'idéal. Elle est donc en dialogue constant avec le réel, tout en gardant une certaine autonomie par rapport à lui. En effet, si les Belges – ou les médias – se sont fait du roi Baudouin une image porteuse de sens, ils n'ont pas complètement inventé un personnage imaginaire. L'image du Roi ne peut se défaire complètement de l'empreinte du personnage historique autour duquel elle s'est construite, de ses traits spécifiques et des événements majeurs de son existence. Autrement dit, on ne peut broder n'importe quoi sur le roi Baudouin, personnage réel, né en 1930 et mort en 1993. Tout processus de représentation mentale implique une certaine adéquation entre le personnage réel et les besoins de la société à un moment donné. Mais c'est dans la mise en récit, la sélection de certains faits plutôt que d'autres, l'enchaînement des événements et la mise en avant de certains personnages, que la signification collective se donne à voir.

Ainsi, les représentations collectives sont nécessaires en tant que structures de l'identité de toute collectivité. Mais, en même temps, elles emprisonnent ceux dont elles parlent. Car les représentations parlent bien plus de la collectivité qui en vit que de celui qui en est l'objet[3]. Il est caractéristique à cet égard de constater que la presse d'août 1993 parle bien plus de la foule que du Roi lui-même.

Pour comprendre ce qu'a représenté le roi Baudouin pour les Belges, je commencerai par évoquer la semaine de deuil national, son déroulement et la place des différents acteurs. Ensuite, je tenterai de dégager les caractéristiques de l'image du Roi et leur signification sociétaire. Enfin, j'en terminerai par quelques considérations sur la représentation de la monarchie en Belgique.

L'annonce de la mort du roi Baudouin, le dimanche 1er août, se propage rapidement dans tout le pays. L'événement inattendu plonge la population dans la stupeur. Une vague émotionnelle surprenante s'empare du pays. Elle ira crescendo jusqu'aux funérailles. Pendant une semaine, la Belgique bascule dans un univers inhabituel, quasi intemporel, de deuil national et de ferveur populaire. Depuis la mort du roi Albert Ier en 1934, il est vrai, les Belges n'ont plus vécu le décès d'un souverain régnant. En outre, le règne du roi Baudouin fut très long. Si bien que, pour bien des Belges, « le Roi », c'est Baudouin ; ce ne peut être que lui. Il fait partie de leur histoire personnelle ou du moins de leur imaginaire. En effet, depuis plus de quarante ans, son image circule, tantôt discrètement comme sur les timbres ou les pièces de monnaie, tantôt de façon éclatante comme lors de ses soixante ans ; ou encore d'année en année, au défilé du 21 juillet, à la télévision pour son traditionnel discours de Noël ; à moins qu'on ne l'ait rencontré en personne lors d'une visite à telle ville inondée, à telle école porteuse d'un projet social ou à telle usine en pleine reconversion, etc. Présence discrète donc, mais continue, qui fait du roi Baudouin un personnage particulier dans l'univers mental de chacun. Sa mort, dès lors, est un événement exceptionnel qui, d'une part, concerne chacun, et de l'autre, donne à voir un imaginaire sociétaire habituellement non exprimé. « Les médias se font rapidement l'écho de cet événement exceptionnel, relayant la ferveur et l'émotion (à moins qu'ils ne les aient activées) en construisant un récit médiatique de grande ampleur[4] » dont les caractéristiques générales sont l'émotion, la proximité et la participation.

Les funérailles des grands hommes ont une fonction de

Nuit et jour, le monde continue à affluer. Photo Van Parys Media (Bruxelles).

lien social. En effet, à travers le rituel de la cérémonie du deuil, l'émotion généralement privée devient publique, rassemble le groupe et renforce sa cohésion par l'émotion partagée. « La forme cérémonielle qui leur est conférée vise à souligner leur portée symbolique et à faire de leur déroulement l'occasion d'une expérience collective[5]. » Expérience collective qui nourrit l'identité du groupe : à travers le Roi mort, c'est la population belge qui se célèbre elle-même (nous y reviendrons). En outre, ces cérémonies créent un espace mythique dans lequel disparaissent les tensions politiques[6]. Ainsi, il est frappant de constater que les hommes politiques interrogés à propos de la mort du roi Baudouin n'expriment pratiquement que leur émotion personnelle ; comme les innombrables citoyens auxquels les médias ont donné la parole à travers les micro-trottoirs ou les courriers des lecteurs. Il ne reste que l'affirmation de la loyauté et de la confiance vis-à-vis de la société, de ses normes et des institutions qui les incarnent. Temps suspendu où les légitimités collectives se renouvellent par le biais d'une sorte d'unanimité affective exprimée publiquement, cadrée par le rituel établi, mais le débordant sans cesse. « Bien sûr, écrit M. Lits, les cérémonies funéraires du mois d'août furent organisées selon certains principes immuables[7], mais à chaque moment, le rituel fut dépassé par l'émotion. La soudaineté même de l'événement en empêcha l'organisation préalable. La mort du Roi fut vécue comme un choc, dans une immédiateté qui accentua l'émotion. L'hommage du peuple déborda toutes les barrières prévues : l'horaire des visites fut allongé, le service d'ordre débordé, le temps d'arrêt de la nuit sensiblement raccourci pour autoriser l'écoulement du flot des Belges attendant devant le Palais. Le salut de la Reine, au balcon du Palais, parut improvisé et exceptionnel. La messe des funérailles même, pourtant très ritualisée dans son cérémoniel religieux, fut transcendée par les témoignages inattendus et émouvants, des représentants de la société civile[8]. » Notons qu'en 1934, à la mort du roi Albert, on retrouve tous ces éléments, exception faite de l'immédiateté télévisuelle, du geste de la reine Fabiola et d'une telle messe, inimaginable avant Vatican II. Le rituel ne doit-il pas toujours être débordé par l'émotion pour renforcer la cohésion sociale[9] ? Ajoutons que, dans un système monarchique, la mort d'un souverain implique l'avènement de son successeur : « Le Roi est mort, vive le Roi ! » La mise en spectacle du deuil, quand elle suscite l'exaltation du Roi défunt et l'émotion collective qui y est liée, permet un transfert de popularité et de légitimité au nouveau souverain, en attendant qu'il se forge sa propre image de Roi des Belges. Ainsi la transition peut-elle se faire dans la continuité.

La semaine des funérailles témoigne donc d'un imaginaire collectif habituellement imperceptible. Pour aborder cette semaine, où le rôle des médias fut capital, je me réfèrerai à l'étude menée dès 1993 par l'Observatoire du récit médiatique de l'U.C.L.[10] De l'annonce de la mort du roi Baudouin, le 1er août, à l'avènement d'Albert II, le 10 août, le récit médiatique dans son ensemble se déroule en cinq temps. Même si la presse flamande reste tout au long de la semaine plus mesurée que la presse francophone.

– D'abord l'état de choc suscité par le caractère inattendu de l'événement. Stupeur et incrédulité sont au centre du récit. Les réactions des premières personnes interrogées sont essentiellement affectives : elles ont le sentiment d'avoir perdu un proche. Il y a aussi l'inquiétude face à l'avenir. On trouve, par contre, peu de détails sur les circonstances de cette mort. Ce qui prime, c'est la figure du Roi défunt comme catalyseur de l'émotion : sa biographie personnelle marquée par les malheurs, sa fonction publique et les grands événements de l'histoire de Belgique auxquels il est associé, le couple royal et l'interrogation sur son successeur. Ainsi les médias, en parlant du Roi absent, le rendent présent. Ce qui renforce le trouble, puisque nombre de Belges ne connaissent le Roi qu'à travers les médias. Le retour de la dépouille mortelle, l'atterrissage à Melsbroek, le trajet jusqu'à Laeken, la présence de la foule pour soutenir la famille royale clôturent cette première partie : le choc et l'incrédulité laissent la place au chagrin.

– Le lundi et le mardi marquent un temps d'attente. Il ne se passe rien. Les journaux et télévisions cherchent leur voie. Les retours en arrière occupent presque toute la place : rediffusion des fêtes 60 - 40, rappel des règles constitutionnelles, annonce et portrait du successeur, Albert II. C'est le temps du deuil privé pour la famille royale, et pour la population, le temps du souvenir.

– Le mercredi, le scénario funéraire reprend son cours visible, avec la translation du corps du Roi de Laeken à Bruxelles ; il permet la participation publique jusqu'au vendredi. Autour du Roi, on trouve trois groupes d'acteurs : la famille royale, dont la reine Fabiola est la figure centrale, la population et les corps constitués. Ces derniers n'occuperont jamais une place importante. En effet, l'accent est mis sur l'attachement personnel plutôt que sur la représentation officielle. Dès le mercredi, Fabiola devient un personnage central en lien avec une population qui la soutient. La fameuse phrase « Courage, Madame la Reine ! », lancée par un quidam, sera reprise dans toute la presse. Et l'apparition de la Reine au balcon du Palais royal, le jeudi soir, provoquera une émotion intense et renforcera ce lien particulier entre le peuple et elle.

La garde d'honneur des généraux aides de camp du Roi, dans le vestibule au bas de l'escalier d'honneur du Palais royal, avant le départ du cortège funèbre. Photo SFI (Bruxelles). Bruxelles. Archives du Palais royal.

Toutefois, les jeudi et vendredi, l'acteur principal, c'est le peuple. Un peuple individualisé : les journalistes, d'un côté, montrent l'extraordinaire importance de la foule (et les chiffres abondent), mais, de l'autre, ils saisissent des individualités : une famille liégeoise, de jeunes immigrés, une centenaire, etc. « Ce qui les rassemble tous, dans leur diversité ? Une même émotion, une dignité exemplaire », note M. Lits[11]. Ce qui les rassemble, c'est aussi la participation de chacun. Les micro-trottoirs se multiplient. Les journaux ouvrent leurs colonnes à un abondant courrier des lecteurs. La parole privée envahit l'espace public. Les médias, en offrant cet espace public aux individus, ont amplifié le mouvement de foule ; en relayant le désir de maints citoyens de se manifester, ils ont suscité la participation. L'analyse de ces témoignages montre que parler du Roi, c'est pratiquement toujours parler de soi.
– Le samedi, jour des funérailles, le côté officiel reprend le dessus. Le rôle principal est assumé par la « Reine blanche ». L'émotion est ici différente. Le caractère cérémoniel de cette journée fait de la population non plus un acteur, mais un spectateur. La participation de la population se fait d'ailleurs principalement par le biais de la télévision. En effet, celle-ci permet une communion émotive à la cérémonie plus grande que la présence physique. Les multiples gros plans montrent le chagrin de la famille royale, son union dans la douleur, l'exemple de courage et de piété de la reine Fabiola. Émotion et mise en spectacle se conjuguent, à travers une distribution prestigieuse – José Van Dam, Will Tura, Julos Beaucarne, ainsi que les chefs d'État étrangers comme la reine d'Angleterre, Vaclav Havel, François Mitterrand – et des témoignages surprenants de la société civile – à propos du sida et de la prostitution.
– Cette semaine, après deux jours plus calmes qui font la transition, se clôture avec l'avènement du roi Albert II. La

250 CHAPITRE XIV - LA NATION DIT ADIEU À SON ROI

figure du roi Baudouin s'estompe, et la reine Fabiola cède la place – au propre comme au figuré – au nouveau couple royal. Alors, progressivement, l'émotion populaire décroît pour retrouver son cours normal...

Tout au long du cortège funèbre, nombreux sont ceux qui ne peuvent dissimuler leur émotion. Photo Van Parys Media (Bruxelles).

De nombreux chefs d'État suivent le cortège funèbre. De gauche à droite : la reine Sylvia et le roi Carl XIV Gustav de Suède, l'impératrice et l'empereur du Japon, la reine Sophie et le roi Juan Carlos d'Espagne. Photo Philippe Schlesser (Luxembourg). Bruxelles. Archives du Palais royal.

Remarquons que cette façon particulière de traiter l'événement, si elle est générale du côté francophone, l'est moins du côté néerlandophone. En effet, on constate que, dans l'ensemble, la presse flamande est plus modérée, plus distante et plus volontiers critique. Il y a cependant des différences entre les différents journaux du nord du pays. Ainsi, par exemple, *Het Volk* et *Gazet van Antwerpen* sortent, comme leurs homologues du sud, une édition spéciale dès le dimanche 1er août ; *Het Laatste Nieuws* et *De Nieuwsblad* publient, surtout le 8 août, une édition avec de grandes photos en couleur, des titres chargés d'émotion et des reportages écrits au cœur de la foule. *De Standaard* et *De Morgen*, par contre, gardent nettement leurs distances : le lundi, la mort du Roi occupe une place certes importante, mais non exclusive[14]. Tout au long de la semaine, l'événement est traité parmi les autres informations nationales et internationales. Seuls les jours où un fait nouveau apparaît – soit le samedi, jour des funérailles, et le lundi, jour de l'avènement d'Albert II – laissent la place à une couverture qui relègue les autres informations loin derrière. En outre, l'écriture de ces deux journaux tranche par rapport au reste de la presse : *De Morgen* adopte un ton nettement critique, voire sarcastique, et dénonce comme un « affolement » les pratiques journalistiques trop émo-

LA NATION DIT ADIEU À SON ROI - CHAPITRE XIV

La famille royale dans le cortège funèbre. Photo Philippe Schlesser (Luxembourg). Bruxelles. Archives du Palais royal.

Les élèves des écoles de sous-officiers déposent les nombreux bouquets sur les marches de la cathédrale Saint-Michel. Photo SFI (Bruxelles). Bruxelles. Archives du Palais royal.

tionnelles. Quant au *Standaard*, son respect pour la figure royale ne va pas jusqu'à l'émotion[16]. On y trouve peu d'articles rédigés dans la foule, peu de témoignages populaires et guère de courrier des lecteurs ; les journalistes se gardent bien de s'impliquer dans ce qu'ils décrivent, tentent un début d'analyse politique sans céder à l'émotion, sauf le jour des funérailles. Bref, conclut M. Lits, « le déferlement d'émotion que semble avoir connu la population, si l'on en croit les quotidiens francophones, apparaît bien plus contrôlé en Flandre[17] ».

En gardant à l'esprit ces importantes différences dans la façon d'alimenter ou non l'imaginaire collectif et la représentation sociale de la monarchie, on peut tout de même dégager quelques grandes lignes. Tout au long de cette semaine, si la place des différents acteurs change au gré des événements, la figure du roi Baudouin est partout présente. On voit apparaître avec force des thèmes et des qualificatifs récurrents dans les journaux et les témoignages des gens. Or ces thèmes sont les structures signifiantes de l'image du Roi et de la monarchie en Belgique. Structures, nourries le plus souvent de clichés et de stéréotypes, elles fonctionnent sans même que l'on sache qui est vraiment le roi Baudouin, mais témoignent de ce qu'il représente pour les Belges. Les grands thèmes qui sous-tendent la représentation mentale et collective de la monarchie en Belgique, sont : 1° le Roi, un homme hors du commun parce que Roi ; 2° la proximité ou la communion au travers des joies festives et des souffrances du pays ; 3° les valeurs familiales ; 4° la foi en l'avenir, essentiellement au travers de ses discours de Noël ou du 21 juillet – qui seront traités en détails dans le chapitre suivant. Il faut remarquer que cette thématique est apparue et s'est structurée sous le règne du roi Albert Ier. Toutefois, si les thèmes ne sont pas nouveaux, ils ont évolué et se sont adaptés à la personne du roi Baudouin.

Le Roi est d'emblée un homme hors du commun parce que Roi. Autrement dit, c'est sa fonction qui fait de lui un personnage extraordinaire. En outre, son décès est perçu et présenté comme celui d'un parent proche. En effet, tout au long de cette semaine, l'image qui revient le plus souvent est celle du Père ou du Frère. Verticalité et proximité : les témoins interrogés évoquent, en même temps que ces images, leur rencontre personnelle avec le Roi comme un privilège extraordinaire – fût-ce une poignée de main dans la foule du 21 juillet ! Citons, par exemple, ces extraits du courrier des lecteurs de *La Libre Belgique* : « Notre bon peuple est orphelin, nous sommes tristes et émus… Nous avons perdu "comme un Père" » ou « Plus qu'un Roi, c'est un père et un guide spirituel qui nous quitte. »

Même ton, le 2 août, dans les gros titres des journaux : « Les Belges sont tous orphelins », lit-on dans *La Libre Belgique*, « La mort d'un proche », annonce *Vers l'Avenir*, « Le roi qu'on aimait », affirme *La Province*. Cette image à la fois paternelle et proche est exemplaire et unificatrice. Le roi Baudouin apparaît comme un père plein de sagesse, un modèle de citoyenneté, un exemple pour tous ses sujets. Exemple de bonté, de simplicité, d'ouverture aux autres, etc. Son autorité est de se mettre au service du pays, de tous et de chacun, ce qui fait de lui un homme hors du commun, admirable et aimé. C'est aussi sa légitimité. Par là, le Roi devient le symbole de l'unité nationale, thème largement répété dans les médias et les témoignages, comme celui qu'on peut lire dans *Le Soir* : « Les Belges, républicains ?… Allons donc ! Face à l'immense flot de regrets, de reconnaissance qui émane du cœur de chacun, les happartistes et autres schismatiques n'ont qu'à bien se tenir. » L'importance des mots « nous », « chacun » et « tous » témoignent du lien qui existe entre le symbole royal et l'identité collective. De même, l'insistance des médias sur la présence de différents groupes à la fois bien typés et suffisamment diversifiés pour représenter l'ensemble du pays. En effet, la fonction symbolique du Roi n'a de réalité mentale et d'effet structurant que dans la mesure où elle s'adresse à tous de façon positive[19]. C'est pourquoi les images du Roi saint, guide spirituel (celui-là passe encore), du bon pasteur ou de l'apôtre, après avoir été fortement mises en évidence dans la presse catholique surtout, vont s'estomper. Sans doute est-il tentant de s'approprier l'image du Roi, mais les catholiques semblent avoir compris que faire du souverain un Roi catholique, c'est courir le risque de détruire la fonction elle-même dans sa force symbolique et unificatrice.

Ceci dit, pour que le symbole fonctionne, il faut non seulement qu'il s'adresse à tous, mais encore que chacun puisse y investir son propre imaginaire, se sentir proche, s'identifier. D'où l'importance de tous les petits « défauts » du Roi, comme sa timidité ou sa tendresse un peu gauche, qui le rendent humain et attachant. Ainsi, par exemple, ce témoignage, publié par *Le Soir*, où les discordances font partie de l'éloge : « Il prônait la tolérance, mais fut incapable de se l'imposer à lui-même quand le Parlement vota une loi sur l'avortement qui heurtait ses propres convictions religieuses… et son mal d'héritier ! Il était toujours digne, mais parfois avec la raideur des timides, ce qui le rendait plus attachant. » Notons que ces traits banals sont présentés comme extraordinaires, alors que sa bonté ou sa sagesse apparaissent comme « si naturelles » chez lui. Ainsi, les caractéristiques humaines ordinaires du Roi ont finalement pour fonction de révéler et de renforcer sa nature extraordinaire. Par là, il est permis à la société de participer à cette essence royale idéale et d'y trouver une identité collective.

Dans le même sens, si le roi Baudouin est présenté comme un personnage hors du commun par ses qualités personnelles, il ne peut que se mouvoir dans un univers à sa mesure, c'est-à-dire extraordinaire. Or, on constate que les images – pas seulement lors des funérailles, d'ailleurs – alimentent cette association mentale. À la télévision et dans la presse, dans les albums de luxe et les calendriers populaires, le Roi apparaît au sein d'un univers de châteaux, dans des décors exotiques comme le Congo, traversant des foules en fête ou au milieu d'inondations, etc. Bref, son univers naturel est un univers en rupture avec le quotidien de chacun. Lorsque la figure royale apparaît dans un décor banal, cela paraît contre nature. Ainsi les notions commun / hors du commun sont-elles inversées : la présence du Roi dans l'ordinaire est extraordinaire !

La proximité est une caractéristique fondamentale de la représentation de la monarchie en Belgique. Le roi Albert Ier était présenté comme un Roi proche, le roi Baudouin l'est aussi. Cette proximité est communion dans la

Le cardinal Godfried Danneels, archevêque de Malines-Bruxelles, célèbre la liturgie des funérailles.
Photo Van Parys Media (Bruxelles).

joie et la souffrance : tout ce qui concerne la Belgique concerne le Roi ; comme s'ils n'avaient qu'un seul cœur, comme s'ils étaient l'un et l'autre synonymes... Innombrables sont les témoignages de la proximité du Roi, de son ouverture aux autres, de son profond intérêt pour la vie personnelle de ceux qu'il rencontre. Citons les paroles de Gérard Deprez, sur la RTBF : « Ma mère a été hospitalisée au moment où il était à Saint-Luc pour son opération. Il m'a fait parvenir le message qu'il priait pour qu'elle se rétablisse. (...) Et depuis lors, chaque fois que je le voyais, il me demandait des nouvelles. Donc, c'est un homme qui, malgré les responsabilités, s'intéresse toujours à vous sur le plan personnel », ou celles d'un monsieur-tout-le-monde, sur RTL-TVI : « J'ai eu la chance d'habiter La Hulpe et d'aller porter le pain au château, chez son père, à Argenteuil. Et je l'ai rencontré quelques fois là. Et quand ils se sont mariés aussi. Mais j'ai beaucoup d'amis, comme ici [il montre des coupures de presse], qui ont pu le voir. Des gens très simples et très pauvres. Et il a vraiment été fabuleux avec tout le monde[20]. » Dans l'ensemble, cette proximité est spécialement destinée aux petits, aux handicapés, aux exclus – sidéens, prostituées, immigrés –, aux gens qui souffrent parce qu'ils ont tout perdu dans une inondation ou lors du drame du Heysel, en 1985. Par son attention particulière, le Roi élève les malheureux, les console, leur rend courage et dignité, fait d'eux des citoyens égaux. Cette proximité dans la souffrance est communion. Celle-ci est d'autant plus crédible qu'il a lui-même « beaucoup souffert ». Il y a la mort tragique de sa mère, la reine Astrid, l'exil, la Question royale, l'absence d'enfant... L'insistance des récits biographiques sur cette vie d'épreuves et de souffrances n'est donc pas sans effet : elle prouve la sincérité de la compassion royale, en même temps qu'elle provoque chez les lecteurs un mouvement de compassion vers le Roi. Ainsi, le Roi communie aux souffrances de son peuple, qui lui-même communie aux souffrances de son Roi.

Mais la proximité, c'est également la joie partagée, l'univers de la fête. Ce n'est pas un hasard si les télévisions ont rediffusé à sa mort les grands moments festifs du règne, tels les vingt-cinq ans de règne, en 1976, ou les soixante ans du Roi, ses trente ans de mariage et ses quarante ans de règne, en 1990 et 1991. À cela, on peut ajouter les « joyeuses entrées », les nombreuses visites à travers le pays ou la présence du Roi aux grandes manifestations nationales comme, par exemple, le Mundial de 1986, etc. Ainsi, la présence publique du Roi introduit-elle à la fête. Or la fête, c'est le temps du sacré, le temps réversible, la restauration du Temps primordial[21], c'est-à-dire une rupture avec l'ordre naturel quotidien par laquelle on accède au surnaturel et à la vérité. La fête a valeur d'initiation. Elle change le statut des choses et leur donne du sens. Son enjeu est ici l'existence collective affirmée, vécue sur le plan imaginaire, élevée au rang de sacré ; bien plus qu'une fête collective, il s'agit d'une fête de la collectivité. La façon dont les médias traitent ce type d'événements est, d'ailleurs, assez particulière : d'abord, le Roi y est présenté comme « notre » Roi, il est au centre de la fête. Ensuite, une place importante est toujours réservée à la présentation des différents groupes participant à la fête et qui symbolisent l'ensemble de la société et son « unanimité » – présence des jeunes, de parents avec leurs enfants, de stars nationales, comme Annie Cordy ou Adamo, etc. Enfin, le ton dominant est celui de l'enthousiasme et de la joie qui signent la réussite de la fête. Ainsi, la fête autour du Roi, comme celle qu'il rehausse de sa présence, permet à la société de se célébrer elle-même.

L'image de la famille royale est le dernier élément fondamental de la représentation mentale et collective de la monarchie. En Belgique, depuis Albert Ier, la famille royale symbolise publiquement le bonheur privé. Elle doit être, aux yeux de l'opinion publique, un exemple de valeurs morales et familiales. L'image du roi Baudouin, d'ailleurs, est indissociablement liée, dans l'imaginaire belge, à celle du couple Baudouin - Fabiola, tendrement et presque timidement enlacé. La caricature de Royer, publiée dans Le Soir du 7 août 1993 en est un magnifique témoin. Magie rose d'une tendresse discrètement mais constamment affichée – jusque dans les téléfilms présentant la fonction royale ! Tout le monde connaît cette façon qu'avait le Roi de prendre son épouse par la taille ou de la regarder « comme au premier jour », et beaucoup de Belges ont encore dans l'oreille l'inévitable « La Reine et moi... » par lequel il commençait, chaque année, ses discours télévisés de Noël. Ensemble, ils représentent l'Amour. L'éternel amour que le temps n'use pas, l'amour fidèle et toujours neuf, certes un peu « ringard », mais sincère et vrai. D'ailleurs, le sourire du roi Baudouin, c'est Fabiola. Adieu tristesse ! Avec son mariage, son image change. Son visage s'est éclairé et sa timidité un peu gauche s'est teintée de tendresse. Ainsi, la vérité de l'Amour, c'est le Couple et la Fidélité. Et la consécration du couple, c'est normalement la fécondité et les enfants. Or le couple royal, sans avoir d'enfants, a réussi à porter publiquement et très particulièrement cette valeur-là. En effet, lorsqu'ils annoncent au pays qu'ils ne pourront avoir d'enfants, ils invitent tous les Belges à s'associer à leur douleur et à faire avec eux le deuil de la concrétisation de leur désir. Réaffirmant par là la valeur des enfants, symboles d'innocence et de pureté, d'accomplissement et d'avenir[22]. Renforçant aussi l'image

LA NATION DIT ADIEU À SON ROI - CHAPITRE XIV

d'un roi-père et d'une reine-mère de leurs sujets, tout entiers disponibles à la vie de leurs concitoyens, comme des parents pour leurs enfants. Désormais, ils seront réellement, activement et publiquement, les champions de l'enfance. Au sein des foules, leurs premiers gestes iront le plus souvent aux petits enfants. Lors des grandes fêtes anniversaires, une place particulière sera toujours réservée à ces derniers. Dans les discours royaux, les enfants et la jeunesse seront des thèmes récurrents. Ainsi, tout au long du règne, leur sincérité et leur engagement vis-à-vis de l'enfance rappellent, au travers de leur deuil assumé, les valeurs familiales. On constate un double mouvement : d'une part, le Roi et la Reine représentent volontairement les valeurs privées de leur peuple, et d'autre part, l'affirmation publique de ces valeurs leur donne une consécration solennelle. La popularité du roi Baudouin, c'est aussi la popularité de cette image d'amour et de désir – non réalisé – d'enfants.

Les funérailles et la réaction d'émotion collective ont montré combien l'image de la monarchie en Belgique est encore porteuse d'imaginaire collectif. Cet imaginaire s'articule, comme sous le règne du roi Albert Ier, autour de trois axes : un Roi extraordinaire et proche qui communie aux joies et aux peines de son peuple, un Roi affirmant sa foi en l'avenir du pays, une famille royale érigée en exemple public des valeurs morales et familiales. On a vu comment cet imaginaire investit le réel, mais aussi comment il peut s'adapter aux circonstances et se nourrir des caractéristiques personnelles du souverain. Je n'ai pas analysé l'image du jeune Roi triste et n'ai guère évoqué l'évolution de l'image de Baudouin tout au long de ses quarante-deux ans de règne. Ce travail de longue haleine reste à faire. Dans le cadre restreint de cette contribution, j'ai choisi d'aborder le sujet par le biais de l'image que le roi Baudouin a laissée à la Belgique au moment de sa mort. Certes, l'exaltation collective d'août 1993 a, pour une part au moins, correspondu aux inquiétudes de nombreux Belges quant à l'avenir du pays. Mais elle a aussi été l'écho d'un imaginaire collectif assez profondément enraciné. En effet, depuis Léopold Ier, quelles que soient les crises traversées par les souverains belges – comme, par exemple, l'impopularité de Léopold II, la Question royale, ou la journée « d'impossibilité de régner » du roi Baudouin –, jamais la monarchie en tant qu'institution n'a été très sérieusement mise en cause.

Aujourd'hui, l'émotion des funérailles est retombée. Six mois plus tard, le 28 décembre 1993, *La Libre Belgique* publie un sondage pour savoir ce qui a le plus marqué les Belges durant l'année écoulée. Les résultats sont, en première position, pour 64 % d'entre eux, l'inquiétude quant à l'emploi ; et en deuxième position, pour 55 %, la mort du roi Baudouin. Cela ne signifie pas que, cinq ans plus tard, cet événement ne puisse pas prendre la première place. En effet, il faut un certain recul pour que la mémoire durable opère les sélections. On peut au moins émettre l'hypothèse qu'un phénomène comme l'inquiétude face à l'emploi, qui n'est pas plus caractéristique de 1993 que des années qui précèdent ou qui suivent, prenne une autre place dans la mémoire des Belges. Quoi qu'il en soit, il n'y a pas eu de déferlement de monuments au roi Baudouin, comme ce fut le cas en 1934 pour son grand-père. Mais là encore, des réserves s'imposent à l'interprétation : notre époque a quelque peu perdu le goût de ce type d'hommage. Par contre, depuis 1993, on a vu paraître en librairie des dizaines de livres à son sujet. La très grande majorité d'entre eux sont sans contenu, et beaucoup ne sont que de luxueux livres d'images. Pourtant, ils se vendent : signe que la personne du roi Baudouin continue à intéresser un public. Mais il faudrait pousser l'analyse plus loin. Pour s'interroger sur la place du cinquième Roi des Belges dans les mémoires, il faudra certes répertorier et analyser les monuments et noms de rue qui lui sont dédiés, mais aussi l'évolution de l'historiographie et la signification de cette évolution, ainsi que les commémorations des 5e puis 10e anniversaires de sa mort, etc. Ce sont là des champs ouverts à la recherche. L'histoire de la mémoire en Belgique et la place des Rois dans cette mémoire, reste à écrire. L'enjeu pourtant est de taille : les peuples sans mémoire n'ont pas d'avenir.

Un blindé léger transporte, après le service religieux, la dépouille mortelle du Roi à l'église de Laeken, où il sera inhumé dans la Crypte royale aux côtés de ses prédécesseurs.
Photo Hendrickx (Bruxelles).
Bruxelles. Mémorial roi Baudouin.

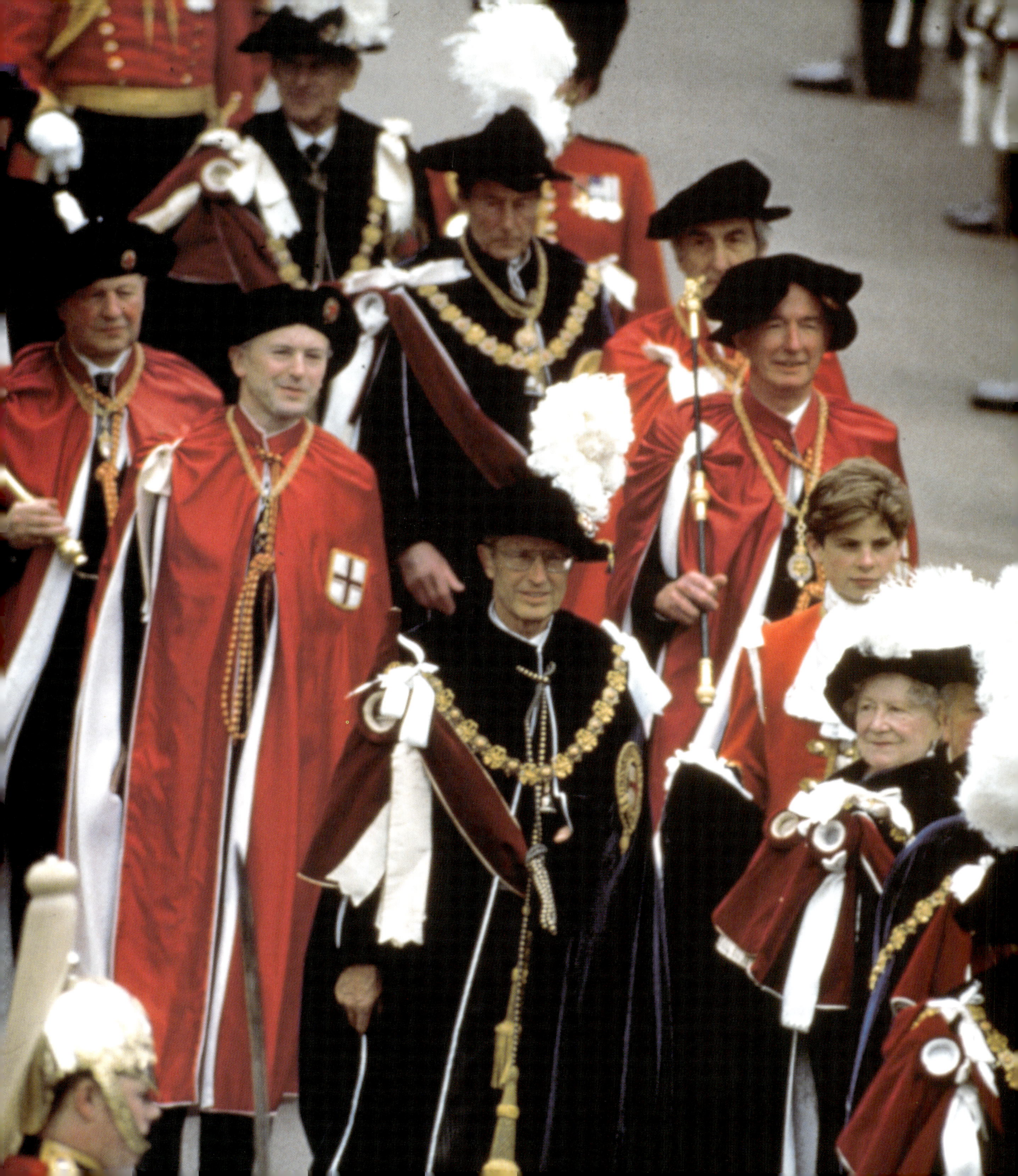

CHAPITRE XV

Images d'un roi

HELENA BUCKINX

L'image que donne le roi Baudouin peut s'envisager sous deux angles différents. D'une part, quelle image la population a-t-elle de Baudouin et, d'autre part, quelle est celle que le souverain souhaite donner de lui à la population ? Dans quelle mesure se préoccupe-t-il de son image, que l'on a pu ultérieurement qualifier de charismatique ?
La manière dont le Roi est compris par la population est en grande partie liée aux nombreuses visites qu'il a effectuées dans notre pays pendant son règne. Une étude nous apprend que six Belges sur dix en moyenne ont eu, un jour dans leur vie, un contact direct avec le Roi. Nombreux sont ceux qui considèrent que les innombrables visites du souverain constituent une explication de sa popularité. Même auprès d'éminentes personnalités, le Roi laisse souvent une forte impression. Sa solide mémoire lui permet de reconnaître, de nombreuses années plus tard, des personnes qu'il n'a rencontrées qu'une seule fois.
L'impression que laisse le Roi évolue du « roi triste » au roi jovial. Ceux qui l'ont mieux connu n'aiment pas cette première expression. André Molitor, son chef de cabinet de 1961 à 1977, déclare qu'il n'a jamais connu le Roi comme étant un « roi triste ». S'il était un roi triste au début de son règne, André Molitor estime que c'était uniquement dû aux circonstances dans lesquelles Baudouin a accédé au trône. Pour Louis De Lentdecker non plus, journaliste qui a accompagné le Roi à maintes reprises dans ses voyages à l'étranger, Baudouin n'a pas été un « roi triste ». Il définit plutôt son attitude comme une sorte de réserve. Mais elle a disparu peu à peu. De Lentdecker évoque à cet égard le fait qu'au Palais, l'entourage du Roi comprenait de fortes personnalités. Son chef de cabinet, par exemple. « Molitor a fait de Baudouin un homme. Un homme sûr de lui. Il a réussi à faire disparaître un peu de cette timidité et de cette réserve. » Jehanne Roccas, qui a appris à connaître le Roi lorsqu'en 1990 elle fut désignée comme responsable du service de presse, déclare que Baudouin forçait le respect. « Il assumait sa haute fonction qui le situait au-dessus de tous et de tout, mais lorsque vous l'approchiez, il semblait en être presque gêné. Il portait en lui la force de l'humilité. Pour le Roi, c'était le rapport humain qui importait avant tout. Il accordait la même attention, la même écoute généreuse à chacun. L'expression qui le qualifie peut-être le mieux est celle qui le décrit comme un "timide intimidant". Il avait, de plus, un très grand sens de l'humour. »

LES DISCOURS DU ROI BAUDOUIN

Le Roi a des contacts avec la population par le biais de ses discours, à la fois directement parce qu'ils sont effectivement adressés à la population, mais aussi indirectement parce que celle-ci en prend connaissance par l'intermédiaire des médias. L'arrivée de la télévision permet un contact plus direct encore et le Roi n'hésite pas à en faire usage. Une étude antérieure a déjà fait apparaître que ses discours ont subi d'importants changements de contenu et de style. Peu à peu, le Roi s'exprime en termes moins généraux et utilise une forme plus directe. Si, au début, il condamnait déjà les guerres, vers la fin il en citait nommément les belligérants. Le Roi devient plus personnel. Songeons seulement à l'allocution qu'il adresse aux enfants à Laeken le 19 mai 1979 :

Le Roi, accompagné de la Reine-Mère d'Angleterre, après son installation comme chevalier de l'Ordre de la Jarretière.
Windsor, le 18 juin 1991.
Photo Van Parys Media (Bruxelles).

Le Roi lors de son allocution du 20 juillet 1988. Photo Van Parys Media (Bruxelles).

« D'abord nous voulons vous dire que nous vous aimons beaucoup. Vous savez que nous n'avons pas d'enfants. Longtemps nous nous sommes interrogés sur le sens de cette souffrance. Peu à peu, nous avons compris qu'en n'ayant pas d'enfants à nous, notre cœur était plus libre pour aimer tous les enfants, absolument tous. »

Ou encore à son message de Noël 1991, dans lequel il évoque l'opération qu'il a subie peu de temps auparavant et où il dit :

« Je ne voudrais pas conclure sans remercier du fond du cœur les nombreuses personnes qui m'ont envoyé leurs vœux après mon opération et vous dire ce que j'ai mieux compris grâce à l'épreuve qui fut pour moi une expérience de vie très positive. Chacun perçoit à un moment de son existence son extrême fragilité en même temps que la grandeur de sa condition humaine. Cela nous place dans la vérité. Nous distinguons mieux alors ce qui est essentiel et ce qui est passager dans notre vie. Notre fragilité nous permet aussi de réaliser combien nous sommes fondamentalement semblables et devrions être traités avec le même respect. Cela renforce ma volonté d'œuvrer contre toutes les exclusions et les discriminations. »

Pareilles réflexions semblent impensables une décennie plus tôt.
Tout le monde sait que les thèmes sociaux lui tiennent fort à cœur.

« La famille ne doit pas être une cellule repliée sur elle-même. Elle est à mon sens tout autre chose. Elle est un foyer de compréhension et d'écoute, de soutien mutuel et de solidarité, d'ouverture et de tendresse. » (Noël 1985)

Mais des thèmes moins généraux concernant notre société sont également abordés. C'est ainsi que le racisme est à plusieurs reprises sévèrement condamné par le Roi :

*Le Roi et le pape Jean-Paul II dans l'Orangerie du château de Laeken. 1985.
Photo Van Parys Media (Bruxelles).*

« *Dans plusieurs pays, dont le nôtre, le racisme refait surface de manière inquiétante. Il n'y a pas de compromis possible avec une telle attitude qui nie des valeurs humaines et démocratiques fondamentales. Il faut la combattre et en même temps nous attaquer à des situations qui favorisent l'extrémisme comme l'insécurité dans les grandes villes.* » (Noël 1991)

Les problèmes sociaux sont placés par le Roi dans leur contexte propre :

« *La crise économique mondiale, qui dure aujourd'hui depuis onze ans déjà, a entraîné des changements profonds. Les conséquences les plus pénibles en sont l'augmentation considérable du chômage dans les pays industrialisés et une plus grande misère encore dans les pays en voie de développement.* » (Discours aux Autorités du pays 1984)

À l'étranger aussi, le Roi tient des discours engagés, tel celui qu'il a prononcé lors du dîner de gala à Moscou, le 23 juin 1975 :

« *L'existence d'idéologies variées à l'intérieur d'un pays comme dans diverses nations peut avoir un effet de saine émulation. Mais pour nous, le succès d'une conception de vie ne peut se mesurer à son extension géographique, si elle n'est pas l'expression de la libre volonté des populations concernées.* »

Le Roi semble vouloir s'exprimer de plus en plus librement sur différents thèmes. Cette évolution, d'après son ancien chef de cabinet Jean-Marie Piret, serait due au fait qu'à mesure que le Roi avance en âge et devient plus âgé que ses ministres, sa personnalité marque de plus en plus ses discours et allocutions. D'après Piret, cette évolution n'émane pas seulement de ses discours mais de l'attitude du Roi en général. « Avec l'âge, il a acquis plus de force dans ses relations avec le monde extérieur. Le Roi est toutefois resté un homme équilibré et il savait qu'il devait parler en tant que chef de l'État et non pas en tant que Baudouin. » Le caractère plus personnel des discours leur confère une dimension supplémentaire.

De Lentdecker explique aussi l'évolution des discours du Roi par le fait qu'à partir des années quatre-vingt, ce dernier acquiert plus d'assurance. « Baudouin savait qu'il était un personnage charismatique. Il savait qu'il était devenu inattaquable. On le sentait dans toute sa manière d'agir, dans certains de ses discours. On le sentait aussi lorsqu'on s'entretenait avec lui. »

À noter également que ses discours deviennent plus longs et plus fréquents. Si l'on ne tient compte que de ceux qu'il adresse aux autorités du pays, des allocutions du 21 juillet et des messages de Noël, nous constatons qu'au cours de la dernière décennie de son règne, le Roi s'est adressé à la population autant de fois que pendant les trente premières années de son règne.

Les discours « traditionnels » du 21 juillet constituent une innovation instaurée par le roi Baudouin et ne sont donc pas aussi traditionnels qu'on pourrait le penser. À partir de 1983, en plus du message télévisé de Noël, il profite de notre fête nationale pour s'adresser une deuxième fois directement à la population belge. L'instauration du discours du 21 juillet est une initiative du Palais. Il s'agit donc d'un choix délibéré du Roi de s'adresser à la population. Il faut sans doute le voir dans le cadre de la fédéralisation croissante vers laquelle semblait évoluer notre pays, même si le Premier ministre de l'époque, Wilfried Martens, pense à ce moment-là que la réforme de l'État est une affaire – provisoirement – close qui ne figurera plus au calendrier politique pendant un certain temps. Jean-Marie Piret, alors chef de cabinet du Roi, ne se rappelle pas qu'il ait fallu beaucoup de démarches pour instaurer l'habitude de prononcer un discours à l'occasion du 21 juillet. L'initiative n'a pas fait l'objet de longues concertations ni discussions : il a été décidé que le Roi s'adresserait désormais à la population le 21 juillet aussi, et il en fut ainsi.

Il convient toutefois de situer cette innovation dans le cadre politique du début des années quatre-vingt. Des réformes poussées du régime ne figurent peut-être pas au calendrier politiques, mais le climat est indéniablement marqué par les querelles linguistiques. Claude De Valkeneer, alors responsable du service de presse du Palais depuis trente ans déjà, se rappelle que cette initiative fut prise de pair avec l'idée d'organiser au Parc de Bruxelles, après le défilé militaire annuel du 21 juillet, des attractions et des activités pour les enfants, se terminant chaque fois par un grandiose feu d'artifice. « Il était nécessaire de resserrer les liens avec le pays, précise-t-il. On essayait, dans certains milieux, de créer un nouveau patriotisme unitaire. »

De Lentdecker, lui aussi, considère l'instauration des discours du 21 juillet comme un choix clairement lié au fait que « Baudouin sentait que l'unité de la Belgique était sérieusement menacée ». On peut donc dire que le Roi s'est ici montré particulièrement préoccupé du rôle et de la signification de la monarchie pour la population, et qu'il a consciemment entrepris des démarches pour ne pas voir ceux-ci évincés par des questions communautaires. Dans ce cadre, nous pouvons aussi évoquer le fameux discours du 21 juillet 1988 où, pour la première fois, le Roi s'est prononcé de manière franchement positive à propos du fédéralisme, mais avec le maintien de la Belgique comme État.

> « Pour cela, la réforme de l'État doit assurer la cohésion et la coopération entre les différentes entités devenues plus autonomes, et entre celles-ci et le pouvoir central. Il s'agit donc d'un fédéralisme qui doit favoriser l'union, maintenir une solidarité entre les diverses composantes et rejeter toute forme de séparatisme explicite ou larvée. (...) La grande majorité des Belges souhaite que la personnalité propre des Régions et des Communautés soit reconnue et puisse s'épanouir. Mais elle veut aussi vivre unie dans notre pays, ouverte sur l'Europe et le monde, et elle désire que ces volontés ne s'opposent jamais mais se complètent l'une l'autre. Elle sait que fédérer signifie unir. »

Le Roi fait état de la « grande majorité des Belges ». Mais dans quelle mesure cette image correspond-elle à la réalité ? En avril 1993, quelque quarante à cinquante mille Belges participent à une manifestation, à peine annoncée, en faveur du maintien de la Belgique, avec la demande expresse adressée aux hommes politiques de ne pas envisager une fédéralisation plus poussée. Divers sondages effectués au début des années nonante indiquent que le Roi est très populaire et qu'une immense majorité de la population, la majorité silencieuse, reste en faveur du maintien de la Belgique. On veut néanmoins parfois créer l'image d'un pays où l'on ne se sent belge qu'à l'occasion de championnats internationaux de football et de festivals de l'Eurovision. Mais c'est une image faussée.

À l'occasion de ce discours du 21 juillet 1988, Baudouin crée l'image d'un roi qui, pour de nombreuses personnes, est la figure de proue de l'unité dans un pays extrêmement divisé peut-être, mais qui n'accepte finalement le fédéralisme que pour sauvegarder l'unité. Mais dans quelle mesure le Roi a-t-il vraiment accepté le fédéralisme ? De Valkeneer exprime ses doutes à ce propos ; il estime que si le Roi a, soi-disant, accepté le fédéralisme, ce n'était que du bout des lèvres. Pour Louis De Lentdecker, cela ne fait

Les troupes défilent devant le Roi à l'occasion de la Fête Nationale.
21 juillet 1993.

Le Roi passe en revue le détachement de l'École Royale Militaire. Photo Ministère de la Défense nationale. Bruxelles. Mémorial roi Baudouin.

aucun doute. « C'était un pis-aller, une solution de second ordre pour éviter le pire. » D'après lui, le Roi n'était certainement pas un fédéraliste et il n'a fait qu'assumer son rôle. Ce que nous confirment tant De Valkeneer que Piret lorsqu'ils témoignent que le Roi a psychiquement et physiquement souffert des tensions communautaires qui ont fréquemment surgi au sein d'un certain nombre de gouvernements au cours des années quatre-vingt. Quoi qu'il en soit, ce discours du 21 juillet a été important pour convaincre les unitaristes hésitants.

Le Roi s'adresse donc régulièrement à la population à l'occasion du 21 juillet et de la fête de Noël[1]. À l'instar du professeur Stengers, nous posons la question : « Dans quelle mesure les discours sont-ils vraiment écoutés et non pas seulement entendus ? » Stengers estime que les discours ne sont pas vraiment écoutés. Le Roi peut en appeler à un sens civique fédéral, qu'en adviendra-t-il le lendemain ? Et si nous posons la même question à des journalistes, leur réponse va dans le même sens, même si certains nuancent cette hypothèse[3]. Il est évident que les discours ne sont pas suivis à la lettre par le grand public, qui les trouve parfois trop moralisateurs. Jean-Paul Duchâteau, rédacteur en chef de *La Libre Belgique*, souligne cependant que les discours ont tout de même une certaine influence : ils mettent le doigt sur des problèmes sociaux qui entreront plus tard dans l'actualité.

Le Roi a exercé une influence incontestable sur la manière d'aborder un certain nombre de problèmes sociaux. Les exemples les plus frappants à cet égard sont le soutien qu'il apporte à Paula D'Hondt, commissaire royal à l'immigration, et à Chris De Stoop dans son enquête sur la traite des femmes.

Dans quelle mesure le Roi est-il lui-même préoccupé de l'impact de ses discours ? D'après l'ancien Premier ministre Wilfried Martens, il arrivait que le Roi se posât la question de savoir comment ils étaient perçus. Il lui aurait en outre confié avoir le sentiment que sa fonction ne lui permettait pas un engagement suffisant.

Le roi se demandait ainsi si ses discours avaient suffisamment d'impact sur la population, puisque lui-même ne pouvait agir comme homme politique. Manu Ruys, ancien rédacteur en chef du quotidien De Standaard, écrit dans son livre, Bas les masques. Apparences et réalité du pouvoir en Belgique, à quel point Baudouin lui donnait la même impression d'être préoccupé de la limitation de son rôle. « Je l'ai entendu plusieurs fois, lors de longues promenades dans le jardin du palais de Bruxelles ou du château de Laeken, émettre des critiques acerbes à l'encontre de ministres qu'il n'hésitait pas à moment. Parfois, il s'arrêtait soudain pour se plaindre, d'un ton appuyé et méprisant, de tel ou tel comportement dévoyé. Chaque fois, cette même question, où le découragement pointait, achevait sa tirade: "Mais que puis-je y faire? Dites-le moi." Baudouin était conscient des limites et de la fragilité du pouvoir royal. Il était frustré d'avoir si peu d'emprise sur les événements politiques, malgré sa grande connaissance des dossiers, la longue expérience, son engagement personnel et sa popularité. Il en souffrait. » Le seul moyen était donc ses discours et allocutions par lesquels il s'adressait à la population et plus particulièrement aux dirigeants.

Tandis que, d'une part, il se préoccupe de l'impact de ses discours sur la population, il semble d'autre part beaucoup moins soucieux de celui qu'ils ont sur la presse. « Après chacun de ses discours, le Roi prenait toujours connaissance des articles publiés dans la presse. Mais il relativisait souvent les commentaires. Il avait l'impression d'accomplir son devoir et ce que l'on écrivait par la suite à ce propos ne le préoccupait pas », déclare Piret.

L'évolution de ses discours ne s'accompagnera pas d'une nouvelle manière de les relater dans la presse. S'ils ne constituent pas une information pour tous les quotidiens, les principaux thèmes évoqués sont toutefois repris par tous les journaux. Tant De Standaard que La Libre Belgique ont l'habitude de publier intégralement les discours. De Standaard comme Le Soir en éclairent et commentent les points principaux. La Libre Belgique essaie en outre d'y ajouter une sorte d' « exégèse ». Dans De Morgen, les discours sont lus essentiellement pour la valeur de l'information qu'ils contiennent sans être situés dans leur contexte.

Tant les discours du 21 juillet que les messages de Noël sont chaque fois diffusés intégralement avant le journal à la RTBF et à la BRTN[4]. En outre, le texte qui vient d'être prononcé est largement commenté au cours du journal radiodiffusé ou télévisé qui le suit immédiatement.

Une troisième catégorie de discours traditionnels du Roi sont ceux qu'il tient aux autorités du pays (auparavant appelés les Corps constitués). Prononcés devant les dirigeants de notre pays, ils ne sont pas intégralement transmis par la télévision, mais ils sont commentés dans les journaux radiodiffusés et télévisés et par les autres organes de presse.

Le Roi s'intéresse fort à la rédaction des discours ; cela ressort déjà de La fonction royale, l'ouvrage que publie en 1979 son ancien chef de cabinet André Molitor. Il y écrit que les discours du Roi peuvent être considérés comme sa vision personnelle. C'est pourquoi ils diffèrent tellement des discours du Trône prononcés chaque année par la reine d'Angleterre et par la souveraine des Pays-Bas. Ces discours du Trône sont rédigés par le gouvernement dont la Reine n'est en fait que le porte-parole. En Belgique, il en va différemment. Tant le Premier ministre Martens que les chefs de cabinet Molitor et Piret sont formels à ce propos. Les discours du Roi sont toujours écrits au Palais et non dans l'un ou l'autre cabinet ministériel.

Comment cela se déroule-t-il ? Il convient de faire une distinction entre les premières années du règne et la période ultérieure. Claude De Valkeneer qui travaillait depuis 1953 au Palais se rappelle qu'initialement, chaque membre du cabinet ou presque collaborait à la rédaction des discours, y compris lui-même en sa qualité de responsable du service de presse. Cela consistait souvent à trouver un thème, ce qui n'était pas toujours facile. Plus tard, les discours sont déterminés par l'actualité et les sujets s'imposent d'eux-mêmes. « Alors qu'auparavant on cherchait des thèmes, aujourd'hui ils s'imposent quasiment à vous. »

Aussi bien Molitor que Piret se souviennent que le Roi leur communiquait verbalement une série de thèmes ou d'orientations qui étaient ensuite intégrés dans un discours par la Maison du Roi ou plus spécifiquement encore par son cabinet. Le texte en était ensuite travaillé et finalement porté à la connaissance du Premier ministre lors d'une audience où il était à nouveau discuté. Un discours du Roi doit toujours être couvert par un ministre. Pour les discours prononcés à l'étranger, il s'agit surtout du Premier ministre ou du ministre des Affaires étrangères. Tant les collaborateurs du Palais que Wilfried Martens affirment que ces discours n'ont jamais fait l'objet d'importantes discussions. Il a fallu parfois en adapter quelques détails. Molitor ajoute à ce propos : « Les projets de discours n'ont jamais donné lieu à des dissensions entre le Palais et le gouvernement. Ceci est dû aux contacts nombreux et réguliers entre le Roi et le gouvernement, ce qui permettait au Roi de bien savoir ce que le gouvernement accepterait et ce qu'il n'accepterait pas. »

La famille royale au Te Deum du 21 juillet 1992. Photo Van Parys Media (Bruxelles).

Selon Wilfried Martens, il est arrivé que la discussion d'un discours entre le Roi et lui soit très directe. « Le texte ne m'était pas envoyé par exemple une semaine à l'avance. Le Roi me soumettait le texte lors d'une audience, je le lisais et si nécessaire, je lui faisais immédiatement mes remarques. » Mais ceci n'était cependant pas fréquent. Wilfried Martens rejoint Molitor lorsqu'il déclare que ceux qui préparaient le discours avec le Roi étaient parfaitement informés de ce que le gouvernement et le Premier ministre pensaient à propos d'un certain nombre de thèmes.

Au sujet des discours de Baudouin et de leur évolution, Wilfried Martens déclare : « Les discours révélaient une plus grande prise de conscience et ce n'est certes pas moi qui en aurais empêché le Roi. Au contraire. J'ai toujours décrit le rôle du Roi comme une sorte de balise: en indiquant les grandes orientations – non pas de la vie politique au sens restreint du terme – et en agissant comme porte-parole, comme celui qui essaie de donner une orientation à toute la vie sociétale de notre pays. »

Les discours étaient donc rédigés au Palais. Il est cependant parfois arrivé que l'on ait recours à une personne extérieure, surtout lorsqu'il s'agissait d'un texte portant sur une matière spécifique, d'un discours axé sur l'économie, par exemple. Même si, d'après Piret, ces cas furent plutôt exceptionnels, nous avons retrouvé quelques avant-projets de discours dans les archives du baron Snoy et d'Oppuers. Il fut, au cours des années soixante, secrétaire général du ministère des Affaires économiques et devint ministre des Finances du gouvernement Eyskens de 1968 à 1971. Le roi Baudouin lui a demandé un certain nombre de fois, au début des années soixante, de rédiger un discours. Ce fut le cas pour le discours qu'a prononcé le roi Baudouin le 24 mai 1961 à Paris, à l'occasion d'un dîner offert par le général de Gaulle. Lorsqu'on compare le projet du baron Snoy et d'Oppuers avec la version finale, on n'y trouve pas trace du passage qui devait donner à ce texte une publicité inhabituelle. Il s'agit du discours où le Roi dit notamment : « *La grandeur de votre pays à travers l'histoire, Monsieur le Président, vient de ce qu'il a gardé le culte des valeurs essentielles qui sont à la base de notre civilisation et qui sont l'héritage du christianisme.* » Ce passage a suscité quelques remous dans les milieux libres penseurs en Belgique. Il s'agit là d'une inadvertance du ministre des Affaires étrangères de l'époque, Paul Henri Spaak, qui aurait dû pointer ce passage, car il était évident que toute la population ne pouvait s'y reconnaître. Pas plus que le baron Snoy et d'Oppuers, les personnes auxquelles le Roi demande exceptionnellement de rédiger un projet de discours ne sont certes pas inconnues du Palais. Le Roi les connaît personnellement ; il les a déjà reçues en audience à plusieurs reprises.

LE ROI ET LES MÉDIAS

En 1953, il est décidé de créer un service de presse chargé d'assurer les relations entre le Palais et le monde extérieur. Claude De Valkeneer est responsable de la presse à l'ambassade de Belgique à Paris lorsque le baron Guillaume, qui y occupe le poste d'ambassadeur, le détache au Palais royal à Bruxelles. On avait souvent critiqué le fait que le Palais ne disposait pas d'un porte-parole. En février de cette même année, une violente tempête en mer du Nord avait coûté la vie à de nombreuses personnes et causé d'énormes dégâts matériels. Le roi Baudouin était à ce moment-là en voyage pour raisons de santé, et son absence sera critiquée. Pour De Valkeneer, parler de la création d'un *service de presse*, c'est beaucoup dire. « On a placé derrière un bureau quelqu'un qui disposait d'un téléphone et répondait aux questions, lisait tous les journaux (à l'époque une nouveauté au Palais) et qui pouvait compter sur l'aide d'une dactylo à temps partiel. » À l'occasion d'un événement, les journalistes sont invités par le service de presse. Ceux qui répondent sont généralement des reporters photographes. Les discours du Roi sont envoyés par le service de presse aux différentes rédactions et il leur est proposé de les publier, de préférence dans leur intégralité.

Telle était la situation en 1953. Trente ans plus tard, peu de choses semblent avoir changé. En 1983, le service de presse est dirigé par Marc Van Craen et se compose de deux personnes. Dans certaines circonstances, il peut compter sur un plus grand nombre de collaborateurs. Tel fut par exemple le cas lors du décès du prince Charles, de celui du roi Léopold III, d'un mariage princier ou de visites à l'étranger. En 1990, Jehanne Roccas succède à Marc Van Craen. Elle occupe ce poste jusqu'en 1995. La principale tâche du service de presse est, d'une part, d'informer le Roi de l'actualité et des événements dans le monde relatés par la presse et, d'autre part, par le biais de communiqués, d'informer les médias sur les activités du Roi et des autres membres de la famille royale.

Les voyages royaux sont organisés conjointement par le département du grand maréchal de la Cour et du ministère des Affaires étrangères, en collaboration, en ce qui concerne les médias, avec le conseiller de presse du Palais et du ministère précité. Ce dernier envoie des invitations aux rédacteurs en chef de tous les quotidiens, des hebdomadaires, de la radio, de la télévision, aux agences photographiques et à l'agence Belga. La présence de cette dernière est très importante pour les autres journalistes, puisqu'elle leur permet de recevoir l'information de base dans les deux langues nationales. Ainsi les autres journalistes peuvent-ils se concentrer sur certains aspects du voyage. En accord avec le grand maréchal, le responsable du service de presse du Palais détermine le nombre de places qui peuvent être réservées aux journalistes dans l'avion royal. Elles sont attribuées en fonction de la date d'inscription. On tient compte également d'une répartition proportionnelle entre les divers médias et les diverses régions du pays. Les premiers à réagir peuvent donc obtenir une place dans l'avion royal. Le Roi y ayant son « appartement », « les autres sont un peu entassés », ironise De Valkeneer. En cours de vol, le Roi vient en règle générale bavarder avec les journalistes. Il fut un temps où une place dans l'avion royal était gratuite ; les autres frais étaient à charge du journaliste. Mais à présent, le transport est lui aussi à charge des représentants de la presse. C'est probablement une des raisons pour lesquelles moins de quotidiens sont intéressés à participer aux voyages royaux. Pour certains, la relation d'un voyage ne dépasse pas la description du tailleur que porte la Reine lors de tel dîner ou de telle visite. En outre, Belga est toujours au poste et les journalistes s'échangent les informations. Certains journalistes estiment toutefois que les voyages royaux offrent l'occasion d'approcher le souverain d'une autre manière. Le contact avec le service de presse du Palais en est lui aussi facilité.

On attend d'un service de presse qu'il fournisse des informations. Tant De Valkeneer que Van Craen l'ont toujours prôné. Les questions, même « difficiles », reçoivent toujours une réponse. Van Craen est partisan d'une politique d'ouverture : « Répondre à toutes les questions, fournir

Visite du Roi à la Force Navale. Le 20 mars 1990.

des informations exactes, réagir à l'information erronée et ne jamais laisser une question d'un journaliste ou d'un citoyen sans réponse. » Du temps de De Valkeneer, il est répondu aux questions, mais la discrétion est parfois demandée, et les journalistes la respectent. De Lentdecker déclare à ce propos : « Jadis, les journalistes en savaient plus mais écrivaient moins. Aujourd'hui, ils en savent moins et écrivent plus. » Cette réflexion suscite un sourire chez De Valkeneer qui reconnaît, en effet, avoir parfois soulevé un petit coin du voile mais, dit-il, « cela ne s'est jamais retourné contre moi. Le fait que les journalistes connaissaient le contexte précis d'une affaire donnée leur suffisait pour ne pas continuer à creuser et, lorsque la discrétion était demandée, elle était respectée ». Dans ce contexte, De Valkeneer rapporte l'anecdote suivante : « À un moment donné, le prince Alexandre devait être opéré. Le roi Léopold et la princesse Lilian avaient dit à la presse que le prince partait en vacances en Amérique. Cependant, l'opération que le prince devait subir était très sérieuse et lui-même ne pouvait pas être informé de sa gravité. Un état d'angoisse pouvait en effet provoquer des complications et il fallait l'éviter à tout prix. Un journaliste continua à me poser des questions et je lui dis la vérité, tout en lui demandant la discrétion sur laquelle j'ai d'ailleurs pu compter. Serait-ce encore possible aujourd'hui ? »

Alors que, dans la logique des choses, on s'attendait à une plus grande ouverture du service du presse, il n'en fut pas vraiment ainsi dans les faits. Lorsque, en 1995, le prince de Lobkowicz évoqua, dans sa biographie de Baudouin, la rumeur non fondée selon laquelle le couple royal, sur les conseils d'un certain nombre de médecins, aurait envisagé un avortement face à la grave menace qui pesait sur la santé de la Reine, certains cherchèrent à en savoir plus. On se rappelle en effet qu'en avril 1990, le Roi avait refusé de signer la loi sur la dépénalisation de l'avortement. Lorsque le journaliste du *Morgen*, Walter Pauli, s'adresse au service de presse à ce propos, il n'obtient aucune réaction. « On se heurte à un mur. » Jehanne Roccas qui est alors responsable du service de presse raconte ce qui suit : « Je n'ai en effet pas fourni de commentaires à cet égard parce que j'estimais qu'il s'agissait d'un élément qui relevait entièrement, mais alors vraiment dans sa totalité, de la vie privée du Roi et de la Reine. » En général, Pauli estime que les relations avec le service de presse du Palais laissent à désirer. Dirk Achten, du *Standaard*, considère qu'en fait le Palais ne dispose pas d'un véritable service de presse. « On y rédige des communiqués officiels et, si vous voulez un avis à propos de l'une ou l'autre chose, il ne faut surtout pas vous adresser au Palais. » Il est assez remarquable de constater que *Le Soir* et *La Libre Belgique* se montrent moins exigeants à cet égard. Alors que, tant Achten que Pauli estiment que ce service de presse n'est pas comparable à celui d'un parti politique ou d'un cabinet ministériel, Christian Laporte du *Soir* et Jean-Paul Duchâteau de *La Libre Belgique* considèrent que, de fait, ce n'est pas nécessaire. Ils sont dès lors satisfaits du fonctionnement du service de presse du Palais et estiment que, certaines questions n'ayant pas à être posées, ils ne les posent donc pas.

Van Craen est d'avis qu'il existe bien une différence réelle avec le service de presse d'un parti politique ou d'un département ministériel « parce qu'un politique par définition, homme ou femme, prend part au débat public, se trouve en point de mire, bénéficie d'une reconnaissance publique et a besoin d'être connu pour être réélu ». C'est exact, mais lorsque le Roi s'adresse à la population, il choisit lui aussi un forum public, même s'il s'interdit évidemment toute immixtion politique. Roccas souligne que le Palais ne dispose pas d'un porte-parole. « La véritable fonction du service de presse au cabinet du Roi est celle de conseiller chargé des relations avec les médias. Il n'y a donc pas de porte-parole. Ma tâche était double : d'une part, je fournissais des informations au Roi et, d'autre part, je fournissais au public, par le biais de communiqués, des informations à propos des diverses activités publiques du Roi et des membres de la famille royale. La fonction royale, telle qu'elle est définie dans une monarchie constitutionnelle, a pour conséquence qu'il n'entrait pas dans mes attributions de fournir des explications comme on peut s'y attendre du porte-parole d'un ministre ou d'une entreprise. Le Roi lui-même décide du contenu de ses discours, qui sont couverts par la responsabilité ministérielle. Il donne également son accord aux communiqués. »

La question subsiste évidemment de savoir si le service de presse doit réagir à tout ce qui est publié à propos de la famille royale. On pourrait s'attendre à ce qu'il en soit ainsi aussi longtemps que l'ensemble de la presse belge s'abstiendra de sensationnalisme, comme ce n'est pas le cas en Grande-Bretagne par exemple. Car même les journalistes les plus « curieux » s'accordent pour maintenir une séparation totale entre la vie publique et la vie privée du souverain. C'est ainsi qu'ils s'abstiennent volontairement de publier de petites nouvelles qui relèvent davantage des cancans. Un deuxième argument qui plaide pour plus d'ouverture de la part du service de presse est le suivant : si le Palais ne répond pas à certaines questions, cela peut s'interpréter comme une confirmation de l'information. Certains ne peuvent dès lors se défaire de l'impression que le Palais s'enveloppe d'un voile de mystère. Même si, par ailleurs, d'autres semblent être à même d'obtenir des informations au Palais, mais par d'autres canaux. Quoi qu'il en soit, tous les journalistes ne sont pas convaincus que le service de presse soit digne de ce nom.

En ce qui concerne les relations entre le roi Baudouin et la presse, on peut dire que cette dernière le considère comme un homme très mesuré. Par ailleurs, nous n'avons pas en Belgique de presse à sensation comme il en existe chez nos voisins. D'autre part, plusieurs journalistes estiment que la vie de Baudouin et de Fabiola ne donne pas lieu à des critiques ni à du journalisme à sensation. Baudouin veille sciemment à ce qu'il en soit ainsi. C'est ainsi qu'il confie à

En conversation avec le roi Khaled d'Arabie Saoudite. Novembre 1975. Photo Van Parys Media (Bruxelles).

Visite aux fouilles de Xi'An, en Chine. 1981. Photo Van Parys Media (Bruxelles).

De Lentdecker lors d'un voyage royal en Inde : « Lorsque vous occupez un poste comme le mien, il faut veiller vous-même à ne pas donner lieu aux cancans. Vous pouvez y faire beaucoup vous-même. » En général, on peut dire que la presse belge a, jusqu'à présent, fait preuve de respect pour la Maison royale de Belgique, ce qui ne l'empêche pas d'être parfois très critique.

Une césure importante se produit toutefois dans les relations entre la presse (et le monde politique) et le roi Baudouin lorsque ce dernier, en avril 1990, refuse de signer la loi sur l'avortement. L'image qu'a du Roi le monde journalistique et politique s'en trouve altérée. On peut à cet égard diviser le règne de Baudouin en « période préavortement » et « période postavortement ». À la fin de la période préavortement, le Roi est pour ainsi dire inattaquable. Tant dans les milieux politiques que journalistiques, il a acquis un énorme prestige. « Il avait de l'autorité », déclare Achten du *Standaard*. Pauli, du *Morgen*, et Laporte, du *Soir*, font même état d'une sorte d'aura. Tout le monde sait que le roi Baudouin est devenu, après quarante années de règne, un monarque très conscient, peu comparable au jeune homme qu'il était lorsqu'il a accédé au trône. Il a du prestige, une connaissance remarquable des dossiers et surtout plus d'expérience que les ministres eux-mêmes. Mais après son refus de signer la loi sur l'avortement, il perd énormément de son crédit dans une partie considérable du monde politique et journalistique. Il découvre même la Couronne. Pour Pauli, c'est une raison de considérer le Roi bien plus comme un produit politique, et la Maison royale comme une institution politique. Laporte lui aussi estime que Baudouin, dès ce moment, peut être considéré comme une personne agissant sur le plan politique. Duchâteau, de *La Libre Belgique*, nuance la question. Selon lui, en ce qui concerne cette presse, il ne peut être question d'une rupture mais seulement d'un distanciement ; une partie du monde de la presse a saisi l'occasion de changer son attitude de neutralité attentive en une attitude beaucoup plus critique.

Le refus du roi Baudouin de signer la loi sur l'avortement éclate comme une bombe chez certains, même parmi ceux qui font preuve de compréhension pour sa décision. Tous n'estiment pas que le Roi doive en subir les conséquences « bien que de-ci de-là des voix s'élèvent pour demander son abdication », mais l'étonnement est général. Et la population ? La correspondance du Roi – il reçoit quelque 20 000 lettres par an – a fortement augmenté durant cette période. Une grande partie de la population peut comprendre le souverain qui a laissé parler sa conscience.

La population est loin d'être insensible au fait que Baudouin et Fabiola n'ont pas d'enfants. Les enfants royaux rendent toujours populaire une monarchie. Baudouin et Fabiola n'ont pas eu cet atout. Mais, si paradoxal que cela puisse paraître, cette situation absolument imprévisible a contribué à leur popularité. Une image du Roi et de la Reine que chacun connaît est celle d'un couple qui, après trente ans de mariage, se montre encore en public la main dans la main. Ce couple sans enfant suscite incontestablement un surcroît de compréhension et de popularité. La manière dont a réagi la population à l'attitude du Roi dans le problème de l'avortement doit être interprétée dans ce contexte. En tout cas, elle n'en tient pas rigueur au Roi. Peut-être même au contraire. Lorsqu'il décède en juillet 1993, elle vient massivement témoigner son chagrin. Et le monde politique et journalistique lui non plus n'a pas sanctionné le Roi : il n'a pas rappelé la polémique autour de la question de l'avortement.

L'ADIEU AU ROI BAUDOUIN

Les témoignages de condoléances lors du décès et des funérailles du Roi sont impressionnants. Dans certains milieux « intellectuels », cette unanimité fut décrite comme une hystérie collective. Certains reprochent à la presse d'avoir amplifié l'événement. Mais même un journaliste critique du *Morgen* a dû reconnaître que lui-même, à ce moment-là, était fortement impressionné. La popularité du roi Baudouin fut mise en exergue comme jamais auparavant et les gens avaient vraiment du chagrin. De Lentdecker, lui aussi, qui commente les funérailles pour la BRT, estime que l'émotion de la population est sincère. Chacun montre sa réelle affection pour le souverain disparu. Ultérieurement, il est évidemment facile d'examiner tout cela avec plus de détachement et de se poser la question : « Qu'y a-t-il eu en premier : la presse ou la psychose collective ? » C'est ainsi que le journaliste Pauli doit, *a posteriori*, reconnaître que *De Morgen*, comme les autres, a publié bon nombre de pages de louanges à l'occasion du décès du Roi. *De Standaard* a lui aussi rompu avec une certaine tradition, et De Valkeneer nuance : les funérailles des rois sont toujours suivies par la grande foule. Pour Léopold aussi, on faisait la file au Palais. « Lorsqu'on vous annonce au téléphone : *"Le Roi est mort"*, cela a quelque chose de théâtral. »

Le décès d'un roi impressionne toujours beaucoup. Mais peut-être la population a-t-elle vécu le décès du roi Baudouin de façon beaucoup plus intense en raison de son destin particulier. Il y a eu sa jeunesse, marquée par le décès de sa mère et par la guerre, son mariage, heureux bien sûr, mais sans enfants. Enfin, le Roi, en raison de son long règne, a été pour beaucoup le seul roi qu'ils aient connu. Les Belges ne sont pas vraiment devenus orphelins, comme l'écrivait *La Libre Belgique*, mais un sentiment rare les submergeait. Peut-être celui de la perte de leur dernier lien avec le pays.

À la fin de sa vie, le roi Baudouin donne l'impression qu'il lui reste encore de nombreuses années de règne. C'est ainsi qu'il fait preuve d'une grande confiance dans l'avenir. Le 21 juillet 1992, il déclare :

> « Mes chers compatriotes, je ne voudrais pas conclure sans remercier à nouveau tous ceux qui m'ont envoyé leurs vœux de prompt rétablissement après mon opération au cœur. J'ai été fort sensible à ces multiples manifestations de sympathie. Maintenant que les médecins m'ont rendu une excellente santé, je me réjouis de pouvoir continuer à vous servir pendant de nombreuses années encore. »

« Baudouin savait évidemment que sa santé n'était pas tellement bonne. Mais il avait déjà subi un certain nombre d'opérations réussies. » Selon Piret, il était dès lors convaincu qu'il lui restait encore un certain nombre d'années à vivre. Il estime aussi que le Roi ne voulait pas renoncer prématurément à ses fonctions. « S'il avait vraiment senti que son état de santé l'empêchait de remplir sa mission comme il se doit, il aurait certainement abdiqué. Mais tel n'était pas le cas. » Wilfried Martens déclare que Baudouin lui a confié son intention de continuer à exercer sa fonction de chef de l'État pendant une dizaine d'années encore. C'est dans cette perspective qu'il faut voir la préparation du prince Philippe. Le décès du roi Baudouin était tout à fait imprévu; Albert lui succède. C'était dans la logique des choses, mais ce n'est pas ce que certains avaient prévu...

Entretiens, notes, bibliographie et annexe

D'un petit prince à un très jeune roi

NOTES

[1] Maison royale de Suède (Bernadotte).

[2] Épousera, en 1953, Jean de Luxembourg (° 1921), qui deviendra grand-duc en 1964.

[3] Témoignage de la comtesse Anna Sparre (*Vännen min*, Stockholm, 1985, p. 158). Traduction française : *La reine Astrid, mon amie à moi*, Bruxelles, 1995. Traduction néerlandaise : *Koningin Astrid, een vriendschap.*, Anvers-Baarn, 1986, 5e édition en 1995.

[4] Maison royale de Danemark (Schleswig-Holstein Sonderburg-Glucksburg).

[5] Nom de baptême complet : Baudouin, Albert, Charles, Léopold, Axel, Marie, Gustave. Concernant l'attribution du titre de duc de Brabant et de comte de Hainaut, voir G. JANSSENS, " De titels van de leden van de Belgische Koninklijke Familie ", in *Museum Dynasticum*, 1994, 2, pp. 22-24.

[6] Construit en 1776, l'immeuble est transformé en hôtel de luxe au cours du XIXe siècle et, en 1904, à l'initiative de Léopold II, a été inclus dans le complexe du Palais royal. Aujourd'hui, il est occupé par le musée de la Dynastie et le Mémorial Roi Baudouin.

[7] MARIE-JOSÉ, *Albert et Élisabeth de Belgique. Mes parents*. S.I., 1985, p. 390. Marie-José (°1906) a épousé, en 1930, le prince héritier Umberto de Savoie (1904-1983), prince de Piémont et fils de Victor-Emmanuel III, roi d'Italie, ultérieurement également roi d'Albanie et empereur d'Éthiopie. Il succédera à son père sous le nom d'Umberto II, en mai 1946. Lorsque la république est proclamée en Italie, Umberto doit abdiquer après un mois de règne seulement.

[8] Le domaine des comtes de Cunchy a été acquis par Léopold II en 1882. Léopold et Astrid l'ont occupé de 1930 à 1934. *La Donation Royale au Pays de Rochefort. Une exposition du Cercle culturel et historique de Rochefort (Musée du Pays de Rochefort et de la Famenne)*, s.l., 1991, p. 18. Rœmah Laæt est un terme indonésien qui signifie " maison de la paix, du repos, de la solitude" équivalent du suédois " fridhem ". Cela devait rappeler les voyages que Léopold et Astrid avaient faits aux Indes néerlandaises. Ce " chalet suisse " se situe actuellement dans la réserve naturelle du Zwin.

[9] Dans la province Östergötland, dans la baie du Brå (Bråviken) à proximité de la ville de Norrköping.

[10] Dans l'Oberland bernois, cette propriété avait été acquise par le prince Philippe, comte de Flandre, et son fils Albert Ier en hérita.

[11] Une chapelle commémorative a été érigée sur les lieux de ce tragique accident.

[12] APR, Archives du Grand maréchal de la Cour, règne de Léopold III & Régence, vol. 43.

[13] Éléonora Sayn-Wittgenstein-Berlcburg (tante Lory) (1880-1965) avait épousé le frère d'Élisabeth, Ludwig-Wilhelm, duc en Bavière (oncle Buby) (1884-1968).

[14] La princesse Martha a épousé le prince Olav de Norvège, qui deviendra roi en 1957 sous le nom d'Olav V. Martha décède en 1954 et ne sera donc jamais reine.

[15] Pour une description détaillée de " la Maisonnette ", voir R. DELMARCELLE, *Baudouin, roi des Belges*, S.I., 1960, pp. 13-15. À l'origine une initiative de la reine Élisabeth, " la maisonnette " avait d'abord été construite au domaine de Stuyvenberg. Léopold l'a fait démonter, reconstruire et agrandir dans le parc de Laeken. La reine Paola l'a récemment fait restaurer.

[16] K. WIJKMARK, *Drottning Astrids barn*, Stockholm, 1936, p. 42.

[17] Carol II de Roumanie (1893-1953), dont la mère Marie de Saxe-Cobourg et Gotha (1875-1938) était une descendante d'Ernest Ier, duc de Saxe-Cobourg et Gotha, le frère aîné du roi Léopold Ier.

[18] APR, *ibid.*, n° 43.

[19] APR, *ibid.*, 5 janvier 1938.

[20] APR, *ibid.*, 18 janvier 1938.

[21] Une lettre de menaces anonyme est arrivée chez Mademoiselle Racine. Après enquête, il s'est avéré qu'elle devait être attribuée à la jalousie de la directrice d'une autre pension pour enfants, voisine de la première.

[22] APR, *id.*, vol. 125

[23] APR, *id.*, vol. 303: relation de du Parc.

[24] Félicie de Liedekerke ainsi que Marthe Schobbens étaient à la disposition de Joséphine-Charlotte.

[25] APR, *id.*, vol. 462. La composition des colonnes - chose par ailleurs peu importante - s'écarte de ce qu'en content J. VANWELKENHUYZEN & J. DUMONT dans : *1940. Le Grand Exode*, Gembloux, 1983, pp. 147 et suivantes.

[26] D'après la relation de du Parc (vol. 303). Dans ses mémoires (*Souvenirs sans retouche*, Paris, 1968, p. 342), Jaspar affirme avoir donné à du Parc l'ordre formel de quitter Russy.

[27] APR, *id.*, vol. 303. Lettre à Léopold III, 24 mai 1940.

[28] Cornet de Ways-Ruart, grand maréchal de la Cour, qui avait accompagné une autre colonne vers Curzai à 30 km de Poitiers, rejoint la première colonne à Saint-Céré et laisse un rapport circonstancié des événements à partir du 19 juin. APR, *id.*, vol. 462.

[29] Thérèse Lamarche, née du Parc Locmaria, est une fille du vicomte du Parc. En tant qu'enfant, elle faisait partie de la première colonne (" L'exode des princes royaux en mai 1940. Un témoignage inédit " in *L'Éventail*, C. VI, octobre 1993, pp. 22-27). D'après son témoignage, l'on aurait projeté de passer aux États-Unis en passant par le Portugal. D'après un témoignage de Duesberg, du Parc le lui aurait même confirmé (J. VANWELKENHUYZEN & J. DUMONT, *op. cit.*, p. 288). Dans la relation personnelle de du Parc que nous citons, on n'en retrouve aucune trace, bien au contraire.

[30] APR, *id.*, vol. 43.

[31] La princesse avait poursuivi ses études secondaires à

l'Institut du Sacré-Cœur de la Trinité-des-Monts.

[32] APR, documentation, n° 299 (photocopies notes F. Van Put).

[33] Pédagogue musicale, fille d'un professeur émérite à l'Université de Louvain qui avait à plusieurs reprises été consulté par Léopold II et Albert Ier en matières agricoles. APR, id., vol. 74 et ibid. Documentation, n° 208 (photocopies archives L. Frateur).

[34] Données communiquées par G. Janssens, archiviste du Palais royal (APR, Secrétariat de la reine Élisabeth - Concerts, S.18).

[35] D. FARDEN, Baudouin. L'éducation d'un roi, Strombeek-Bever, 1975, pp. 143-145. Tout le monde était convaincu que Mademoiselle de Jong avait péri dans un bombardement pendant la guerre. Dans son livre Koningin Elisabeth. Over pacifisme, pantheïsme en de passie voor muziek, Gand, 1995, Willem ERAUW, si étonnant que cela puisse paraître, ne mentionne nullement Straka.

[36] Ces homes étaient une initiative de l'Aide aux enfants de prisonniers et orphelins de guerre (AEP), une section de l'O.R.A.F. (Office de renseignements et d'aide aux familles de militaires).

[37] APR, id., vol. 74.

[38] APR, id., vol. 378-379.

La fonction représentative du Roi

TÉMOINS RENCONTRÉS

Benoît CARDON DE LICHTBUER, conseiller du grand maréchal de la Cour, de 1974 à 1979, et secrétaire de la Reine, de 1979 à 1989. Entretiens des 14.3.1997 et 28.7.1997.
Baron Herman DEHENNIN, grand maréchal de la Cour, de 1981 à 1985. Entretien du 16.3.1997.
Baron Christian DE POSCH, commandant des Palais royaux, de 1963 à 1968, et maître des cérémonies de la Cour, de 1968 à 1988. Entretien du 2.7.1997.
Claude DE VALKENEER, conseiller au cabinet du Roi, de 1953 à 1985. Entretien du 19.8.1997.
Andries KINSBERGEN, ministre d'État, gouverneur de la province d'Anvers, de 1966 à 1993. Entretien du 17.4.1997.
Herman LIEBAERS, grand maréchal de la Cour, de 1974 à 1981. Entretien du 25.8.1997.
Wilfried MARTENS, ministre d'État, Premier ministre, de 1979 à 1992. Entretien du 23.6.1997.
Baron Paul MELCHIOR, directeur à l'Observatoire royal de Belgique (Uccle), de 1981 à 1990. Entretien du 17.6.1997.
André MOLITOR, chef de cabinet du Roi, de 1961 à 1977. Entretien du 2.4.1997.
Jean-Marie PIRET, chef de cabinet du Roi, de 1977 à 1983. Entretien du 29.4.1997.
Colonel SCHRYVERS, maître des cérémonies de la Cour depuis 1988. Entretien du 16.12.1996.

NOTES

[1] La notion très spécifique d'" entourage " est utilisée à cette époque afin de désigner le groupe de personnes de confiance entourant le Roi. Ce groupe est plus large que les collaborateurs officiels attachés à la Maison du Roi.

[2] Louis Vanhouche, avocat bruxellois de tendance catholique, au Premier ministre Van Houtte, 13.4.1953. Archives générales du Royaume (AGR), Fonds Magain, ministère des Finances, n° 674.

[3] Paul Gruselin, homme politique socialiste de Liège et parlementaire de 1936 à 1949, s'était ouvertement prononcé contre l'attitude de Léopold III en 1940.

[4] Karel van Cauwelaert, rédacteur en chef du journal Het Volk, dans une lettre du 9.2.1953 au Premier ministre Van Houtte : " ... que le voyage du Roi au cours de la semaine précédente avait fait très mauvaise impression dans le pays. ... La dynastie est en train de perdre son prestige à grande échelle. " Pierre Harmel, ministre catholique de l'Instruction publique, tient le même langage : " Le départ du Souverain, dans les circonstances de deuil que nous venons de vivre, est mal apprécié par bon nombre de parlementaires de la majorité et de dirigeants politiques. " AGR, Fonds Magain, ministère des Finances, n° 674. Avec nos remerciements à G. Vantemsche.

[5] Roi Baudouin, dans une lettre du 26.2.1953, au Premier ministre Van Houtte, AGR, Fonds Magain, ministère des Finances, n° 674.

[6] Institut Émile Vandervelde, Bureau du parti socialiste belge, 15.4.1952.

[7] Le baron Guillaume n'est pas un inconnu de la Cour de Belgique au cours des années qui ont suivi la Deuxième Guerre mondiale ; lorsque la famille royale séjournait en Suisse, elle était régulièrement invitée par le baron Guillaume à Paris.

[8] " Images d'un Roi - Mémoires d'image ", RTBF-Charleroi, André Huet, 1991.

[9] Voir aussi l'exposé sur le fonctionnement de la Maison du Roi dans MOLITOR, A., La fonction royale en Belgique, Bruxelles, CRISP, 1994, pp. 135-173.

[10] Pour plus de détails à propos de la Maison militaire, voir chapitre " Le roi Baudouin et la Défense nationale " dans le présent ouvrage.

[11] MOLITOR, op. cit., p. 177.

[12] Pour les conclusions de cette commission, voir Moniteur belge, 6.8.1949.

[13] Les exemples cités d'activités et de déplacements du Roi peuvent tous être retrouvés aux Archives du Palais royal (APR), " Activités du Roi 1965-1989 ", Département du grand maréchal.

[14] Pour plus de précisions à propos de l'attitude du Roi à propos de la fédéralisation, voir dans le présent ouvrage le chapitre relatif à la politique intérieure et à la formation du gouvernement.

[15] À propos des domaines dans lesquels la Fondation exerce ses activités, voir dans le présent ouvrage le chapitre consacré à la Fondation Roi Baudouin.

[16] MADDENS, B., De monarchie en de publieke opinie in België, Res Publica, 1991, 1, pp. 135-177.

[17] Notamment " Vrije Tribune " dans De Standaard, 18.4.1991. APR, dossiers de presse Fondation Roi Baudouin, avril 1991.

[18] Pour une analyse détaillée de ces évolutions, voir STENGERS, J., L'action du Roi en Belgique depuis 1831. Pouvoir et influence, Bruxelles, Racine, 1996, 2e édition.

La vie privée du roi Baudouin (1950-1993)

TÉMOINS RENCONTRÉS

Benoît CARDON DE LICHTBUER, conseiller près le grand maréchal de la Cour, de 1974 à 1979, et secrétaire de la Reine, de 1979 à 1989. Entretiens du 14.3.1997 et du 28.7.1997.
Baron Herman DEHENNIN, grand maréchal de la Cour, de 1981 à 1985. Entretien du 16.3.1997.
Baron DE POSCH, commandant des Palais royaux, de 1963 à 1968, et maître de cérémonie de la Cour, de 1968 à 1988. Entretien du 2.7.1997.
Andries KINSBERGEN, ministre d'État, gouverneur de la province d'Anvers, de 1966 à 1993. Entretien du 17.4.1997.
Herman LIEBAERS, grand maréchal de la Cour, de 1974 à 1981. Entretien du 25.8.1997.
Wilfried MARTENS, ministre d'État, Premier ministre, de 1979 à 1992. Entretien du 23.6.1997.
Baron Paul MELCHIOR, directeur de l'Observatoire royal de Belgique, à Uccle, de 1981 à 1990. Entretien du 17.6.1997.
André MOLITOR, chef de cabinet du Roi, de 1961 à 1977. Entretien du 2.4.1997.
Jean-Marie PIRET, chef de cabinet du Roi, de 1977 à 1983. Entretien du 29.4.1997.
Père Philippe VERHAEGEN, aumônier privé du Roi, de 1974 à 1993. Entretien du 7.8.1997.

NOTES

[1] " Métier de Roi ", RTBF, 1976.

[2] Entretien avec le baron Chritian de Posch, 2.7.1997.

[3] Entretien avec le ministre d'État Pierre Harmel, 3.4.1997.

[4] C'est ainsi, par exemple, qu'il y a eu des dissensions à propos de la place que la princesse Lilian devait occuper au mariage de la princesse Joséphine-Charlotte avec Jean de Luxembourg en 1953.

[5] Commentaires entre autres dans La Libre Belgique (15.4.1958), Pan (16.4.1958), et Het Volk (21.4.1958). L'Indépendance (31.4.1958) qualifie le Roi de " glacé et mécontent ".

[6] Ce récit a paru e.a. dans COLIN, G. Rois et Reines de Belgique. L'histoire émouvante des châtelains de Laeken. Paris, Presses de la Cité, 1993, pp. 293-299.

[7] SUENENS, L.J., Le Roi Baudouin, une vie qui nous parle. Ertvelde, Éditions Fiat, 1995.

[8] Entretien de Christine Somerhausen avec Claude De Valkeneer, 19.8.1997. Le fait que la Cour l'ignorait ressort

aussi du fait que le chef du service de presse Claude De Valkeneer a été rappelé de vacances pour cette annonce. *De Standaard*, 17.9.1960.

[9] E.a. *Het Laatste Nieuws* et *La Métropole*, 18.9.1960.

[10] À J.-Ch. Snoy et d'Oppuers, futur ministre des Finances, qui entretenait d'étroites relations avec la Cour, Léopold III aurait parlé de " rupture brutale entre le père et le fils " et dit " la chicane est partout ". L'histoire du mobilier emmené par Léopold III et la princesse Lilian, lorsqu'ils quittent Laeken, est confirmée par Snoy : "450 pièces de mobilier appartenant à l'État ainsi que des meubles du roi Baudouin ", KADOK, papiers J.-Ch. Snoy et d'Oppuers, 7.12. Voir aussi à ce sujet un témoignage oculaire dans EYSKENS, G., *De Memoires*, Lannoo, Tielt, 1993, p. 626.

[11] Entretien avec le baron Christian de Posch, 2.7.1997.

[12] La nouvelle d'une prochaine naissance, confiée avant cela et en priorité au pape Jean XXIII, plutôt qu'aux instances belges, avait suscité quelques remous en Belgique.

[13] Quelques autres exemples : " La Providence nous aidera " (pose de la première pierre du monument de la Lys, à Courtrai, 23.5.1954) ; " Dieu protège le Congo " (ouverture de la conférence de la Table ronde sur le Congo, 20.2.1960) ; Neels, V., *Nous, Baudouin, roi des Belges. Le testament politique, social et moral d'un noble souverain*. Balen, 1996.

[14] Entretien avec Benoît Cardon de Lichtbuer, 14.3.1997.

[15] Respectivement lors du discours du 21 juillet 1986 et du message de Noël en 1989.

[16] Entretien avec le Père Philippe Verhaegen, 7.8.1997.

[17] Pour plus de détails sur ce mouvement, voir e.a. SUENENS, L.J., *Renouveau et puissance des ténèbres*, Les cahiers du Renouveau, Paris, 1982.

[18] E.a. dans *Le Soir* et *La Cité*, 20.5.1975.

[19] " Le secret du Roi : le Renouveau charismatique ", RTBF, 13.4.1994.

[20] Entretien avec Jean-Marie Piret, le 29.4.1997, et avec le baron Dehennin, le 16.3.1997.

[21] Entretien avec le baron Dehennin, le 16.3.1997.

[22] SUENENS, L.J., *Le Roi Baudouin, une vie qui nous parle*, p. 89.

[23] Entretien avec le ministre d'État Wilfried Martens, le 23.6.1997.

Jalons dans l'évolution politique, sociale et économique (1950-1993)

BIBLIOGRAPHIE SUCCINCTE

A. ALEN, *Handboek van het Belgisch Staatsrecht*, Anvers, 1995.

E. CEREXHE, *La réforme de l'État belge*, Bruxelles, 1993.

S. DEBOOSERE, R. VAN ALBOOM et M. VAN DEN WIJNGAERT, *Monarchie en Macht. België en zijn koningen*, Bruxelles, 1992.

F. DELPÉRÉE, *La Belgique fédérale*, Bruxelles, 1994.

R. EREC, *Introduction au droit public*. tome I. *le système institutionnel*, Bruxelles, 1994.

R. FALTER, *Tweedracht maakt Macht. Wegwijs in het federale België*, Tielt, 1994.

M. GOOSSENS, *Ontstaan en groei van het Vlaams Parlement, 1970-1995*, Kapellen-Bruxelles, 1995.

N. JACQUEMIN et M. VAN DEN WIJNGAERT, *O Dierbaar België, Ontstaan en struktuur van de federale staat*, Anvers-Baarn, 1996.

TH. LUYKX et M. PLATEL, *Politieke geschiedenis van België*, Anvers, 1985.

D. LUYTEN et G. VANTEMSCHE, *Het Sociaal Pact van 1994. Oorsprong, Betekenis en gevolgen*, Bruxelles, 1995.

X. MABILLE, *Histoire politique de la Belgique. Facteurs et acteurs de changement*, Bruxelles, 1986.

M. VAN DEN WIJNGAERT, *Het onvoltooide verhaal. Democratisering van absolutisme tot particratie*, Louvain-Amersfoort, 1994.

M. VAN DEN WIJNGAERT et H. DE PRINS, *Van koude oorlog tot Nieuwe Wereldorde. Hedendaagse Wereldgeschiedenis*, Louvain-Apeldoorn, 1995.

H. VAN DER WEE, « De Golden Sixties » et « Wereldcrisis en nationale politiek », in *1951-1991 : een tijdsbeeld*, Bruxelles, 1991, pp. 162-172 et pp. 291-300.

K. VERAGHTERT, « De naoorlogse economie en het Marshallplan 1944-1960 », in M. VAN DEN WIJNGAERT et L. BEULLENS, *Oost-West West best. België onder de Koude Oorlog (1947-1989)*, Tielt, 1997.

E. WITTE, J. CRAEYBECKX et A. MEYNEN, *Politieke geschiedenis van België. Van 1930 tot heden*, Bruxelles, 1990.

Baudouin, le gouvernement et la politique intérieure, 1950-1993

NOTES

[1] Le texte complet dans *Nous, Baudouin, roi des Belges. Le testament politique, social et moral d'un noble souverain*, sous la rédaction du colonel honoraire P.J. Vic NEELS, 2 vol., Balen, Eurodef, 1996. Toutes les citations des discours du Roi proviennent de cette édition à laquelle nous ne ferons plus référence (voir également note 37).

[2] Pour cette contribution, nous nous basons tant sur des sources primaires que secondaires telles que les travaux d'André MOLITOR (*La fonction royale en Belgique*, Bruxelles, Crisp, 1994) et Jean STENGERS (*L'action du Roi en Belgique depuis 1831. Pouvoir et influence*, Bruxelles, Éditions Racine, 1996) comme guides sûrs. En ce qui concerne les sources primaires, nous disposons des discours du Roi qui ont été édités (Neels cf. supra) et d'extraits de son journal spirituel (L.J. Cardinal SUENENS, *Le Roi Baudouin. Une vie qui nous parle*, Ertvelde, Éditions FIAT, 1995) ; des mémoires de quelques hommes politiques, en particulier de Gaston EYSKENS (*De Memoires*, Tielt, Lannoo, 1993), mais également de Gilbert Mottard (*Ministre en fin*, Liège, Éditions du Perron, 1992) ; d'informations limitées provenant de quelques archives. Indispensables à cette contribution furent les entretiens que nous avons eus avec les anciens Premiers ministres et ministres d'État P. Harmel, L. Tindemans et W. Martens; avec les anciens ministres et ministres d'État W. Claes, W. De Clercq, A. Dequae et E. Leemans; ainsi qu'avec les chefs de cabinet du Roi honoraires A. Molitor et J.M. Piret. Nous les remercions sincèrement de leur précieuse collaboration. Parmi les sources secondaires, il convient de mentionner ici les ouvrages de Hugo DE RIDDER qui, nonobstant leurs révélations nombreuses, sont toutefois restés très discrets à propos du Roi.

[3] Journal inédit de Frans Van Cauwelaert.

[4] J. STENGERS, *L'action du Roi*, p. 26.

[5] Pour le dernier cas : *ibid.*, p. 257.

[6] G. EYSKENS, *De Memoires*, pp. 367-368. Voir également Kris HOFLACK, *Theo Lefevre, staatsman*, Anvers, Hadewijch, 1989, pp. 53-56.

[7] *Le Peuple*, 20 avril 1954.

[8] Il se peut que le gouvernement n'ait pas déposé de projet à propos de l'enseignement primaire à la suite d'une conversation entre De Schryver et Van Acker qui a vraisemblablement eu lieu à la demande du Roi. Le Premier ministre Van Acker a fait cette promesse à De Schryver le 25 février 1955. Deux jours auparavant, De Schryver avait été reçu en audience par le Roi. À cette époque environ, le Roi a reçu plusieurs personnalités à propos de la question scolaire. Ces données proviennent des papiers d'August De Schryver et nous ont été fournies par M. G. Kwanten.

[9] Voir la déclaration de Pierre Harmel, ministre de l'époque : " Il aurait été impossible de laisser un adolescent de dix-neuf ans seul dans ce Palais, alors que sa famille aurait été bannie à l'étranger. Cela aurait signifié la fin de la monarchie " ; dans Kris HOFLACK, *De achterkant van de premier. Gesprekken met zeven regeringsleiders*, Louvain, Van Halewyck, 1995, pp. 166-167.

[10] J. STENGERS, *L'action du Roi*, p. 225.

[11] G. EYSKENS, *De Memoires*, pp. 353 et 484.

[12] *De Standaard*, 13 janvier 1952, signale des remous dans les milieux politiques à propos de la " passivité étrange du Palais à l'égard de la crise gouvernementale ". Également Eyskens, *De Memoires*, p. 369.

[13] Le Palais était irrité par l'attitude de George VI dans la Question royale. Pour l'historique : Jan VELAERS et Herman VAN GOETHEM, *Leopold III. De koning, het land, de oorlog*, Tielt, Lannoo, 1994, p. 929.

[14] " Où va le Régime belge ? ou Le Masque de la Prospérité et Le Péril de la Dyarchie ", *Le Flambeau*, 1957 (septembre), pp. 577-595. Voir également les réactions dans le numéro suivant (octobre), pp. 646-665, entre autres une correspondance (anonyme) du diplomate Pierre Orts (voir l'inventaire de ses papiers déposés aux Archives générales du Royaume à Bruxelles, n°s 551-552). La critique est adressée aussi et surtout à la princesse de Réthy, qui est comparée par Orts à Evita Peron.

[15] G. EYSKENS, *De Memoires*, p. 484.

[16] *Ibid.*, resp. pp. 532 (avril 1959) et 542-544 (septembre 1959).

[17] *Ibid.*, p. 484.

[18] Voir à ce propos Ludo DE WITTE, *Crisis in Kongo. De rol van de Verenigde Naties, de regering-Eyskens en het koningshuis in de omverwerping van Lumumba en de opkomst van Mobutu*, Louvain, Van Halewyck, 1996.

[19] Je remercie Mme B. Henau pour les informations provenant des papiers Van Zeeland. Voir également la biographie récente de V. DUJARDIN et M. DUMOULIN, *Paul Van Zeeland 1893-1973*, Bruxelles, Racine, 1997, pp. 243-246.

[20] G. EYSKENS, *De Memoires*, p. 594.

[21] Ces audiences, qui ont été dévoilées par Pan, sont confirmées par les registres du Palais.

[22] Double de la lettre dactylographiée, 4 août 1960, dans les papiers de Théo Lefèvre.

[23] G. EYSKENS, *De Memoires*, p. 595. Dans l'intervalle, Spaak avait également émis des réserves à propos des projets risqués du Roi.

[24] Eyskens et la presse citent René Lefèbure, le chef de cabinet de Baudouin, mais il s'agit peut-être d'autres conseillers, surtout de l'entourage de Léopold et de l'administration coloniale. Pendant la Conférence de la Table ronde sur le Congo, Pirenne continue à agir en coulisses (DE WITTE, *op cit.*, pp. 34-38).

[25] Il est remarquable, du moins si nous pouvons en croire Eyskens lui-même, que Baudouin aurait, fin août, supplié le Premier ministre de rester à son poste (EYSKENS, *De Memoires*, p. 599).

[26] « Écran témoin », RTBF, 8 mars 1993.

[27] L.J. SUENENS, *Le Roi Baudouin*, pp. 66-67.

[28] G. EYSKENS, *De Memoires*, p. 980.

[29] J. STENGERS, *L'action du Roi*, p. 34.

[30] A. MOLITOR, *La fonction royale*, p. 17.

[31] J. STENGERS, *L'action du Roi*, p. 184.

[32] Cité dans P. LAGROU, " Een oorlog achter de rug, een oorlog voor de boeg 1944-1965 ", in M. VAN DEN WIJNGAERT et L. BEULLENS, eds, *Oost West West Best. België onder de Koude Oorlog 1947/1989*, Tielt, Lannoo, 1997, p. 131.

[33] G. EYSKENS, *De Memoires*, p. 960.

[34] A. MOLITOR, *La fonction royale*, p. 25.

[35] Respectivement les 3 décembre 1951 et 13 novembre 1957 à propos du Congo.

[36] De Standaard, 1er avril 1981: " Le chef de l'État n'a pas réuni le Conseil de la couronne et n'a pas présidé le Conseil des ministres, ce qui aurait été son droit. "

[37] «Celle-ci n'est généralement pas publiée: elle relève du colloque interne au pouvoir exécutif. Très exceptionnellement, en juin 1977, les paroles du Roi ont été rendues publiques, sous la couverture constitutionnelle du Premier Ministre» (A. MOLITOR, *La fonction royale*, p. 43). Toutefois, dans l'ouvrage de Neels, probablement à la suite d'une erreur du Palais, quatorze de ces discours, de 1961 à 1985, ont été publiés. Le discours de 1977 a été rendu public après l'incident avec les ministres PSC qui avaient refusé de prêter serment.

[38] Ce n'est que très exceptionnellement que le roi Baudouin organise une audience collective. À mentionner ces quelques initiatives lors de la formation du gouvernement de 1979 (la désignation de deux médiateurs, Claes et Nothomb, qui ont été conjointement reçus par le Roi, la convocation des six présidents de parti concernés par les négociations et la convocation des présidents de parti Martens et Van Miert).

[39] G. MOTTARD, *Ministre en fin*, p. 113.

[40] Bernard WALEFFE, «Le Roi nomme et révoque ses ministres». *La formation et la démission des gouvernements en Belgique depuis 1944*. Bruxelles, Bruylant, 1971, p. 80.

[41] Voir annexe.

[42] A. MOLITOR, *La fonction royale*, p. 27.

[43] G. EYSKENS, *De Memoires*, p. 789.

[44] Dans quatre cas seulement, le formateur n'est pas devenu Premier ministre: Van Zeeland en 1950, Vanden Boeynants en 1968, le même en 1979 et Dehaene en 1988.

[45] La première fois dans son discours aux autorités du pays en décembre 1979, la deuxième fois lors de la prestation de serment du gouvernement Eyskens en avril 1981. À cette dernière occasion, les paroles du Roi ont été d'autant plus remarquables que Wilfried Martens, qui a démissionné en tant que Premier ministre, n'est pas présent.

[46] Hugo DE RIDDER, *Jean-Luc Dehaene. Mèt commentaar...*, Tielt, Lannoo, 1996, p. 100.

[47] G. EYSKENS, *De Memoires*, p. 883.

[48] «Écran témoin», RTBF, 8 mars 1993.

[49] La Libre Belgique, 23 avril 1990. Cité par G. MOTTARD, *Ministre en fin*, p. 16.

[50] Nos exemples viennent de STENGERS, *L'action du Roi*, pp. 54-55, sauf indication contraire.

[51] G. EYSKENS, *De Memoires*, pp. 738-40

[52] " Le Roi ne peut pas non plus dissoudre les Chambres sans un accord ministériel " déclare EYSKENS, *De Memoires*, p. 790. Depuis la révision constitutionnelle de 1993, la dissolution après la démission du gouvernement est soumise à l'approbation des Chambres.

[53] Certains, comme P.W. Segers et Pierre Harmel, seront encore régulièrement consultés par le Roi.

[54] Francis DELPÉRÉE, *Chroniques de crise 1977-1982*, Bruxelles, Crisp, 1983.

[55] Manu Ruys dans *De Standaard*, 1er avril 1981.

[56] Le Roi fait référence à la contribution de A. Molitor, son ancien chef de cabinet, dans l'ouvrage " *Nous, Roi des Belges ...* ". *150 ans de monarchie constitutionnelle*, Bruxelles, Crédit communal, 1981.

[57] J. STENGERS, *L'action du Roi*, p. 226.

[58] Un écho à ce propos dans Manu Ruys " Kroon en krisis ", *De Standaard*, 17 juillet 1981.

[59] L.J. SUENENS, *Le Roi Baudouin*, p. 124.

[60] Telle est l'opinion de STENGERS, *L'action du Roi*, p. 230.

[61] Voir également le témoignage de Manu RUYS. Baudouin lui aurait demandé : " N'estimez-vous pas que ce fédéralisme d'union doit aboutir au séparatisme ? On ne peut quand même pas vouloir cela "; *Bas les masques. Apparences et réalité du pouvoir en Belgique*, Bruxelles, Racine, 1997.

[62] Notre opinion diffère de celle de STENGERS, *L'action du Roi*, p. 191, qui écrit : " Le Roi a touché à des questions variées. Mais dans ce qui a été sans doute le plus important, politiquement, de son règne, c'est-à-dire la fédéralisation de la Belgique, il est clair que si l'on trouve chez lui une vive préoccupation pour le problème, il n'a guère pu - ou voulu - faire peser là son poids personnel. "

[63] L.J. SUENENS, *Le Roi Baudouin*, p. 127.

[64] G. EYSKENS, *De Memoires*, p. 412.

[65] L.J. SUENENS, *Le Roi Baudouin*, p. 127. Il s'agit du vice-Premier ministre Willy Claes. Voir M. RUYS, *Bas les masques. Apparences en réalité du pouvoir en Belgique*, p. 53.

[66] J. STENGERS, *L'action du Roi*, p. 234.

[67] Voir X. MABILLE, " Le débat politique d'avril 1990 sur la sanction et la promulgation de la loi ", *Courrier hebdomadaire du CRISP*, n° 1275, Bruxelles, 1990. Ce dossier contient la correspondance entre le Roi et le Premier ministre.

[68] En témoigne la plaquette de Danny ILEGEMS et Jan WILLEMS, *De kroon ontbloot. Over de macht van Boudewijn*, Louvain, Kritak, 1991, paru tout d'abord en épisodes dans l'hebdomadaire *Panorama/De Post*. Voir également Els WITTE, " De liberalisering van de abortus-wetgeving in België (1970-1990) ", in M. SCHEYS e.a., *Abortus*, Bruxelles, VUBPress, 1993, pp. 78-80.

[69] Les gouvernements successifs sont indiqués par un numéro suivi du nom du Premier ministre en caractères gras, des dates de leur nomination et de l'acceptation de leur démission par la Roi, et, entre parenthèses, de leur composition politique. Nous employons les initiales PSC, PSB ou PLP pour désigner les partis nationaux jusqu'à leur scission. Certains contesteront la numérotation des gouvernements Tindemans ou Martens. Nous sommes d'avis qu'il y a lieu de parler d'un nouveau gouvernement lorsqu'il y a changement de la formule de coalition, même s'il n'y a pas eu de démission collective du gouvernement. Certaines données reprises ici se retrouvent dans Waleffe, *op cit.*, pour la période allant jusque 1971. Nous les avons corrigées et complétées. La durée de la crise correspond au nombre de jours à compter de la remise de la démission jusqu'y compris la nomination du nouveau gouvernement. Nous remercions F. Judo pour la vérification de certaines données.

Le roi Baudouin et la politique étrangère

NOTES

[1] Entretien des auteurs avec Léo Tindemans, Premier ministre (1974-1977) et ministre des Relations extérieures (1981-1989).

[2] Entretien des auteurs avec Pierre Harmel, Premier ministre (1965-1966), ministre des Affaires étrangères (1966-1973).

[3] La visite d'État s'effectue une seule fois au cours du règne et revêt un caractère plus solennel que les visites officielles qui visent à resserrer les bonnes relations entre États.

[4] André MOLITOR, *La fonction royale en Belgique*, Bruxelles, CRISP, 2e éd., 1994, p. 148.

[5] « À dix heures débutaient les audiences royales. Le Roi reçoit

toujours seul ses visiteurs », cfr André MOLITOR, *Souvenirs*, Duculot, 1984, p. 296.

[6] Il s'agit sans doute du soutien militaire que l'Inde se préparait à apporter, en 1971, à l'indépendance du Bengla Desh qui fait sécession du Pakistan.

[7] Entretien des auteurs avec Léo Tindemans.

[8] Entretien des auteurs avec Pierre Harmel.

[9] Entretien des auteurs avec Léo Tindemans.

[10] Entretien des auteurs avec André Molitor.

[11] Cette visite privée eut lieu en juin 1968. Cfr infra : le Roi et l'Afrique centrale. Rappelons qu'en 1967, le président Mobutu n'avait pas encore imposé la dénomination de « Zaïre » à la place de « Congo ».

[12] André MOLITOR, *op. cit.*, p. 66.

[13] Rappelons que par « couverture », on entend le contreseing ministériel (signature d'un ministre à côté de celle du Roi) requis par l'art. 64 de la Constitution et le consentement ministériel aux propos d'un discours ou aux gestes et démarches projetés.

[14] Jean STENGERS, *L'action du Roi en Belgique depuis 1831*, Paris, Louvain-la-Neuve, éd. Duculot, 1992, p. 133.

[15] Id., p. 263.

[16] Le roi Baudouin n'a présidé que deux fois le conseil des ministres, en 1951 et 1957. Son père avait déjà mis fin à la coutume de ses prédécesseurs de le présider assez fréquemment : Léopold III ne l'a fait qu'une seule fois, en octobre 1936, pour délibérer avec le gouvernement de la politique d'« indépendance» et de neutralité.

[17] L'existence de cette lettre a été révélée par *De Morgen* dans son édition du 24.10.1990. Il est vraisemblable qu'elle a été divulguée par une source ministérielle qui n'a pas été identifiée, bien qu'une enquête ait été menée à la demande du Premier ministre.

[18] Message royal de Noël 1990. La plupart des citations de discours royaux sont tirées de la présentation et compilation des discours de Baudouin Ier réalisées par le colonel (Hr.) P.J. Vic Neels : « Nous, Baudouin, roi des Belges », Eurodef, 1996, tomes I et II. D'autres textes nous viennent de polycopiés fournis par le Mémorial Roi Baudouin.

[19] Sur cet épisode, cfr notamment, C. FRANCK, « Du désarmement en Europe aux engagements militaires dans le Golfe et en Afrique », in : Christian FRANCK, Claude ROOSENS, Tanguy DE WILDE D'ESTMAEL (sous la direction de), *Aux tournants de l'Histoire. La politique extérieure de la Belgique au début de la décennie 90*, Bruxelles, De Boeck Université, 1993, pp. 31-32.

[20] Sur l'ignorance du Palais et la lettre de la reine Élisabeth, cfr VANDEN WIJNGAERT, M., DEBOOSERE, S., VAN ALBOOM, R., *Monarchie en macht in België en zijn koningen*, Brussel, 1992, pp. 121-122.

[21] André MOLITOR, *La fonction royale en Belgique*, p. 67.

[22] Discours aux autorités du pays, le 20.01.1987.

[23] Discours à l'occasion de la fête nationale, le 21.07.1987.

[24] Sur la confidentialité du colloque entre le Roi et les ministres, cfr Francis DELPÉRÉE, *Droit constitutionnel*, t. III, Bruxelles, Larcier, 1986, pp. 128-129.

[25] Rappelons que la visite d'État survient une fois durant le règne. Mais le Roi peut retourner dans certains pays pour une visite officielle, qui revêt toutefois un caractère moins solennel. Ainsi, outre la visite d'État en 1961, le Roi est-il retourné en France en visites officielles en 1977 et en 1992. Aux Pays-Bas, la visite d'État a eu lieu en 1959, et il y eut des visites officielles en 1984 et en 1993.

[26] A. MOLITOR, *La fonction royale*, p. 109.

[27] Cfr Jean STENGERS, *op. cit.*, pp. 176-177.

[28] Discours au dîner de gala, Moscou, le 23 juin 1975.

[29] Entretien des auteurs avec André Molitor.

[30] André MOLITOR, *La fonction royale*, p. 102.

[31] Entretien des auteurs avec Pierre Harmel.

[32] Entretien des auteurs avec Léo Tindemans.

[33] Convention unissant les États de la CE et une soixantaine de pays d'Afrique, des Caraïbes et du Pacifique.

[34] Discours du Roi au dîner officiel, Kinshasa, 29 juin 1985.

[35] *De Standaard*, 4 juillet 1985. L'épisode est aussi rapporté infra dans : Le Roi et l'Afrique centrale.

[36] Discours au dîner à l'Élysée lors de la visite d'État, 24 mai 1961.

[37] Cfr Jean STENGERS, *op. cit.*, p. 216.

[38] Discours devant le Parlement européen, Strasbourg, le 8 avril 1987. Les citations qui suivent proviennent du même discours.

[39] Dans la Constitution de 1994, ces articles deviennent respectivement les art. 167, 96 et 107.

[40] Philippe GAUTIER, "La conclusion des traités", in: « Le régime des traités dans l'État fédéral », *Revue belge de Droit international*, vol. XXVII, 1994/1, p. 36.

[41] Jean-Charles SNOY ET D'OPPUERS, *Rebâtir l'Europe, Mémoires, entretiens avec Jean-Claude Ricquier*, Coédition Duculot - Fondation Jean Monnet pour l'Europe, 1989, p. 119.

[42] Cfr Ludo DE WITTE, *Crisis in Kongo. De rol van de Verenigde Naties, de regering-Eyskens en het koningshuis in de omverwerping van Lumumba en de opkomst van Mobutu*, Leuven, 1996, pp. 212-215.

[43] Entretien des auteurs avec Pierre Harmel.

[44] Entretien des auteurs avec André Molitor.

[45] Lettre du comte Moyna, ambassadeur d'Autriche à Bruxelles, citée par Jean STENGERS, *op. cit.*, p. 248.

[46] Allocution aux chefs des missions diplomatiques belges, le 27 octobre 1953.

[47] Allocution lors de la réception du bureau des Chambres sortantes, le 24 mars 1954.

[48] Emmanuel COPPIETERS, "Messages royaux et intégration européenne", in: « Le rôle des Belges et de la Belgique dans l'édification européenne », *Studia Diplomatica*, vol. XXXIV, 1981, n°s 1-4, p. XIX.

[49] Discours du Roi, à l'occasion de la fête nationale, 21 juillet 1993.

[50] Comme les autres monarques constitutionnels et chefs d'État non élus au suffrage universel, le Roi ne participe pas au Conseil européen mais il reçoit les chefs de gouvernement au Palais pour un dîner ou un déjeuner lorsque le Conseil européen se réunit à Bruxelles.

[51] Allocution à l'occasion de l'inauguration des nouveaux locaux de la FIB, 28 février 1958.

[52] Allocution à l'occasion du Congrès de la productivité, le 16 novembre 1959.

[53] Discours lors du déjeuner au Palais royal à l'occasion du Conseil européen, le 17 juillet 1975.

[54] Discours devant les Corps constitués, le 24 janvier 1979 : « Les nations, qui jadis faisaient avec fierté état de leur indépendance et de leur souveraineté, reconnaissent maintenant combien elles sont liées l'une à l'autre et ainsi, pas à pas l'unification européenne devient une réalité... Cela suppose que la Nation, dont procède originellement tout pouvoir, cède aux institutions européennes ce qui peut être mieux géré au plan européen. » (C'est nous qui traduisons.)

[55] Discours à l'occasion de la fête nationale, le 21 juillet 1991.

[56] Discours lors de la réception des Corps constitués, le 21 décembre 1971.

[57] Discours aux autorités du pays, le 17 janvier 1984.

[58] Discours à l'occasion de la fête nationale, le 21 juillet 1990.

[59] Discours cité, le 17 juillet 1975 : « ... un modèle européen ... plus adapté aux attentes des jeunes générations, notamment une Europe avec un visage moins mercantile et plus social. » (C'est nous qui traduisons.)

[60] Discours à l'occasion du 25e anniversaire de l'Alliance atlantique, Bruxelles, le 26 juin 1974 : « Sans la réalisation d'une véritable union européenne au plan politique, les États européens et la Communauté européenne seront incapables d'assumer les responsabilités que leur confère leur succès économique. » (C'est nous qui traduisons.)

[61] Discours devant le Congrès des États-Unis, Washington, le 21 avril 1980 : « ... Ce en quoi la CEE devra se transformer, c'est en une véritable communauté politique. L'élection en 1979 du Parlement européen au suffrage universel constitue une étape majeure de ce difficile processus. » (C'est nous qui traduisons.)

[62] Discours du 21 juillet 1992.

[63] Discours cité.

[64] Le Premier ministre propose l'objectif de l'Europe fédérale, appelée aussi « États-Unis d'Europe » dans plusieurs de ses interventions, telles, notamment, la conférence de presse du 28 septembre 1989, le discours à Vienne à la Maison de l'Industrie le 17 octobre 1989, l'allocution à Bruxelles à la commission œcuménique européenne « Église et Société » le 5 septembre 1991, celle aux Journées d'études du groupe parlementaire du PPE, à Sirmione, le 30 septembre 1991...

[65] Allocution aux Corps constitués, le 20 décembre 1973.

[66] Discours de Noël, le 25 décembre 1978.

[67] Discours du 21 juillet 1987.

[68] *Ibidem*.

[69] Discours de Noël 1988.

[70] Discours du 21 juillet 1992.

[71] Discours à l'Élysée, le 30 novembre 1992.

[72] Wilfried MARTENS, *L'une et l'autre Europe*, Bruxelles, éd. Racine, 1994, p. 213.

[73] Entretien des auteurs avec Léo Tindemans.

[74] Discours devant le Parlement fédéral, Berne, le 24

octobre 1989.

[75] « De kracht die van de Europa zal uitgaan, steunt niet op macht alleen ... ons Europa ... heeft verzaakt aan elk vorm van overheersing ; het stelt geen territoriale eisen », cfr discours cité.

[76] Discours à l'occasion du Sommet de l'Alliance atlantique, Bruxelles, le 26 juin 1974.

[77] Cfr, à ce propos, le discours du 21 juillet 1993.

[78] Discours lors de l'inauguration des nouveaux locaux de la FIB, le 28 février 1958.

[79] Discours cité.

[80] Le Roi fait ici siennes les paroles prononcées par le futur roi Léopold III, en 1933, au Sénat.

[81] Cfr son allocution au stade Baudouin à Léopoldville, le 17 mai 1955, et son allocution à la cathédrale de Léopoldville, le 17 mai 1955, dans laquelle il évoque les missionnaires qui ont, avec abnégation, répondu à l'appel de Léopold II et apporté au Congo la civilisation chrétienne qui, fondée sur l'amour du prochain, « a largement contribué à libérer la population de la servitude morale et physique subie depuis des siècles ».

[82] Allocution prononcée au Cercle royal africain, le 1er juillet 1955.

[83] Déclaration du Roi au conseil des ministres, 13 novembre 1957, Archief en Museum van de socialistisch Arbeidersbeweging, Fonds Achille Van Acker.

[84] Alors que l'on faisait devant lui l'éloge de L. Pétillon, il indiqua « Je l'ai choisi. » Voir P. LEROY, Journal de la Province orientale, décembre 1958-mai 1960, mars, 1965, p. 228, repris dans Congo 1955-1960, Recueil d'Études, Bruxelles, Arsom 1992, p. 316, cité par J. STENGERS, L'action du Roi en Belgique depuis 1831, Paris, Louvain-la-Neuve, 1992, pp. 56-57.

[85] Congo 1959, Dossier du CRISP, Bruxelles, 1961, pp. 151-152.

[86] Ce plan était l'œuvre du professeur A.A.J. Van Bilsen. Il fut publié en décembre 1955 dans sa version néerlandaise, et en février 1956 dans sa version française.

[87] Signe du caractère modéré du nationalisme prôné par Conscience africaine, la photo du Roi des Belges accompagne le Manifeste.

[88] Le Mouvement national congolais (P. Lumumba) est né en octobre 1958. Il a pour objectif de « libérer le Congo de l'emprise du colonialisme impérialiste en vue d'obtenir (...) l'indépendance ».

[89] Selon J. Stengers, le discours du 13 janvier 1959 « a été probablement l'acte le plus important du règne », J. STENGERS, op. cit., p. 177

[90] Lettre du roi à G. Eyskens, 4 septembre 1959 et réponse de G. Eyskens du 11 septembre 1959, in Bulletin trimestriel du CRAOCA (Cercle royal des Anciens Officiers des Campagnes d'Afrique), décembre 1990, pp. 12-13, cité par J. STENGERS op. cit., p. 177.
Dans sa réponse, G. Eyskens, mentionnant la fidélité du gouvernement à la politique du 13 janvier et convaincu qu'il pouvait « entièrement compter sur la confiance de la Couronne », reconnaissait qu'il était « sans doute inévitable que l'évolution des idées et des faits au Congo nous amène à préciser dans des termes que l'on n'avait pu prévoir les modalités de cet engagement ».
Sur l'argument de l'intérêt économico-financier de la dynastie, des milieux d'affaires et politiques dans l'affaire congolaise, voir L. DE WITTE, op. cit., pp. 209-210.

[91] M. De Schrijver à la Chambre, Annales Parlementaires, Chambre des Représentants, 15 décembre 1959, p.10.

[92] P. LEROY, Journal de la Province orientale, op. cit., p. 116 et Congo 1955-1960, op. cit., p. 316.

[93] Ainsi Moïse Tschombe note-t-il, après avoir été reçu par le Roi : « Le Roi m'écouta avec une extrême bienveillance. À n'en point douter, il penchait dans mon sens ». M. TSCHOMBE, Mémoires, Bruxelles, 1975, p. 57.

[94] Sur ce Conseil de la Couronne, voir l'exposé du Roi, 18 février 1960 et Le Soir, 19 février 1960, qui rapporte notamment le communiqué officiel du cabinet du Roi. 1992, p. 177.
P.H. SPAAK, dans ses Combats inachevés, t. II, Paris, 1969, pp. 238-239, note à propos de ce Conseil : « Cette réunion m'a laissé un pénible souvenir (...). Il ne restait plus qu'à s'incliner devant le fait accompli et à souhaiter bonne chance à ceux qui avaient agi (...). »

[95] Le souci royal de protéger le Katanga (et donc les citoyens et les intérêts belges dans la région) du désordre régnant dans le reste du pays était déjà apparu clairement dans une lettre que le Roi adressait au secrétaire général de l'ONU, Dag Hammarskjöld, le 28 juillet 1960. Cité par L. DE WITTE, op. cit., p. 219.

[96] Sur les projets de formation d'une équipe gouvernementale capable de mener une politique congolaise plus ferme, cfr supra, note 42, L. DE WITTE, qui évoque, notamment, une rencontre très tendue entre le Roi et le Premier ministre, G. Eyskens, le 10 août 1960.

[97] À l'issue de son voyage, le 30 juin, après les cérémonies de l'indépendance, le Roi se rendit à l'université Lovanium. Il dut, pour ce faire, insister auprès du président Mobutu. Celui-ci était, en fait, peu favorable à cette visite, qui intervenait quelques mois après la ferme répression du mouvement de contestation dont l'université avait fait l'objet. Ce traité d'amitié remplaçait le traité du 29 juin 1960 qui n'avait jamais été ratifié.

[98] De Standaard, 8 juillet 1975.

[99] De Standaard, 4 juillet 1985.

[100] Le Soir, 30 janvier 1986. Rappelons que Ronald Van den Bogaert avait été condamné, en septembre 1985, à dix années d'emprisonnement pour propagande subversive et complot contre la sécurité de l'État zaïrois (cfr supra).

[101] Exception faite probablement de l'influence que le Roi peut avoir exercée à l'occasion de la médiation du roi Hassan II dans la crise provoquée, en 1988-1989, par la question de la dette zaïroise.

[102] 'Un tel geste (la grâce et le transfert en Belgique d'autres condamnés burundais) aurait fait renaître les accusations de complicité de l'administration qui, au début de l'enquête, avaient circulé (...). Ce droit de grâce, le Roi des Belges le possédait aussi au Burundi. Devait-il en faire usage ? Je le lui déconseillai (...). La grâce ne serait ni comprise, ni admise par la grande majorité de la population. Des troubles risquaient d'éclater et la sécurité des Belges résidant dans le pays serait mise en péril. La vie de ceux-ci me paraissait plus valable que celle du meurtrier. Je conseillai donc l'exécution. Le Roi se rallia à mon avis, mais non sans réticences et sans tristesse. » P. H. SPAAK, Combats inachevés, Paris, 1969, tome II, pp. 303-304.

[103] Le Roi effectue une visite officielle au Rwanda et au Burundi en juillet 1970, et au Rwanda en juin 1987. Le président Habyarimana (Rwanda) est en visite officielle en Belgique en avril 1974, et le président Bagaza (Burundi) en mai 1978.

[104] De Morgen, 24 octobre 1990. Voir également le témoignage de M. W. Martens devant la Commission spéciale Rwanda, Sénat, C.R.A. des auditions, 26 février 1997, p. 40.

Le roi Baudouin et la Défense nationale

[1] A. MOLITOR, La fonction royale en Belgique, Bruxelles, 1994, pp. 64-72.

[2] La plupart des données factuelles utilisées pour cette rédaction sont tirées du périodique militaire publié par les Forces armées sous les titres successifs de La Gazette du Soldat, Nos Forces, FM et VOX. Dans le souci de ne pas alourdir inutilement les notes, nous n'y ferons qu'exceptionnellement référence, le lecteur intéressé pouvant facilement retrouver la source utilisée sur base de la simple date de l'événement cité. Je remercie chaleureusement le commandant J.-P. Vaessen et son équipe de m'avoir très activement et efficacement aidé dans leur collecte comme dans l'organisation et la prise des interviews et dans la recherche iconographique.

[3] A. MOLITOR, op cit., pp. 152-153.

[4] Témoignage du lieutenant général e.r. Dewandre, M.C., 31. 7. 1997.

[5] Témoignage du lieutenant général e.r. Renson, aide de camp honoraire du Roi, 11 septembre 1997.

[6] Témoignage du général-major e.r. Dassy, aide de camp honoraire du Roi, 3 mars 1997.

[7] Nous, Baudouin..., op. cit., pp. 772-773 et 814-815.

[8] Témoignage du général-major e.r. Paelinck, ancien commandant de l'ERM, 26 février 1997.

[9] Nous, Baudouin..., op. cit., p. 191.

[10] Vox, 23 juni 1984, p. 1.

[11] Nous, Baudouin..., op. cit., p. 525.

[12] Témoignage du lieutenant général e.r. baron Donnet, D.F.C., le 4 février 1997.

[13] Témoignage du lieutenant général e.r. Debèche, D.F.C., 11 février 1997.

[14] Témoignage du lieutenant général e.r. baron Donnet, D.F.C., le 4 février 1997.

[15] Nos Forces, 1. 6. 1964.

[16] FM, 12. 6. 1969.

[17] Témoignage du lieutenant général e.r. baron Donnet, D.F.C., le 4 février 1997.

[18] Témoignage du lieutenant général de gendarmerie e.r. Beernaert, 5. 8. 1997. Nous remercions tout particulièrement le lieutenant-colonel BEM de gendarmerie e.r.

Denis, conservateur du Centre d'histoire et de traditions de la gendarmerie, qui a recueilli pour nous divers témoignages d'officiers et sous-officiers de la gendarmerie.

[19] Témoignage du colonel de gendarmerie e.r. Rubens, 5. 8. 1997.

[20] Témoignage du ministre d'État P. Vanden Boeynants, 29 janvier 1997.

[21] Témoignage du ministre F.-X. de Donnéa, 29 janvier 1997.

[22] Témoignage du ministre G. Coëme, 20 janvier 1997.

[23] P. Havaux et P. Marlet, *Sur la piste du crocodile*, Paris-Liège-Bruxelles, 1966, p. 77.

[24] Témoignage du ministre d'État A. Gilson, 6 mars 1997.

[25] Idem.

[26] Idem.

[27] Idem.

[28] Témoignage du ministre F.-X. de Donnéa, 29 janvier 1997.

Le roi Baudouin et le modus vivendi dans le domaine socio-économique. Analyse d'un cas : une discrète intervention royale lors de la grève de 1960-61

[1] Avec mes remerciements particuliers à Herman Balthazar, (RUG), Maud Bracke (Mémorial Roi Baudouin), Piet Creve (AMSAB), Marc D'Hoore (AGR), Peter Heyrman (KADOC), Gustaaf Janssens (APR), Luc Schokkaert (KADOC) et Geert Van Goethem (AMSAB/CLM).

[2] R. Vandeputte, « Enkele beschouwingen over de invloed van de koning in de Belgische economie », *Res Publica*, 1991, 1, p. 133.

[3] A. Molitor, *La fonction royale en Belgique*, Bruxelles, 1994, pp. 77-88 ; p. 106.

[4] J. Stengers, *L'Action du Roi en Belgique depuis 1831. Pouvoir et influence*, Bruxelles, 1996, p. 14.

[5] A. Molitor, op. cit., pp. 32-34, 50-52, p. 99, p. 119, p. 131.

[6] Discours reproduits dans V. Neels (éd.). *Nous, Baudouin, roi des Belges. Le testament politique, social et moral d'un noble souverain*, Balen, 1996, vol. I, pp. 169, 201-202, 250-252, 434-435.

[7] Ibidem, vol. II, pp. 779-781; 846-847; 856-857; 935-936; 945-947 et passim.

[8] J. Stengers, op. cit., p. 14.

[9] Liste des personnes présentes à l'audience collective du 31 mars 1981 à 17 h au Palais de Bruxelles. APR, *Cabinet du Roi - Bulletin de Presse*.

[10] V. Neels (red.), op. cit., pp. 1028-1029. Divers extraits de presse, avril 1981. APR, *Cabinet du Roi - Bulletin de presse*.

[11] APR, *Cabinet du Roi - Bulletin de Presse*, 60/255-256 (extraits de *Le Peuple*, 15-16/12/1960).

[12] Voir en outre A. Meynen, « De grote werkstaking 1960-1961. Een inleidend overzicht van de ekonomische en socio-politieke achtergronden van de grote werkstaking 1960-1961 ». *RBHC*, IX, 1978, 3-4, pp. 481-515; F. Buyens,

L. De Haes, B. Hogenkamp, A. Meynen, *Vechten voor onze rechten. De staking tegen de Eenheidswet*, Leuven, 1985.

[13] APR, *Cabinet du Roi - Bulletin de Presse*, 60/264 & 266 (extraits de *Vooruit*, 27/12/1960; *Le Peuple*, 29/12/1960; *Het Laatste Nieuws*, 29/12/1960).

[14] G. Eyskens, J. Smits, *De Mémoires*, Tielt, 1993, p. 626.

[15] APR, *Cabinet du Roi - Bulletin de Presse*, 60/267 (extraits de *Le Drapeau Rouge*, 30/12/1960; *Le Peuple*, 30/12/1960; *Het Volk*, 30/12/1960; *De Standaard*, 30/12/1960; *The Times*, 30/12/1960).

[16] G. Eyskens, J. Smits, op. cit., p. 626.

[17] APR, *Cabinet du Roi - Bulletin de presse*, 60/268 (extraits de *La Métropole*, *La Cité*, 31/12/1960).

[18] G. Eyskens, J. Smits, op. cit., p. 628.; G. Eyskens, *Het laatste gesprek. Herinneringen aan 40 jaar politiek leven*, Kapellen-Bruxelles, 1988, p. 138.

[19] G. Eyskens, J. Smits, op. cit., pp. 628-629.

[20] Copie d'une déclaration signée des délégués du bureau du PSB/BSP et du bureau de la FGTB/ABVV, 5/1/1961. Les signataires sont : Léo Collard, Jos Van Eynde, Eduard Anseele, Victor Larock, Joseph Merlot, Luyten et Bary pour le PSB/BSP et Louis Major, André Renard, André Genot, R. Latin, Nathalis De Bock, A. Baeyens, Dore Smets, A. Valkeneer et H. Castel pour la FGTB/ABVV, AMSAB, PSB-National, 449/2.

[21] Voir note 36.

[22] APR, *Cabinet du Roi - Bulletin de Presse* (Pan, 4/1/1961, p. 3; dans les bulletins de presse, les exemplaires de l'hebdomadaire ne sont ni attachés ni découpés).

[23] Harmel à Lefèvre, 29/8/1960. KADOC, *Archives Théo Lefèvre*, 2.2.

[24] F. Persoons (le thinkthank PSC qui est occupé a aplanir la voie de Lefèvre vers le poste de Premier ministre) à Lefèvre 14/10/1960. KADOC, *Archives Théo Lefèvre*, 3.5.2.

[25] Segers à Cool, 24/12/1960. KADOC, *Archives August Cool*, 7.9.7.5.

[26] C'est ainsi qu'il y a déjà eu des contacts entre Henri Janne et André Oleffe avant que Janne n'aille parler à Major. Rapport Major, Prise de contact de Janne, 6/1/1961, AMSAB/CLM, *Archives Louis Major*, 632.

[27] Rapport Bureau national ACW, 5/1/1961. KADOC, ACW-nationaal, 36/26.

[28] APR, *Cabinet du Roi - Bulletin de Presse*, 61/3-4 (e.a. extraits de *La Libre Belgique*, 5/1/1961; *Le Soir*, 5-6/1/1961; *La Cité*, 5-6/1/1961; *Le Monde*, 6/1/1961; *Le Peuple*, 6/1/1961; *De Nieuwe Gids*, 5/1/1961; *De Standaard*, 6/1/1961; *Le Métropole*, 6/1/1961; *Het Volk*, 6/1/1961).

[29] Dans le rapport que Cool fera par la suite au Conseil de l'ACV, il mentionne que les deux personnalités sont intervenues à la demande d'un tiers. Note Cool "Na de stakingen". Conseil ACV, 21/2/1961. KADOC, *Archives August Cool*, 5.9.7.5.

[30] Rapport Major, Prise de contact de Janne, 6 janvier 1961 (le rapport dactylographié est accompagné d'une note de la main de l'épouse de Major dictée par celui-ci, immédiatement après les événements). AMSAB/CLM, *Archives Louis Major*, 632.

[31] H. Gaus (ed.), Politiek-biografisch lexicon. Belgische minis-

ters en staatssecretarissen 1960-1980, Anvers, 1989, pp. 629-634.

[32] G. Kurgan, S. Jaumain, V. Montens, *Dictionnaire des patrons en Belgique*, Bruxelles, 1996, p. 234.

[33] APR, *Cabinet du Roi - Bulletin de Presse* (Pan, 11 janvier 1961).

[34] G. Eyskens, J. Smits, op. cit., p. 630-631; G. Eyskens, op. cit., pp. 138-139.

[35] Bureau ABVV, 7/1/1961. AMSAB, *Archief ABVV-FGTB*, 305; AMSAB/CLM, *Archives Louis Major*, 773.

[36] Ce cri de guerre que Renard lance le 29 décembre 1960 renvoie à l'arrêt par les travailleurs de l'entretien notamment des hauts fourneaux et des fours à coke. C'est une menace grave qui ne sera cependant pas mise à exécution.

[37] *La Dernière Heure*, 6/1/1961 (APR, *Cabinet du Roi - Bulletin de Presse*, 61/4).

[38] Rapport Major, "Onderhoud 8 januari 1961, Cool-Major, Janne-De Voghel" AMSAB/CLM, *Archives Louis Major*, 632.

[39] « Dat de Russen zwaar gestuiverd hebben! ». Louis Major in: F. Buyens, L. De Haes, B. Hogenkamp, A. Meynen, op. cit., p. 40.

[40] « Memorandum », 11/1/1961. AMSAB/CLM, *Archives Louis Major*, 642.

[41] Note Cool intitulée « Na de stakingen ». Conseil ACV, 21/2/1961. KADOC, *Archives August Cool*, 5.9.7.5.

[42] G. Eyskens, J. Smits, op. cit., p. 632-633; G. Eyskens, op. cit., p. 139.

[43] Bureau ABVV, 11 & 14/1/1961. AMSAB, *Archives ABVV-FGTB*, 305; AMSAB/CLM, *Archives Louis Major*, 773.

[44] Bureau ABVV, 11, 14 & 17/1/1961. AMSAB, *Archives ABVV*, 305; AMSAB/CLM, *Archives Louis Major*, 773; « Déclaration commune pour sortir de l'impasse », 14/1/1961, cosignée par Anseele, Bary, Baeyens, Collard, De Bock, Debunne, Larock, Latin, Luyten, Major, Merlot, Renard, Smets et Van Eynde. AMSAB/CLM, *Archives Louis Major*, 783; AMSAB, PSB-National, 449/1.

[45] Bureau PSB, 14/1/1961. AMSAB, PSB-National, 433/3.

[46] Bureau PSB, 16/1/1961. AMSAB, PSB-National, 433/3.

[47] Note Cool « Na de stakingen ». Conseil ACV, 21/2/1961. KADOC, *Archives August Cool*, 5.9.7.5.

[48] APR, *Cabinet du Roi - Bulletin de presse*, 61/10.

[49] APR, *Cabinet du Roi - Bulletin de Presse*, 61/11-16.

[50] Oleffe à Lefèvre, 1 et 22/2/1961. KADOC, *Archives Theo Lefèvre*, 3.5.2.

[51] Lefébure à Cool, 24/1/1961. KADOC, *Archives August Cool*, 16.1.62.

[52] Molitor à Cool, 30/1 et 8/2/1961; Cool à Molitor, 31/1 et 12/2/1961. KADOC, *Archives August Cool*, 16.1.62.

Le roi Baudouin et le monde philosophique, scientifique, culturel et sportif en Belgique

NOTES

[1] Jean STENGERS, L'action du roi en Belgique. Pouvoir et influence, Bruxelles, Racine, 1996.
[2] GASTON EYSKENS, De memoires, Tielt, Lannoo-IPOVO, 1994, p. 412
[3] Archives Palais royal, coupures de presse, mai-juin 1961 ; J. STENGERS, op. cit., pp. 215-216.
[4] L. SUENENS, Le roi Baudouin, une vie qui nous parle, FIAT, 1995, p. 127.
[5] Archives Palais royal, Agenda, mars-avril 1990 ; idem, Coupures de presse, avril 1990 ; J. STENGERS, op. cit., pp. 125, 226, 309.
[6] Archives Palais royal, Agenda, 1965-1993.
[7] Françoise ROBERTS-JONES-POPELIER, " Les Musées royaux des Beaux-Arts de Belgique ", in Dynastie et Culture en Belgique, Anvers, Fonds Mercator, 1990, pp. 313-314.
[8] Interview du baron Melchior ; reportages RTBF de Duve et Prigogine.

Le Roi et la jeunesse

[1] Cette contribution repose essentiellement sur l'évolution constatée dans les discours du roi Baudouin. Ces discours constituent une série continue de sources dont ressort directement la vision du souverain sur ce sujet. Les discours de Baudouin sont intégralement publiés dans Nous, Baudouin, roi des Belges. Le testament politique, social et moral d'un noble souverain, (V. Neels, éd.), Balen, Eurodef, 1996.
En outre, nous avons examiné les activités de Baudouin (calendrier des rencontres de Baudouin établi par Maud Bracke) et avons consulté la presse à propos des événements les plus marquants concernant la jeunesse (Dossiers de presse, Archives du Palais royal, Bruxelles).
[2] Discours du roi Baudouin du 19.7.1954, op. cit., 1re partie, pp. 134-135 ; 6.10.1957, op. cit., 1re partie, pp. 187-189 ; 25.5.1963 ; op. cit., 1re partie, pp. 395-397 ; 24.12.1968, op. cit., 1re partie, pp. 572-573.
[3] Discours du 24.12.1968, op. cit., 1re partie, pp. 572-573.
[4] Voir notamment discours du 24.12.1984, op. cit., 2e partie, pp. 1152-1153 et 21.7.1986, op. cit., 2e partie, pp. 1221-1223.
[5] FONDATION ROI BAUDOUIN, Rapport annuel, 1991, pp. 19-20.
[6] Discours du 21.7.1991, op. cit., 2e partie, pp. 1395-1397.

Sollicitude pour les faibles et les défavorisés

[1] Nous, Baudouin, roi des Belges. Le testament politique, social et moral d'un noble souverain, (éd. P.J.V. Neels), Balen, 1996, p. 206.
[2] A. MOLITOR, « Réflexions sur la question royale » in : Nous, Roi des Belges... 150 ans de monarchie constitutionnelle, Bruxelles, 1981, pp. 18 et 19, et La fonction royale en Belgique, Bruxelles, 1994, (2e édition révisée), pp. 98-106.
[3] A. MOLITOR, La fonction royale en Belgique, p. 102.
[4] J. STENGERS, L'action du Roi en Belgique depuis 1831. Pouvoir et influence, Bruxelles, Racine, 1996.
[5] Nous, Baudouin, roi des Belges, p. 1046. Cité dans H. DE RIDDER, Sire, geef mij honderd dagen, Louvain, 1989, p. 201.
[6] A. MOLITOR, « La monarchie en Belgique » dans : A. MOLITOR, G. JANSSENS, M. VERMEIRE et G. DE GREEF, Palais royal, Bruxelles, 1994 (2e édition revue), p. 9.
[7] H. DELEECK, « Het sociaal beleid », in: W. DEWACHTER, G.H. DUMONT e.a., Tussen Staat en Maatschappij. 1945-1995. Christen-Democratie in België, Tielt, 1995, p. 359.
[8] Une relation de la visite du Roi : E. FROIDURE e.a., Paria's 57. De onder-beloonden. De Krotten. De moreel verlaten kinderen, Bruxelles, 1958, pp. 213-218 (basé sur l'article paru dans La Libre Belgique le 21 décembre 1952). Voir également J. GÉRARD, Interview historique de l'abbé Froidure, Bruxelles, 1987, pp. 150-153.
[9] Articles de presse cités dans E. FROIDURE e.a., Paria's 57, pp. 219-220.
[10] De Nieuwe Gids et La Cité du 5 mars 1953. Le projet de loi est devenu la loi du 7 décembre 1953, qui prévoyait des mesures destinées à éliminer les taudis : H.J. SPELTINCX, Geschiedkundig overzicht van de Belgische wetgeving betreffende de sociale huisvesting, Bruxelles, 1981, pp. 61-68.
[11] La Libre Belgique (22 mars 1953) et Le Soir, (22 novembre 1955).
[12] Le Soir, 27 juin 1956.
[13] À propos de l'inauguration de logements sociaux : La Dernière Heure (6 mars 1958) et La Libre Belgique (11 mars 1958). Le discours du 28.7.1965 : Nous, Baudouin, Roi des Belges, p. 458.
[14] A. MARTENS, Les immigrés. Flux et reflux d'une main-d'œuvre d'appoint. La politique belge de l'immigration de 1945 à 1970 (Sociologische verkenningen, 8), Louvain, 1976, pp. 69-72 et pp. 86-89. Voir également F. CAESTECKER, Vluchtelingenbeleid in de naoorlogse periode, Bruxelles, 1992, p. 39 et p. 124, note 44.
[15] À l'occasion du 30e anniversaire de la catastrophe a paru l'ouvrage : F. DASSETTO & M. DUMOULIN, Mémoires d'une catastrophe. Marcinelle, 8 août 1956, Louvain-la-Neuve, 1986.
[16] À propos de la problématique des charbonnages : R. EVALENKO, Het steenkolenvraagstuk. Basisgegevens, Bruxelles, 1966, B. VAN DOORSLAER, Steenkool in Limburg, Saint-Trond, 1983 et H. CRAUWELS, De Kempense steenkolen, Bruxelles, 1984.
[17] Articles dans Le Soir et dans La Libre Belgique (17 décembre 1959). Discours: : Nous, Baudouin, Roi des Belges, p. 252.
[18] Au sujet de la visite au centre de réadaptation bruxellois : La Libre Belgique (4-5 juin 1960) et de la visite à Gand : De Nieuwe Gids, La Libre Belgique et Vooruit, 6 octobre 1961.
[19] L. SCHEPENS, « La monarchie et les problèmes de politique intérieure », in: "Nous, Roi des Belges...", p. 133. Le texte du discours : Nous, Baudouin, Roi des Belges, p. 351.
[20] Nous, Baudouin, Roi des Belges, pp. 892-893.
[21] Voir articles dans Gazet van Antwerpen et Het Laatste Nieuws du 30 novembre 1961 et dans La Gazette de Liège et Le Peuple du 24 novembre 1961.
[22] À propos des travailleurs frontaliers : Analyse d'une enquête quantitative et qualitative parmi les frontaliers de la Frandre Occidentale dans le Nord de la France, Bruges, 1963 et J. THEYS, Een analyse van de West-Vlaamse grensarbeid in Noord-Frankrijk, Bruges, 1969.
[23] De Gentenaar (10 novembre 1961 - avec nos remerciements à Mme Leen Charles, archiviste a.i. de la ville de Gand). Voir également La Dernière Heure (11 novembre 1961) et Le Soir illustré (14 novembre 1961).
[24] Cf. photo dans Le Soir, 30 janvier 1965. Sur l'évolution de la sécurité sociale en Belgique: G. VANTEMSCHE, De beginjaren van de sociale zekerheid in België, 1944-1963, Bruxelles, 1994.
[25] F. CAESTECKER, Vluchtelingenbeleid, p. 88. Voir également W. JACOBMEYER, Vom Zwangsarbeiter zum Heimatlosen Ausländer. Die Displaced Persons in Westdeutschland. 1945-1951, Göttingen, 1985.
[26] Nous, Baudouin, roi des Belges, pp. 246-247.
[27] La Libre Belgique et De Standaard, 1er février 1964.
[28] Nous, Baudouin, roi des Belges, pp. 516-517.
[29] Idem, p. 488.
[30] À propos de la Fondation Roi Baudouin, voir la contribution du comte DIDISHEIM dans le présent ouvrage.
[31] À la fin de novembre 1984, d'après les calculs de l'Institut de recherches économiques et sociales de l'Université de Louvain, le déficit en emplois durables et permanents atteignait 939 110 emplois (Gazet van Antwerpen, 27 décembre 1984), et fin 1977, on comptait 293 000 chômeurs complets (Vers l'Avenir, 16 décembre 1978).
[32] Nous, Baudouin, roi des Belges, pp. 1347-1348.
[33] Le Soir et La Lanterne (9-10 juin 1990) et La Libre Belgique, Het Volk, De Morgen, Het Laatste Nieuws et Gazet van Antwerpen, 11 juin 1990.
[34] Le Soir et La Libre Belgique, 12 mars 1993.
[35] Het Nieuwsblad, Het Laatste Nieuws, La Libre Belgique et La Dernière Heure, 19 mars 1993.
[36] Le Soir illustré, 17 mars 1993.
[37] De Standaard, 9 août 1993.
[38] L. DE CLERCK, « Doe er wat aan », in: De Standaard, 30 octobre 1992.
[39] À propos de la problématique des immigrés en Belgique : A. MARTENS, 25 jaar wegwerparbeiders. Het Belgisch immigratiebeleid na 1945, Louvain, 1973 et La Belgique et ses immigrés. Les politiques manquées (réd. M.Th. COENEN et R. LEWIN), Paris-Bruxelles, 1997.
[40] De Standaard (8 juin 1978) et La Lanterne, 14 juin 1978. Au sujet de la note politique de Vic Anciaux: Gazet van Antwerpen et La Cité, 31 mai 1978.
[41] La Cité, Vers l'Avenir et La Libre Belgique (13 décembre 1984). Voir également J. FRANCK, « Notre dixième province » in : La Libre Belgique, 14 décembre 1984.
[42] Nous, Baudouin, roi des Belges, pp. 1150-1151.
[43] De Morgen et Gazet van Antwerpen, 6 juin 1991.
[44] Nous, Baudouin, roi des Belges, p. 1407.
[45] Idem, p. 1463.
[46] R. DERINE, Repressie zonder maat of einde? Een terugblik op

47 Conversation avec H. Schiltz, in : De Standaard, 5-6 février 1994. Au sujet du problème de la répression : L. Huyse, S. Dhondt e.a., Onverwerkt verleden. Collaboratie en repressie in België, 1942-1952, Louvain, 1991.
48 M. Ruys, Bas les masques. Apparences et réalité du pouvoir en Belgique, Bruxelles, Racine, 1997.
49 Nous, Baudouin, roi des Belges, p. 1358.
50 L. Huyse, S. Dhondt e.a., Onverwerkt verleden, p. 283. Réactions négatives au discours du Roi notamment dans La Dernière Heure et dans La Wallonie (24 juillet 1990). Réactions positives entre autres dans De Standaard (23 juillet 1990). Un « dossier » dans De Morgen (24 juillet 1990). Des considérations réalistes (Manu Ruys, « Naïeve verwachtingen ») dans De Standaard (27 juillet 1990).
51 Le texte du discours du Roi et les commentaires positifs du rédacteur G. Tegenbosch dans De Standaard (2 février 1994). Des réactions négatives notamment dans Le Peuple (2 et 3 février 1994). Voir également L. Neuckermans et P. Van Den Driessche, Albert II. Koning na Boudewijn, Louvain, 1995, p. 56.
52 A. Molitor, La fonction royale en Belgique, p. 10.
53 G. Eyskens, De Memoires, (éd. J. Smits), Tielt, 1993, p. 960 et H. de Ridder, Sire, geef me honderd dagen, pp. 201-205.
54 P. Harmel, « L'institution monarchique », in : Le Roi Baudouin. 35 ans de dialogue avec la Nation. Extraits de discours royaux prononcés de 1951 à 1986, Bruxelles, 1986, p. 15.

La Fondation Roi Baudouin

1 C'est le sous-comité « Fondation » du Comité national, sous la présidence de Pierre d'Ydewalle, plus tard baron d'Ydewalle, gouverneur de la province de Flandre Occidentale, qui définit l'objet de la Fondation, et c'est André Molitor, à l'époque chef de cabinet du Roi, plus tard président de la Fondation Roi Baudouin, qui inspira largement ses statuts.
2 Les coprésidents du Comité national furent Pierre Harmel, ministre d'État, à l'époque président du Sénat, et Andries Dequae, ancien ministre, à l'époque président de la Chambre des représentants. Le grand maréchal de la Cour, Herman Liebaers, et le chef de cabinet du Roi, André Molitor, assistèrent aux travaux de ce Comité, composé des gouverneurs de province.
3 C'est probablement le baron Franz de Voghel, ancien ministre, vice-gouverneur honoraire de la Banque nationale, futur président de la Fondation Roi Baudouin, qui, le premier, eut l'idée d'une « fondation », mais il la souhaita à objectif culturel. L'idée fut soumise au Roi par Herman Liebaers, familier des grandes fondations américaines.
4 Un secrétaire général à mi-temps, Michel Didisheim, à l'époque chef de cabinet du prince Albert, entra en fonction le 1er mars 1976. Il avait été membre du sous-comité « Fondation » du Comité national dès 1974. Il devint administrateur-délégué en 1981. Luc Tayart de Borms lui succéda le 1er janvier 1996. Les premiers agents de la Fondation Roi Baudouin furent recrutés en 1976-77. Ils sont aujourd'hui 85 environ, dont plus de 40 universitaires.
5 Cette technique fut inspirée par les rapports successifs « au » Club de Rome.
6 C'est le sous-comité des Finances du Comité national, sous la présidence d'Andries Kinsbergen, gouverneur de la province d'Anvers, futur président de la Fondation Roi Baudouin et ministre d'État, qui réunit le capital de départ. La cheville ouvrière de cette opération fut le baron de Voghel, déjà cité (voir note 4).
7 C'est le baron Jean Godeaux, gouverneur honoraire de la Banque nationale, qui présida le Comité financier du Comité national pour la célébration du 40 - 60.

La nation dit adieu à son Roi

NOTES

1 P. Nora, Les Lieux de mémoire, t. I : La République, Paris, 1984, p. XIX.
2 P. Nora, op. cit., 1984, p. XIX.
3 Voir à ce sujet : L. van Ypersele, Le roi Albert. Histoire d'un mythe, Ottignies - Louvain-la-Neuve, 1995.
4 M. Lits, « Édition Spéciale: le roi est mort », in: M. Lits (s. dir.), Le roi est mort... Émotion et médias, Bruxelles, 1993, p. 13.
5 D. Dayan, « Cérémonies télévisuelles » in: L. Sfez, Dictionnaire critique de la communication, Paris, 1993, p. 1009.
6 Cf. A. Ben-Amos, « Les Funérailles de Victor Hugo », in: P. Nora, op. cit., 1984, pp. 473-522.
7 Immuables, mais pas immémoriaux : c'est en 1865, à la mort de Léopold Ier, que l'on créa en hâte ce rituel. Voir à ce sujet : A. Vandenpeereboom, La fin d'un règne. Notes et souvenirs (édition établie et présentée par M. Bots), Gand, 1994.
8 M. Lits, « Édition Spéciale: le roi est mort », in: M. Lits (s. dir.), op. cit., 1993, pp. 20-21.
9 Ainsi en 1909 à l'absence d'émotion aux funérailles de Léopold II, a succédé, quelques jours plus tard, un débordement émotionnel populaire lors de l'avènement du roi Albert. Or, c'est bien le moment de l'avènement, et non pas les funérailles, qui renforça la cohésion sociale et l'identité belge au début du siècle.
10 M. Lits (s. dir.), op. cit., 1993, p. 184.
11 M. Lits (s. dir.), op. cit., p. 18.
12 La R.T.B., privilégiant le témoignage brut, alors que R.T.L. opère par sélection. Notons que l'importance des micros-trottoir est inversement proportionnelle au nombre d'événements. Quant au contenu, les premiers témoignages parlent d'émotion et d'inquiétude pour l'avenir, ensuite l'émotion côtoie les détails pratiques (les heures d'attente, la chaleur, la nourriture, etc.), pour enfin revenir à l'émotion. Cfr. Ch. Masuy, « Micro-trottoir, mon beau miroir », in M. Lits (s. dir.), op. cit., p. 55-68.
13 Courrier spontané dans Le Soir et suscité dans La Libre Belgique. Cfr O. Dezutter, « Le deuil en toutes lettres », in M. Lits (s. dir.), op. cit., p. 69-74.
Par contre, le courrier des lecteurs n'apparaît dans De Standaard que le vendredi 6 août, et ne compte que deux lettres, dont la première est antimonarchiste et la seconde regrette et critique la mise en page « peu respectueuse » du journal du lundi.
14 Le lundi 2 août, De Standaard consacre à l'événement 8 pages sur 24 ; dans sa première page, le grand titre est « Albert II succède à Baudouin décédé », avec une photo des fleurs déposées devant le Palais, et une autre du nouveau souverain ; ce n'est qu'en bas de page, à droite, que l'on trouve une petite photo de Baudouin ; il y a également un article de cinq colonnes sur la réunion des ministres des Finances européens.
15 De Morgen, 6 août 1993.
16 M. Lits, « Vaarwel Sire », in M. Lits (s. dir.), op. cit., p. 127.
17 Ibidem, p. 127.
18 Voir à ce sujet : L. van Ypersele, op. cit., 1995, pp. 245-320.
19 Le symbole royal est un des rares symboles qui ne soit pas réversible.
20 Cité dans M. Lits (s. dir.), op. cit., pp. 60 et 66.
21 Cf. M. Eliade, Le Sacré et le Profane, Paris, 1965.
22 En 1979, lors des célébrations de l'Année de l'Enfance, le Roi affirme ces valeurs devant une foule de jeunes invités pour la circonstance.
23 M. Lits (s. dir.), op. cit., p. 181.

Images d'un Roi

TÉMOINS RENCONTRÉS

- Dirk Achten, rédacteur en chef De Standaard
- Louis De Lentdecker, journaliste
- Claude De Valkeneer, chef du service de presse du Palais royal de 1953 à 1983
- Jean-Paul Duchâteau, rédacteur en chef de La Libre Belgique
- Christian Laporte, journaliste Le Soir
- Wilfried Martens, Premier ministre d'avril 1979 à avril 1981 et de septembre 1981 à mars 1992
- André Molitor, chef de cabinet de 1961 à 1977
- Walter Pauli, journaliste De Morgen
- Jean-Marie Piret, chef de cabinet du Roi de 1977 à 1983
- Jehanne Roccas, chef du service de presse du Palais royal de 1990 à 1995
- Marc Van Craen, chef du service de presse du Palais royal de 1983 à 1990

NOTES

1 Il est fait ici référence aux nombreuses visites du Roi aux entreprises, institutions, écoles, etc.
2 Il y a évidemment encore quantité d'autres occasions où le Roi a prononcé une allocution. Étant donné que celles-

ci étaient destinées à un public plus restreint, il n'en est pas question ici.

[3] Les journalistes interviewés sont Walter Pauli du *Morgen*, Christian Laporte du *Soir*, Jean-Pierre Duchâteau rédacteur en chef de *La Libre Belgique* et Dirk Achten du *Standaard*.

[4] Les émetteurs commerciaux ne peuvent jamais diffuser ces discours intégralement avant les émetteurs publics. C'est ainsi que VTM a diffusé le message de Noël 1996 le 25 décembre, juste avant le concert de Noël.

[5] J. STENGERS, *L'action du Roi en Belgique depuis 1831. Pouvoir et influence*, Bruxelles, Racine, 1996.

BIBLIOGRAPHIE

BUCKINX (H.), *Ruim 40 jaar koninklijke toespraken door koning Boudewijn, een inhoudsanalyse*, Anvers, de Vries-Brouwers, 1994.

LITS (M.), *Le roi est mort... Émotions et Médias*, Anderlecht, 1993.

LOBKOWICZ (Prince de), *Baudouin. Biographie*, Braine-l'Alleud, J.-M. Collet, 1995.

LUYKX (Th.), *Politieke geschiedenis van België*, Amsterdam-Bruxelles, Elsevier, 1973.

MOLITOR (A.), *La Fonction royale en Belgique*, Bruxelles, Crisp, 1994.

NEELS (P.J.V.), *Nous, Baudouin, roi des Belges. Le testament politique, social et moral d'un noble souverain*, Balen, 1996.

RUYS (M.), *Bas les masques. Apparences et réalité du pouvoir en Belgique*, Bruxelles, Racine, 1996.

STENGERS (J.), *L'action du Roi en Belgique depuis 1831. Pouvoir et influence*, Bruxelles, Racine, 1996.

FONDS D'ARCHIVES

SNOY ET D'OPPUERS, KADOC, Louvain, Section 7.1. Contacts avec la Cour.

Index des personnes et institutions

A

Achten, Dirk, 269; 270
Adamo, Salvatore, 254
ADEPS, 212
AEP (camps), 223
Agalev, 112
Aki-Hito, prince du Japon, 79
Albert Ier, roi des Belges, 19-21; 23; 27-29; 33; 36; 52; 56; 79; 116; 117; 121; 168; 171; 193; 208; 247; 248; 252-254; 256
Albert II, roi des Belges, 28; 29; 33; 34; 36; 38; 40-42; 46; 52; 58; 77; 85; 91; 117; 142; 175; 177; 190; 230; 248-250; 252; 271
Alexandre, prince de Belgique, 41; 42; 268
Allard, Etienne, 39
Alen, André, 151
Anciaux, Vic, 227
Anne, princesse d'Espagne, 81
Anseele, Edouard, 199
Astrid, reine des Belges, 27; 29; 32; 33; 85; 86; 88; 223; 254
Astrid, princesse de Belgique, 85
ATD Quart Monde, 66
Aunos, Eduardo, 39; 40

B

Beatrix, reine des Pays-Bas, 79
Beaucarne, Julos, 249
Bernaert, Robert, 176
Béjart, Maurice, 87
Bekaert, Léon, 192
Belga, 228; 267
Berger, Mademoiselle, 33
Bernadotte, Folke, 32
Berryer, Joseph, 40
Blondiau, Albert, 168; 169
Borgerhout Beter Bekeken, 228
Bourquin, professeur, 45
Boussemaere, Paul, 168; 169
Braun, François-Marie, 83; 90
Briffaut, Henry, 35
Brocq, Madame, 38
Brusselmans, Frans, 200
Bünting, 43
Bureau de programmation économique, 188
Buset, Max, 53; 98; 117; 123
Bush, George, 62

C

Calewaert, Willy, 126
Capelle, Robert, 40
Cardon de Lichtbuer, Benoît, 57; 68
Carl, prince de Suède, 27
Carol II, roi de Roumanie, 33
Carton de Wiart, Edmond, 51
Castlereagh, Robert Stewart, 11
CCE (Conseil Central de l'Économie), 100, 188, 189, 196
CECA (Communauté Européenne du Charbon et de l'Acier), 147, 221
Centre d'accueil pour travailleurs immigrés, 228
Centre socio-culturel des immigrés de Bruxelles, 228
Centre pour travailleurs étrangers, 228
CGSLB (Centrale Générale des Syndicats Libéraux de Belgique), 190
CGSP (Centrale Générale des Services Publics), 190
Champagne, Théophile, 35; 38
Charles, prince de Belgique, 25; 33; 91; 92; 95; 267
Charles, prince de Galles, 84; 85
Charlier, José, 168-170; 183
Charlotte, princesse de Galles, 14; 16
Chulabhorn, princesse de Thaïlande, 86
Churchill, Winston, 85; 137
Claes, Willy, 126; 135
Claude, Albert, 63
Claudel, Paul, 84
Clumeck, Nathan, 90
CNT (Conseil National du Travail),100; 188; 189; 193; 196; 201
Coëme, Guy, 140; 178; 179; 182
COIB (Comité Olympique et Interfédéral Belge), 212
Collard, Léo, 97; 125; 131; 134; 192; 193; 195; 196; 198; 199; 201
Colle, Armand, 190; 192
Colle, Georges, 33
Comité national de l'expansion économique, 188
Comité pour la liberté et la démocratie, 97
Commission nationale de la recherche scientifique, 117
Conférence de Londres, 12; 14; 16
Congrès national, 12; 13; 14
Congrès de Vienne, 11
Conscience Africaine, 158
Conseil national de l'agriculture, 190
Conseil supérieur des classes moyennes, 190
Constantin II, roi de Grèce, 86
Cool, August, 192; 194; 197-200
Cools, André, 179
Coppieters, Emmanuel, 147
Cordy, Annie, 254
Cornelis, Hendrik, 117; 155
Cornet de Ways-Ruart, Louis, 38-40
Corthouts, 36
Crekillie, Armand, 179
CSC (Confédération des Syndicats

Chrétiens de Belgique), 190; 192; 194; 196-199
CSCE (Conférence pour la Sécurité et la Coopération en Europe), 143
Cudell, Guy, 179
CVP (Christelijke Volkspartij), 95-97; 102; 104; 105; 107; 116; 117; 119; 123; 124; 126; 130; 192; 193

D

Danneels, Godfried, cardinal, 206
d'Aspremont-Lynden, Gobert, 38; 51
Dassy, José, 169
Debunne, Georges, 190; 199; 200
de Cumont, 180
de Donnéa, François-Xavier, 178; 179; 182
de Duve, Christian, 63; 87; 210
de Gaulle, Charles, 83; 137; 144; 267
de Greef, Eugène, 168; 179; 180
Dehaene, Jean-Luc, 112; 124; 131; 135
de Heusch, Raymond, 85
Dehousse, Fernand, 199
de Jamblinne de Meux, Baudouin, 40
de Jamblinne de Meux, Charles, 40
de Jong, Margaretha, 32; 33; 38; 41
de Launoit, Paul, 192
Delcroix, Leo, 179
de le Court, Etienne, 115
De Lentdecker, Louis, 259; 262; 263; 268; 270; 271
de Liedekerke, Félicie, 38
de Liedekerke, Solange, 85
de Lobkowicz, prince Stéphane, 268
De Man, Henri, 196
de Merode, Amaury, 51
de Monzie, Anatole, 38
De Morgen, 252; 265; 268; 270; 271
Demuynck, Madame, 42
Deprez, Gérard, 254
Dequae, André, 116; 126; 190

Dereau, Louis, 194
Derine, Raymond, 229
de Romrée de Vichenet, Charles, 39
de San, Pierre, 39
De Schryver, August, 117; 134
De Staercke, André, 146
De Staercke, Roger, 192; 197
De Standaard, 121; 128; 144; 192; 221; 252; 265; 269; 270; 271
De Stoop, Chris, 90; 227; 228; 264
De Taeye, Alfred, 223
De Valkeneer, Claude, 54; 262-265; 267; 268; 271
De Vleeschauwer, Albert, 39
De Voghel, commission, 196
De Voghel, Franz, 193; 196-200
De Winter, Émile, 192
D'Hondt, Paula, 90; 228; 229; 264
Dinjeart, Raymond, 168; 169; 179
Donnet, Mike, 175; 176
Dubois-Pèlerin, Jules, 200
Duchâteau, Jean-Paul, 264; 269; 270
Duesberg, Jacques, 35; 36; 38
Dufour, famille, 38
du Parc Locmaria, Gatien, 33; 34; 36; 38-40; 42-45
d'Ursel, Louis, 39
Duvieusart, Jean, 96

E

E Oral, Luz, 221
Écolo, 112
Eleonora, duchesse en Bavière, 32
Élisabeth, reine des Belges, 32; 36; 38; 46; 56; 76
Élisabeth II, reine d'Angleterre, 85; 140; 249
Engelborghs, Marthe, 66
Expo '58, 221
Eyskens, Gaston, 81; 117; 119; 120; 121; 123-126; 134; 157; 158; 179; 182; 190; 192-194; 196; 199-201; 205
Eyskens II, gouvernement (Gaston), 134; 158
Eyskens III, gouvernement (Gaston), 100; 102; 118; 119; 134; 147; 192; 194; 198; 201
Eyskens IV, gouvernement (Gaston), 102; 106; 134; 266
Eyskens, Mark, 128; 135
Eyskens, gouvernement (Mark), 122; 129; 135

F

Fabiola, reine des Belges, 54; 56; 62; 63; 68-70; 81-92; 93; 119; 162; 190; 192; 204; 208; 212; 215; 218; 237; 240; 242; 243; 248-250; 254; 268-271
FDF (Front Démocratique des Bruxellois Francophones), 104; 105; 107
FEB (Fédération des Entreprises de Belgique), 149; 189; 192; 198
FGTB (Fédération Générale du Travail de Belgique), 102; 190; 192-194; 196-201
Festival de Wallonie, 68
Festival van Vlaanderen, 68
FIB (Fédération des Industries Belges), 189; 190
Fondation Roi Baudouin, 67; 68; 90; 210; 218; 226; 233-243
Foyer des jeunes, 228
Franco, Carmencita, 39
Franco, Francisco, 39; 40; 82
Frateur, Lucie, 41
Froidure, Edouard, 223

G

Gailly, Arthur, 196
Gandhi, Indira, 138
Ganshof van der Meersch, Walter, 182
Gazet van Antwerpen, 252
Genot, André, 200
George IV, roi d'Angleterre, 14
George VI, roi d'Angleterre, 52; 116; 117
Gérardy, Georges, 40; 45
Gierst, 44
Gillet, Paul, 192
Gilson, Arthur, 179; 180; 182

Giscard d'Estaing, Valéry, 62
Giusti, Justo, 39
Gruselin, Paul, 52
Guérisse, Albert, 173
Guillaume, Jules, 54; 267
Guillaume Ier d'Orange, roi des Pays-Bas, 11-14; 16
Guillaume Ier, empereur d'Allemagne, 20
Gustave V, roi de Suède, 27
Gutt, Camille, 38; 159; 193

H

Habyarimana, Juvénal, 63; 86; 140
Harmel, Pierre, 61; 97; 122-124; 126; 134; 137-139; 143; 145; 194; 198; 199
Harmel, rapport, 147
Harmel, gouvernement, 122; 126
Havel, Vaclav, 249
Henrard, Mademoiselle, 42
Hens, Jules, 40
Het Laatste Nieuws, 252
Het Nieuwsblad, 252
Het Volk, 252
Himmler, Heinrich, 42
Hiro-Hito, empereur du Japon, 62; 79
Hitler, Adolf, 44
Houthuys, Jef, 190
Huit Articles de Londres, 11
Hulpiau, Raphaël, 194
Hurez, Léon, 127
Hussein, Saddam, 140

I

Ingeborg, princesse de Danemark/Suède, 27; 79
INAMI (Institut National d'Assurance Maladie-Invalidité), 188
INR (Institut National de Radiodiffusion), 116; 158

J

Jacques, Gérard, 218

Jacques de Dixmude, 27; 180
Janne, Henri, 144; 193; 195-199; 205
Janssen, Albert-Edouard, 192
Jaspar, Henri, 38
Jean, grand-duc de Luxembourg, 85
Joséphine-Charlotte, grande-duchesse de Luxembourg, 27-29; 32-34; 36; 38-42; 85
Jossier, Edmond, 38
Juan Carlos, roi d'Espagne, 85
Juliana, reine des Pays-Bas, 85

K

Kageorgis, Jean, 162
Kempinaire, André, 126
Kennedy, John F., 137
Kiewitz, Werner, 40; 42; 43
Kimbulu, 162
King Baudouin Foundation U.S., Inc., 238
Kinsbergen, Andries, 70
Kissinger, Henry, 137
Kronacker, Paul, 192
Kruyfhooft, Marie, 38
Kuanda, Kenneth D., 63

L

Lahaye, Hilaire, 126
La Libre Belgique, 119; 125; 252; 256; 264; 265; 269-271
Lamarche, Thérèse, 40
Lambert, Léon, 200
Landuyt, Octave, 87
Laporte, Christian, 269; 270
La Province, 252
Laurent, prince de Belgique, 85
Leboeuf, docteur, 27
Leburton, Edmond, 124; 126; 134
Leburton, gouvernement, 106; 122; 134
Le Drapeau Rouge, 192
Lefébure, René, 117; 192; 193
Lefèvre, Théo, 116; 119; 124; 130; 134; 180; 192; 194; 200
Lefèvre/Spaak, gouvernement, 102; 194; 196; 200
Léopold Iᵉʳ, roi des Belges, 13; 14; 16; 17; 25; 137; 146; 256
Léopold Iᵉʳ, roi des Belges, 13; 16; 17-19; 82; 98; 129; 154; 159; 162; 256
Léopold III, roi des Belges, 13; 19; 20; 23; 25; 27-29; 32; 36; 39; 40; 42; 44-46; 53; 54; 57; 74; 76; 77; 81; 82; 91; 92; 95; 96; 117; 119; 121; 137; 154; 168; 169; 175; 180; 182; 190; 208; 222; 223; 267; 268
Le Peuple, 192
Leroy, Pierre, 159
Le Soir, 119; 144; 252; 254; 256; 265; 269; 270
Liebaers, Herman, 59; 61; 63
Lilar, Albert, 82; 157
Lilian, princesse de Belgique, 40-45; 53; 76; 81; 82; 95; 117; 175; 192; 268
Lorenz, archiduc d'Autriche, prince de Belgique, 85
Louise-Marie, reine des Belges, 16
Louis-Philippe, roi des Français, 12; 16; 18
Lumumba, Patrice, 99; 118; 159; 160
Lürkner, Otto, 43; 44

M

Maison civile du Roi, 53; 54; 56-59; 61
Maison militaire du Roi, 56; 168; 169; 170; 177; 180;
Maistriau, Victor, 159
Major, Louis, 192-199
Margot, Alfons, 190
Margrethe, princesse de Danemark, 27
Marie-Henriette, reine des Belges, 16
Maria-Pia, princesse d'Italie 32
Marie-José, princesse, 28; 32; 39; 41
Martens IV, gouvernement, 115; 190; 135
Martens V, gouvernement, 129; 135
Martens VI, gouvernement, 110; 135
Martens VIII, gouvernement, 110; 123; 135
Martens IX, gouvernement, 112; 135
Martens, Wilfried, 61; 107; 110; 112; 124; 125; 127; 128; 131; 135; 140; 149; 151; 206; 207; 262; 264-266; 271
Melchior, Paul, 63; 66; 87; 210
Merckx, Eddy, 212
Merlot, Joseph, 125; 199
Mertens, Guy, 168; 170
Mitterrand, François, 62; 63; 151; 249
Mobutu, Joseph-Désiré, 63; 86; 99; 139; 140; 160; 162; 163
Mobutu, Niwa, 86
MOC (Mouvement Ouvrier Chrétien), 194; 200
Molitor, André, 57; 61; 89; 119; 121; 123; 138; 139; 140; 142-145; 147; 187; 188; 200; 259; 265; 266
Moreau, Robert, 200
Mottard, Gilbert, 122; 125
Motz, Roger, 192
Moureaux, Philippe, 131
Mouvement charismatique (*voir aussi* Mouvement Pentecôtiste), 91-93; 204; 207
Moyersoen, Ludovic, 179
MPW (Mouvement Populaire Wallon), 102; 194; 196

N

Napoléon III, empereur des Français, 16
Nixon, Richard, 62; 149
Nothomb, Charles-Ferdinand, 124; 135
Nyerere, Julius, 63; 138; 163

O

O'Brien, Veronica, 81
Office national d'allocations familiales pour travailleurs salariés, 188
Oleffe, André, 194; 200
ONSS (Office National de la Sécurité Sociale), 100; 188
ONEm (Office National de l'Emploi), 188
Opus Dei, 204

P

Pacte scolaire, 98; 110
Paelinck, Paul, 35; 36; 38; 40; 45; 57
Pan, 119; 194; 196
Paola, reine des Belges, 85; 91
Papeians de Morchoven, Charles, 38
Patch, Alexander McCarrell, 44
Paul Iᵉʳ, roi de Grèce, 86
Pauli, Walter, 268-271
Paulus de Chatelet, J.-P., 192
Paul VI, 91
Payoke, 66; 221; 227; 228
PC (Parti Communiste), 190
Perin, François, 104
Pétillon, Léo, 125; 155
Philippe, prince de Belgique, 85; 170; 171; 271
Philip, duc d'Edimbourg, 85
Pholien, Joseph, 116; 117; 123; 134
Picqué, Charles, 226
Pierlot, Hubert, 52
Pirenne, Jacques, 115-117
Piret, Jean-Marie, 61; 262; 264-266; 271
PLP (Parti de la Liberté et du Progrès), 104
Poswick, Charles, 179
Prigogine, Ilya, 63; 66; 87; 210
PS (Parti Socialiste), 105; 123; 125; 126; 128; 131
PSB (Parti Socialiste Belge), 53; 102; 104; 105; 117; 123; 125; 192; 193; 196; 199; 201
PSC (Parti Social Chrétien), 95; 96; 97; 104; 105; 107; 123; 124; 200
PVV (Partij voor Vrijheid en Vooruitgang), 98; 104

R

Racine, Mademoiselle, 33; 34; 35
Ragnhild, princesse de Norvège, 32
Rahier, docteur, 42; 43
Renard, André, 102; 193; 194; 195-201
Renard, commission, 196
Renson, Georges, 169
Reynaud, Paul, 38
Reza Pahlavi, prince héritier d'Iran, 86
Roccas, Jehanne, 259; 267; 269
Rogier, Charles, 125
Rousseau, professeur, 45
Royer, 254
RW (Rassemblement Wallon), 104
Rwagasore, prince, 162

S

Saini, professeur, 45
Salinas, M., 39
Saralek, 66
Schepers, Madame, 42
Scheyven, Pierre, père, 40; 83; 90
Scheyven, Raymond, 155
Schiltz, Hugo, 229
Schobbens, Marthe, 38
Schöller, André, 56; 57; 58
Schugens, Willy, 200
Segers, Paul Willem, 134; 179; 182; 194
Serano Sùñer, Ramón, 39
Servais, Léon, 194
Smets, Dore, 199
Snoy et d'Oppuers, Jean, 145; 193; 266; 267
Société nationale de la petite propriété terrienne, 223
Sonia, princesse de Norvège, 85
Sophie, reine d'Espagne, 85
Sörensen, Patsy, 227; 228
SP (Socialistische Partij), 105; 123
Spaak, Paul-Henri, 118; 119; 123; 144; 145; 148; 162; 179; 182; 194; 205; 267

Spies, docteur, 27
Spinoy, Antoon, 179
Spitaels, Guy, 125; 135
Straka, Jiri, 41
Struye, Paul, 126; 192
Suenens, Léon-Joseph, cardinal, 81; 91-93; 131
Surlet de Chokier, Erasme, 12
Swaelen, Frank, 182

T

Talleyrand, Charles Maurice, 16
Tardif, père, 91
Teresa, mère, 206
The Times, 192
Thiers, Adolphe, 18; 137
Tindemans, Léo, 107; 124; 129; 134; 135; 137; 139; 143; 144; 151; 162
Tindemans I, gouvernement, 106; 134
Tindemans II, gouvernement, 107, 134
Tindemans IV, gouvernement, 107; 135
Tito, Josip Broz, 62; 63; 137
Tshombe, Moïse, 118; 159; 161
Tura, Will, 249

U

UDRT (Union Démocratique pour le Respect du Travail), 190
Umberto, roi d'Italie, 32
Urbain, Yves, 194

V

Van Acker, Achille, 123; 126; 134; 145; 149
Van Acker, gouvernement, 117; 134; 196
van Caubergh, Alfred, 38
Van Cauwelaert, Frans, 115
Van Craen, Marc, 267; 269
Van Dam, José, 250
van de Mortel, famille, 32
Van den Bergh, Frans, 190

Vanden Boeynants, Paul, 123; 124; 134; 135; 178; 179; 182
Vanden Boeynants I, gouvernement, 104; 122; 134; 135
Van den Bogaert, Ronald, 140; 162
Van den Heuvel, A.M., 82
Vandeputte, Robert, 187
van der Linden, Max, 90
Van Geyt, Louis, 190
Van Haelteren, Pierre, 35
Van Hemelrijck, Maurice, 155
Van Houtte, Jean, 52; 53; 123; 134
Van Kerckhove, Wilfried, 85
van Put, Francis, 35
Van Roey, cardinal, 82
van Ypersele de Strihou, Jacques, 61; 151; 228
van Zeeland, Paul, 118; 119; 134; 147; 148; 179
Varlez, Marie-Thérèse (Madame L. Fredericq), 38
Verhaegen, Philippe père, 90; 91; 204; 207
Vernieuwe, Anselme, 174
Vers l'Avenir, 252
Victoria, reine d'Angleterre, 16
Victoria, reine d'Espagne, 81
Vlaams Blok, 190
von Braun, Werner, 175
von Stoher, 39
Vreven, Freddy, 179; 182
VU (Volksunie), 104; 105; 107; 112; 126; 130

W

Weber, Guy, 182
Weemaes, Willy, 42-44
Wigny, Pierre, 182
Wilson, colonel, 44

Y

Yerna, Jacques, 200

CRÉDIT PHOTOGRAPHIQUE

Nous tenons à exprimer toute notre reconnaissance à l'agence Van Parys Media pour sa bienveillante collaboration et pour avoir gracieusement mis ses archives photographiques à notre disposition.

Nous voulons remercier en particulier Sa Majesté la reine Fabiola qui nous a permis d'accéder à ses archives photographiques privées afin de donner une dimension beaucoup plus personnelle à ce livre.

ARCHIVES DU PALAIS ROYAL, Bruxelles
12

ALEX ELIASSONS KONSTFÖRLAG, Stockholm
30

BELGA, Bruxelles
49, 51 (hg), 95, 97, 99, 101 (b), 103 (h & b), 105, 118, 120, 121, 132, 152 (b), 170 (h&b), 171, 188, 213 (m), 228, 233

BILLE, Menin
224

BROOS Koen, Anvers
236 (d)

CONGOPRESSE
54 (d), 157 (H. Goldstein), 158 (J. Makula), 183 (C. Lamote)

EGICARTE
94

ESTEN Jack (Grande-Bretagne)
74

FASSEUR Koen
219 (b), 229 (h)

FONDATION ROI BAUDOUIN, Bruxelles
232, 236 (g), 242

GUYAUX Jean, Bruxelles
64, 125, 128, 145 (g), 199, 238, 240, 241

HENDRICKX Michel, Bruxelles
246, 257

ISOPRESS, Bruxelles
129 (Zamboni), 229 (b)

MARCHAND R./MUSÉE DE LA DYNASTIE, Bruxelles
28, 31 (b), 34 (b), 116

MELOTTE, Diest
101 (h)

MINISTÈRE DE LA DÉFENSE NATIONALE, Bruxelles
166 (Major Roberti), 167, 169, 172, 173, 174, 175 (h & b), 177, 179 (g & d), 180, 184, 264

PALAIS ROYAL, Bruxelles
6, 29 (h), 30, 34 (hg & hd), 36 (b), 41 (d), 43, 45 (g & d), 59, 77, 78, 79, 85, 86, 88 (1, 2 & 5), 89 (g & d), 90, 91, 93, 139 (g), 202, 211 (b), 213 (hg), 216 (g & d), 217 (g), 288
- Margaretha de Jong : 33, 35 (d)
- Roi Baudouin : 9, 39, 88 (3 & 4)
- Reine Élisabeth : 20, 41 (g)

RUBENS Pieter Paul, Anvers
207 (photo)

SCHLESSER Philippe, Luxembourg
250 (b), 251 (h)

SERVICE FÉDÉRAL D'INFORMATION (SFI-FVD), Bruxelles
214, 249, 251 (b)

SOFAM, Bruxelles
10, 17, 19, 21, 23, 31 (h), 35 (g), 36 (h), 42 (h), 48, 51 (hd), 51 (b), 53, 54 (g), 55 (h & b), 56, 58, 60, 66, 67, 69, 70, 72, 75, 76, 80, 83, 84, 87, 98, 122, 124, 130, 138, 139 (d), 141, 142, 143, 145 (d), 146, 148, 152 (b), 153 (bd), 155, 156, 160, 161, 164, 170, 191, 193, 195, 197, 200 (h & b), 201, 204, 209 (h & m), 210, 211 (h), 213 (hd), 219 (h), 220, 225 (h), 231, 235, 237, 255, 263
- Actualit, Bruxelles : 22, 29 (b), 46, 50, 96
- Alban, Bruxelles : 37
- Anvers Press (Nestor Defraene), Anvers : 163
- E. De Jong, Bruxelles : 36 (m)
- Hellyn N., Bruxelles : 209 (b)
- Hensler, Bruxelles : 81
- Les Frères Haine, Bruxelles : 206
- Masson R., Gand: 225 (b)
- Minders, Genk : 186
- Pressport (Marcel Carlier), Gand: 189

STERNBERGER Marcel, Londres
26

TRENTE Roger
207 (tableau)

UNITED STATES INFORMATION AGENCY, Washington D.C.
136, 208, 215

VAN PARYS MEDIA, Bruxelles
2, 24, 52, 86, 92, 108, 111, 114, 127, 153 (hd, m & bg), 178, 213 (b), 217 (d), 222, 227, 234, 244, 245, 247, 250 (h), 253, 258, 260, 261, 266, 268, 269, 270

VAN WOUWE Paul, Melsele
13, 14, 15, 16, 18, 42 (b)

L'éditeur s'est efforcé de régler les droits des photographes conformément aux prescriptions légales. Les détenteurs de droits que, malgré nos recherches, nous n'aurions pu retrouver, sont priés de se faire connaître à l'éditeur.

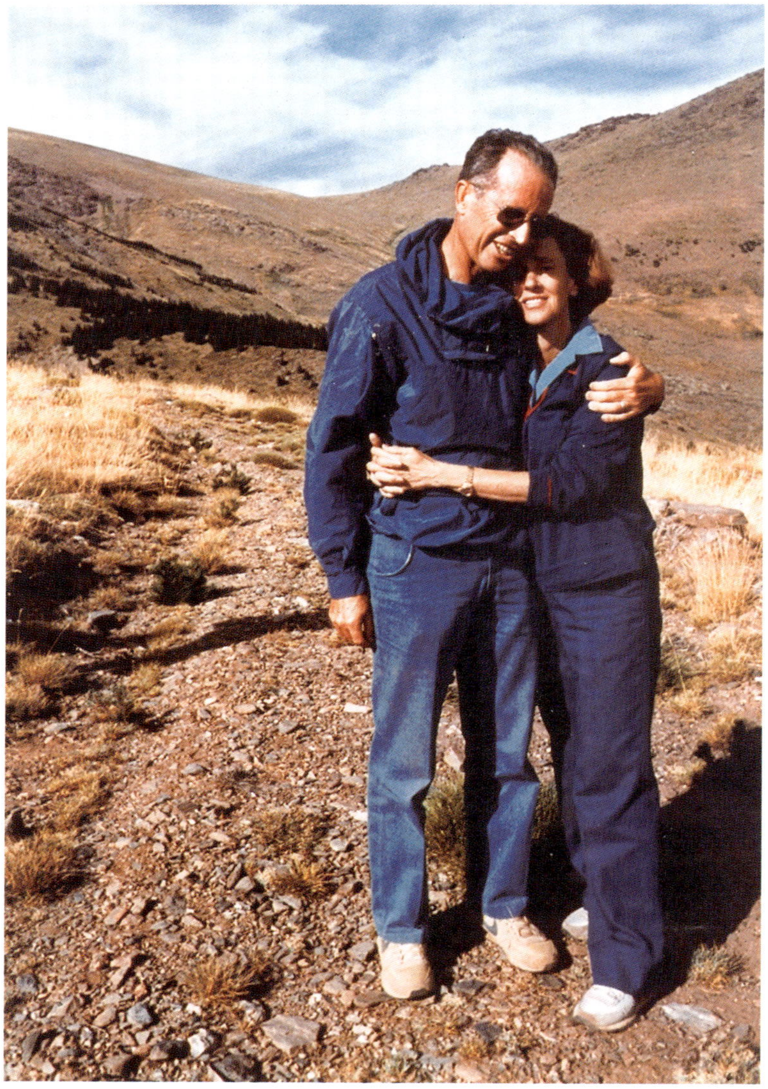